Zu diesem Buch

Im Rahmen der heutigen Neubewertung überholter Erklärungsmodelle in den Wissenschaften ist auch die Psychologie in eine Wendezeit gekommen.

Die orthodoxe abendländische Psychologie beschäftigte sich vor allem mit der *kranken* Psyche. Die von fernöstlichen Methoden der meditativen Selbsterfahrung beeinflußte Transpersonale Psychologie ist dagegen eine Psychologie der *Gesundheit.*

Wie sich diese ‹neue Psychologie› von der alten unterscheidet, was ihre theoretischen Grundlagen und ihre praktischen Methoden sind und welch wichtigen Beitrag sie zur Gewinnung eines neuen Welt- und Menschenbildes leistet, verdeutlichen führende Autoren der Transpersonalen Psychologie und andere Wendezeit-Wissenschaftler in diesem Band.

DR. MED. DR. PHIL. ROGER N. WALSH gehört zur Fakultät der psychiatrischen Abteilung der University of California, Irvine.

DR. PHIL. FRANCES VAUGHAN ist privat praktizierende Psychologin und Professor für Psychologie am California Institute of Transpersonal Psychology.

Roger N. Walsh – Frances Vaughan
(Herausgeber)

Psychologie in der Wende

Grundlagen, Methoden und Ziele der Transpersonalen Psychologie
Eine Einführung in die Psychologie des Neuen Bewußtseins

Mit Beiträgen von
James Bugental / Fritjof Capra
Ram Dass / Duane Elgin
James Fadiman / Gordon Globus
Daniel Goleman / Stanislav Grof
Willis Harman / Jack Kornfield
Abraham Maslow / Thomas B. Roberts
Charles Tart / Frances Vaughan
Roger N. Walsh / Ken Wilber

rororo
transformation

rororo transformation
Herausgegeben von Bernd Jost
und Jutta Schwarz
Umschlagentwurf Peter Keller

Veröffentlicht im Rowohlt Taschenbuch Verlag GmbH,
Reinbek bei Hamburg, Juni 1987
Die Originalausgabe erschien unter dem Titel
«Beyond Ego»
Aus dem Amerikanischen von Jochen Eggert

Gesamtherstellung Clausen & Bosse, Leck
Printed in Germany
1280-ISBN 3 499 18362 5

Inhalt

Vorwort 12

Einführung: Wege zur transpersonalen Perspektive 13

1. Teil: Paradigmenwechsel 25

Die Frage des Blickwinkels 30
Daniel Goleman

Paradigmen im Zusammenstoß 38
Duane Elgin, Frances Vaughan, Roger N. Walsh, Ken Wilber

Die Person, was ist das? 58
Frances Vaughan, Roger N. Walsh

Moderne Physik und östliche Mystik 67
Fritjof Capra

2. Teil: Die Natur des Bewußtseins 79

Psychologia perennis und das Spektrum des Bewußtseins 83
Ken Wilber

Vorstoß ins Unbewußte 100
Stanislav Grof

Ein Entwicklungsmodell des Bewußtseins 117
Ken Wilber

3. Teil: Psychische Gesundheit – Ost und West 137

Eine Theorie der Metamotivation 143
Abraham Maslow

Meditation – Pforte zum Transpersonalen 153
Roger N. Walsh, Frances Vaughan

Relative Wirklichkeiten 156
Ram Dass

Eine Landkarte des inneren Raums 160
Daniel Goleman

Aspekte einer Theorie und Praxis der Meditation 172
Jack Kornfield

4. Teil: Transpersonale Psychotherapie 177

Psychotherapien im Vergleich 182
Roger N. Walsh, Frances Vaughan

Der transpersonale Standpunkt 194
James Fadiman

Transpersonale Psychotherapie – Kontext, Inhalt und Prozeß 202
Frances Vaughan

Stufen therapeutischer Entwicklung 212
James Bugental

5. Teil: Der Wandel zieht Kreise – Implikationen für andere Disziplinen 221

Bewußtseinszustände und zustandsspezifische Wissenschaften 227
Charles Tart

Verschiedene Eindrücke in verschiedenen Zuständen 244
Gordon Globus

Auge in Auge: Wissenschaft und Transpersonale Psychologie 247
Ken Wilber

Das Ende des wissenschaftlichen Isolationismus? 254
Roger N. Walsh

Bildung und transpersonale Beziehungen 262
Thomas B. Roberts

Zwei Weisen des Erkennens 267
Ken Wilber

Die gesellschaftlichen Auswirkungen paranormaler Phänomene 276
Willis Harman

Nachwort 287

Die Autoren 293

Anmerkungen und Quellen 296

Weiterführende Literatur 312

Register 316

Vermöge ihrer Theorien über die menschliche Natur haben es die Psychologen in der Hand, diese Natur zu erhöhen oder zu erniedrigen.

GORDON ALLPORT

Ich habe keinerlei Zweifel daran, daß die meisten Menschen in körperlicher, intellektueller oder moralischer Hinsicht nur einen sehr beschränkten Bereich ihres potentiellen Seins tatsächlich ausfüllen. Sie nutzen nur einen verschwindend kleinen Teil ihres möglichen Bewußtseins – etwa wie ein Mensch, der sich angewöhnt, von seinem gesamten körperlichen Organismus nur den kleinen Finger zu benutzen. Wir alle verfügen jedoch über Resservoire des Lebens, von denen wir nicht einmal träumen.

WILLIAM JAMES

Vorwort

Obgleich die Transpersonale Psychologie in den letzten Jahren einen rasanten Aufschwung erlebte, fehlte bislang noch eine einführende, das Gesamtgebiet umschreibende Darstellung dieser Disziplin. Das vorliegende Buch möchte diese Lücke füllen und bietet eine Zusammenstellung hervorragender Arbeiten auf diesem Gebiet. Wir hatten dabei mehrere Ziele vor Augen.

Zunächst ging es uns darum, all jenen Lesern, die sich noch nicht mit dem Thema befaßt haben, einen Überblick zu ermöglichen. Deshalb haben wir jedem Hauptteil eine Einleitung vorangestellt und Artikel ausgewählt, die nicht allzu sehr in die technischen Details gehen. Zweitens wollten wir diesen Band innerhalb der gegebenen räumlichen Grenzen so umfassend wie möglich anlegen. Wir haben deshalb versucht, herausragende Arbeiten zu allen Hauptgebieten der Transpersonalen Psychologie zu finden. In manchen Bereichen fehlen solche Arbeiten noch, und diese Lücken haben wir durch eigene neue Artikel zu füllen versucht. Um so viele Bereiche wie möglich abzudecken und unnötige Wiederholungen zu vermeiden, haben wir die Artikel bearbeitet und gerafft. Mancher Leser wird seine Lektüre vertiefen und auf die Originalbeiträge oder Bücher zurückgreifen wollen, wobei ihm die ausführlichen Quellenangaben und Literaturhinweise gewiß von Nutzen sein werden.

Drittens wollten wir zeigen, daß das Feld der Transpersonalen Psychologie bei aller scheinbaren Verschiedenheit der Ansätze ein geschlossenes Ganzes bildet. Wir haben deshalb Artikel mit integrativer Perspektive bevorzugt und versuchen in unseren einführenden Erörterungen zu den einzelnen Themenkreisen gemeinsame Dimensionen und Ausrichtungen sichtbar zu machen. Solche Bemühungen scheinen gerade auf dem Feld der Transpersonalen Psychologie besonders wichtig zu sein, denn sie steht nicht nur im Kreuzungspunkt eines außerordentlich breiten Fächers von Disziplinen, sondern betrachtet es auch als eines ihrer Grundanliegen, die Verbundenheit und wechselseitige Abhängigkeit aller Dinge aufzuzeigen.

Einführung: Wege zur transpersonalen Perspektive

Wir sind, was wir denken.
Alles, was wir sind, ersteht mit unseren Gedanken.
Mit unseren Gedanken machen wir die Welt.

Gautama Buddha[1]

Seit einigen Jahren wird immer deutlicher, daß unsere herkömmlichen Gedanken darüber, wer und was wir sind und was wir werden können, offenbar nicht großzügig genug sind. Materialien aus vielerlei Disziplinen – psychologischen und nichtpsychologischen, überlieferten und neuen, westlichen und nichtwestlichen – deuten darauf hin, daß wir das Potential des Menschen zu seelischem Wachstum und Wohlbefinden unterschätzt haben. Manches von diesem neuen Material ist nicht mit traditionellen psychologischen Modellen in Einklang zu bringen, und gerade aus diesen scheinbaren Widersprüchen ist die Transpersonale Psychologie hervorgegangen – als ein Versuch, die in den «Randbereichen» aufblitzende Möglichkeit eines sehr viel größeren menschlichen Potentials in den Hauptstrom abendländischer psychotherapeutischer Disziplinen zu integrieren.

Versuch einer Definition

Die Transpersonale Psychologie erstrebt eine Erweiterung des psychologischen Forschungsfeldes um jene Bereiche menschlicher Erfahrung und menschlichen Verhaltens, die einem Entwicklungsstand angehören, den wir «extreme Gesundheit» nennen wollen. In diesem Bemühen stützt sie sich ebenso auf westliche Wissenschaft wie auf östliche Weisheitslehren und versucht, die mit der Verwirklichung des menschlichen Potentials befaßten Stränge beider Traditionen zu integrieren. Ihre Interessengebiete sind breit gefächert, und das *Journal of Transpersonal Psychology*, das erstmals 1969 erschien, umschreibt seinen Gegenstand so: «Veröffentlichung von Ergebnissen theoretischer und angewandter

Forschung, von empirischen Berichten, Artikeln und Studien über den transpersonalen Prozeß, über Werte und Zustände, über das Bewußtsein der Einheit, über Metabedürfnisse, Gipfelerfahrungen, Ekstase, mystische Erfahrung, Sein, Wesen, Glückseligkeit, Ehrfurcht, Staunen, Selbsttranszendenz, ... über Theorien und Praktiken der Meditation, über spirituelle Wege, Mitgefühl, transpersonale Kooperation, transpersonale Erkenntnis und Verwirklichung und verwandte Konzepte, Erfahrungen oder Aktivitäten.»

Nach sorgfältiger Überlegung, wurde der Begriff *transpersonal* gewählt, um die Erfahrung von Menschen zu beschreiben, die von einem weit über die Sphäre der Individualität und Personalität hinausgehenden Identitätsgefühl berichteten. Wir können die Transpersonale Psychologie daher nicht einfach als eines von vielen Persönlichkeitsmodellen betrachten, denn die Persönlichkeit ist für sie nur ein Aspekt unserer psychischen Natur – das eigentliche Anliegen der Transpersonalen Psychologie besteht vielmehr darin, das Wesen des Seins zu erkunden.

Die Transpersonale Psychologie und Therapie ist schwer zu definieren, weil transpersonale Erfahrungen veränderte Bewußtseinszustände sind, womit sich sogleich die Frage der Zustandsabhängigkeit und der zustandsübergreifenden Kommunikation stellt. Da Definitionen ebenso wie Modelle einengend sein können, sollte man die Definitionen der Transpersonalen Psychologie als in der Entwicklung begriffen und nicht als fertig betrachten. Mit diesen Bedenken vor Augen können wir die folgenden Definitionen wagen:

> *Transpersonale Psychologie* verfolgt die Absicht, das Feld der psychologischen Forschung so weit auszudehnen, daß auch das Optimum an psychischer Gesundheit berücksichtigt wird. Sie setzt das Potential zu einer breiten Palette von Bewußtseinszuständen als gegeben voraus; besondere Bedeutung kommt solchen Zuständen zu, in denen das Identitätsgefühl über die normalen Grenzen von Ego und Persönlichkeit hinauswächst.
>
> *Transpersonale Psychotherapie* bedient sich auch traditioneller Mittel, geht jedoch über diese hinaus durch ihr Engagement für Entwicklungsmöglichkeiten und Bewußtseinsebenen, die jenseits dessen liegen, was herkömmlich als Gesundheit definiert wird. Sie betont die Bedeutung der Bewußtseinsveränderung und die Gültigkeit der transpersonalen Erfahrung und Identität.

Seit der Einführung einer Vielzahl bewußtseinsverändernder Techniken werden transpersonale Erfahrungen immer mehr Menschen zugänglich, unter ihnen auch Angehörige der psychiatrischen Berufe. Stanislav Grof wurde durch seine Forschungsarbeit zu einer sehr fruchtbaren Definition geführt: Transpersonale Erfahrungen, so sagte er, beinhalten eine Erweiterung des Bewußtseins über die Grenzen des Ego, aber auch über die als gegeben angenommenen Grenzen von Zeit und Raum hinaus. Bei seinen systematischen Versuchsreihen mit LSD-Psychotherapie konnte er feststellen, daß alle seine Versuchspersonen und Klienten früher oder später die psychodynamische Ebene hinter sich ließen und auf die transpersonale Ebene gelangten. Ähnliches kann jedoch auch ohne die Unterstützung durch Chemikalien eintreten, nämlich bei der Praxis von Bewußtseinsdisziplinen wie Yoga oder Meditation oder im fortgeschrittenen Stadium einer Psychotherapie. Offenbar sind solche Erfahrungen also in der menschlichen Natur angelegt, woraus folgt, daß eine psychologische Theorie, die sich als Modell der *ganzen* Person versteht, das Potential zu solchen Erfahrungen berücksichtigen muß. Dieses Buch versucht, die Hauptzüge eines solchen Modells aufzuzeigen.

Modelle – Stärken und Gefahren

Modelle sind symbolische Repräsentationen der Hauptzüge oder Dimensionen der von ihnen beschriebenen Phänomene. Mit ihrer Hilfe ist es oft möglich, sehr komplexe Phänomene überschaubar und begreiflich zu machen. Das geschieht allerdings auf Kosten der Vollständigkeit und Genauigkeit der Beschreibung, und dies ist, wie sich in den letzten Jahren immer deutlicher zeigt, nicht der einzige Preis, den man für ein Modell zahlen muß. Modelle können nämlich offensichtlich unsere Wahrnehmung beeinflussen. Vor allem dann, wenn sie nicht klar formuliert oder nicht mehr hinterfragt werden, gewinnen Modelle die Tendenz, sich selbst zu bestätigen, indem sie die Erfahrung kanalisieren, die Forschungsarbeit lenken und auch noch die Interpretation der Ergebnisse bestimmen. Modelle haben, anders gesagt, die fatale Tendenz, sich in unseren Köpfen derart festzusetzen, daß wir alles, was wir wahrnehmen, für eine Bestätigung unserer Modelle und Überzeugungen halten.

Das alles wäre vielleicht noch nicht so schlimm, würden diese Prozesse nicht größtenteils unbewußt ablaufen. Es ist also beim Umgang mit Modellen größte Vorsicht geboten, und das gilt insbesondere für die in diesem Buch geführte Diskussion, denn alle psychologischen Systeme und Ansätze basieren auf expliziten oder impliziten Modellen der menschlichen Natur. Jede psychologische Theorie richtet ihr Augenmerk auf bestimmte Bereiche oder Dimensionen der menschlichen Natur und hält sie für besonders wichtig. Hat solch eine Perspektive sich einmal gebildet, so geschieht es nur allzu leicht, daß die beobachteten Phänomene jetzt selektiv wahrgenommen und interpretiert werden. So vertreten beispielsweise Psychoanalyse und Verhaltenstherapie sehr verschiedene Ansichten über die Bestimmungsgrößen des Verhaltens; während die Psychoanalyse intrapsychische Determinanten für ausschlaggebend hält, messen die Behavioristen den Verstärkungsimpulsen aus der Umwelt die größte Bedeutung bei.

Die komplexe Natur der Verhaltensdetermination führt dazu, daß die Selbstbestätigungstendenz von Modellen in der Psychologie besonders stark ist. Jedes Verhalten ist «überdeterminiert», das heißt Ergebnis vieler verschiedener Faktoren. Andererseits kann man von jedem einzelnen Motivationsfaktor sagen, daß er an der Determinierung der meisten, wenn nicht gar aller Verhaltensweisen zumindest beteiligt ist. Wenn also jemand darauf aus ist, eine bestimmte Motivation aufzuspüren, ist damit zu rechnen, daß er sie auch findet. Wenn etwa ein Psychoanalytiker Freudscher Prägung, ein Analytiker der Adlerschen Richtung und ein Behaviorist in ein und demselben Fall nach der zentralen Motivation für ein bestimmtes Verhalten forschen, wo werden sie alle vermutlich finden, wovon sie bereits ausgingen: der eine die sexuelle Libido, der nächste das Streben nach Überlegenheit und der dritte äußere Verstärkungsfaktoren.

Das eigentliche Problem entsteht jedoch erst dann, wenn ein Therapeut oder Forscher meint, er habe mit dem Aufspüren der postulierten Motivation bewiesen, daß *nur* sein besonderes Erklärungsmodell zutrifft. In dieser Annahme verliert er den Blick für die Überdeterminiertheit und Vielgestaltigkeit des Verhaltens und damit für alle anderen möglichen Interpretationen und Modelle. Zudem werden Phänomene, die in einem bestimmten Modell keinen Platz finden, dann entweder als nicht existent behandelt oder falsch interpretiert. So hat zum Beispiel die Psychoanalyse nie die

Existenz transzendenter Bewußtseinszustände eingeräumt und war damit gezwungen, sie aus ihrer eigenen Perspektive als pathologische Ego-Regressionen von fast psychotischem Ausmaß zu interpretieren. Mystische Erfahrungen werden, aus dieser Perspektive betrachtet, zu «neurotischer Regression in die Vereinigung mit der Brust», ekstatische Zustände zu «narzißtischer Neurose»[2] und Erleuchtungserlebnisse zur Regression in den intrauterinen Zustand.[3]

Unterschiedliche psychologische Modelle werden meist als antagonistisch betrachtet, und immer wieder entstehen hitzige Auseinandersetzungen, wenn die Vertreter irgendeiner Richtung behaupten, ihr Modell sei das einzig richtige. Eine breitere Perspektive zeigt jedoch sofort, daß zumindest einige Modelle komplementär sind, einander ergänzen, und es bleibt zu hoffen, daß eine unvoreingenommene Betrachtungsweise die wichtigsten Modelle zueinander in Beziehung setzen und integrieren kann.

Das transparente Modell versteht sich daher nicht unbedingt als Ersatz für frühere Modelle und will deren Gültigkeit nicht bestreiten, sondern versucht zu zeigen, daß jedes dieser Modelle in einem wirklich umfassenden Modell von der menschlichen Natur einen wohlumschriebenen Stellenwert hat und dort begründete und zutreffende Aussagen machen kann, sofern es seinen Gültigkeitsbereich nicht überschreitet. Die Transpersonale Psychologie schließt nichts von vornherein aus, und in ihrer Hierarchie der Motive finden deshalb selbstverständlich auch Sexualität und Überlegenheitsstreben ihren Platz; aber solche Motive können hier keinen Alleingültigkeitsanspruch mehr erheben, und die Modelle, zu denen sie gehören, das Freudsche und das Adlersche, sind jetzt nichts weiter als Ansätze, die auf bestimmten Ebenen in der Hierarchie der Motive richtig und angemessen sind. Ebenso werden auch die psychodynamischen Erkenntnisse über Abwehrmechanismen nicht unbedingt hinfällig durch die neue Einsicht, daß Abwehrmechanismen nur in Verbindung mit bestimmten Ich-Zuständen in Erscheinung treten. Die Transpersonale Psychologie macht traditionelle psychologische Aussagen nicht ungültig, sondern zeigt einfach, daß ihr universaler Gültigkeitsanspruch unsinnig ist, und steckt ihren spezifischen Gültigkeitsbereich ab. Mit diesen Zusammenhängen vor Augen können wir nun betrachten, wie es zur Entwicklung der Transpersonalen Psychologie kam.

Die Geburt der Transpersonalen Psychologie

In den sechziger Jahren wurden immer mehr Stimmen laut, die sagten, daß die bestehenden Hauptmodelle, die »drei Kräfte« der abendländischen Psychologie – Psychoanalyse, Behaviorismus und Humanistische Psychologie – die höchsten Entwicklungsmöglichkeiten des menschlichen Bewußtseins nicht oder nur unzureichend berücksichtigten. Immer mehr Fachleute fanden, daß Psychoanalyse und Behaviorismus einseitig auf psychopathologische Erscheinungen ausgerichtet seien, zu unbekümmert generalisierten, ein reduktionistisches Menschenbild hätten und bestimmte Gebiete, Fragen und Daten, die für ein umfassendes Studium der Menschlichen Natur durchaus relevant sind, einfach ausklammerten – zum Beispiel Wertvorstellungen, Wille, Bewußtsein und das Streben nach Selbstverwirklichung und Selbsttranszendenz. Diesen Kritikern wurde auch immer verdächtiger, daß solcher Ignoranz nur allzu oft eine Tendenz zu pathologisierenden Interpretationen zur Seite stand.

Tatsächlich macht es die psychoanalytische Betrachtungsweise praktisch unmöglich, überhaupt noch gesundes oder auf Gesundheit ausgerichtetes Verhalten zu entdecken oder in Betracht zu ziehen – außer vielleicht als Abwehrmechanismus oder bestenfalls als Kompromiß mit fundamentalen destruktiven Kräften. Unter dieser Perspektive muß jedes Bemühen um Selbstverwirklichung und Selbsttranszendenz als illusionistisch und wertlos erscheinen – auch wenn sie in den Psychologien anderer Kulturen ausführlich beschrieben werden. Gültigkeit besitzt in solchen Modellen nur eine Psychotherapie, die letztlich auf Anpassung abzielt, nicht auf die Verwirklichung des menschlichen Potentials. «Über die Psychologie der Befreiung», so schrieb Gordon Allport, «haben wir – nichts.»[4] Freuds gesammelte Werke enthalten über vierhundert Äußerungen über Neurose, aber keine einzige über Gesundheit.

In den frühen sechziger Jahren bildete sich als Reaktion auf diese Beschränktheit herkömmlicher psychologischer Modelle die Humanistische Psychologie. Ihr Hauptaugenmerk galt dem, was spezifisch menschlich ist, und vor allem brachte sie eine ganz neue Blickrichtung ins Spiel: Hatte früher das Pathologische im Mittelpunkt des Interesses gestanden, so war es jetzt die Gesundheit. Zum Beispiel begannen humanistische Psychologen mit der Erforschung der Selbstverwirklichung und interessierten sich für Menschen, die in dieser Richtung besonders weit entwickelt zu sein schienen. In ihrem Engagement für den ganzen Menschen mieden sie alles Schubladendenken, das die menschliche Erfahrung in mechanistische Begriffe zu fassen versucht und damit nicht nur am Wesen des Menschen, sondern auch der Erfahrung selbst vorbeigeht. Die praktische Seite des humanistischen Ansatzes bestand darin, Wege zu finden, die Selbstverwirklichung bei einzelnen, in Gruppen oder Organisationen zu fördern. Daraus ging eine breite Bewegung für die Verwirklichung des menschlichen Potentials hervor, in die auch viele Ideen der Humanistischen Psychologie eingingen.

Je weiter die Grenzen der menschlichen Entwicklungsfähigkeit durch immer neue Einsichten gesteckt werden mußten, desto deutlicher wurde, daß selbst das humanistische Konzept der Selbstverwirklichung für die äußersten Bereiche der Erfahrung nicht mehr ausreichte. Abraham Maslow, einer der Wegbereiter der Humanistischen Psychologie, lenkte gegen Ende seines Lebens die Aufmerksamkeit auf Möglichkeiten, die jenseits der Selbstverwirklichung liegen, vor allem auf die Möglichkeit, den Bereich dessen, was man herkömmlich Identität und Erfahrung nennt, ganz zu transzendieren. 1968 schrieb er: «Ich (betrachte) die Humanistische Psychologie, die ‹Psychologie der Dritten Kraft›, als vorübergehend . . ., als Vorbereitung für eine noch ‹höhere› *Vierte Psychologie,* die transpersonal, transhuman ist, ihren Mittelpunkt im All hat, nicht in menschlichen Bedürfnissen und Interessen, und die über menschliche Identität, Selbstverwirklichung und ähnliches hinausgeht.»[5]

Wir müssen uns klarmachen, daß solch ein Erkennen der Beschränktheit eines Modells kein bedauerlicher, sondern ein notwendiger und wünschenswerter Schritt ist, denn die Weiterentwicklung von Modellen erfordert ein ständiges Bewußtsein ihrer Grenzen und Vorurteile und gegebenenfalls ihre Ablösung durch umfassendere Modelle. Das gestrige Modell wird eine Komponente des heutigen, und was heute noch als ein Ganzes erscheint, kann morgen schon Element eines größeren Ganzen sein. Auch das neue Modell ist gewiß wieder nicht allumfassend, aber möglicherweise doch um einen Schritt vollständiger und zutreffender. Leider sind wir nur allzu schnell bereit, an unsere Modelle zu glauben, anstatt uns zu vergegenwärtigen, daß sie nur ungefähre «Landkarten» sind; wir klammern uns an unsere Modelle und halten damit die weitere Entwicklung auf.

So berücksichtigt das transpersonale Modell, das in diesem Buch vorgestellt wird, auch Gebiete, die außerhalb der Psychoanalyse, des Behaviorismus und der Humanistischen Psychologie liegen, doch beansprucht die Transpersonale Psychologie damit nicht, «die Wahrheit» zu sein, sondern versteht sich als ein zwar vielfältigeres, aber notwendigerweise ebenfalls begrenztes Bild, das durch bessere Modelle ersetzt werden wird, wenn die Zeit dazu reif ist.

Aber nicht nur aus der Psychologie selbst, sondern auch aus anderen Wissenschaftsbereichen und aus der allgemeinen gesellschaftlichen Entwicklung kamen Impulse, die zur Geburt der Transpersonalen Psychologie führten. So brachte der unübersehbar werdende und unaufhaltsame Zusammenbruch des materialistischen Traums immer mehr Menschen dazu, in sich selbst nach jener Erfüllung zu suchen, die alles äußere Streben letztlich nicht bieten konnte. Daraus entstand die *Human-potential*-Bewegung, die wiederum den Psychologen Anlaß gab, ihre Begriffe von Gesundheit und Motivation zu überprüfen.

Auch die Drogenwelle und das Umsichgreifen bewußtseinsverändernder Techniken wie Meditation verfehlten ihre Wirkung nicht. Plötzlich machten sehr viele Menschen zutiefst erschütternde Erfahrungen in Bereichen des Bewußtseins, die mit dem täglichen Leben nicht in Beziehung zu stehen schienen und auf den Landkarten der herkömmlichen Psychologie überhaupt nicht verzeichnet waren. Manchmal waren das auch transzendente Erfahrungen, die in der Geschichte bislang nur als seltene, kurzlebige spontane Ereignisse vorgekommen waren – oder noch seltener als allmählicher Bewußtseinswandel bei einzelnen Menschen, die einen großen Teil ihres Lebens kontemplativer, meditativer oder religiöser Disziplin gewidmet hatten. Was abendländischen Menschen jahrhundertelang als mystisch, geheimnisvoll, verstiegen oder nichtexistent gegolten hatte, wurde nun für eine wachsende Minderheit überwältigend wirklich oder gar Lebensmittelpunkt.

Manche von ihnen beschäftigten sich mit nicht-westlichen Psychologien und Religionen und kamen zu der Einsicht, daß sie zutreffende Beschreibungen enthielten, die auch für den Westen von großer Bedeutung sein könnten. Als sich das Verständnis für veränderte Bewußtseinszustände zu vertiefen begann, brach sich allmählich der Gedanke Bahn, daß diese zum Teil uralten Überlieferungen Techniken für die Induzierung höherer Bewußtseinszustände beschrieben. Allmählich wurde deutlich, daß transzendente Zustände (die je nach Standpunkt religiös oder psychologisch interpretiert werden können) und die mit ihnen verbundenen tiefen Einsichten in das eigene Selbst und die Beziehungen zur Welt einem Potential entspringen, das jeder einzelne von uns besitzt.

Die Möglichkeit, einen Seinszustand, wie man ihn in tiefer Meditation manchmal plötzlich aufblitzen sieht, auf Dauer zu verwirklichen, wurde für viele ein unwiderstehlicher Wunsch. Und da es genau um dieses Ziel in den nicht-westlichen Bewußtseinsdisziplinen geht, begannen immer mehr Menschen, bei denen solche Bestrebungen absolut nicht zu vermuten gewesen wären, mit der Praxis dieser Disziplinen. Noch ein paar Jahre früher hätten die meisten von ihnen über derartiges nur mitleidig gelächelt – jetzt saßen sie plötzlich auf Meditationskissen, praktizierten Yoga oder studierten Texte, die sonst nur östliche Mystiker oder gelegentlich ein westlicher Intellektueller oder Religionsforscher zur Hand nahmen. Die Zahl der Menschen, die von dieser Bewegung ergriffen werden, wächst weiter, und die Zahl derer, die östliche Bewußtseinsdisziplinen praktizieren, geht heute allein in den Vereinigten Staaten schon in die Millionen.

Von seiten derer, die solche Erfahrungen nicht machten und auch nicht danach strebten, kam als Reaktion häufig Bestürzung, Besorgnis und Verurteilung. In den Äußerungen über veränderte Bewußtseinszustände, mystische Einheit, tiefe Einsicht in die Natur des Seins und die Ausdehnung der Identität über den Bereich von Ego und Persönlichkeit hinaus sahen sie bestenfalls Unsinn und schlimmstenfalls psychopathologische Symptome. Hieran kann man erkennen, wie schwer es ist, einem Menschen Erfahrungen zu beschreiben, die er selbst nicht gehabt hat. Die Kommunikation zwischen verschiedenen Bewußtseinszuständen ist aus mehreren Gründen sehr schwierig. Solange diese Hindernisse nicht klar genug gesehen werden, wird es immer wieder zu naiver Ablehnung oder Verurteilung aller Berichte von tiefen inneren Erfahrungen kommen.[6]

Durch empirische Forschung konnten nach und nach einige Behauptungen über die Zustandsabhängigkeit und damit verbundene Phänomene erhärtet werden. Untersuchungen an Tieren und Menschen untermauerten das Konzept der veränderten Bewußtseinszustände und der spezifischen Lern- und Kommunikationsqualitäten, die mit ihnen verbunden sind. So konnte mit der Technik des Biofeedback gezeigt werden, daß Körperfunktionen wie Puls, Blutdruck, Verdauungsabläufe und Hormonsekretion, die seit jeher als vegetativ oder automatisch gegolten haben, auch willentlich gesteuert werden können. Interessanterweise gelten solche Fähigkeiten im Osten, etwa bei fortgeschrittenen Yoga-Praktizierenden, als fast selbstverständlich – aber derartige Behauptungen wurden natürlich von westlichen Wissenschaftlern von vornherein und rundweg als völlig unmöglich abgelehnt. Auch das nur ein Beispiel für ein beharrlich wiederkehrendes Phänomen: Was über die allgemein anerkannten Grenzen menschlicher Möglichkeiten hinausgeht, darf es einfach nicht geben, und wer solche Fähigkeiten zu haben behauptet, muß ein Betrüger sein.

Auch die Meditationsforschung steuerte neue Gesichtspunkte bei. Diese Arbeit steckt zwar noch in den Kinderschuhen, aber schon jetzt weisen erste Untersuchungsergebnisse darauf hin, daß Meditation tatsächlich die psychische Entwicklung beschleunigen kann, die physiologischen Prozesse (auch des Gehirns) beeinflußt und veränderte Bewußtseinszustände induziert.[7]

Diese Faktoren trugen zu einem erneuten Interesse an der empirischen Erforschung des Bewußtseins bei. Allerdings gewinnt dieses Interesse erst in jüngster Zeit eine breite Basis, denn William James hat zwar bereits um die Jahrhundertwende das Fundament für eine Psychologie des Bewußtseins gelegt, dann aber folgte eine Zeit von mehr als einem halben Jahrhundert, in der die westliche Psychologie introspektive Selbsterforschung einfach aus ihrer Betrachtung ausschloß, weil sie so gern objektive Wissenschaft sein und nur mit «harten Tatsachen» zu tun haben wollte. Diese Einstellung blieb bis in die neuere Zeit hinein bestimmend. So schreibt zum Beispiel Robert Ornstein: «Psychologie ist in erster Linie die Wissenschaft des Bewußtseins. Sie befaßt sich direkt mit dem Bewußtsein, wo immer das möglich ist, notfalls jedoch auch indirekt über Physiologie und Verhalten.»[8] Erst in den letzten Jahren bricht sich die Einsicht Bahn, wie wichtig der direkte Zugang zum Bewußtsein ist und welche Schwierigkeiten die westliche Wissenschaft hat, diesen direkten Zugang zu finden.

Ein weiteres Forschungsfeld, das wichtige Gesichtspunkte für die transpersonale Perspektive lieferte, ist die Physik. Das Weltbild der Physik hat in jüngster Zeit einen so radikalen und in seinen Implikationen so weitreichenden Wandel durchgemacht, daß dabei das naturwissenschaftliche Selbstverständnis bis in die Grundfesten erschüttert wurde. Vor allem im subatomaren Bereich stießen die Wissenschaftler auf Phänomene von so paradoxer Natur, daß sie in traditionellen Begriffen und Theorien nicht mehr zu beschreiben waren, ja sogar wichtige Grundannahmen westlicher Wissenschaft und Philosophie radikal in Frage stellten. Traditionelle Weisen der Beschreibung leiten sich im wesentlichen aus der griechischen Philosophie ab und stellen das Universum als atomistisch, teilbar, statisch und nichtrelativistisch dar. Jetzt treten an die Stelle dieser Beschreibungen Modelle einer ganzheitlichen, unteilbaren, vernetzten, dynamischen, relativistischen Wirklichkeit, die nicht etwas vom Bewußtsein des Beobachters Getrenntes darstellt, sondern sogar eine Funktion dieses Bewußtseins ist.[9]

Wenn solche Erkenntnisse auch gar nicht zu unserem gewohnten Bild der Wirklichkeit passen wollen, so stimmen sie doch erstaunlich gut mit Beschreibungen überein, die in allen Zeiten und Kulturen von fortgeschrittenen Praktizierenden der Bewußtseinsdisziplinen gegeben wurden. Auch unter den Physikern gibt es einige, die in jüngsten Entdeckungen eher Wiederentdeckungen uralten Wissens sehen. Wir sollten uns vor Augen halten, so schreibt Robert Oppenheimer,

> . . . daß die allgemeinen Vorstellungen vom Denken und von der Gemeinschaft der Menschen, die durch die Entdeckungen der Atomphysik beleuchtet werden, ihrem Wesen nach keineswegs völlig unbekannt, völlig unerhört und neu sind. Auch in unserer Kultur haben sie ihre Geschichte, und im buddhistischen und hinduistischen Denken nehmen sie einen noch wichtigeren und zentraleren Platz ein. Was wir finden werden, ist eine Bestätigung, Belebung und Vertiefung alter Weisheit.[10]

Und Niels Bohr schreibt:

> Auf der Suche nach einer Parallele zu der Lehre, welche uns die Atomtheorie . . . erteilt hat, müssen wir uns einem der Physik so fernen Zweig der Naturwissenschaft wie zum Beispiel der Psychologie zuwenden, oder gar auf jene erkenntnistheoretischen Probleme zurückgreifen, welchen große Denker wie Buddha und Laotse gegenüberstanden, als sie sich bemühten, einen Aus-

> druck für die Harmonie in dem großen Drama des Daseins zu finden, in dem wir zugleich Schauspieler und Zuschauer sind.[11]

Bei manchen Beschreibungen der Wirklichkeit kann man kaum noch unterscheiden, ob sie aus physikalischen Schriften oder Texten östlicher Bewußtseinsdisziplinen stammen. Vergleichen wir nur, was D. T. Suzuki über das Verständnis von Raum und Zeit im Buddhismus schreibt, mit der Vorstellung, die Hermann Minkowski 1908 in die Physik einführte:

> Wir sehen uns um und nehmen wahr . . ., daß jedes Ding zu jedem anderen Ding in Beziehung steht . . ., und nicht nur räumlich, sondern auch zeitlich . . . Es ist eine Tatsache der reinen Erfahrung, daß es keinen Raum ohne Zeit gibt und keine Zeit ohne Raum; sie durchdringen sich gegenseitig.[12]

> Die Anschauungen über Raum und Zeit, die ich Ihnen entwikkeln möchte, sind auf experimentell-physikalischem Boden erwachsen. Darin liegt ihre Stärke. Ihre Tendenz ist eine radikale. Von Stund an sollen Raum für sich und Zeit für sich völlig zu Schatten herabsinken und nur noch eine Art Union der beiden soll Selbständigkeit bewahren.[13]

In der tiefsten und sensibelsten Schicht der modernen Naturwissenschaft kristallisiert sich ein *Bild* der Wirklichkeit heraus, das der Wirklichkeits*erfahrung* in den Bewußtseinsdisziplinen immer ähnlicher wird.

Schließen wir daraus aber nicht vorschnell, daß der östliche und der westliche Ansatz in eins zusammenfließen oder auch nur dieselben Phänomene beschreiben.[14] Wir können jedoch immerhin sagen, daß die Speerspitze der Naturwissenschaft auf eine Wirklichkeit zeigt, die sich uns östlichen Anschauungen zufolge dann enthüllt, wenn unsere gewohnten Wahrnehmungsverzerrungen ausgeschaltet werden. Die Transpersonale Psychologie widmet sich dem Studium dieser Verzerrungen und dem Wesen des Selbst und der Wirklichkeit, wie sie sich einer von Verzerrungen befreiten Wahrnehmung darstellen.

1. Teil: Paradigmenwechsel

Projektion bildet die Wahrnehmung. Die Welt, die du siehst,
ist, was du ihr gabst, mehr nicht ... Sie ist Zeuge deiner
Geistesverfassung, äußeres Abbild eines inneren Zustands.
Wie ein Mensch denkt, so nimmt er wahr. Trachte daher nicht,
die Welt zu ändern, sondern ändere den Geist, in dem du sie siehst.

Anonymus[1]

Jede Anschauung beruht auf Grundannahmen über die Natur der Wirklichkeit. Wo dies erkannt wird, sind Annahmen nicht mehr als Hypothesen; wo es vergessen wird, verwandeln sie sich in Glaubenssätze. Gruppen von Hypothesen bilden Modelle oder Theorien, und Gruppen von Theorien bilden Paradigmen.

Ein Paradigma ist eine Art übergreifende Theorie von solcher Reichweite, daß sie einen Beschreibungs- und Erklärungshintergrund für die meisten bekannten Phänomene eines bestimmten Gebietes darstellt.[2] So ist beispielsweise die Kreisbahntheorie der Planeten um die Sonne ein Paradigma der Astronomie. Wissenschaftliche Theorien oder Paradigmen sind – theoretisch – jederzeit veränderbar oder sogar widerlegbar. Leider ist es jedoch praktisch so, daß Theorien, die sich über längere Zeit als erfolgreich erwiesen haben, schließlich einfach als richtig gelten. Als «normative Paradigmen»[3] sind sie dann ein unausgesprochen vorausgesetzter, nicht mehr in Frage zu stellender Begriffsrahmen und diktieren schließlich, was die «natürliche und vernünftige» Art, die Welt zu betrachten, ist. So war etwa die Idee, daß die Sonne die Erde umkreist, vor der kopernikanischen Wende völlig unbestritten und wurde nicht etwa als Theorie oder Interpretation betrachtet, sondern als Faktum. Ebenso vergessen wir heute gern, daß unser Paradigma der Planetenbewegungen um die Sonne auch nur eine Theorie oder Interpretation ist.

Ist ein Paradigma erst einmal implizit geworden (d. h. nicht mehr als bloße Theorie zu erkennen), so gewinnt es eine ungeheure, aber unbemerkte Macht über seine Anhänger: Sie werden zu Gläubigen.[4] Ein Wissenschaftler, der auf diesem Gebiet arbeitet, ist nicht mehr fähig einzuräumen, daß auch andere Theorien gültig sein könnten; zu offensichtlich erscheint ihm, daß die Dinge nur so sein können, wie seine Theorie sie beschreibt.[5] Diesen Zustand nennt man «Paradigmenfixierung».[6]

Für ein neues Paradigma kann es aus diesen Gründen extrem schwierig sein sich durchzusetzen; es kommt zu einem «Paradigmen-Zusammenstoß«.[2] Animosität und mangelnde Kommunikation zwischen den streitenden Parteien haben schon oft dazu geführt, daß selbst große wissenschaftliche Neuerer zunächst abgelehnt wurden.

> Wenn die Parteien übersehen, daß sie verschiedene Denk- und Argumentationsstrukturen benutzen, so neigen sie dazu, alle Kommunikationsschwierigkeiten der anderen Seite in die Schuhe zu schieben – ihrer Unlogik, ihrem Intelligenzmangel, wenn nicht gar ihren unlauteren Absichten. Man bildet sich schließlich selbst ein, daß man verstünde, während man die eigenen Mißverständnisse geflissentlich übersieht.[7]

Ein Paradigma bildet für einen bestimmten Wissens- oder Forschungsbereich den Rahmen oder Kontext, und dieser Kontext schließt andere Arten der Information aus. Wie eine Theorie oder ein Modell formt das Paradigma die Wahrnehmung, den Gang der Untersuchung und die Interpretation der Ergebnisse so, daß es selbst bestätigt wird.[8, 9] Ein Paradigma argumentiert also stets für die Wahrheit seiner eigenen Grundannahmen. Was außerhalb seiner Reichweite liegt, betrachtet es trotzdem aus seiner Perspektive und verzerrt es auf diese Weise, was dann «Falsifizierung» genannt wird. So können Paradigmen, wie alle Modelle und Theorien, ein sehr nützliches Instrument für die Organisation und Integration des Wissens sein, werden aber zu verzerrenden Wahrnehmungsfiltern, sobald man ihre hypothetische Natur vergißt. (Siehe dazu die Betrachtungen über Modelle in der Einleitung.)

Bei den Mitgliedern einer Gruppe findet man häufig gemeinsame Grundannahmen, und nicht nur, weil bestimmte Gruppen natürlich gleichgesinnte Geister anziehen, sondern auch, weil sie höchst wirksame Verstärker für deren Lieblingsannahmen darstellen. Hinterfragung solcher Annahmen wird innerhalb einer Gruppe meist unterbunden oder zumindest nicht gefördert. Hypothetische Annahmen werden dadurch zu Glaubenssätzen, die festlegen, was zum Bewußtsein zugelassen wird und was nicht; sie bestimmen also die kulturelle Wirklichkeit.[10] Die eigenen Glaubenssysteme zu durchschauen, ist äußerst schwierig; ein wichtiger Ansatzpunkt kann aber die Auseinandersetzung mit fremden Kulturen und Überzeugungen sein.

Die Transpersonale Psychologie bedeutet für die westliche Psychologie einen Paradigmenwechsel, der zum Teil aus einer kulturübergreifenden Auseinandersetzung mit den verschiedensten Anschauungen über die Natur des Bewußtseins und der Wirklichkeit hervorgegangen ist. Die Leitparadigmen westlicher Psychologie boten keinen Raum für ein Interesse an höheren Bewußtseinszuständen und den äußersten psychischen Entwicklungsmöglichkeiten. Dieses Interesse entstand erst, als auch Wissenschaftler nichtwestliche Paradigmen zu entdecken begannen und dort radikal andere, aber offenbar wohlbegründete Anschauungen über die Natur und das psychische Potential des Menschen fanden. Es war noch ein mühsamer Weg bis zur Anerkennung der Beschränktheit traditioneller westlicher Paradigmen, aber dann war der Weg frei für die Bildung einer viel weiter gefaßten psychologischen Theorie. Natürlich sind nichtwestliche Anschauungen über die Wirklichkeit und die Natur des Menschen auch nicht frei von Beschränkungen, aber heute besteht die Hoffnung, neue Paradigmen schaffen zu können, die östlichen und westlichen Weltanschauungen Platz bieten und noch über sie hinausgehen. An dieser Stelle wollen wir die Hauptrichtungen des gegenwärtigen Wandels lediglich erwähnen, um einen ersten Überblick zu ermöglichen; eingehende Betrachtungen finden sich in den folgenden Kapiteln.

Nach abendländischer Anschauung ist Materie der Hauptbestandteil dessen, was als Wirklichkeit erfahren wird. Bewußtsein ist ein Produkt oder Begleitphänomen materieller Prozesse, wie sie etwa im Gehirn ablaufen. Im Osten gilt genau das Gegenteil: Das Bewußtsein ist vorrangig und die Materie nur ein Produkt, weshalb der materiellen Welt viel weniger Bedeutung beigemessen wird. Gegenwärtig bildet sich die Anschauung, daß keines von beiden vorrangig ist, sondern beide Ausdrucksformen einer höheren Wirklichkeit sind und in wechselseitiger Abhängigkeit stehen.[11, 12, 13]

Das herkömmliche westliche Paradigma für die Erklärung des materiellen Universums hat stets versucht, größere Ganzheiten durch Aufspaltung auf ihre Komponenten zurückzuführen; es ist also reduktionistisch und atomistisch angelegt. Die Quantenphysik zeichnet jedoch jetzt ein neues Bild, das in vielen Hinsichten mit uralten Anschauungen des Ostens übereinstimmt, das Bild einer ganzheitlichen, zusammenhängenden und unteilbaren Wirklichkeit.[13, 14] In der Tat ist das eine Entwicklung, in der die Wahrheit manchmal seltsamer anmutet, als Fiktion es je sein könnte, denn neuere Erkenntnisse legen die Annahme nahe, daß nicht nur jeder Teil des Universums mit jedem anderen in Verbindung steht, sondern daß das gesamte Universum in jedem seiner Teile enthalten ist.[15]

Die abendländische Psychologie betrachtet seit jeher den normalen Wachzustand als den höchstmöglichen Bewußtseinszustand. Die Psychologen anderer Kulturen behaupten jedoch, daß es noch höhere Entwicklungsstufen des Bewußtseins gibt, nur kann die westliche Psychologie solche Behauptungen praktisch überhaupt nicht in Erwägung ziehen, weil ihre Definition des «Normalen» und daher «Optimalen» dafür von vornherein keinen Raum bietet. Aus diesem Grund wird jetzt der Übergang zu einem umfassenderen Modell unvermeidlich. So schreibt Stanislav Grof:

> Die herkömmlichen Paradigmen sind nicht in der Lage, die täglich anwachsende Menge ihnen widersprechender Beobachtungen, die aus vielen verschiedenen Quellen stammen, einzubeziehen oder gar zu erklären. In seiner Gesamtheit spricht dieses Material für die dringende Notwendigkeit einer drastischen Revision unserer Grundannahmen über die Natur des Menschen und der Wirklichkeit.[16]

Die spezifischen Dimensionen solcher Paradigmen und die sozialen und intellektuellen Kräfte, von denen sie geschaffen werden, sind das Thema der folgenden Kapitel dieses Teils. In seinem Beitrag «Die Frage des Blickwinkels» erörtert Daniel Goleman, daß Gruppen (worunter im weitesten Sinne auch Gesellschaften und Kulturen zu verstehen sind) das Wissen und die Überzeugungen ihrer Mitglieder filtern und strukturieren und so eine gemeinsame Wirklichkeit schaffen. Im Osten wurden Bereiche psychischer Entwicklung erkundet, die weit jenseits dessen zu liegen scheinen, was hierzulande als möglich erachtet wird, während westliche Wissenschaftler weite Teile der psychopathologischen «Landschaft» bis in alle Einzelheiten aussondiert und in Karten festgehalten haben. Es gibt jedoch auch Überschneidungszonen, die für Kenner beider Systeme erkennbar sind.

Walsh, Elgin, Vaughan und Wilber beleuchten im Kapitel «Paradigmen im Zusammenstoß» einige Versuche, die Bewußtseinsdisziplinen und die westlichen Verhaltenswissenschaften zu beurteilen und miteinander zu vergleichen. Ältere Auseinandersetzungen mit den Bewußtseinsdisziplinen kamen häufig zu dem Schluß, daß die hier zu beobachtenden Erscheinungen psychopathologischer, wenn nicht gar psychotischer Natur seien. Hier wird jedoch aufgezeigt, daß solche Auseinandersetzungen an einer ganzen Reihe methodologischer, begrifflicher und paradigmatischer Mängel kranken, ganz abgesehen von der allgegenwärtigen Fehlerquelle der selektiven Wahrnehmung. Solange westliche Wissenschaftler nicht erkannten, daß die beiden Systeme verschiedenen Paradigmen entspringen, machten sie den Fehler, das östliche Modell nach den Gesichtspunkten des westlichen zu untersuchen, ein Prozeß, der nur zu Mißverständnissen führen konnte. Dies ist erst dann zu vermeiden, wenn sie ihrer eigenen paradigmatischen Grundannahmen gewahr werden und sie berücksichtigen.

In «Moderne Physik und östliche Mystik» geht Fritjof Capra näher auf die Parallelen zwischen dem Wirklichkeitsverständnis der modernen Phsyik und dem der östlichen Mystik ein. Für ihn könnten mystische Einsicht und wissenschaftliches Experimentieren komplementäre Ansätze sein, die erst gemeinsam ein vollständiges Bild der Wirklichkeit ergeben.

Die Frage des Blickwinkels

Daniel Goleman

In seiner Soziologie der Erkenntnis beschreibt Mannheim (1965), wie die Wirklichkeit vom Geist und Ethos einer Gesellschaft geformt wird. Gruppierungen von Menschen erschaffen sich durch eine Vielzahl stillschweigender Grundannahmen eine eigene Wirklichkeit. Whorf (1963) demonstriert, wie diese wirklichkeitsformenden Annahmen sich in der Sprache niederschlagen und sich ihrer bedienen. Jede Sprache enthält eine Anzahl willkürlicher Kategorien und dazu syntaktische Regeln, die diese Kategorien in ein Beziehungsgefüge einbinden; dadurch wird das fließende Kontinuum des Seins künstlich und auf eine für jede Sprache charakteristische Weise «in Scheiben geschnitten». Innerhalb dieses umfassenden kulturellen Umfeldes sorgt die Wissenschaft für weitere Normierung und Kodifizierung der Erfahrung. Wie das Zentralnervensystem oder irgendeine Gesellschaft ist auch die Wissenschaft auf bestimmte Aspekte der Wirklichkeit abgestimmt und besitzt für andere keine «Antennen». Innerhalb des Gesamtgebiets der Naturwissenschaft besitzt jeder Zweig und jedes Spezialgebiet einen noch weiter eingeschränkten Empfangsbereich und ist in gewissem Sinne eine in sich geschlossene Subkultur mit eigener Sprache und Weltanschauung.

Kuhn (1967) erörtert das Element der Willkürlichkeit in der Entwicklungsgeschichte wissenschaftlicher Schulen und beschreibt, wie sie zu ihrem Weltbild und ihrer wissenschaftlichen Praxis kommen. Grundannahmen – etwa über die Natur der Grundeinheiten, aus denen das Universum aufgebaut ist, über die Interaktion dieser Einheiten mit den Sinnen und darüber, welche Fragen und welche Verfahrensweisen für die Suche nach Antworten legitim sind – werden zur Basis für die Einführung des wissenschaftlichen Nachwuchses in ein bestimmtes Forschungsfeld, und das gleiche gilt für die begrifflichen Kategorien, die der Wissenschaftler im fortgeschrittenen Stadium seiner Ausbildung erhält und mit deren Hilfe er dann die Welt zu unterteilen versucht. Die fundamentale Annahme der «normalen Wissenschaft» (Kuhn) lautet, daß ihr bekannt sei, was die Welt ist. Hieraus wird sofort deutlich, weshalb die normale Wissenschaft häufig die Tendenz zeigt, neue Ansätze und Erkenntnisse zu unterdrücken. Ein Beispiel dafür mag die anfängliche Reaktion medizinischer Kreise in Wien auf die Arbeit Sigmund Freuds sein; ein anderes ist der in neuerer Zeit entbrannte Kampf mit der American Association for the Advancement of Science um die Anerkennung der Parapsychologie als eines legitimen Gebiets wissenschaftlicher Forschung.

Eine der Definitionen, die Kuhn dem Begriff «Paradigma» gibt, lautet: «Die Gesamtkonstellation, die Wertvorstellungen, Techniken und so weiter, die für die Mitglieder einer bestimmten Gemeinschaft Gültigkeit besitzen». Ein wissenschaftliches Paradigma ist als Gefüge verbindlicher Konstrukte grundsätzlich nichts anderes als andere gemeinschaftliche Weisen, die Welt zu betrachten – wie etwa der Buddhismus. Die Art und Weise, wie wissenschaftliche Paradigmen aufrechterhalten und übermittelt werden, ähnelt ebenfalls grundsätzlich jeder anderen Sozialisation in irgendeine gruppenspezifische Wirklichkeit hinein. Die spezialisierte Fachausbildung ist eine sekundäre Sozialisation, bei der ein frischgebackener Wissenschaftler mit einem rollenspezifischen Pradigma ausgestattet wird.

Diese Sozialisation in ein bestehendes Paradigma hinein ist wie gesagt kein nur in der Naturwissenschaft vorkommendes Phänomen, sondern betrifft auch zum Beispiel den Novizen eines lamaistischen Klosters: Beide erhalten mit ihrer formalen Schulung und Ausbildung auch die impliziten Regeln ihrer jeweiligen Rolle und des Weltbildes ihrer Kultur. Wissenschaftler und Lama treten in ein rollenspezifisches, gesellschaftlich differenziertes Sub-Universum des Wissens ein, das im Vergleich zum Allgemeinwissen esoterischen Charakter hat und von einer bestimmten Gemeinschaft getragen wird. Und in beiden kulturellen Zusammenhängen geht es bei der Überlieferung, in die der Wissenschaftler oder Lama eingeführt wird, darum, die Wirklichkeit für den Laien zu organisieren und faßlich zu machen.

Die Bildung einer psychologischen Theorie unterliegt unter anderem dem Einfluß der Biographie ihres Autors. Freud berichtet zum Beispiel in der Einleitung zu *Das Unbehagen in der Kultur* von einem Brief aus der Hand Romain Rollands, der Schüler des großen indischen Heiligen Sri Ramakrishna geworden war. Rolland beschreibt ihm darin die Empfindung von etwas «Grenzen- und Schrankenlosem», das er als physiologische Basis der mystischen Erfahrung verstand. Freud gab dieser Empfindung die Bezeichnung «ozeanisch», räumte seine Befremdung ein und seine Unfähigkeit, diese Empfindung in sich selbst zu entdecken, und zögerte nicht, Rollands Beschreibung in einer Weise umzudeuten, die seinem eigenen Weltbild entsprach. Als Ursprung nahm er ein Gefühl infantiler Hilflosigkeit an, das für ihn überhaupt die Grundlage aller religiösen Gefühle war. Hier wendete Freud eine Interpretationsschablone an, die er für ganz andere Erfahrungen als die von Rolland beschriebene entwickelt hatte, und brachte damit einen zunächst beunruhigenden Impuls unter die Kontrolle der Kategorien seiner Theorie.

Die moderne abendländische Psychologie ist keineswegs der erste Versuch, ein systematisches und erschöpfendes Verständnis des menschlichen Verhaltens zu gewinnen. Unsere wissenschaftliche Psychologie ist nicht einmal hundert Jahre alt und führt nur ein Unterfangen fort, das vermutlich so alt ist wie die Geschichte selbst. Überdies ist sie Produkt der europäisch/amerikanischen Kultur, Gesellschaft und Geistesgeschichte und als solches nur eine von zahllosen Psychologien – wenn auch die uns am meisten vertraute und angenehmste –, die in jeder vergangenen oder gegenwärtigen Kultur einen ausgesprochenen oder unausgesprochenen Bestandteil des jeweiligen Wirklichkeitsverständnisses bilden. Wenn es uns wirklich um das tiefstmögliche Verständnis der menschlichen Psyche zu tun ist, müssen wir uns ernsthaft für diese anderen psychologischen Systeme interessieren – aber nicht als exotische Kuriositäten, die wir durch unsere eigene Linse betrachten und mit unseren eigenen Maßstäben messen, sondern als ganz andere Linsen, durch die wir Einblicke gewinnen können, die von unserem eigenen psychologischen Standpunkt aus nicht möglich sind. Dabei werden wir möglicherweise manche Ansichten finden, die für unsere eigene Situation irrelevant sind, vielleicht aber auch manches Wertvolle.

Angehörige einer bestimmten Kultur, so schreibt Dorothy Lee (1950), kodifizieren die Erfahrung gemäß den Kategorien des jeweiligen linguistischen Systems und erfassen nur das an Wirklichkeit, was ihnen kodifiziert begegnet. Jede Kultur pointiert und kategorisiert die Erfahrung anders. Der Anthropologe weiß, daß das Studium fremder Kodifizierungen uns Aspekte und Erfahrungen der Wirklichkeit nahebringen kann, von denen unsere eigene Betrachtungsweise uns ausschließt.

Die Bedeutung der Aufzeichnungen Carlos Castanedas besteht zum Teil darin, daß er uns mitverfolgen läßt, unter welchen Mühen und inneren Kämpfen er sein stereotypes abendländisches Wirklichkeitsverständnis und die Voreingenommenheit des Anthropologen abstreifte, um schließlich die Lehren seiner indianischen «Informanten» völlig ungefiltert in sich aufzunehmen. Solch eine Aufgeschlossenheit wird auch von der gegenwärtigen Psychologie gefordert sein, wenn sie die Weisheit und die Einsichten traditioneller Psychologien in sich aufnehmen will. Jede Kultur besitzt ein spezielles Vokabular für die Gebiete des Daseins, die für ihre Welterfahrung eine tragende Rolle spielen. In diesem Zusammenhang ist besonders erstaunlich, daß unsere Kultur als wichtigstes Instrument für die Beschreibung innerer Erfahrung nur über eine hochspezialisierte psychopathologische Terminologie verfügt, während asiatische Kulturen wie etwa die indische mit einer ähnlich ausgefeilten Terminologie veränderte Bewußtseinszustände und Stufen der spirituellen Entwicklung beschreiben.

LaBarre (1947) weist darauf hin, daß die Ausdrucksformen für Emotionen sich von Kultur zu Kultur stark unterscheiden können, sogar Lachen oder Weinen, von denen allgemein angenommen wird, sie seien biologisch vorgeprägt. So ist es auch mit der Erfahrung und Kommunikation von Bewußtseinszuständen: Die Kultur paßt das Bewußtsein bestimmten Normen an, steckt den Rahmen «gestatteter» Erfahrung ab und bestimmt, welche Bewußtseinszustände in der gegebenen sozialen Situation angemessen und kommunizierbar sind.

Unsere normative kulturelle Wirklichkeit ist zustandsspezifisch. Da «Wirklichkeit» eine zwar willkürliche, aber durch Konsens gebildete Übereinkunft ist, kann ein veränderter, das heißt in dieser Übereinkunft nicht vorgesehener Bewußtseinszustand als gegen die Gesellschaft gerichtete Aufsässigkeit empfunden werden. Diese Furcht vor dem Unabsehbaren könnte erklären, weshalb unsere Kultur den Gebrauch bewußtseinsverändernder Mittel, zum Beispiel psychedelische Substanzen, unterdrückt und Methoden wie der Meditation generell argwöhnisch gegenübersteht.

Nun hat sich zwar unser westliches Wertesystem, das den normalen Wachzustand ganz an die Spitze stellt und veränderte Zustände (mit Ausnahme des Alkoholrauschs) ganz ausschließt, auf Gebieten wie dem ökonomischen Wachstum als überaus funktionstüchtig erwiesen, andererseits aber die Entwicklung zu höheren Bewußtseinsstufen fast ganz unterbunden. Andere, sogenannte primitive Kulturen mit einer viel geringeren materiellen Produktivität als unserer, kennen sich in den Feinheiten des Bewußtseins häufig bedeutend besser aus als wir. Manche Kulturen schulen ihre Mitglieder ausdrücklich zur Veränderung des Bewußtseins – so werden die Mitglieder der afrikanischen Buschmannkultur darin geschult, durch den Tanz in einen Trancezustand einzutreten und in dieser Trance zu heilen (Katz 1973); ein «Krieger» der Yaqui-Indianer bemüht sich um die Aufhebung seiner Wahrnehmungsgewohnheiten, um mit Naturkräften in Verbindung zu treten und Botschaften zu empfangen, die sonst unbemerkt bleiben (Castaneda); die Senoy von Malaysia fördern mit systematischer Traumarbeit die Harmonie zwischenmenschlicher Beziehungen in ihrer Gemeinschaft (Stewart 1978).

Die religiösen Lehren des Ostens enthalten psychologische Theorien – ebenso wie unsere eigene psychologische Theorie ein Ausdruck unseres Weltbildes ist. Im Rahmen ihrer jeweiligen Kosmologie sind die traditionellen östlichen Psychologien der unseren hinsichtlich ihrer «empirischen» Angemessenheit durchaus ebenbürtig, nur unterliegen sie eben nicht dem Verfahrenskanon empirischer Wissenschaft, sondern Interpretationsmustern, die sich an den Erfahrungstatsachen des täglichen Lebens bewährt haben. Berger und Luckmann (1980) bemerken dazu:

> Insoweit psychologische Theorien Elemente einer gesellschaftlichen Definition der Wirklichkeit sind, ist ihre Fähigkeit, Wirklichkeit zu erzeugen, ein Merkmal, das sie mit anderen gesellschaftlich «abgesegneten» Theorien gemein haben. Kann sich eine Psychologie gesellschaftlich etablieren (wodurch sie zur allgemein als richtig anerkannten Interpretation der objektiven Wirklichkeit avanciert), so zeigt sie eine Neigung, sich selbst in den Phänomenen zu bewahrheiten, die sie zu interpretieren vorgibt. Psychologien produzieren eine Wirklichkeit, die sie dann zur Grundlage ihrer eigenen Verifikation machen.

Der Geltungsbereich vieler traditioneller Psychologien umfaßt nicht nur das vertraute Territorium der normalen Wachbewußtheit, sondern erstreckt sich auch auf Bewußtseinszustände, die der Westen erst neuerdings überhaupt zur Kenntnis nimmt (und deren Existenz für die meisten westlichen Psychologen und Laien auch weiterhin etwas höchst Unglaubwürdiges bleiben wird, da sie sie nicht erfahren haben). Die Modelle heutiger Psychologie verhindern die Anerkennung oder gar Erforschung einer Seinsweise, die zentrale Prämisse und höchstes Gut praktisch aller psycho-spirituellen Systeme des Ostens ist. Was dort je nach Tradition als «Erleuchtung», «Buddhaschaft», «Befreiung» oder «Erweckung» bezeichnet wird, kann von keiner Kategorie der gegenwärtigen westlichen Psychologie erfaßt werden.[1] Die Paradigmen traditioneller asiatischer Psychologien erfassen jedoch nicht nur diese andere Art des Bewußtseins, sondern erstaunlicherweise auch die Hauptkategorien abendländischer Psychologie.

Das tibetische Rad des Lebens bildet zum Beispiel sechs Bereiche der Existenz ab, von denen jeder eine Metapher für einen bestimmten psychischen Zustand ist.[2] Der Bereich der Tiere vertritt die Ebene des vollständig konditionierten Verhaltens und entspricht dem Studienfeld des Behaviorismus, in dem Gewohnheiten und simple Reiz-Reaktions-Muster die Haupt-Determinante für Handeln und Denken sind. Der Bereich der Hölle repräsentiert Aggression und Angstzustände und ist gewissermaßen Emblem aller von Angst bestimmten Verhaltensweisen; dies ist der Bereich der Psychopathologie, wie er von Psychologen wie Freud, Sullivan oder Laing dargestellt wird. Das Reich der *Pretas* oder Hungrigen Geister entspricht dem Phänomen unstillbarer Gier oder Bedürftigkeit – also allem, was Maslow unter dem Begriff «Mangel-Motivation» zusammenfaßt. Im Bereich des Himmels sind gottähnliche Wesen abgebildet, die höchste Glückseligkeit und Erfüllung repräsentieren; «Gipfelerfahrungen» (Maslow) fallen in diese Kategorie, aber auch viele der Erfahrungen, die durch die Humanistische Psychologie zugänglich geworden sind. Im Streit mit den Göttern des Himmels liegen die «Eifersüchtigen Götter», Repräsentanten einer Haltung, die nicht aus Bedürftigkeit, sondern aus Neid geboren ist; diese anmaßende Konkurrenzhaltung und Selbsterhöhung ist ein Geisteszustand, der auch in der westlichen Sozialpsychologie eingehend beleuchtet worden ist, zum Beispiel von Veblen und Lorenz. Der sechste Bereich ist der des Menschen; er steht für das Potential zur Einsicht in die Grundverfassung des menschlichen Daseins. Diese Einsicht hat vieles mit Sigmund Freuds tragischer Vision gemein: daß das Leiden unentrinnbar ist.

Freud sah gegen das Leiden kein anderes Mittel, als es zu bekämpfen. Der buddhistische Psychologe, der dieselbe Einsicht als

«Erste Edle Wahrheit» formuliert, hat eine Alternative zu bieten: Ändere dein Bewußtsein und beende dadurch das Leiden. Der Bewußtseinszustand, der alle gewöhnlichen Seinszustände transzendiert, wird «Buddhaschaft» genannt. Erlangt wird sie nach vollständiger Umwandlung des Normalbewußtseins, was in erster Linie durch Meditation geschieht; einmal erlangt, bedeutet die Buddhaschaft die vollständige Auslöschung aller Zustände, die die gewöhnlichen Seinsbereiche kennzeichnen – Angst, Bedürftigkeit, Stolz und so weiter. Buddhaschaft ist eine weit höhere Stufe der Integration als alle jene Stufen, die das Entwicklungsschema heutiger Psychologie aufzeigt.

Besonders fesselnd ist am buddhistischen Entwicklungsschema, daß es der wissenschaftlichen Psychologie nicht nur zeigt, wie sehr sie zu kurz greift in dem, was sie für menschenmöglich hält, sondern auch detailliert beschreibt, wie der Wandel herbeigeführt wird: daß man nämlich durch Meditation – Ausrichtung der Aufmerksamkeit – in einen anderen Bewußtseinszustand eintreten kann und daß man durch systematische «Umschulung» von Gewohnheiten der Aufmerksamkeitsausrichtung permanente Veränderungen des Bewußtseins erreichen kann. Solch eine bleibende Veränderung ist dann nicht mehr ein veränderter Bewußtseins*zustand,* sondern eine veränderte Bewußtseins*beschaffenheit,* deren Qualitäten erhalten bleiben und auf den normalen Bewußtseinszustand zurückwirken können.

Die traditionelle und die wissenschaftliche Psychologie überschneiden sich zwar in manchen Bereichen – denken wir nur an das gemeinsame Interesse an der Aufmerksamkeitsausrichtung oder an einem Verständnis der Unentrinnbarkeit menschlichen Leidens –, aber jede Seite hat auch Gebiete, die von der anderen überhaupt nicht oder nur ganz oberflächlich berührt werden. So hat zum Beispiel das psychoanalytische Denken das, was man im Osten «Karma» nennen würde, in manchen Aspekten gründlicher und detaillierter erforscht als irgendeine östliche Schule der Psychologie. Östliche Schulen haben dafür eine Vielzahl von Techniken der Bewußtseinsveränderung entwickelt, eine ausgefeilte Methodik für den Umgang mit Wirklichkeiten jenseits des gewohnten Ichbewußtseins, das unseren normalen Bewußtseinszustand und den Gegenstand der wissenschaftlichen Psychologie bildet.

Wenn wir sagten, das Gesicht einer Psychologie sei zum Teil von der Biographie ihrer Autoren bestimmt, so sind die paradigmatischen Unterschiede traditioneller und wissenschaftlicher Psychologien auch Zeugnis verschiedener Erfahrungen des In-der-Welt-Seins. So legt beispielsweise die Psychoanalyse großen Wert auf das Konzept der Realitätsprüfung, was vom Standpunkt der Relativität von Bewußtseinszuständen aus betrachtet ein zustandsspezifisches Unterfangen ist, das von vornherein nur *eine* Art von Wirklichkeit zuläßt und die Möglichkeit verschiedener Ebenen des Bewußtseins oder der Wirklichkeit, wie sie im tibetischen Rad des Lebens abgebildet sind, gar nicht erst ins Auge faßt. So ist diese Realitätsprüfung stets eine Entweder-oder-Dichotomisierung, während die tibetische Haltung ein Verbleiben in der Nicht-Zweiheit des Sowohl-Als-auch erlaubt. Die westliche Anschauung krankt daran, daß sie unter Wirklichkeit nur das versteht, was das normale Wachbewußtsein wahrnimmt, und ungeprüft als unwirklich verwirft, was in anderen Bewußtseinszuständen wahrgenommen wird. Ein entsprechender Mangel mancher östlicher Psychologien besteht darin, daß sie die Wirklichkeit ganz außerhalb der Reichweite des Wachbewußtseins ansiedeln und die materielle Welt schlicht als Illusion beiseite schieben.

Was für die Evolution der Wissenschaft allgemein gilt, trifft auch hier im besonderen zu: Ein Integrationsversuch, der sich scheinbarer Unvereinbarkeiten in Standpunkt, Paradigma oder Weltanschauung zwischen östlicher und westlicher Psychologie annähme, könnte zu einem Gesamtkonzept höherer Ordnung führen, das ein tieferes und solider fundiertes Verständnis verschiedener Bewußtseinszustände und zustandsabhängiger Wirklichkeiten erlaubt als jeder bisher bekannte Ansatz.

Paradigmen im Zusammenstoß

Roger N. Walsh, Duane Elgin, Frances Vaughan, Ken Wilber

Westliche Verhaltensforscher haben in den letzten Jahren etliche Anläufe zu einer Einschätzung der Bewußtseinsdisziplinen unternommen. Alle diese Einschränkungen leiden jedoch an schweren begrifflichen und methodologischen Mängeln und kommen daher zu fragwürdigen Schlußfolgerungen. Dieser Beitrag will solche Mängel aufzeigen und die begrifflichen, informationellen und Erfahrungskriterien einer adäquaten Auseinandersetzung darstellen.

Dazu werden wir zunächst die Modelle der menschlichen Natur untersuchen und vergleichen, wie sie von den Bewußtseinsdisziplinen und der westlichen Wissenschaft postuliert werden, um dann zu zeigen, daß es unausweichlich zu einem «Paradigmen-Zusammenstoß» (Kuhn 1967) kommt, wenn ein Modell durch die Optik eines anderen betrachtet wird. Dabei wird sich zeigen, daß viele der bisherigen Schlußfolgerungen aus paradigmatischen Prämissen abgeleitet wurden. Ein zu oberflächliches Studium und mangelnde persönliche Erfahrung haben zudem manchen der Autoren verleitet, ihr Augenmerk an Nebensächlichkeiten zu heften und dadurch in Fallgruben zu stolpern, vor denen fortgeschrittene Praktizierende der Bewußtseinsdisziplinen ausdrücklich warnen. Schließlich werden wir noch auf neuere Entwicklungen in der westlichen Psychologie und Naturwissenschaft hinweisen, die für eine angemessene Einschätzung von großer Bedeutung sind.

Wir beginnen am besten mit einigen Definitionen, denn Begriffe, die mit verschiedenen Disziplinen verknüpft sind, werden häufig mißverstanden oder gar mit allerlei okkulten Popularismen in einen Topf geworfen. Anstelle des Ausdrucks «Bewußtseinsdisziplinen» findet man oft auch «spirituelle Disziplinen», «Schulungswege», «östliche Traditionen» oder «Mystik». Wir verstehen darunter Lehren und Praktiken, die zum Ziel haben, durch geistige Schulung tiefste Einsichten in das Bewußtseins, die mentalen Prozesse und die Wirklichkeit zu gewinnen. Solch eine Schulung ist meist äußerst intensiv und mühevoll, und es kann Jahrzehnte oder den größten Teil des Lebens dauern, bis ihre Früchte reifen. Große Bedeutung haben innerhalb solch einer Schulung meditative oder yogische Praktiken. Meditation definieren wir hier als Schulung und Praxis der Aufmerksamkeits- und Bewußtheitskontrolle; Yoga ist mehr ein Oberbegriff für verschiedenste Arten der Praxis, zu denen auch Meditation oder bestimmte Körperhaltungen *(Asanas)* gehören können. Im westlichen Verständnis sind solche Praktiken meist untrennbar mit Religionen wie Buddhismus oder Hinduismus verbunden, aber wir müssen uns vor Augen halten, daß sie nicht Gegenstände des Glaubens sind und nichts mit religiöser Dogmatik zu tun haben. Sie sind vielmehr *Praktiken,* die der einzelne anwenden kann, um Einsichten in das Selbst und die Wirklichkeit zu gewinnen, die dann natürlich sein religiöses Verständnis vertiefen können (Goleman 1978; Smith 1976).

Grundzüge der Bewußtseinsdisziplinen

Viele mystische Traditionen enthalten Modelle der menschlichen Natur, die in wesentlichen Punkten übereinstimmen und daher von westlichen Autoren mit Begriffen bezeichnet werden, die das Attribut *perennis,* «ewig» (also «zeitlos»), enthalten: Ewige Philosophie (Huxley 1949), Ewige Religion (Smith 1976), Ewige Psychologie (Wilber 1977). Natürlich können wir diese Traditionen hier nicht erschöpfend behandeln, werden aber einige Hauptdimensionen aufzeigen und den Leser auf mehr ins einzelne gehende Darstellungen verweisen.

Die meisten dieser Traditionen betrachten das Bewußtseins als ihren wichtigsten Gegenstand und enthalten zahlreiche Aussagen, die mit Grundannahmen der modernen abendländischen Weltsicht unvereinbar scheinen. Um nur vier dieser Aussagen zu nennen: 1. Unser normaler Bewußtseinszustand liegt weit unterhalb des Optimums; 2. es gibt viele, darunter auch echte «höhere» Bewußtseinszustände; 3. diese Zustände sind durch Schulung erreichbar; 4. die sprachliche Vermittlung dieser Zustände ist notwendigerweise begrenzt. Schauen wir uns diese Behauptungen genauer an.

Weit entwickelte Mystiker sagen immer wieder einhellig, daß unser normaler Bewußtseinszustand nicht nur alles andere als optimal ist, sondern sogar traumhaft und illusionär. Menschen, die sich keiner spirituellen Schulung unterziehen, sind, ob sie es wissen oder nicht, Gefangene ihres rationalen Bewußtseins, völlig (und buchstäblich) gefesselt von einem unablässigen inneren Phantasiedialog, der eine alles beherrschende Verzerrung der Wahrnehmung und Wirklichkeit erzeugt (*Maya* oder *Samsara*). Dieser Zustand bleibt so lange unbemerkt, bis wir unsere Wahrnehmungs- und Denkprozesse einer rigorosen Prüfung unterziehen, etwa durch Meditation.

So ist das Kennzeichen des normalen Menschen, daß er «schläft» und «träumt», auch im sogenannten Wachzustand. Erst wenn solch ein Wachtraum besonders schmerzhaft wird und das normale Funktionieren der Person unterbindet, wird man auf seinen pathologischen Charakter aufmerksam. Da aber die große Mehrheit der Menschen «träumt», bleibt der wirkliche Stand der Dinge unbemerkt. Gelingt es einem Menschen, sich von diesen Träumen endgültig zu lösen, so sagt man, er sei «erwacht» und könne jetzt das wahre Wesen sowohl seines eigenen früheren Zustands als auch der Verfassung anderer Menschen erkennen (Goldstein 1976, Goleman 1977, Ram Dass 1976, 1978, 1979, 1984, Wilber 1977).

In gewisser Weise ist dies eher eine Vertiefung als eine Widerlegung der Anschauungen westlicher Psychologie und Psychotherapie, denen längst bekannt ist, daß sorgfältige Experimentaluntersuchungen eine breite Vielfalt von Wahrnehmungsverzerrungen zutage fördern können, von denen die Probanden nicht einmal etwas ahnen. Die Bewußtseinsdisziplinen gehen lediglich entschieden weiter und behaupten, daß wir alle solchen Verzerrungen unterliegen, daß unsere Wahrnehmung in ihren sämtlichen Aspekten davon durchsetzt ist, daß wir sie ohne besondere geistige Schulung nicht bemerken können und daß unsere gemeinsame, konsensuelle Wirklichkeit deshalb illusorisch ist. Auch im Westen sind manche, die sich mit diesem Gebiet befaßt haben, zu ähnlichen Schlüssen gelangt (zum Beispiel Fromm 1963).

Das hat ebenso weitreichende wie erschreckende Implikationen. Abendländische Psychologie definiert Psychose als einen reduzierten Bewußtseinszustand, in dem die Wirklichkeit verzerrt gesehen und diese Verzerrung nicht erkannt wird. Aus der mystischen Perspektive betrachtet, erfüllt unser Normalzustand alle Kriterien der Psychose: Er ist ein reduzierter Zustand, verzerrt die Wirklichkeit und läßt kein Erkennen dieser Verzerrung zu. Von der Warte des höchsten Bewußtseinsniveaus betrachtet, genügt jeder einzelne Bewußtseinszustand den Kriterien der Psychose, denn jeder ist, für sich genommen, notwendigerweise beschränkt und nur relativ real (Ram Dass 1978, 1984).

Solange wir das nur als interessante Idee betrachten und behandeln, halten sich die Probleme noch in Grenzen. Haarig wird die Sache erst, wenn wir es als etwas nehmen, das sich direkt auf unsere unmittelbare Erfahrung anwenden läßt. So schreibt Charles Tart (1975):

> Wir haben einige Aspekte des Samsara (Illusion, *Maya*) weit detaillierter erkundet als die östlichen Traditionen, in denen der Begriff des Samsara entstand. Dennoch wendet so gut wie keiner der Psychologen diese Idee auf sich selbst an. Sie gehen davon aus, daß ihr eigenes Bewußtsein grundlegend logisch und klar ist. Die westliche Psychologie steht nun vor der Herausforderung, sich dieses detaillierte Material zu vergegenwärtigen, aus dem hervorgeht, daß unser Normalzustand ein samsarischer, also illusionärer Zustand ist (S. 286).

Wenn der gewöhnliche Bewußtseinszustand alles ist, was man je erfahren hat, dann ist es natürlich sehr schwierig, wenn nicht unmöglich, seine Begrenzungen zu erkennen. Mystiker sagen jedoch immer wieder: Jeder, der eine mühsame, aber notwendige Schulung auf sich nimmt, um seine Wahrnehmung aus der Umklammerung des Verstandes zu befreien, wird dann zurückschauen können und die früher unerkannte Beschränktheit sehen, in der er lebte. In unserem täglichen Erfahrungsbereich gibt es durchaus Analogien für diesen Vorgang: Wer in der Stadt mit ihrer abgasverseuchten Luft lebt, mag sich der Umweltverhältnisse zwar vage bewußt sein, erfaßt das ganze Ausmaß der Verschmutzung aber erst richtig, wenn er die Stadt einmal verläßt.

Die meisten mystischen Traditionen kennen ein breites Spektrum von Bewußtseinszuständen. Von manchen, vor allem dort, wo die Bedeutung der Meditation betont wird wie zum Beispiel im Buddhismus, wird dieses Spektrum im einzelnen und genau beschrieben. Beschreibungen der zu den einzelnen Zuständen gehörenden Phänomene und der Techniken, mit denen man sie herbeiführt, bilden eine detailtreue Landkarte veränderter Bewußtseinszustände (Brown 1977, Kornfield 1977, Wilber 1977).

Ein Wissen von der Vielfalt dieser Zustände gewinnt man natürlich am besten durch direkte Erfahrung, die durch eine meditative Praxis gewonnen wird. Es gibt jedoch auch Beispiele dafür, daß Nichtpraktizierende ihre Existenz erkannt haben. Der vielleicht erste und bedeutendste Psychologe war William James, der schon um die Jahrhundertwende schrieb, daß

> . . . unser normales waches Bewußtsein, das rationale Bewußtsein, wie wir es nennen, nur ein besonderer Typ von Bewußtsein ist, während überall jenseits seiner, von ihm durch den dünnsten Schirm getrennt, mögliche Bewußtseinsformen liegen, die ganz andersartig sind. Wir können durchs Leben gehen, ohne ihre Existenz zu vermuten; aber man setze den erforderlichen Reiz ein, und bei der bloßen Berührung sind sie in ihrer ganzen Vollständigkeit da . . . Keine Betrachtung des Universums kann abschließend sein, die diese anderen Bewußtseinsformen ganz außer Betracht läßt. Wie sie zu betrachten sind, ist die Frage . . . Auf jeden Fall verbieten sie einen voreiligen Abschluß unserer Rechnung mit der Realität. (James 1979, S. 366)

Wichtig ist hier jedoch nicht nur die bloße Existenz verschiedener Bewußtseinszustände, sondern vor allem die Tatsache, daß sie mit zustandsspezifischen Eigenschaften, Funktionen und Fähigkeiten einhergehen. Sensibilität und Klarheit der Wahrnehmung, Aufmerksamkeit, Reaktionsbereitschaft, Identitätsgefühl, affektive und kognitive Prozesse können sich je nach Bewußtseinszustand auf ganz bestimmte und vorhersehbare Weise ändern (Brown 1977, Goleman 1977).

Einige dieser Zustände werden als funktionell spezifisch und einige wenige als echte höhere Zustände angesehen. Mit der ersten Kategorie bezeichnet man Zustände, in denen bestimmte Funktionen leichter ausgeübt werden können als im Normalzustand (andere dafür gelegentlich schlechter als im Normalzustand). Echte höhere Zustände beinhalten dagegen sowohl die volle Funktionstüchtigkeit des Normalzustands als auch zusätzliche Funktionen (Tart 1972, 1975). Solche Zustände können von Wahrnehmungen, Einsichten und Affekten begleitet sein, die in der normalen Alltagserfahrung nicht vorkommen; manche dieser Erscheinungen werden als entscheidend für die Bildung echten höheren Wissens angesehen.

Verschiedene Traditionen bevorzugen verschiedene Techniken oder Kombinationen von Techniken, um die Kontrolle über Bewußtsein und Wahrnehmung zu gewinnen, und wir verweisen den interessierten Leser hier auf andere Werke, in denen eine detaillierte Klassifizierung dieser Techniken versucht wird (z. B. Goleman 1977, Wilber 1977, 1980). Ganz summarisch kann gesagt werden, daß zu allen eine Schulung der Kontrolle eines oder mehrerer Aspekte der Wahrnehmungssensibilität, der Aufmerksamkeit, der Affekte und des Erkennens gehört. Die Intensität und Dauer der Schulung, die man bis zur Meisterschaft in diesen Disziplinen braucht, ist nach westlichen Maßstäben enorm. Sri Ramana Maharshi, der vielleicht am meisten verehrte und geachtete hinduistische Lehrer der letzten Jahrhunderte, sagte dazu: «Niemand gelangt ohne Mühe zum Erfolg. Beherrschung des Geistes ist nicht euer Geburtsrecht. Wem Erfolg beschieden ist, der verdankt die Befreiung seiner Beharrlichkeit.» (Zit. in Kornfield 1977)

Medard Boss, ein schweizer Vertreter der existentiellen Psychiatrie und einer der ersten Westler, die östliche Literatur *und* Praxis erkundeten, zieht den Vergleich zwischen Ost und West. Ihn

> . . . erinnern die Absichten einer recht verstandenen Lehranalyse, wie sie heute jede ernsthafte westliche Psychotherapie fordert, in manchem an die Lehranweisungen der indischen Weisen. Verglichen mit der von diesen erwarteten Leistung an eigener Läuterung, ist jedoch selbst die beste westliche Lehranalyse nicht viel mehr als ein Propaedeuticum. (Boss 1966, S. 183f.)

Wir können die Ebenen und Ziele psychotherapeutischer Intervention grob kategorisieren als: traditionell therapeutisch (Reduzierung des Pathologischen, Verbesserung der Anpassung), existentiell (Konfrontation mit den Fragen und Problemen des Daseins und der eigenen Reaktion auf sie) und auf spirituelle Verwirklichung angelegt (Erleuchtung, Befreiung, Transzendierung der Probleme, die sich zuerst auf der existentiellen Ebene stellen). Westliche Psychologie und Therapie konzentriert sich auf die ersten beiden Ebenen, jedoch «über die Psychologie der Befreiung – nichts» (Allport in Smith 1976, Thetford et al. 1983). Offenbar sind aber im Menschen noch weitere Möglichkeiten angelegt, nämlich «was von den Christen ‹Erlösung› genannt wurde, von den Buddhisten ‹Befreiung› und ‹Erleuchtung› und von den nicht-theistischen Humanisten Liebe und Vereinigung» (Fromm und Xirau 1968). Diese Ziele sind auch der Gegenstand der Bewußtseinsdisziplinen (Brown 1977).

Interessanterweise können all diese Disziplinen noch so verschiedene Ansatzpunkte haben, letztlich zielen sie alle auf einen höchsten und dauerhaften Bewußtseinszustand, der mit Ausdrükken wie «Erleuchtung», «Samadhi», «Nirvana», «Befreiung» umschrieben wird (Goleman 1977, Johansson 1969, Ram Dass 1975 a, 1976, 1984, Smith 1976, Wilber 1975). Wir können dieses Phänomen – daß trotz verschiedenster Ansatzpunkte schließlich doch gleiche Stadien erreicht werden – als «Äquifinalität» bezeichnen (Bertalanffy 1968).

Die Anweisungen für den Weg zu den genannten Zuständen können recht explizit sein, aber die Beschreibungen der Zustände selbst fallen meist sehr viel wortkarger aus. Damit kommen wir zum letzten der hier genannten Grundsätze der Bewußtseinsdisziplinen, nämlich daß Sprache und Denken ungeeignete Mittel sind, diese Zustände zu begreifen oder auch nur zu beschreiben. So pflegte auch Gautama Buddha, der zweifellos der scharfsinnigsten logischen Analyse fähig war (Owens 1978), «ein Denker von unübertroffener philosophischer Kraft» (Burtt 1955), immer wieder zu sagen, daß «die tiefsten Geheimnisse der Welt und des Menschen dem abstrakten philosophischen Denken verschlossen» sind (Govinda 1962). Wer diese Dinge wirklich verstehen will, muß sie selbst direkt erfahren.

Die Unvereinbarkeit von Paradigmen

> Nichts ist schwieriger, als sich der stillschweigenden Voraussetzungen des eigenen Denkens kritisch bewußt zu werden . . . Jeder Gedanke kann unmittelbar geprüft werden, außer dem Gedanken, mit dem wir prüfen.
>
> Schumacher 1979, S. 67

Betrachten wir nun das Paradigma der westlichen Psychologie, um zu verstehen, was geschieht, wenn das Modell der Bewußtseinsdisziplinen aus dieser Perspektive beurteilt wird. Die Verhaltenswissenschaften kennen nur eine sehr begrenzte Zahl «normaler» Bewußtseinszustände, nämlich den Wachzustand, den Traumschlaf und den traumlosen Schlaf. Andere Zustände werden so gut wie überall pathologisch genannt und erhalten Namen wie Delirium oder Psychose. Der normale Wachzustand gilt als höchster Bewußtseinszustand; seine Merkmale sind Rationalität und intellektuelle Kontrolle (Frank 1977, Tart 1978). Die Möglichkeit funktionell spezifischer oder echter höherer Zustände wird nicht ernsthaft erwogen. Wie King (1963) trocken kommentiert: «Wir überzeugen uns gegenseitig davon, daß unser Wachzustand der einzig gesunde und richtige Zustand ist – und nur deshalb, weil wir alle gleichermaßen seine Opfer sind.»

Ähnliches gilt auch für die Wahrnehmung, denn es wird kaum bezweifelt, daß unsere gewöhnliche Wahrnehmung das Optimum des Menschenmöglichen darstellt. So wird stillschweigend als richtig angenommen, daß die Konzentration, also die Fähigkeit, die Aufmerksamkeit bewußt auszurichten und zu fixieren, nur in sehr engen Grenzen – bis zu einer oberen Grenze von drei Sekunden, wie William James um die Jahrhundertwende behauptete – trainierbar ist (James 1910). Das klingt ganz anders als die Aussagen fortgeschrittener Yogis aus den verschiedensten Kulturen, die häufig stunden- oder tagelang völlig regungslos bleiben und sich dabei keinen Augenblick von ihrem Meditationsgegenstand ablenken lassen (Brown 1977, Goleman 1977, Shapiro und Walsh 1983).

In der westlichen Wissenschaft sind Intellekt und Objektivität absolute Herrscher. Alle Phänomene, so lautet das Dogma, können durch intellektuelle Analyse ergründet werden, und diese Analyse ist das beste Erkenntnismittel. Dem entspricht der weitere Glaubenssatz, daß alle Erfahrung grundsätzlich verbalisierbar und kommunizierbar ist. Eine letzte Prämisse, an der westliche Kritiker mystischer Traditionen blind festhalten, besagt, daß die von keiner Erfahrung oder Praxis beleckte intellektuelle Untersuchung und Beurteilung anderer Traditionen der richtige Weg sei, deren wirklichen Wert zu erkennen.

Was geschieht nun aber im einzelnen, wenn die Bewußtseinsdisziplinen von dieser Warte aus betrachtet werden? Wo davon ausgegangen wird, daß unser Normalzustand das Optimum darstellt, muß natürlich die Möglichkeit echter höherer Bewußtseinszustände energisch bestritten werden. Aber damit sind wir auch noch gezwungen, Erfahrungen, die diesem «Optimalzustand» unbegreiflich bleiben, als pathologisch zu betrachten. So wird zum Beispiel das Gefühl der Einheit mit dem Universum, das transzendente Erfahrungen begleitet (Kapleau 1981, Walsh und Shapiro 1983, Wilber 1977), von westlichen Psychologen und Psychiatern gern als Regression in primitive infantile Zustände interpretiert, etwa von Alexander und Selesnich (1969):

Die offenkundigen Übereinstimmungen zwischen schizophrener Regression und der Praxis von Yoga und Zen weisen lediglich darauf hin, daß in orientalischen Kulturen ein allgemeiner Hang besteht, sich aus der erdrückenden physischen und sozialen Wirklichkeit ins Ich zurückzuziehen.

Andererseits ist natürlich die Behauptung der Yogis, daß unser Normalzustand voller Phantasien, beschränkt, unklar und illusorisch ist, für den westlichen Wissenschaftler oder Therapeuten, der nie klarere Zustände erlebt oder sein eigenes Bewußtsein ernsthaft erforscht hat, ziemlich sinnlos. Glücklicherweise ist dies eine Behauptung, die jeder leicht selbst überprüfen kann, wenn er nur bereit ist, sich der intensiven Praxis einer jener meditativen Disziplinen zu unterziehen, die sich die Erforschung des Geistes zum Ziel setzen. Schon nach ein paar Tagen intensiver Praxis wird die irrationale, unklare und unbeherrschte Natur des ungeschulten Geistes schlagend deutlich, und man fragt sich staunend, weshalb man davon früher so wenig bemerkt hat (Goldstein 1976, Kornfield 1977, Walsh 1977, 1978).

Die Behauptung, daß der Intellekt kein geeignetes Instrument ist, um die Wirklichkeit zu begreifen, die von den Bewußtseinsdisziplinen enthüllt wird, findet bei den Verhaltenswissenschaften natürlich wenig Verständnis. Wer sich allerdings mit den Implikationen der jüngsten Entdeckungen in Physik und Neurologie befaßt hat, wird weniger erstaunt sein (siehe dazu in diesem Band den Beitrag von Fritjof Capra).

Die traditionelle abendländische Philosophie kennt drei verschiedene Arten des Erkennens: Wahrnehmung, Denken und Kontemplation (Wilber, der Beitrag «Auge in Auge» in diesem Band). Alle drei Arten haben ihre besonderen Eigenschaften und Gebiete, sie überschneiden sich nur zum Teil und können nicht eine aus der anderen abgeleitet (oder eine auf die andere zurückgeführt) werden, ohne daß es dabei zu einem Kategorialfehler kommt. Wenn in den Bewußtseinsdisziplinen immer wieder gesagt wird, daß der Intellekt ungeeignet ist zur Beurteilung tieferer Erfahrung, so ist darin die Aufforderung enthalten, keine Kategorialfehler zu begehen.

Wenn ein Yogi behauptet, daß der physikalisch-empirische Ansatz grundsätzlich abwegig ist, oder wenn ein Wissenschaftler den Wert der Kontemplation rundweg bestreitet, dann sind beide einem Kategorialirrtum aufgesessen – Meditation wird Pseudophilosophie, und Wissenschaft wird Szientismus. Es wäre gewiß besser, die verschiedenen Weisen des Erkennens als komplementär zu betrachten, etwa so, wie die Beschreibungen subatomarer Teilchen als Welle oder als Partikel nachweislich beide zutreffend sind und deshalb als komplementär betrachtet werden. Keine Weise des Erkennens erfaßt alles, sondern nur den Teil oder Aspekt, der ihr ureigenes Gebiet ist; für ein umfassendes Bild der Wirklichkeit brauchen wir also eine «dynamische Erkenntnistheorie» (Globus und Franklin 1978).

Die Behauptung, daß mystische Erfahrung nicht verbal zu vermitteln ist, hat noch nie viel Sympathie gefunden. Sie wird aber ganz vernünftig, sobald wir uns klarmachen, daß Sprache begrifflichen Charakter hat und notwendigerweise Kategorialfehler erzeugen muß, wenn sie auf nichtbegriffliche Gegenstände angewendet wird. Sprache ist ein ausgezeichnetes Mittel für die Kommunikation gemeinsamer Erfahrung, ansonsten jedoch erstaunlich unbeholfen (Maslow 1966). Wo Erfahrungsbereiche sich nicht überschneiden, findet wenig oder keine Kommunikation statt; man versuche nur, einem Blinden eine Farbe zu beschreiben. Bei allen Versuchen, sich über veränderte Bewußtseinszustände zu verständigen, wird diese Beschränkung besonders deutlich.

Mystiker sind jedoch nicht die einzigen, die behaupten, daß es unmöglich ist, die tiefere Natur der Wirklichkeit mit Symbolen zu erfassen und zu vermitteln. Auch manche hervorragenden Wissenschaftler sind zu diesem Schluß gekommen. Betrachten wir zum Beispiel, wie sich zwei bekannte Physiker, Eddington und Heisenberg, dazu äußern (beide zitiert in Wilber 1977):

> Es gibt zwei Weisen des Erkennens, die ich symbolisches und intimes Erkennen nenne. Die gebräuchliche Form des Denkens und Urteilens fußt allein auf dem symbolischen Erkennen. Intimes Erkennen oder Wissen leiht sich keiner Kodifizierung oder Analyse. Besser gesagt: Wenn wir zu analysieren versuchen, geht die Intimität verloren, und Symbolik tritt an ihre Stelle. (Eddington)

> In der Quantentheorie besitzen wir zunächst keinen einfachen Sprachführer, um die mathematischen Symbole mit Begriffen der normalen Sprache in Beziehung zu setzen; und das einzige,

was wir von Anfang an wissen, ist die Tatsache, daß unsere normalen Begriffe nicht auf die Struktur von Atomen anwendbar sind. (Heisenberg)

Zudem scheinen die europäischen Sprachen schlecht gerüstet zu sein für eine präzise Beschreibung und Analyse des Bewußtseins; im Vergleich zu anderen Sprachen, zum Beispiel dem Pali, besitzen sie auf diesem Gebiet nur ein sehr beschränktes Vokabular (Tart 1975). So werden wir Opfer eines «sprachlichen Relativismus»: Wir schaffen unsere Sprache selbst und unterliegen dann ihrer Beschränktheit. «Wir sezieren die Natur entlang der Linien, die unsere Muttersprache vorgibt» (Whorf 1963).

Das Modell der Bewußtseinsdisziplinen ist umfassender als das Modell der westlichen Verhaltenswissenschaften, weil es einen größeren Bereich von Bewußtseinszuständen und Wahrnehmungsweisen berücksichtigt. Wir können das westliche Modell sogar als einen eng umschriebenen Sonderfall des mystischen Modells betrachten. Ihr Verhältnis zueinander ist vergleichbar dem Verhältnis der Newtonschen Physik zur Einsteinschen Physik. Das Newtonsche Modell gilt für makroskopische Objekte bei Geschwindigkeiten, die weit unter der Lichtgeschwindigkeit liegen. Bei dem Versuch, es auf sehr schnelle Objekte anzuwenden, versagt es. Das Einsteinsche Modell gilt dagegen für langsame ebenso wie für schnelle Objekte, und aus der Perspektive dieses Modells und seiner Logik sind die Begrenzungen des Newtonschen Modells absolut logisch und verständlich. Das Gegenteil trifft jedoch nicht zu, denn die Einsteinsche Logik ist aus der Warte der Newtonschen Logik nicht zu begreifen. Auch manche Einzelheiten, etwa die Konstanz der Lichtgeschwindigkeit oder die Massenzunahme eines Objekts bei wachsender Geschwindigkeit bleiben für diese Betrachtungsweise völlig unbegreiflich und unglaublich.

Das Newtonsche Modell ist mithin im Einsteinschen eingebettet; das aber heißt, daß seine Eigenschaften und Regeln aus der Sicht des umfassenderen Modells leicht einzusehen sind, während die umgekehrte Blickrichtung notwendigerweise zu Fehlschlüssen führt.

Was das für die Beurteilung der Bewußtseinsdisziplinen aus der Sicht der westlichen Verhaltenswissenschaften bedeutet, sollte damit klar sein. Für ein vielschichtiges Bewußtseinsmodell kann der traditionelle westliche Ansatz ein durchaus sinnvolles Modell sein, vorausgesetzt, er überschreitet nicht seinen Geltungsbereich und macht Aussagen über Zustände, die er unmöglich erfassen kann. Umgekehrt muß das Modell der Bewußtseinsdisziplinen dem westlichen Auge unbegreiflich und unsinnig erscheinen.

Weitere Hindernisse einer sinnvollen Urteilsbildung

Abgesehen von diesen paradigmatischen Voreingenommenheiten und Unvereinbarkeiten (aber natürlich mit ihnen zusammenhängend) gibt es noch eine Reihe anderer Mängel, vor allem der Logik, des Wissensstands und des Erfahrungshorizontes, die sich auf Beurteilungen der Bewußtseinsdisziplinen sehr negativ auswirken. Wer sich hierzulande mit mystischer Literatur befaßt, wird nur allzu oft von Berichten über außergewöhnliche und dramatische Vorkommnisse völlig in Bann geschlagen. Solche Phänomene reichen von unspezifischen Empfindungen über Muskelkrämpfe und dergleichen bis hin zu Visionen und «übernatürlichen» Fähigkeiten. Erfahrungen dieser Art sind vor allem in den frühen Stadien einer intensiven meditativen Praxis recht häufig. Westliche Leser übersehen jedoch oft, daß derartige Erfahrungen keineswegs das Ziel mystischer Traditionen sind. Fortgeschrittene Praktizierende betrachten sie als Begleitphänomene, denen man am besten so wenig Beachtung wie möglich schenkt (Deikman 1977).

So erzählt eine bekannte Zen-Geschichte von einem Schüler, dessen Übung es war, sich auf seinen Atem zu sammeln; eines Tages erschien er atemlos bei seinem Meister und berichtete, er habe bei seiner Übung einen von Licht umgebenen goldenen Buddha gesehen. «Allerhand», sagte der Meister. «Aber hast du deine Aufmerksamkeit auch weiter auf den Atem gesammelt?»

Westliche Erforscher der mystischen Literatur gründen ihr Urteil nicht selten auf genau die Phänomene, die man nach Anschauung der Mystiker gerade nicht so ernst nehmen soll! Der schwerwiegende und grundsätzliche Mangel besteht hier natürlich schon darin, daß man sich mit der Literatur befaßt, ohne persönliche Erfahrung mit mystischer Praxis zu besitzen. Auch davor warnen die Mystiker selbst oft genug und sagen, ein verstandesmäßiges Begreifen ohne persönliche Praxis sei völlig ausgeschlossen.

> Ohne Praxis, ohne Kontemplation erbringt eine intellektuelle, theoretische und philosophische Auseinandersetzung mit dem Buddhismus rein gar nichts. Mystische Einsichten können von unerleuchteten Menschen aus der Froschperspektive bloßen Buchwissens nicht beurteilt werden, und ein bißchen Buchwissen gibt wirklich niemandem das Recht, über mystische Erfahrung zu urteilen. (Vimalo 1974, S. 70, 73)

Unterstützt wird diese Behauptung von mehreren Seiten. Manche westliche Wissenschaftler, die zunächst skeptisch waren, haben persönliche Erfahrungen mit diesen Disziplinen gewonnen und berichten, erst dann seien einige der zunächst unverständlichen Aussagen ihnen begreiflich geworden (z. B. Deikman 1977). Die frühere wissenschaftliche Diskussion um die verschiedenen Weisen des Erkennens, wie sie zum Beispiel von Eddington und Heisenberg geführt wurde (vgl. auch Wilber 1979), geht in die gleiche Richtung, weil sie zeigt, daß eine Gleichbehandlung von begrifflichem und kontemplativem Erkennen zu Kategorialfehlern führen muß. Neuerdings gewinnt auch das Phänomen der sogenannten Zustandsabhängigkeit immer mehr Bedeutung, etwa beim zustandsabhängigen Lernen oder bei zustandsabhängiger Kommunikation (worauf wir noch zurückkommen werden), und auch hier bestätigt sich, daß für manche Formen des Lernens beziehungsweise der Kommunikation ein Wandel des Bewußtseins Vorbedingung ist.

Schließlich spielen auch noch philosophische Prinzipien eine Rolle. Das erste, das Prinzip der *adaequatio,* besagt, daß das Erkenntnisvermögen dem zu erkennenden Gegenstand adäquat sein muß (Schumacher 1979). Im engen Zusammenhang mit der Adäquatheit steht das Prinzip der «Bedeutungsabstufung». Ein und dasselbe Phänomen kann für verschiedene Beobachter mit unterschiedlichem Erkenntnisvermögen (die sich also auf verschiedenen Stufen der *adaequatio* befinden) ganz verschiedene Sinnebenen offenbaren. Ein konkretes Objekt kann beispielsweise für ein Tier einfach nur ein farbiges Ding sein (was es auch ist) und für einen Wilden nichts weiter als ein Packen mit merkwürdigen Zeichen bemalten Papiers (was es ebenfalls ist). Der normal gebildete Erwachsene erkennt es als ein Buch (was es auch wieder ist), das köstlich unsinnige Behauptungen über die Natur der Wirklichkeit aufstellt, und der Physiker erkennt schließlich in diesem selben

Objekt eine glänzende Abhandlung über Relativität, die ihm neue Einsichten vermittelt und ihm neue Ebenen der Wirklichkeit erschließt.

Das Phänomen bleibt in allen Fällen dasselbe, aber die ihm zuerkannte Sinn- und Bedeutungsebene ist eine Funktion des Begriffsvermögens und der Bildung (Adäquatheit) des jeweiligen Beobachters. Die Fakten selbst haben keine Aufschrift, aus der zu ersehen ist, auf welcher Ebene man sich ihnen zu nähern hat. Und welche Ebene man auch wählt, kein Ansatz führt zu faktischen Irrtümern oder logischen Widersprüchen: Alle Ebenen bis hinauf zur höchsten sind gleich faktisch, gleich logisch, gleich objektiv. Der Beobachter, dessen Erkenntnisvermögen den höheren Bedeutungsebenen nicht adäquat ist, wird gar nicht merken, daß er sie verfehlt (Schumacher 1979). «Wenn ich nicht weiß, daß ich nicht weiß, dann glaube ich, ich weiß» (Laing 1972). Und genau darauf zielt die Behauptung der Bewußtseinsdisziplinen, daß ein Mensch nur durch persönliche Bewußtseinsschulung jenem Wissen adäquat werden kann, um das es in den Bewußtseinsdisziplinen geht. Das ist im Prinzip keine andere Behauptung als die der Wissenschaftler, daß wissenschaftliche Erkenntnisse nur beurteilen kann, wer über eine entsprechende Ausbildung verfügt.

Heißt das, daß nur fortgeschrittene Praktizierende etwas über die Bewußtseinsdisziplinen sagen oder denken dürfen oder daß westliche Wissenschaftler erst einmal alle Yogis werden müssen? Sicher nicht! Es bedeutet jedoch, daß westliche Wissenschaftler sich klarmachen müssen, daß ihrem Verständnis für diese Disziplinen ohne besondere Vorbereitung enge erkenntnistheoretische und paradigmatische Grenzen gesetzt sind, daß wissenschaftliche Objektivität ein Gegengewicht aus persönlicher Erfahrung und Schulung braucht und daß Behutsamkeit und Aufgeschlossenheit gegenüber Aussagen, die einen anderen paradigmatischen Hintergrund haben, eher eine wissenschaftliche Haltung darstellen als die automatische Ablehnung von allem, was nicht auf den ersten Blick logisch und begreiflich wirkt.

Fortschritte der westlichen Wissenschaft

Wer sich mit den Bewußtseinsdisziplinen befaßt, sollte auch die jüngste Entwicklung in manchen Zweigen westlicher Wissenschaft berücksichtigen. Dazu gehören die Transpersonale Psychologie, die Forschungen über zustandsspezifisches Lernen, Meditationsforschung, klinische und soziologische Studien über Gipfelerfahrungen und transzendente Erfahrungen, fortgeschrittene psychedelische Therapie, aber auch das Neuland der Quanten- und Teilchenphysik.

Insbesondere die Transpersonale Psychologie befaßt sich mit Themen wie veränderte Bewußtseinszustände, Meditation, Modelle psychischer Gesundheit, Gipfelerfahrungen, mystische Erfahrungen, Implikationen von Erkenntnissen der modernen Physik und so weiter.

Ein zweites Gebiet wird von Forschung und Theoriebildung auf dem Feld der veränderten Bewußtseinszustände gebildet. Hier haben Untersuchungen an Tieren und Menschen gezeigt, daß Lernprozesse, Verständnis und Erinnerungsvermögen vom jeweiligen Bewußtseinszustand abhängig sind und seinen Begrenzungen unterliegen (Overton 1971). Informationen, die jemand in einem bestimmten Bewußtseinszustand aufnimmt, können in einem anderen Zustand für denselben Menschen nicht erinnerlich oder unbegreiflich sein. Ähnlich kann jemand, der sich im Normalzustand befindet, gänzlich unfähig sein zu verstehen, was ein anderer in einem veränderten Zustand mitzuteilen versucht («zustandsspezifische Kommunikation»), begreift aber sofort, wenn er selbst in diesen Zustand eintritt (Tart 1972, 1975). Gelegentlich kann Information, die zunächst nur in einem bestimmten Bewußtseinszustand zugänglich ist, später auch auf andere übertragen oder dort sogar leichter aufgenommen werden («zustandsübergreifende Kommunikation, zustandsübergreifendes Behalten»).

Die Relevanz dieser Entdeckungen liegt auf der Hand, wenn wir bedenken, daß die mystischen Traditionen eine ganze Palette veränderter Zustände kennen. Mystiker können in veränderte Zustände eintreten und ein bis dahin unzugängliches Wissen gewinnen. Die Schranken, die mit den Regeln zustandsübergreifender Kommunikation gegeben sind, verhindern jedoch, daß ein anderer Mensch, der diesen Zustand nicht selbst erfährt, solche Informationen aufnehmen kann. Sehr schnell bildet sich dann das Urteil, Mystiker redeten dummes Zeug, weil sie entweder grundsätzlich oder vorübergehend nicht ganz richtig im Kopf seien. Das aber ist ein voreiliger Schluß, denn nur durch die Erfahrung des gleichen Zustands wird der Beobachter fähig zu beurteilen, ob der Mystiker nicht doch ein zwar zustandsspezifisches, aber doch gültiges Wissen besitzt.

Nicht selten wird die Ansicht vertreten, daß mystische Phänomene, auch die höchsten transzendenten Erfahrungen, im Grunde pathologisch sind, psychotische oder beinah-psychotische Regressionen in einen undifferenzierten infantilen Bewußtseinszustand (Ostow 1969). Freud interpretierte das «ozeanische» Gefühl als Symptom für infantile Hilflosigkeit (1930), Alexander verstand Meditation als «selbstinduzierte Katatonie» (1931), und die Group for the Advancement of Psychiatry erkannte «Formen des Verhaltens, die zwischen Normalität und Psychose liegen» (1976). Solche Deutungen mögen zur Zeit ihres Entstehens verständlich gewesen sein, aber wer so etwas heute noch vorbringt, weiß offenbar wenig von paradigmatischen Verschiedenheiten und von dem inzwischen beträchtlich angewachsenen Material über die Psychologie und Soziologie transzendenter Erfahrungen.

Im Rahmen unserer Diskussion begrenzen wir den Begriff «transzendente Erfahrung » auf veränderte Bewußtseinszustände, die folgenden Kriterien genügen:

1. Die Erfahrung ist von solcher Kraft und so verschieden von der gewöhnlichen Erfahrung, daß sie unbeschreiblich erscheint.
2. Ein Gefühl von größerer Klarheit und gesteigertem Verständnis ist mit ihr verbunden.
3. Wahrnehmung von Raum und Zeit sind verändert.
4. Man erlebt das ganzheitliche, durchgängig integrierte Wesen des Universums und das eigene Einssein mit ihm.
5. Intensive positive Empfindungen begleiten die Erfahrung, darunter das Gefühl der Vollkommenheit des Universums.

Solche Erfahrungen haben viele verschiedene Bezeichnungen gefunden, darunter «kosmisches Bewußtsein» (Bucke 1972) und «Gipfelerfahrung» (Maslow 1964, 1971).

Hinweise aus verschiedenen Bereichen legen die Annahme nahe, daß solche Erfahrungen eher bei *psychisch gesunden* Menschen eintreten, so zum Beispiel bei Menschen, die sich im fortgeschrittenen Stadium einer Psychotherapie befinden (Bugental 1978, Walsh und Shapiro 1983) oder die (im Sinne Maslows) nach Selbstverwirklichung streben. Es könnte sein, daß erste Erfahrungen dieser Art bei den meisten Menschen vorkommen, dann aber aus Furcht, die Kontrolle zu verlieren, oder aus Unfähigkeit, tiefe Zweifel über längere Zeit zu ertragen, verdrängt oder fehlinterpretiert werden. Tatsächlich zeigen solche Menschen bei psychologischen Tests ihrer Toleranz gegenüber Zweifeln und unklaren Situationen eine deutliche Tendenz zu niedrigen Punktzahlen (Maslow 1964, Thomas und Cooper 1977). Entsprechende soziologische Untersuchungen kommen zu dem Ergebnis, daß mehr als ein Prozent der Bevölkerung solche transzendenten Erfahrungen macht und daß diese Menschen eher gebildet, ökonomisch erfolgreich, weniger rassistisch sind und bei psychologischen Tests über psychische Gesundheit überdurchschnittlich gut abschneiden (Allison 1967, Greeley 1975, Hood 1974, 1976, Thomas und Cooper 1977).

Solche Erfahrungen können im einzelnen offenbar langanhaltende Veränderungen zum Guten bewirken (Chaudhuri 1975, Roberts 1977). Livingston (1975) nennt 129 bleibende positive Wirkungen und kommt zu dem Schluß, daß positive «Rückstände» ein spezifisches Kennzeichen transzendenter Phänomene sein könnten. Dies gemahnt uns an die Ideen C. G. Jungs, der als erster westlicher Therapeut die Bedeutung der transzendenten Erfahrung für die psychische Gesundheit betonte. Er schrieb: «Es ist . . . so, daß der Zugang zum Numinosen die eigentliche Therapie ist, und insoweit man zu den numinosen Erfahrungen gelangt, wird man vom Fluch der Krankheit erlöst.» (1972, S. 465)

Maslow (1971, S. 357, 361–363) schreibt, daß die transzendente oder «Gipfel»-Erfahrung «so tief und erschütternd ist, . . . daß sie den Charakter der Person für immer verändern kann.» Nach seiner Rückkehr in den alltäglichen Bewußtseinszustand fühlt der Mensch sich mehr als sonst «als verantwortliches, aktives und schöpferisches Zentrum seines eigentlichen Handelns und seiner Wahrnehmung, stärker selbstbestimmt, frei agierend und über mehr ‹freien Willen› verfügend als sonst.» In der endgültigen Formulierung seines Konzepts von der «Hierarchie der Bedürfnisse» gelangte Maslow dahin, die Suche nach Transzendenz als den höchsten aller Werte zu betrachten, höher sogar als die Selbstverwirklichung (Roberts 1978).

Wir können nach dieser Erörterung kaum umhin, die Pathologisierung transzendenter Erfahrungen als voreilig und verfehlt zu betrachten. Damit soll nicht gesagt sein, daß bei psychisch Kranken nicht ähnliche Erscheinungen auftreten können; es scheint sogar, daß solche Erfahrungen bestimmten Menschen eher schaden – nur weitere Forschung wird diese Frage klären können. Klar ist jedoch, daß es nicht mehr vertretbar ist, sie als normalerweise oder gar notwendigerweise pathologisch zu betrachten.

Die empirische Meditationsforschung befindet sich noch in einem sehr frühen Stadium (erste Überblicke vermitteln Shapiro und Gilber 1978, Shapiro und Walsh 1983). Erste Ergebnisse bestätigen die Vermutung, daß Meditation veränderte Bewußtseinszustände induzieren und die Gesundheit verbessern kann. Kaum erforscht ist jedoch bislang die Frage, bei welchen Menschen sie am günstigsten wirkt und wem sie möglicherweise schaden kann. Wir besitzen auch noch wenig Material über ihre Wirkung bei fortgeschrittenen Praktizierenden.

Ein ebenfalls relevantes Gebiet ist die noch wenig bekannte und erst in jüngster Zeit systematisch und gründlich betriebene Arbeit mit psychedelischen Drogen. Es hat sich erwiesen, daß das Experimentieren mit niedrigen Dosen in relativ wenigen Sitzungen und mit Menschen, die an psychischen Störungen litten, zwar höchst interessante Informationen über Wahrnehmung und Psychodynamik erbrachte, dort aber steckenblieb und nicht zu tieferen Dimensionen vordringen konnte. Auch aus diesem Forschungsgebiet erhalten wir aus einer ganz anderen Richtung Hinweise auf die Existenz und Erreichbarkeit von Bewußtseinszuständen, wie sie von den Bewußtseinsdisziplinen beschrieben werden (vgl. dazu den Beitrag von S. Grof in diesem Band).

Was zu tun ist

Was muß also geschehen, damit eine wirklich adäquate Beurteilung der Bewußtseinsdisziplinen möglich wird? Zuerst und vor allem werden die Wissenschaftler, die daran arbeiten, sich vergegenwärtigen müssen, daß diese Aufgabe sehr viel anspruchsvoller ist, als sie zunächst dachten. Nachdem die Möglichkeit des Paradigmenzusammenstoßes nicht mehr von der Hand zu weisen ist, wird der erste wichtige Schritt darin bestehen, die Überzeugungen, Modelle und Paradigmen klar herauszustellen, die sie selbst in ihre Forschungsarbeit hineintragen. Dementsprechend müssen sie auch offen sein für die Möglichkeit, daß das Paradigma der Bewußtseinsdisziplinen auf seine Weise genauso wohlbegründet und konsistent ist wie unseres. Bei fremden und unverständlichen Phänomenen darf nie mehr von vornherein angenommen werden (auch nicht hypothetisch), daß sie von niederer Intelligenz oder gar psychischen Störungen zeugen. Vielmehr muß in einer solchen Situation augenblicklich geprüft werden, ob der Forschende selbst oder seine Erkenntnismethoden dem Gegenstand überhaupt adäquat sind.

So wird es sehr wichtig sein, an Faktoren wie das zustandsabhängige Lernen, die verschiedenen Weisen des Erkennens und den Unterschied zwischen intimem und symbolischem Erkennen zu denken. Man wird sich deshalb sowohl der Literatur als auch der Praxis dieser Disziplinen zuwenden und einsehen müssen, daß zumindest einige Forscher persönliche Erfahrung mit dieser Praxis haben müssen.

Es könnte notwendig werden, neue Forschungsparadigmen, wie Tart (1972, 1975) sie vorschlägt, zu entwickeln. Darin müßte der Experimentator zugleich Teilnehmer sein, eine Art «Yogi-Wissenschaftler», der sowohl in den Verhaltenswissenschaften ausgebildet als auch in den Bewußtseinsdisziplinen geschult ist. Das ist zweifellos eine extrem anspruchsvolle Verfahrensweise, aber doch notwendig für ein wirklich tiefes Verstehen.

Es dürfte wohl auch klug sein, die Warnungen fortgeschrittener Praktizierender ernst zu nehmen und sich die Dinge vor Augen zu halten, die sie als besonders wichtig bezeichnen. Man wird auch lernen müssen, zwischen den eigentlichen Bewußtseinsdisziplinen und ihren teils haarsträubenden Popularisierungen zu unterscheiden.

Eine äußerst heikle, aber gerade deswegen so notwendige Aufgabe wird für den Forscher wohl darin bestehen, sich klarzumachen, daß er selbst innere Widerstände gegen manche Ideen und Erfahrungen haben kann, weil sie vielleicht seine tiefsten Überzeugungen, sein ganzes Weltbild in Frage stellen (Deikman 1970, Goleman 1974, Wilber 1977, 1980).

> Deshalb ist es so schwer, jemandem den Weg zu erklären, der ihn nicht geht: Er wird nur seine heutige Anschauung sehen, vielmehr den möglichen Verlust dieser Anschauung. Wüßten wir doch nur, daß jeder Verlust einer Anschauung ein Fortschritt ist, wie das Leben sich wandelt, wenn wir von der geschlossenen zur offenen Wahrheit fortschreiten – eine Wahrheit wie das Leben selbst, zu groß, als daß irgendeine Anschauung sie halten könnte, weil sie alle Anschauungen umschließt . . .

eine Wahrheit, die groß genug ist, sich selbst aufzugeben und endlos in immer höhere Wahrheit überzugehen. (Satprem, 1970)

Dieser Rat eines Mystikers steht in bemerkenswerter Übereinstimmung mit der Lösung, die William James (1910) vorschlug. Das Fortschreiten zu umfassenderen Perspektiven ist, wie er sagte, nur möglich durch die Erkenntnis,

> . . . daß es immer ein «Weiteres» gibt, das über die gegenwärtige Selbstbeschränkung unseres Begreifens der gegenwärtigen Wirklichkeit hinauswächst, das Hinfinden zu einer Offenheit, in der das keimende – oder noch nicht keimende – Potential zu neuen Wirklichkeiten sich entfalten kann . . ., und zwar nicht nur ein Wirkliches, dessen Wirklichkeit sich durch voneinander unabhängige Beobachter nach heute anerkannten Modellen nachweisen läßt, sondern auch das Wirkliche, das mit dem Fortschreiten der Evolution erst ins Dasein tritt.

Diese Offenheit des «immer Weiteren», diese Bereitschaft, zumindest zeitweilig über den gegenwärtigen Standpunkt hinauszugehen, verbunden mit der größtmöglichen begrifflichen und empirischen Strenge des Verhaltenswissenschaftlers, wird uns ermöglichen, das Paradigma der Bewußtseinsdisziplinen und vielleicht unser eigenes auf angemessene Weise zu erforschen.

Die Person – was ist das?

Roger N. Walsh, Frances Vaughan

Die Grundfrage jeder Psychologie richtet sich natürlich auf ihren Gegenstand: Was ist eine Person? Je nachdem, aus welcher Perspektive eine Psychologie urteilt und welche Schwerpunkte sie setzt, können die Antworten so unterschiedlich ausfallen, daß man ganz verschiedene Bilder von der menschlichen Natur vor sich zu haben meint. Für gewöhnlich verstehen sich diese Anschauungen als alternativ oder sogar gegensätzlich, aber vermutlich sind sie alle nur Facetten eines komplexen, vieldimensionalen Ganzen. Das transpersonale Modell, das hier vorgelegt wird, will nicht die Negation anderer Modelle sein, sondern sie in einen übergreifenden Bezugsrahmen stellen, worin Bewußtseinszustände und Ebenen oder Grade der Gesundheit berücksichtigt sind, die von herkömmlichen Modellen noch kaum beachtet wurden.

Die vier Hauptdimensionen dieses Modells sind Bewußtsein, Konditionierung, Personalität und Identität. Wir benutzen diese Zentralbegriffe als Überschriften zu summarischen Darstellungen der Grundannahmen des transpersonalen Modells, die wir dann mit den paradigmatischen Voraussetzungen herkömmlicher Modelle vergleichen wollen.

Bewußtsein

Das Bewußtsein ist im transpersonalen Modell eine zentrale Dimension, die sowohl die Basis als auch den Kontext aller Erfahrung bildet. Die traditionellen westlichen Psychologien nehmen zum Thema Bewußtsein ganz verschiedene Standpunkte ein: Der Behaviorismus befaßt sich lieber gar nicht erst mit ihm, weil es kein meßbares und daher kein objektiv erforschbares Verhalten darstellt; psychodynamische und humanistische Ansätze berücksichtigen das Bewußtsein zwar, betrachten es aber eher anhand seiner Inhalte und nicht als Kontext der Erfahrung.

Aus transpersonaler Sicht ist unser Normalbewußtsein ein Schrumpfzustand, in dem wir weitgehend und vor allem meist unwissentlich von einem ständigen Strom unkontrollierbarer Gedanken und Phantasien angefüllt sind, deren Motor unsere Bedürfnisse und Widerstände sind. «Wir sind alle Gefangene unseres Bewußtseins», schreibt Ram Dass. «Und diese Erkenntnis ist der erste Schritt auf der Reise zur Freiheit.»[1]

Die Möglichkeiten des Bewußtseins umfassen weit mehr und sind vor allem jederzeit zugänglich, wenn wir nur unsere Abwehrhaltung lockern. Entwicklung wird durch Loslassen von Abwehrhaltungen in Gang gesetzt, und die Hindernisse, die uns unser stets gegenwärtiges Potential nicht erkennen lassen, werden durch Stillwerden des Geistes und durch die Auflösung von Wahrnehmungsverzerrungen beseitigt.[2, 3, 4, 5, 6]

> Das Stillwerden des Geistes ist die oberste Aufgabe und der Schlüssel zu vielen Erkenntnissen. Alle Arten von Entdeckungen werden möglich, wenn die mentale Maschinerie stehenbleibt, und wenn die Kraft zu denken schon eine erstaunliche Gabe ist, dann ist es die Kraft, nicht zu denken, um so mehr.[7]

Der transpersonale Ansatz geht davon aus, daß ein breites Spektrum veränderter Bewußtseinszustände existiert, daß manche von ihnen funktionell spezifisch sind (das heißt, Funktionen besitzen, die der Normalzustand nicht aufweist, während andere wiederum fehlen) und andere echte «höhere» Zustände darstellen.[8, 9] «Höher» bedeutet hier, daß in einem solchen Zustand das gesamte Potential tieferer Ebenen zur Verfügung steht und noch neue Möglichkeiten hinzukommen. Die Zeugnisse der verschiedensten Kulturen belegen, daß solche höheren Zustände tatsächlich erreichbar sind.[10, 11, 12, 13, 14] Nach traditioneller westlicher Anschauung existiert dagegen nur eine sehr begrenzte Anzahl von Zuständen wie etwa Wachzustand, Träumen, Rausch, Delirium. Überdies werden hier fast alle veränderten Zustände als krankhaft betrachtet.

Betrachten wir unseren Normalzustand einmal aus der transpersonalen Perspektive, so drängt sich ein nicht gerade angenehmer Gedanke auf. Denn was das traditionelle Modell unter Psychose versteht – eine verzerrte Wahrnehmung der Wirklichkeit, bei der die Verzerrung selbst nicht wahrgenommen wird –, gilt aus dieser Sicht auch oder erst recht für den Normalzustand, den wir zum Maßstab geistiger Gesundheit gemacht haben. Tatsächlich ist jeder einzelne Bewußtseinszustand begrenzt und kann nicht die ganze Wirklichkeit erfassen. Psychotisch, so könnten wir deshalb neu definieren, ist jedes ausschließliche Anhaften an irgendeinem bestimmten Bewußtseinszustand.[5, 15]

Da jeder Bewußtseinszustand sein eigenes Wirklichkeitsbild hat,[16] kann die Wirklichkeit, die wir im Normalzustand erkennen, auch nur relativ wirklich sein. Noch einmal anders ausgedrückt, ist Psychose also das ausschließliche Anhaften an irgendeiner bestimmten Wirklichkeit. Noch einmal Ram Dass:

> Wir wachsen in *einer* Ebene der Existenz auf, die wir «real» nennen. Wir identifizieren uns total mit dieser Wirklichkeit und empfinden sie als absolut, und wir übersehen geflissentlich alle Erfahrungen, die nicht mit ihr in Einklang zu bringen sind. Was Einstein physikalisch demonstrierte, gilt auch für alle anderen Aspekte des Kosmos: Alle Wirklichkeit ist relativ. Jede Wirklichkeit ist nur innerhalb bestimmter Grenzen gültig. Sie ist nur eine Version unter vielen möglichen. Von einer bestimmten Wirklichkeit zu erwachen, heißt ihre relative Realität zu erkennen.[15]

Die Wirklichkeit, die wir wahrnehmen, ist also ein Abbild unseres Bewußtseinszustands, und wir können niemals die Wirklichkeit erforschen, ohne zugleich auch uns selbst zu erforschen – denn wir *sind* und *erschaffen* selbst die Wirklichkeit, die wir erforschen.

Konditionierung

Nach der transpersonalen Anschauung sind wir weit tiefer in unsere Konditionierung verstrickt, als wir uns einzugestehen wagen, aber die Befreiung aus dieser Konditionierung ist möglich.[14] Es ist sogar das ausdrückliche Ziel transpersonaler Psychotherapie, die Bewußtheit von der Tyrannei der Konditionierung zu befreien. (Mehr darüber im Abschnitt «Identität».)

Eine Form der Konditionierung, die vor allem in östlichen Traditionen bestens dokumentiert ist, ist das sogenannte Anhaften. Das Anhaften entsteht aus unerfüllten Bedürfnissen, Wünschen und Begierden und ist daher stets mit Leiden verbunden.

Wo das Anhaften aufhört, so die Aussage vieler östlicher Lehren, hat auch das Leiden ein Ende.[17, 18]

Verhaftet sein kann man nicht nur Menschen und äußeren Dingen wie Besitz und Status, sondern auch Vorstellungen wie etwa dem Bild, das man von sich selbst hat, oder auch bestimmten Verhaltensmustern und psychischen Dispositionen. Mit am stärksten scheint das Haften am Leiden und am Gefühl des eigenen Unwerts zu sein. Sofern wir unsere Ideen aus unseren Rollen, Problemen, Beziehungen und Bewußtseinsinhalten ableiten, kann mit der Vorstellung, von diesen Verhaftungen loszulassen, auch ein Gefühl persönlicher Bedrohung verbunden sein: «Wenn ich all das loslasse, wer und was bin ich dann noch?»

Persönlichkeit

In den meisten herkömmlichen Psychologien nimmt die Persönlichkeit eine zentrale Stellung ein, so zentral, daß der Mensch und seine Persönlichkeit häufig schlicht gleichgesetzt werden. Die «gesunde Persönlichkeit» ist denn auch das Schlagwort, das die Umschläge psychologischer Bücher am häufigsten ziert.[19] Und als das Mittel, mit dem psychische Gesundheit herzustellen ist, wird meist die Persönlichkeitsänderung genannt. Aus transpersonaler Sicht kommt der Persönlichkeit jedoch eine relativ geringe Bedeutung zu; sie ist nur ein Aspekt des Seins, mit dem man sich zwar identifizieren kann, aber durchaus nicht muß. Gesundheit liegt hier nicht in der Veränderung der Persönlichkeit, sondern in der Aufgabe der ausschließlichen Identifikation mit ihr.

Auch das persönliche Drama, das jeder um seine eigene Persönlichkeit spinnt, hat hier einen anderen Stellenwert. Persönliche Dramen sind, wie Fadiman sagt,[20] ein «überflüssiger Luxus», der nur die Ganzheit des Menschen stört; sie sind emotionaler Ballast, und meist bedeutet es einen Gewinn, die Identifikation mit dem eigenen Drama und mit den Dramen anderer einfach aufzugeben.

Identität

Identität ist ein Zentralbegriff transpersonaler Psychologie, hier allerdings sehr viel weiter gefaßt als in den bisherigen Ansätzen.

Der Prozeß der Identifikation ist den traditionellen Modellen zwar bekannt, doch in erster Linie als Identifikation mit äußeren Objekten; sie wird hier als ein unbewußter Vorgang definiert, in dessen Verlauf man das Gefühl bekommt, jemand (oder etwas) anderem ähnlich oder gar gleich zu sein.[21] Die transpersonale und die östliche Psychologie kennen diese Form der Identifikation auch, behaupten aber, daß die Identifikation mit inneren Phänomenen und Prozessen weit wichtiger ist. Hier bedeutet Identifikation nämlich, daß etwas *als Ich* erfahren wird, und diese Form der Identifikation geht so tief und ist so allgegenwärtig, daß sie nicht einmal von Psychologen und Therapeuten bemerkt wird.

Es erscheint uns so sonnenklar, daß wir tatsächlich das sind, als was wir uns erfahren, daß wir gar nicht erst auf den Gedanken kommen, es in Frage zu stellen. Besonders hartnäckig und undurchschaubar sind solche Identifikationen nicht zuletzt auch dadurch, daß sie durch einen Gruppenkonsens abgesichert sind (also etwa innerhalb einer Familie oder auch einer ganzen Gesellschaft). Jeder Versuch, solche Identitäten zu hinterfragen, muß mit dem erbitterten Widerstand der ganzen Gruppe rechnen. «Versuche, vor unserer Zeit aufzuwachen, werden oft bestraft, vor allem von denen, die uns am meisten lieben. Weil sie, die Ahnungslosen, auch weiterhin schlafen. Sie glauben, daß jeder verrückt wird, der aufwacht oder der noch im Schlaf erkennt, daß das, was für real gehalten wird, ein Traum ist.»[22]

Wer Bewußtheit mit mentalen Inhalten identifiziert, beraubt sich der Möglichkeit, den größeren Kontext des Bewußtseins zu erfahren, denn durch diese Identifikation wird der Inhalt zum Kontext, zum Bezugsrahmen für alle anderen Inhalte und Erfahrungen; und der zum Kontext gewordene Inhalt interpretiert jetzt andere Inhalte, bestimmt über Sinn, Wahrnehmung, Überzeugung, Motivation und Verhalten – und zwar so, daß dieser Kontext bestätigt und verstärkt wird. Überdies setzt der Kontext psychische Prozesse in Gang, die ihn ebenfalls bestätigen.[23, 24, 25]

Deshalb hat der Prozeß der Disidentifkation weitreichende Implikationen. Wenn etwa der Gedanke «Ich habe Angst» aufkommt, und als das gesehen wird, was er ist, nämlich einfach ein Gedanke wie viele andere, dann gewinnt er wenig Einfluß. Identifiziert man sich jedoch mit ihm, dann hat man in diesem Augenblick tatsächlich Angst und erzeugt eine ganze Reihe angstvoller Gedanken und Emotionen, mit denen man sich identifiziert; man interpretiert unklare Gefühle als Angst, erlebt die Welt als furchteinflößend und handelt angstvoll. Identifkation setzt also einen Prozeß in Gang, der den Gegenstand der Identifikation bestätigt. Wenn man daran glaubt, daß man Angst hat, dann scheint alles diese Angst zu bestätigen. Und erinnern wir uns, worin das Wesen der Identifikation besteht: Man weiß nicht, daß die Wahrnehmung ganz und gar von dem Gedanken «Ich habe Angst» gefärbt ist. Man sieht jetzt diesen Gedanken selbst eigentlich nicht mehr, sondern er bildet die Perspektive, aus der man alles andere betrachtet und interpretiert. Dies ist dem Phänomen vergleichbar, das wir schon im Zusammenhang mit Modellen beschrieben haben, die zu nicht-hinterfragbaren «Wahrheiten» werden, sobald man ihren Modellcharakter nicht mehr sieht. «Wir werden von allem beherrscht, womit wir uns identifizieren. Wir können beherrschen und kontrollieren, wovon wir uns desidentifizieren.«[26] «Solange wir mit etwas identifiziert sind, leben wir in Fesseln.»[27]

Wenn wir uns vergegenwärtigen, daß unser Bewußtsein meist mit Gedanken angefüllt ist, mit denen wir uns unwissentlich identifizieren, dann wird deutlich, daß wir in unserem Normalzustand buchstäblich unter Hypnose stehen. Mit anderen Worten: In dieser Trance glauben wir, das zu sein, was unsere Gedanken, mit denen wir identifiziert sind, beinhalten – aber wie bei der Hypnose wissen wir nichts von Trance, von der Gängelung unseres Bewußtseins, und erinnern uns nicht an das Identitätsgefühl, das wir vor der Hypnose hatten. Kurz gesagt: Unser Bewußtseinszustand, unsere Identität und unsere Wirklichkeit werden von all den Gedanken gebildet, von denen wir uns noch nicht disidentifiziert haben.

> Wir sind, was wir denken.
> Alles, was wir sind, ersteht mit unseren Gedanken.
> Mit unseren Gedanken machen wir die Welt.[28]
>
> Gautama Buddha

> Wir erhalten die Welt mit unserem inneren Dialog aufrecht.[29]
>
> Don Juan

Der Mechanismus der Hypnose ist wahrscheinlich bei allen Menschen gleich, mögen die Inhalte noch so unterschiedlich sein. Auch die Tatsache, daß der kulturelle oder gesellschaftliche Zusammenhang das jeweils vorherrschende Glaubenssystem und Weltbild besonders widerstandsfähig macht, gilt wahrscheinlich überall auf der Welt.[30, 16]

> Die Wirkung der Gesellschaft besteht nicht nur darin, unserem Bewußtsein Fiktionen einzutrichtern, sondern auch darin, uns daran zu hindern, uns der Wirklichkeit bewußt zu sein . . . Jede Gesellschaft . . . (bestimmt) die Formen des Bewußtseins . . . Dieses System arbeitet soszusagen wie ein gesellschaftlich bedingter Filter; Empfindungen, die nicht durch den Filter gehen, bleiben außerhalb des Bewußtseins.[31]

Das Ego scheint ins Sein zu treten, sobald unsere Bewußtheit sich mit dem Denken identifiziert; es ist sozusagen eine Konstellation von Gedanken, mit denen wir uns identifizieren, und damit letztlich eine Illusion, die durch Einschränkung der Bewußtheit entsteht. Dies ist ein ernüchternder Gedanke, und zwar nicht nur für den einzelnen selbst, sondern für die westliche Psychologie insgesamt, die seit jeher Ich-Psychologie ist, also eine Wissenschaft, die sich einer Illusion widmet.

Jenseits der Identifikation

Was in den Bewußtseinsdisziplinen und in der Transpersonalen Psychologie als Erwachen bezeichnet wird, ist eine fortschreitende Disidentifikation von mentalen Inhalten im allgemeinen und von Gedanken in besonderen. Dies wird beispielsweise an der Einsichtsmeditation deutlich, wo der Meditierende darin geschult wird, alle mentalen Inhalte zu beobachten und ebenso schnell wie präzise zu identifizieren.[32, 14] Für die meisten ist das ein langsamer und mühsamer Lernprozeß, in dem sich die Wahrnehmung allmählich verfeinert und immer feinere Schichten der Identifikation freilegt.[33, 34, 35, 25]

Schließlich identifiziert sich die Bewußtheit mit nichts mehr ausschließlich. Das ist ein radikaler und andauernder Bewußtseinszustand, für den die Bezeichnungen Erleuchtung oder Befreiung die geläufigsten sind. Wo es keine ausschließende Identifikation mehr gibt, bricht die Grenze zwischen Ich und Nicht-Ich zusammen und man erfährt sich selbst als Nichts und Alles. Man ist Reine Bewußtheit (Nichts) und das ganze Universum (Alles). Diese Identifikation mit «Nirgendwo» und «Überall» erfahren wir als die Transzendierung von Raum und Persönlichkeit.

Ähnlich wird auch die Zeit transzendiert. Für die – etwa durch Meditation – aufs äußerste sensibilisierte Wahrnehmung ist das gesamte Universum in Fluß und daher in stetigem Wandel begriffen; Bewußtseinsinhalte kommen aus der Leere und sinken wieder in sie zurück.[32, 13, 17] Alles wandelt sich, nichts bleibt sich gleich – dies ist die Grunderfahrung der buddhistischen Lehre von der Vergänglichkeit.[33, 34, 35] Diese Erkenntnis kann die stärkste Motivation für einen fortgeschrittenen Meditierenden werden, die Motivation, alle mentalen Prozesse zu transzendieren und den unwandelbaren und un-bedingten Zustand des Nirvana zu erreichen.

In diesem höchsten Zustand reiner Bewußtheit gibt es keinerlei Identifikation mehr, auch nicht mit dem Wandel. Da Zeit aber eine Begleiterscheinung oder Funktion des Wandels ist, lebt man jetzt außerhalb der Zeit: Man hat sie transzendiert. Zeit wird als Ewigkeit oder besser Zeitlosigkeit erfahren, die Zeitlosigkeit des Ewigen Jetzt, und aus dieser Sicht ist Zeit nur noch Illusion, nämlich Produkt der Identifikation.

> Du selber machst die Zeit, das Uhrwerk sind die Sinnen,
> Hemmst du die Unruh' nur, so ist die Zeit von hinnen.[36]
>
> Angelus Silesius

Mentale Inhalte und Prozesse sind vor allem durch Konditionierung bestimmt, eine Tatsache, die westlichen und nichtwestlichen Psychologien gleichermaßen vertraut ist. Je mehr man sich mit diesen Inhalten identifiziert, desto stärker gerät man unter die Herrschaft der Konditionierung. Sobald aber die Identifikation transzendiert wird, verliert die Konditionierung ihren Ansatzpunkt. Es mögen zwar nach wie vor konditionierte Gedanken und Emotionen auftreten, aber ohne die Identifikation mit ihnen bleibt die Bewußtheit letztlich doch un-bedingt.

Die Erfahrung unbedingter reiner Bewußtheit wird offenbar als ein großes Glück empfunden, und die hinduistische Tradition beschreibt sie auch mit der Dreiheit von Sein, Bewußtsein und Glückseligkeit – *Sat-Chit-Ananda.* Ohne die Identifikation mit schmerzlichen Gedanken und Emotionen gibt es die Erfahrung des Leidens nicht mehr. Jetzt ist der Mensch einer klaren und getreuen Wahrnehmung fähig, weshalb dieser Bewußtseinszustand im tibetischen Buddhismus mit dem Ausdruck «Kristallspiegel» umschrieben wird. Und da jetzt keine ausschließenden Identifikationen mehr im Weg stehen, werden der Spiegel und sein Bild, Subjekt und Objekt, als eins erfahren; der Beobachter (das Ich), ohnehin nur ein illusorisches Produkt der Identifikation, wird nicht mehr als etwas getrennt Existierendes erfahren.

Ein Mensch, der sich so als reine Bewußtheit erfährt – eins mit allem und doch nicht identisch mit irgend etwas –, fühlt sich auch eins mit allen anderen Menschen. In diesem Bewußtseinszustand wird uns klar, daß der Ausruf der Mystiker «Wir sind eins!» unmittelbare und wörtlich zu nehmende Erfahrung ist. Wenn nichts mehr existiert als das Eine Selbst, wird der Gedanke, «anderen» zu schaden, schlicht sinnlos und kann daher gar nicht mehr aufkommen.[14] Die natürliche Ausdrucksform dieses Zustands ist Liebe und Mitgefühl für andere.

Die Beschreibungen von Menschen, die diesen Zustand kennen, machen uns deutlich, daß wir ihn allenfalls in den seltenen Augenblicken transzendenter Einsicht erleben, für die der Ausdruck «Gipfelerfahrung» geprägt wurde.[37] Unser Verstehen ist also begrenzt durch Mangel an direkter Erfahrung und die daraus entstehenden Schwierigkeiten der Kommunikation zwischen verschiedenen Zuständen. Kein Wunder also, daß solche Beschreibungen für uns oft genug unbegreiflich und für die herkömmliche Psychologie nicht interpretierbar sind. Den Fehler, solche Erfahrungsbeschreibungen deshalb für sinnlos oder gar pathologisch zu erklären, haben selbst große Psychologen gemacht. Mit der Transpersonalen Psychologie wird nun zum ersten Mal der Versuch unternommen, auch für religiöse Erfahrungen und Disziplinen einen psychologischen Bezugsrahmen zu schaffen.

Aber das, was wir als die «höchste Ebene psychischer Gesundheit» bezeichnen, kann auch die Transpersonale Psychologie als Modell nicht mehr erfassen; sie kann nur auf etwas hindeuten, was jenseits aller Modelle und auch jenseits der Person liegt, nämlich die Erfahrung der absoluten Einheit, der Identität von «Selbst» und «Gott». So kann James Bugental denn auch sagen: «Es gibt ein Wort, das, wie ich glaube, auf unsere unbeschreibbare Subjektivität hinweist, auf das unvorstellbare Potential, das in jedem von uns liegt, und dieses Wort ist: Gott.»[3]

Moderne Physik und östliche Mystik

Fritjof Capra

Die Physik des 20. Jahrhunderts hat das allgemeine philosophische Denken tief beeinflußt, weil sie eine zuvor nicht erkennbare Beschränktheit klassischer Ideen aufdeckte und eine radikale Revision vieler unserer Grundvorstellungen nötig machte. So unterscheidet sich zum Beispiel der Materiebegriff der subatomaren Physik grundsätzlich von dem, was die klassische Physik seit jeher unter materieller Substanz verstand, und ähnliches gilt für die Begriffe Raum, Zeit und Kausalität. Da diese Begriffe jedoch von fundamentaler Bedeutung für unsere Anschauungen über die Welt sind, setzte mit ihrer radikalen Neudefinierung auch ein Wandel unseres gesamten Weltbildes ein.

Die Veränderungen, die die Neue Physik in Gang setzte, scheinen uns zu einem Weltbild zu führen, das dem Weltbild der östlichen Mystik sehr ähnlich ist.

Eine ins einzelne gehende Analyse der Parallelen zwischen den Leittheorien der modernen Physik und den mystischen Traditionen des Fernen Ostens ist in meinem Buch *Das Tao der Physik* nachzulesen. Hier will ich mich auf zwei Ideen konzentrieren, die in der gesamten östlichen Mystik eine bedeutende Rolle spielen und auch im Weltbild der modernen Physik Leitmotive darstellen: die Einheit und wechselseitige Verbundenheit aller Dinge und Ereignisse sowie die zutiefst dynamische Natur des Universums.

Nach einer kurzen Gegenüberstellung des mechanistischen Weltbildes der klassischen Physik mit der «organischen» Betrachtungsweise östlicher Mystik werde ich zeigen, wie die Anschauung von der durchgängigen Verbundenheit der Natur sich in der Quantentheorie bildete, wie sie in der Relativitätstheorie einen dynamischen Charakter erhielt und eine neue Vorstellung von subatomaren Teilchen mit sich brachte, die in enger Beziehung zur östlichen Anschauung der materiellen Welt steht.

Mechanistische und organische Weltanschauung

Das traditionelle Weltbild der klassischen Physik ist mechanistisch. Es wurzelt in der Philosophie der griechischen Atomisten, nach denen die Materie aus «Grundbausteinen» besteht, den Atomen, die an sich passiv und tot sind. In Bewegung gesetzt wurden sie von einer äußeren Kraft, die man sich oft als geistig dachte, also dem Charakter der Materie grundsätzlich entgegengesetzt. Diese Vorstellung eroberte sich einen Platz im Grundbestand der westlichen Denkweise; aus ihr ging der Dualismus von Geist und Materie (oder Körper) hervor, der für das westliche Denken so kennzeichnend ist. Seine am schärfsten zugespitzte Formulierung erhielt dieser Dualismus in der Philosophie Descartes', der sein Naturbild auf eine fundamentale Scheidung der Wirklichkeit in zwei getrennte Bereiche gründete: den des rationalen Verstandes *(res cogitans)* und den der Materie *(res extensa)*. Diese kartesianische Scheidung erlaubte den Wissenschaftlern, die Materie als etwas Totes und von ihnen selbst völlig Getrenntes zu betrachten und die gesamte materielle Welt zu einer gewaltigen Maschine aus zahllosen Einzelteilen zu erklären. Auch Newton fühlte sich diesem Weltbild verpflichtet und gründete darauf seine Mechanik und die gesamte klassische Physik.

Diesem mechanistischen Weltbild gegenüber steht die Betrachtungsweise der östlichen Mystik, die wir mit dem Wort «organisch» kennzeichnen können, weil sie alle Phänomene des Universums als unablösbare Betstandteile eines durchgängig verbundenen, harmonischen Ganzen darstellt. Für den östlichen Mystiker sind alle Dinge und Ereignisse, die mit den Sinnen wahrgenommen werden, aufeinander bezogen und miteinander verbunden – nur verschiedene Aspekte oder Manifestationen ein und derselben letzten Wirklichkeit. Unsere Neigung, die Welt, die wir wahrnehmen, in einzelne und getrennte «Dinge» zu teilen und uns selbst in dieser Welt als isolierte Egos zu sehen, wird als «Illusion» betrachtet, die unsere messende und kategorisierende Mentalität uns vorgaukelt. Die Unterteilung der Natur in einzelne Objekte ist natürlich nützlich und sogar notwendig für die Bewältigung unseres Alltags, aber durchaus kein Grundzug der Natur. Für den östlichen Mystiker hat jedes Ding einen fließenden, sich beständig wandelnden Charakter. Das östliche Weltbild ist also von dynamischer Natur, und Zeit und Veränderung gehören zu seinen Wesenszügen. Der Kosmos wird als *eine* unteilbare Wirklichkeit gesehen, als spirituell und materiell zugleich – ewig in Bewegung, lebendig, organisch. Wenn Bewegung und Veränderung aber Wesensmerkmale der Dinge sind, können auch die Kräfte der Bewegung nicht außerhalb sein wie in der klassischen griechischen Naturlehre, sondern sind immanente Eigenschaft der Materie. Ich möchte jetzt darstellen, wie die Hauptzüge dieser Anschauung sich in der modernen Physik darstellen.

Die Quantentheorie

Eine der wichtigsten Einsichten der Quantentheorie besteht darin, daß die atomare Wirklichkeit nicht von starren Gesetzen, sondern von Wahrscheinlichkeit regiert wird, und zwar nicht nur in ihren Prozessen, sondern in ihrem Bestand überhaupt. Subatomare Partikel existieren nicht mit Bestimmtheit an bestimmten Orten, sondern zeigen, wie Heisenberg (1978) es ausdrückt, «Tendenzen zu existieren». Ebenso treten atomare Ereignisse nicht mit Gewißheit zu bestimmten Zeiten und auf bestimmte Weise auf, sondern zeigen «Tendenzen aufzutreten». Henry Stapp (1971) hat hervorgehoben, daß diese Tendenzen oder Wahrscheinlichkeiten keine Wahrscheinlichkeiten von «Dingen» sind, sondern eher Wahrscheinlichkeiten von Beziehungen. Jedes beobachtete atomare «Objekt» stellt ein vermittelndes System dar, das eine Verbindung zwischen der Vorbereitung eines Experiments und der anschließenden Messung herstellt. Nur in diesem Kontext existiert es überhaupt und hat es Bedeutung – nicht als für sich selbst bestehende Entität, sondern als Bindeglied zwischen den Prozessen der Vorbereitung und der Messung. Die Eigenschaften des Objekts können nicht unabhängig von diesen Prozessen definiert werden. Modifiziert man die Vorbereitung oder die Messung, so verändern sich auch die Eigenschaften des Objekts.

Andererseits zeigt die Tatsache, daß wir von «Objekten» sprechen – von einem Atom, einem Elektron oder irgend einem anderen beobachteten System –, daß wir eine unabhängige physikalische Einheit im Sinn haben, die zuerst irgendwie bereitgestellt und dann gemessen wird. Das Grundproblem aller Beobachtung in der Atomphysik besteht nun nach Stapp darin, daß «das beobachtete System isoliert sein muß, um definierbar zu sein, andererseits aber interagieren muß, um beobachtbar zu sein». Dieses Problem wird in der Quantentheorie pragmatisch gelöst durch die Forderung, daß zwischen der Zone der Vorbereitung und der Zone der Messung ein großer Abstand bestehen muß, so daß das beobachtete Objekt unterwegs frei von ihren Einflüssen ist.

Natürlich muß dieser Abstand im Prinzip unendlich groß sein, denn im Rahmen der Quantentheorie kann eine bestimmte physikalische Gegebenheit im Grunde nur dann präzise definiert werden, wenn sie *keinerlei* Einfluß unterliegt. Praktisch ist das natürlich nicht möglich – aber auch gar nicht notwendig, wenn wir berücksichtigen, daß die moderne Naturwissenschaft ohnehin davon ausgeht, daß alle ihre Begriffe und Theorien nur Annäherungen sind. In unserem Fall heißt das, daß eine bestimmte physikalische Gegebenheit keine absolut präzise Definition braucht, sondern näherungsweise definiert werden kann. Bei hinreichend großen Abständen zwischen den Orten der Vorbereitung und der Messung werden die Störeinflüsse so klein, daß man sie vernachlässigen und von einer bestimmten, wohlunterschiedenen physikalischen Gegebenheit sprechen kann. Dieser Begriff ist also streng genommen eine Idealisierung. Befinden sich die Meßinstrumente nicht in genügend großer Entfernung, so können wir ihren Einfluß nicht mehr vernachlässigen, so daß das gesamte makroskopische System eine geschlossene Ganzheit bildet und der Begriff des beobachteten Objekts hinfällig wird.

So erkennt also die Quantentheorie die Verbundenheit aller Dinge als ein Wesensmerkmal des Universums. Sie zeigt, daß wir die Welt nicht in unabhängig existierende kleinste Einheiten zerlegen können. Wenn wir in die Materie eindringen, stellen wir fest, daß sie aus Partikeln besteht, aber das sind keine «Grundbausteine» im Sinne von Demokrit oder Newton. Sie sind für die Teilchenphysik eine nützliche Idealisierung, letztlich aber ohne eigene Bedeutung. Um es mit den Worten Niels Bohrs (1934, S. 54) zu sagen:

> Isolierte Materieteilchen sind Abstraktionen, und ihre Eigenschaften sind nur beobachtbar und definierbar durch ihre Interaktion mit anderen Systemen.

Das kosmische Netz

Auf der atomaren Ebene lösen sich also die festen materiellen Objekte der klassischen Physik in Wahrscheinlichkeitsmuster auf, und diese Muster repräsentieren nicht Wahrscheinlichkeiten von Dingen, sondern Wahrscheinlichkeiten von Beziehungen und Interaktionen. Seit der Formulierung der Quantentheorie können wir das Universum nicht mehr als eine Ansammlung physikalischer Objekte betrachten, sondern müssen es als kompliziertes Beziehungsgeflecht zwischen den «Teilen» eines einheitlichen Ganzen betrachten. So schreibt Werner Heisenberg (1978, S. 69):

> Die Welt erscheint in dieser Weise als ein kompliziertes Gewebe von Vorgängen, in dem sehr verschiedenartige Verknüpfungen sich abwechseln, sich überschneiden und zusammenwirken und in dieser Weise schließlich die Struktur des ganzen Gewebes bestimmen.

In dieser Art und Weise erfahren jedoch auch die östlichen Mystiker die Welt, und sie beschreiben ihre Erfahrung oft in Worten, die der Ausdrucksweise der Atomphysiker verblüffend ähnlich sind. Nehmen wir nur die folgende Aussage von Lama Anagarika Govinda, einem tibetischen Buddhisten europäischer Herkunft (1975, S. 102):

> Der Buddhist glaubt nicht an eine unabhängig oder getrennt von ihm existierende objektive Außenwelt, in deren Triebkräfte er sich einschalten könnte. Innen- und Außenwelt sind für ihn die zwei Seiten desselben Gewebes, in dem die Fäden aller Kräfte und allen Geschehens, aller Bewußtseinsformen und -objekte zu einem unzertrennbaren Netz endloser, gegenseitig sich bedingender Beziehungen verwoben sind.

Diese Aussage verdeutlicht noch einen anderen Aspekt, der sowohl in der modernen Physik als auch in der östlichen Mystik von fundamentaler Bedeutung ist. Die universale Verbundenheit und Ganzheit der Natur schließt auch den menschlichen Beobachter und sein Bewußtsein ein. Auf der Ebene der Quantenphysik sind beobachtete «Objekte» überhaupt nur noch zu interpretieren vor dem Hintergrund der Interaktion zwischen den Prozessen der Vorbereitung und der Messung, und das Ende dieser Prozeßkette liegt immer im Bewußtsein des Beobachters. Der grundsätzlich neue und entscheidende Zug der Quantenphysik besteht darin, daß der Mensch nicht nur notwendig ist, um die Eigenschaften eines Objekts zu beobachten, sondern diese Eigenschaften auch durch sein Beobachten mitbestimmt. Auf diesem Gebiet können wir also niemals über die Natur sprechen, ohne zugleich über uns selbst zu sprechen. So betont auch Heisenberg (1978), daß die Naturwissenschaft die Natur nicht einfach beschreibt und erklärt, sondern ein Teil des Wechselspiels zwischen der Natur und uns selbst ist.

Kurz, in der modernen Physik kann der Wissenschaftler nicht mehr als distanzierter Beobachter auftreten, sondern findet sich in die Welt, die er «beobachtet», zutiefst verstrickt. John Wheeler (1974) betrachtet dieses Beteiligtsein des Beobachters als den wichtigsten Zug der Quantentheorie und schlägt vor, das Wort «Beobachter» durch das Wort «Teilnehmer» zu ersetzen. Dies ist nun wieder eine Idee, mit der jeder, der sich mit mystischen Traditionen befaßt, bestens vertraut ist. Mystisches Wissen ist niemals durch bloßes Beobachten zu erlangen, sondern nur indem man sich rückhaltlos beteiligt – mit allem, was man ist. Die in der Quantenphysik wiederentdeckte Teilhaberschaft des Menschen gehört seit Jahrtausenden zum Grundbestand mystischer Traditionen des Ostens.

Die Relativitätstheorie

Die zweite Haupttheorie der modernen Physik, die Relativitätstheorie, zwingt uns, mit unseren Vorstellungen von Raum und Zeit radikal zu brechen. Sie hat uns demonstriert, daß der Raum nicht dreidimensional und die Zeit keine für sich bestehende Größe ist. Beide sind eng miteinander verknüpft und bilden ein vierdimensionales Kontinuum, das «Raum-Zeit» genannt wird. Wir können – zumindest in der Relativitätstheorie – nicht mehr über das eine sprechen, ohne zugleich auch über das andere zu sprechen. Die Relativitätstheorie besteht nun schon viele Jahrzehnte und wir sind mit ihrem mathematischen Formalismus bestens vertraut – doch das hat unserer Intuition noch nicht viel weitergeholfen. Wir haben keine direkte sinnliche Erfahrung vom vierdimensionalen Raum-Zeit-Kontinuum, und immer wenn diese «relativistische»

Wirklichkeit sich manifestiert, tun wir uns sehr schwer, ihr auf der Ebene der Intuition und der gewohnten Sprache gerecht zu werden.

In der östlichen Mystik scheint die Lage ähnlich zu sein. Mystiker können offenbar in veränderte Bewußtseinszustände eintreten, in denen sie die dreidimensionale Welt des Jedermannsbewußtseins transzendieren und eine höhere, vieldimensionale Wirklichkeit erfahren, die ähnlich der Wirklichkeit der relativistischen Physik mit der gewohnten Sprache nich zu beschreiben ist. Wie Govinda (1975, S. 155) schreibt,

> ... wird ein Erlebnis höherer Dimensionalität durch die Integrierung der Erlebnisse verschiedener Bewußtseinszentren erreicht. Daher die Unbeschreibbarkeit gewisser Meditationserlebnisse auf der Ebene dreidimensionalen Denkens und einer diesem angepaßten und es einschränkenden Logik.

Die Dimension dieser Bewußtseinszustände ist vielleicht nicht dieselbe wie die, mit der wir es in der relativistischen Physik zu tun haben, aber es fällt doch ins Auge, daß sie in ähnliche Anschauungen von Raum und Zeit münden, wie sie von der Relativitätstheorie impliziert werden. Die gesamte östliche Mystik ist durchwirkt von einer starken Intuition für den «Raum-Zeit-Charakter» der Wirklichkeit. So schreibt auch der buddhistische Gelehrte D. T. Suzuki, daß es für die «reine» Erfahrung keinen Raum ohne Zeit und keine Zeit ohne Raum gibt (1959, S. 33).

In der Physik sind die Begriffe Raum und Zeit seit jeher von so fundamentaler Bedeutung für die Beschreibung der Natur, daß ihre Neubestimmung seit Aufstellung der Relativitätstheorie völlig neue Rahmenbedingungen der Naturbeschreibung geschaffen hat. Der wichtigste Zug dieser Veränderung besteht in der Erkenntnis, daß Masse nichts anderes als eine Form von Energie ist, daß also jedes Ding in seiner Masse Energie speichert.

Diese beiden Entwicklungen – nämlich zur Vereinigung von Raum und Zeit und zur Erkenntnis der Äquivalenz von Masse und Energie – haben unser Bild von der Materie tiefgreifend beeinflußt und uns gezwungen, subatomare Partikel ganz neu betrachten zu lernen. In der modernen Physik wird Masse nicht mehr wie früher als Eigenschaft materieller Substanz betrachtet, und subatomare Partikel bestehen nicht mehr aus irgendeinem «Grundstoff», sondern werden jetzt als Energiebündel oder Energiemuster aufgefaßt. Energie bedeutet jedoch Bewegung und Aktivität, woraus abzuleiten ist, daß subatomare Partikel von Natur aus einen dynamischen Charakter haben. In einer relativistischen Theorie, die Raum und Zeit zu einem vierdimensionalen Kontinuum verschmilzt, kann man sich diese Partikel nicht mehr als statische, dreidimensionale Objekte vorstellen, wie Billardkugeln oder Sandkörner, sondern muß sie als vierdimensionale Gegebenheiten in der Raum-Zeit auffassen. Man kann nicht mehr von ihrer «Form» sprechen, sondern muß ihre dynamische, raumzeitliche Gestalt berücksichtigen. Subatomare Partikel sind dynamische Muster, die einen Raumaspekt und einen Zeitaspekt haben. Ihr Raumaspekt läßt sie als Objekt mit einer bestimmten Masse erscheinen, ihr Zeitaspekt als Prozesse, an denen die ihnen äquivalente Energie beteiligt ist. Die Relativitätstheorie zeigt also, daß die *Existenz* der Materie nicht von ihrer *Aktivität* getrennt betrachtet werden kann, sondern beide nur Aspekte der einen vierdimensionalen raumzeitlichen Wirklichkeit sind.

Mystiker scheinen sich der innigen Verbundenheit von Raum und Zeit bewußt zu sein, weshalb ihr Weltbild wie das der modernen Physik dynamischen Charakter hat. In ihren transzendenten Bewußtseinszuständen können sie die Einheit von Raum und Zeit offenbar *auch auf der makroskopischen Ebene* wahrnehmen und erfahren die Dinge dieser Welt so, wie die Physiker sich die Welt der subatomaren Partikel vorstellen. So schreibt etwa Suzuki in einem seiner Bücher über den Buddhismus (1968 b, S. 33), daß ein Ding für den Buddhisten eher ein Geschehen als ein bloßer Gegen-stand oder etwas Substanzhaftes ist.

Die beiden Haupttheorien der modernen Pyhsik enthalten also wichtige Grundzüge der östlichen Weltanschauung. Die Quantentheorie zerstörte die Vorstellung getrennt existierender Objekte, ersetzte den unbeteiligten Beobachter durch den Teilnehmer und interpretierte das Universum als lückenloses Beziehungsnetz, dessen Teile ausschließlich durch ihre Beziehung zum Ganzen definiert sind. Die Relativitätstheorie hat dieses kosmische Netz sozusagen lebendig gemacht, indem sie seinen wesentlich dynamischen Charakter aufdeckte.

Die gegenwärtige physikalische Forschung arbeitet an einer Vereinigung der beiden Theorien zu einer umfassenden Theorie der subatomaren Welt. Bisher ist es uns noch nicht gelungen, solch eine Gesamttheorie zu formulieren, aber es gibt bereits Teiltheorien, die bestimmte subatomare Phänomene sehr gut beschreiben. All diesen Theorien ist gemeinsam, daß sie die durchgängige Verbundenheit und den dynamischen Grundcharakter des Universums zum Ausdruck bringen – und daß philosophische Erwägungen mit ihnen einhergehen, die eine verblüffende Ähnlichkeit mit den Grundzügen östlicher Mystik aufweisen.

Die Bootstrap-Theorie

Die Basis der Bootstrap-(»Stiefelschlaufen»-)Theorie wird von der Idee gebildet, daß die Natur nicht auf Grundgegebenheiten zurückführbar ist, sondern ganz und gar aus ihrem inneren Zusammenhang und ihrer inneren Stimmigkeit erklärt werden muß. So ist auch von der Physik insgesamt zu fordern, daß ihre sämtlichen Komponenten untereinander und in sich selbst stimmig sind.

Diese Idee bedeutet eine radikale Abkehr vom herkömmlichen Geist physikalischer Grundlagenforschung, dem es stets darum zu tun war, Grundelemente der Natur aufzuspüren. Die Bootstrap-Philosophie hat nicht nur die Idee der Grundbausteine der Materie aufgegeben, sondern akzeptiert überhaupt keine Grundgegebenheiten mehr, seien es Gesetze, Gleichungen oder Prinzipien. Sie betrachtet das Universum vielmehr als ein dynamisches Geflecht miteinander in Beziehung stehender Ereignisse. Keine Eigenschaft und kein Teil dieses Netzes hat fundamentalen Charakter; sie ergeben sich alle aus den Eigenschaften aller übrigen Teile, und die Abgestimmtheit oder Stimmigkeit des gesamten Beziehungsgeschehens bestimmt die Struktur des ganzen Netzes.

Es liegt auf der Hand, daß diese Idee ganz im Sinne des östlichen Denkens ist. Ein unteilbares Universum, in dem alle Dinge und Ereignisse miteinander in Beziehung stehen, ist nur als in sich selbst stimmig vorstellbar. In gewisser Weise sind die Voraussetzung der inneren Stimmigkeit, die die Grundlage der Bootstrap-Philosophie bildet, und die Idee der Einheit und Verbundenheit aller Phänomene, die in der östlichen Mystik so stark betont wird, nur verschiedene Ausprägungen derselben Anschauungsweise. Das wird in der chinesischen Philosophie besonders deutlich. Joseph Needham erörtert in seinem monumentalen Werk über die

Wissenschaft und Kultur Chinas sehr ausführlich, daß die westliche Vorstellung von fundamentalen Naturgesetzen im chinesischen Denken kein Gegenstück hat (Needham 1965, S. 528 ff.). Nach Needham besaßen die Chinesen nicht einmal ein Wort, das dem klassischen westlichen Begriff «Naturgesetz» entspricht. Der Ausdruck, der dem am nächsten kommt, ist *li,* wofür Needham die Übersetzung «dynamisches Muster» angibt. Nach chinesischer Anschauung, so sagt er,

> . . . ist die kosmische Organisation ein Großes Muster, das alle niederen Muster einschließt, und die «Gesetze», die hier eine Rolle spielen, sind diesen Mustern immanent (S. 567).

Dies ist auch die Grundidee der Bootstrap-Philosophie: Alles im Universum ist mit allem anderen verbunden, und kein Teil ist fundamental. Die Eigenschaften jedes einzelnen Teils werden nicht von irgendeinem Fundamentalgesetz bestimmt, sondern durch die Eigenschaften aller anderen Teile.

Schlußfolgerungen

Jetzt müssen wir uns noch die Frage stellen: Was können wir aus diesen Parallelen lernen? Müssen wir aus ihnen folgern, daß die moderne Naturwissenschaft mit ihrer ganzen komplizierten Maschinerie lediglich uraltes Wissen wiederentdeckt? Sollten die Physiker die wissenschaftliche Methode aufgeben und lieber meditieren? Oder ist ein Austausch zwischen Naturwissenschaft und Mystik denkbar – vielleicht sogar eine Synthese?

Ich glaube, daß wir all diese Fragen verneinen müssen. Ich sehe Wissenschaft und Mystik als *komplementäre* Manifestationen des menschlichen Geistes, nämlich seiner rationalen und intuitiven Fähigkeiten. Die Welterfahrung eines Physikers ist durch die extreme Spezialisierung der Rationalität bestimmt, die des Mystikers durch extreme Spezialisierung der Intuition. Die beiden Ansätze sind grundverschieden, nicht etwa nur in der Betrachtungsweise der stofflichen Welt. Dennoch sind sie komplementär, wie wir in der Physik jetzt immer häufiger sagen. Keiner der beiden Ansätze ist im anderen enthalten oder kann auf ihn zurückgeführt werden, sondern beide sind notwendig, ergänzen einander zu einem umfassenderen Verständnis der Welt. Um ein altes chinesisches Sprichwort zu paraphrasieren: Die Mystiker verstehen die Wurzel des Tao, aber nicht seine Zweige, die Naturwissenschaftler verstehen seine Zweige, aber nicht seine Wurzel. Die Naturwissenschaft braucht die Mystik nicht, und die Mystik braucht die Naturwissenschaft nicht, aber der Mensch braucht beide. Mystische Erfahrung ist notwendig, um das tiefste Wesen der Dinge zu verstehen, und die Naturwissenschaft ist unabdingbar für das moderne Leben. Wir brauchen daher keine Synthese, sondern ein dynamisches Wechselspiel zwischen mystischer Intuition und wissenschaftlicher Analyse.

2. Teil: Die Natur des Bewußtseins

Wenn wir geistige Prozesse sind, müssen wir ähnliche Züge
der Geistigkeit auch in der übrigen natürlichen Welt vermuten.[1]

Gregory Bateson

Bis in die jüngste Zeit hinein hat sich die Psychologie kaum für die Erforschung des Bewutßseins interessiert. Wie ein Fisch vom Wasser nichts weiß, weil es das Medium ist, in dem sein ganzes Dasein sich abspielt, so fand auch das Bewußtsein, das Medium aller Erfahrung, wenig Beachtung im Vergleich etwa zum Verhalten. Das Bewußtsein war bisher einfach kein geeigneter Gegenstand für die Denkweise und die Methoden westlicher Wissenschaft, die auf Beobachtung und Messung objektiver materieller Phänomene ausgerichtet sind. Diese Schwierigkeit ist zwar keineswegs ausgeräumt, aber das Bewußtsein ist in jüngster Zeit doch endlich zu einem respektablen Forschungsgegenstand geworden.

In Systemen östlicher Psychologie war die Situation seit jeher eine ganz andere. Hier stand das Bewußtsein nicht nur im Zentrum des Augenmerks, sondern galt sogar als wichtigster Bestandteil der Wirklichkeit. Klärung des eigenen Bewußtseins war und ist hier das höchste Ziel des Menschen und der Pfad zu psychischer Gesundheit und Erleuchtung. Der Transpersonalen Psychologie geht es nun um die Synthese dieses östlichen Wissens mit den Begriffen und der empirischen Verfahrensweise westlicher Psychologie.

Den wichtigsten Impuls erhielt diese Entwicklung durch die «Entdeckung» veränderter Bewußtseinszustände, die von der westlichen Psychologie bis dahin noch gar nicht in Betracht gezogen worden waren. Mit der Drogenwelle, in deren Gefolge andere bewußtseinsverändernde Methoden wie Meditation, Yoga oder Biofeedback immer mehr Bedeutung gewannen, begann die empirische Erforschung veränderter Bewußtseinszustände. Beim Studium der östlichen Literatur wurden ganze «Landkarten» des Bewußtseins entdeckt, und manche, die auf diesem Gebiet forschen, beginnen jetzt, diese Landkarten zu verstehen und sie mit dem westlichen Wissen in Beziehung zu setzen.

Offenbar ist die Bandbreite möglicher Bewußtseinszustände erheblich größer, als bislang angenommen wurde; sie reicht von psychopathologischen Zuständen über den normalen Wachzustand bis hin zu einer ganzen Reihe von «höheren» Zuständen. Höhere Zustände sind dadurch gekennzeichnet, daß in ihnen alle Fähigkeiten, die man auf tieferen Stufen besitzt, erhalten bleiben und neue hinzukommen; es kann die Erfahrung des Transzendierens gewohnter Grenzen der Bewußtheit, des Ego und der Identität mit ihnen verbunden sein.

Verschiedene Fähigkeiten und Funktionen sind inzwischen als zustandsspezifisch erkannt worden. Wenn jemand zum Beispiel in einem bestimmten Bewußtseinszustand etwas lernt, so muß ihm dieses Gelernte in anderen Zuständen keineswegs unbedingt gegenwärtig sein – manchmal begreift er es dort nicht einmal mehr. Ähnlich beschreibt man mit dem Begriff «zustandsabhängige Kommunikation» das Phänomen, daß Einsichten, die jemand in einem bestimmten Bewußtseinszustand gewinnt, oft anderen nicht mitteilbar sind, die sich in anderen Bewußtseinszuständen befinden. Das erklärt auch, weshalb nichtwestliche Psychologien, Bewußtseinsdisziplinen und Religionen das westliche Bewußtsein häufig vor große Probleme stellen. Den Psychologen blieb lange Zeit unklar, daß sie hier Techniken für die Induzierung veränderter Bewußtseinszustände vor sich hatten und daß sie erst einmal ein Bewußtsein von zustandsspezifischer Kommunikation, also von den Grenzen ihres eigenen Begreifens, gewinnen müssen, bevor sie diese Techniken auch nur annähernd richtig einschätzen können.

Als sich mit dem wachsenden Interesse für «höhere» oder transzendente Bewußtseinszustände allmählich das neue Forschungsfeld der Transpersonalen Psychologie herausbildete, rückte das Bewußtsein ganz in den Vordergrund der Aufmerksamkeit. Wenn nun aber dem Bewußtsein eine zentrale Bedeutung zuerkannt wird, so ergibt sich daraus keineswegs automatisch eine Ablehnung anderer psychologischer Theorien und Modelle, sondern vielmehr der Versuch, die anderen Modelle aus einer Perspektive zu betrachten, die den östlichen ebenso wie den westlichen Ansatz berücksichtigt.

Weil das Bewußtsein für die transpersonale Perspektive eine so zentrale Rolle spielt, wird es in vielen Beiträgen dieses Buches thematisiert. Bei der seelisch-geistigen Entwicklung ebenso wie bei der Induzierung veränderter Bewußtseinszustände ist das Bewußtsein sowohl Mittel als auch Ziel. So fügt die transpersonale Psychotherapie den herkömmlichen, eher auf Verhaltensänderung abzielenden psychotherapeutischen Techniken eine Reihe von direkt bewußtseinsverändernden Methoden hinzu. Bewußtseinsentwicklung wird dabei als etwas betrachtet, das in enger Beziehung zu psychischer Gesundheit steht – und in manchen Bewußtseinsdisziplinen gilt mangelnde Bewußtheit sogar als die einzige Krankheit.

In den Beiträgen dieses Teils werden Landkarten der wichtigsten Bewußtseinszustände präsentiert. Ken Wilber weist in «*Psychologia perennis* und das Spektrum des Bewußtseins» darauf hin, daß in allen Zeiten und Kulturen eine «ewige» Philosophie und Psychologie bestanden hat, die behauptet, daß es über den Normalzustand hinausgehende Bewußtseinszustände gibt, die tiefe Einsichten in das Wesen der Wirklichkeit und des Bewußtseins erlauben. Die verschiedenen Bewußtseinszustände lassen sich nach Wilber als Abschnitte eines kontinuierlichen Bewußtseinsspektrums mit bestimmten Hauptebenen interpretieren. Jeder Hauptebene entspricht ein charakteristisches Identitätsgefühl, angefangen vom höchsten, der Identität mit dem «kosmischen Bewußtsein», über viele Abstufungen bis hinunter zum drastisch eingeengten Identitätsgefühl des ichhaften Bewußtseins. Verschiedene Formen der Psychotherapie richten sich auf verschiedene Ebenen des Spektrums und sind daher in Wirklichkeit komplementär, auch wenn sie einander in ihren Aussagen zu widersprechen scheinen.

Das Bewußtseinsspektrum, wie es in der Ewigen Psychologie zum Ausdruck kommt, ist in jüngster Zeit durch systematische Forschung mit psychotropen Substanzen – vor allem LSD – auf erstaunliche Weise bestätigt worden. Stanislav Grof, wohl der erfahrenste Forscher auf diesem Gebiet, fand im Laufe seiner langjährigen Arbeit so etwas wie eine typische Abfolge von Erfahrungen und Bewußtseinszuständen. In seinem Buch *Topographie des Unbewußten* zeigt er auf, daß diese Abfolge einer sukzessiven Erschließung immer tieferer Schichten des Unbewußten entspricht. Den Anfang bilden die bekannten psychodynamischen Phänomene, gefolgt von Materialien nach der Art der Jungschen Symbolik oder der von Otto Rank beschriebenen Geburtstrauma-Phänomene, bis sich schließlich ein ganzer Fächer transzendenter Erfahrungen öffnet. Da diese transzendenten Zustände sich zuletzt manifestieren, nimmt Grof an, daß sie die tiefste der bisher bekannten Ebenen des Unbewußten repräsentieren. Diese Zustände und die zugehörigen Erfahrungen erinnern nicht nur stark an das, was fortgeschrittene Praktizierende der Bewußtseinsdisziplinen berichten, sondern erlauben dem, der sie erfährt, auch ein tieferes Verständnis dieser Traditionen. Die Erkenntnisse, die in diesem Forschungszweig gewonnen werden, legen die Vermutung nahe, daß in jedem von uns das Potential liegt, tiefe transpersonale Erfahrungen zu machen. Der Wert dieser Arbeit sowohl für die Forschung als auch für die Therapie liegt auf der Hand; allerdings sind die Arbeitsmöglichkeiten zur Zeit – zumindest im Westen – drastisch beschränkt.

Schon in diesen Beiträgen wird deutlich, daß das Unbewußte keineswegs etwas Undifferenziertes oder Homogenes ist, sondern erkennbare Ebenen und Strukturen enthält. In seinem Artikel «Ein Entwicklungsmodell des Bewußtseins» untersucht Ken Wilber die Entwicklung dieser Ebenen und Strukturen des Unbewußten und ihrer jeweiligen Bewußtseinszustände. Er setzt beim Säuglingsstadium an und verfolgt die Untersuchung durch die Stadien des Erwachsenenlebens, wie sie von der westlichen Psychologie beschrieben werden. Dann aber geht er weiter und verfolgt das sukzessive Sichentfalten von Bewußtseinsstrukturen, wie sie bislang nur von nichtwestlichen Psychologien beschrieben wurden.[2]

Psychologia perennis und das Spektrum des Bewußtseins

Ken Wilber

In den letzten Jahrzehnten erlebte der Westen ein explosionsartiges Anwachsen des Interesses an etwas, das Aldous Huxley nach G. W. Leibniz *Philosophia perennis* genannt hat; Psychologen, Theologen, Naturwissenschaftler und Philosophen beschäftigen sich gleichermaßen mit dieser «Ewigen Philosophie», einer universalen Lehre über das Wesen des Menschen und der Wirklichkeit, die den Kern aller großen metaphysischen Traditionen bildet. Häufig wird jedoch übersehen, daß es in Entsprechung zu dieser Ewigen Philosophie auch eine «Ewige Psychologie», eine *Psychologia perennis* gibt – eine universale Betrachtungsweise des menschlichen Bewußtseins, die im Gehalt ihrer Aussagen mit der Ewigen Philosophie übereinstimmt, sich aber einer spezifisch psychologischen Sprache bedient. Dieser Beitrag verfolgt die Absicht, nicht nur dic Grundzüge der *Psychologia perennis* darzustellen, sondern auch ein Modell des Bewußtseins zu entwerfen, das dem Geist dieser universalen Lehre gerecht wird, aber auch die Einsichten typisch westlicher Disziplinen wie der Ego-Psychologie, der Psychoanalyse, der Humanistischen Psychologie, der Jungschen Analyse, der Interpersonellen Psychologie und anderer berücksichtigt. Dieses Modell, das «Spektrum des Bewußtseins», basiert auf der zentralen Einsicht, daß die menschliche Persönlichkeit eine vielschichtige Manifestation des Einen Bewußtseins ist – ebenso wie das elektromagnetische Spektrum in der Physik als eine von vielen Frequenzbändern gebildete Erscheinungsform eines einzigen, charakteristischen elektromagnetischen Phänomens, der Schwingung, angesehen wird. Genauer gesagt ist das Spektrum des Bewußtseins eine mehrdimensionale Darstellung der menschlichen Identität, das heißt, jeder Ebene des Spektrums ist ein anderes, charakteristisches Identitätsgefühl zugeordnet – von der höchsten Identität des Kosmischen Bewußtseins über etliche Abstufungen oder «Bänder» bis hinunter zu jenem drastisch eingeengten Identitätsgefühl, das dem ichhaften Bewußtsein eignet. Aus diesen vielen Ebenen oder Bändern des Bewußtseins habe ich fünf Hauptstufen ausgewählt, um sie im Zusammenhang mit der *Psychologia perennis* zu erörtern (siehe Diagramm).

Die Ebenen des Spektrums

Die Ebene des GEISTES

Die zentrale Einsicht der *Psychologia perennis* besteht darin, daß das «innerste» Bewußtsein des Menschen identisch ist mit der ab-

DAS SPEKTRUM DES BEWUSSTSEINS

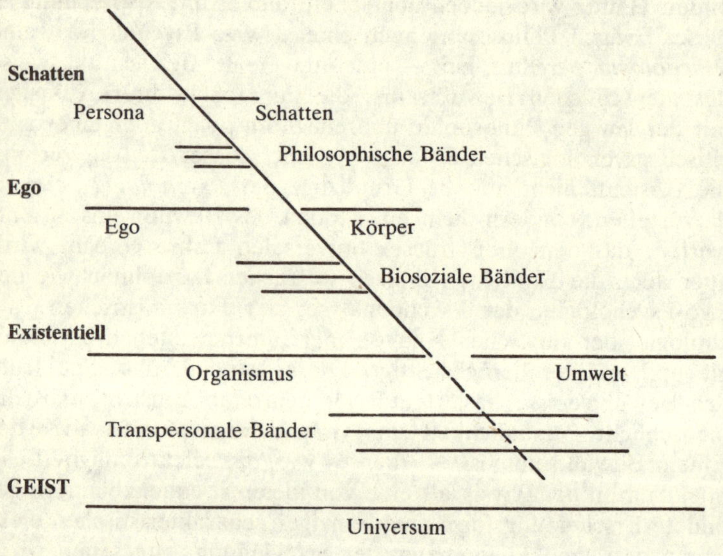

Einige markante Abschnitte des Bewußtseinsspektrums: Die waagerechten Hauptlinien deuten hier die Hauptebenen der Identität an, die dazwischenliegenden Dreiergruppen von Linien vertreten die auxiliaren oder Hilfsbänder. Die Diagonale stellt die Grenze zwischen Ich und Nicht-Ich dar. Ein Beispiel: Ist jemand mit seiner Persona identifiziert, so erfährt er den Schatten, den Körper und die Umwelt als außerhalb seines Ich liegend, als fremd und daher potentiell bedrohend. Die Grenze zwischen Ich und Nicht-Ich beginnt bei den transpersonalen Bändern durchlässig zu werden und verschwindet auf der Ebene des Geistes ganz.

soluten und letzten Wirklichkeit des Universums, die mit Namen wie Brahman, Tao, Dharmakaya, Allah oder Gottheit benannt wird und die ich hier der Einfachheit halber GEIST nennen will (um «GEIST» = «letzte Wirklichkeit, Kosmisches Bewußtsein» usw. von «Geist» = «Verstand, Intellekt, mentale Prozesse» usw. zu unterscheiden). Nach dieser universalen Tradition ist GEIST das, was ist, und alles, was ist – raumlos und daher unendlich, zeitlos und daher ewig, und außerhalb seiner existiert nichts.

Auf dieser Ebene ist der Mensch mit dem Universum identifiziert, mit dem All – vielmehr, er *ist* das All. Für die *Psychologia perennis* ist diese Ebene kein abnormer Bewußtseinszustand, ja nicht einmal ein veränderter Bewußtseinszustand, sondern der einzig *wirkliche* Bewußtseinszustand, an dem gemessen alle anderen bloße Illusion sind. Kurz gesagt, das innerste Bewußtsein des Menschen – genannt Atman, der Christus, Tathagatagarbha usw. – ist identisch mit der Höchsten Wirklichkeit des Universums. Die Ebene des GEISTES, des Kosmischen Bewußtseins, ist also zugleich die Ebene des höchsten menschlichen Bewußtseins.

Die transpersonalen Bänder

Diese Bänder repräsentieren den überindividuellen Abschnitt des Spektrums, wo der Mensch seiner Identität mit dem All nicht gewahr ist, während seine Identität andererseits auch nicht durch die Grenzen des individuellen Organismus definiert ist. Dies ist das Gebiet, in dem die Archetypen auftreten. Im Mahayana-Buddhismus (Suzuki 1968) werden diese Bänder als «überindividuelles Bewußtseinsreservoir» bezeichnet, im Hinduismus (Deutsch 1969) als *Karana-sharira* oder «Kausalkörper».

Die existentielle Ebene

Hier ist der Mensch ausschließlich mit seinem in Raum und Zeit existierenden psychophysischen Organismus identifiziert; auf dieser Ebene gibt es erstmals einen durchgehenden Trennungsstrich zwischen dem Ich und dem anderen, zwischen Organismus und Umwelt. Auf dieser Ebene beginnen sich auch die rationalen Denkprozesse und der persönliche Wille zu bilden.

Der obere Bereich der existentiellen Ebene enthält die Biosozialen Bänder, also die internalisierte Matrix kultureller Grundannahmen, familiärer Beziehungen und sozialer Konventionen, aber auch die alles durchdringenden sozialen Institutionen Sprache, Logik, Ethik und Recht. Sie färben und formen das Grund-Daseinsgefühl des Organismus. So erklärt der Anthropologe Edward Hall (White 1972, S. X): «Durch die selektive Aussonderung von Sinnesdaten werden manche Dinge zugelassen und andere ausgesiebt; so kann die Betrachtung durch ein bestimmtes kulturell geprägtes sensorisches Filter zu einer ganz anderen Erfahrung führen als die Betrachtung durch ein anderes.»

Die Ebene des Ego

Auf dieser Ebene ist der Mensch nicht direkt mit seinem psychophysischen Organismus identifiziert, sondern aus einer Reihe von Gründen nur mit einem mehr oder weniger zutreffenden mentalen Abbild seines Gesamtorganismus. Er ist, anders gesagt, mit seinem Ego, mit seinem Bild von sich selbst, identifiziert. Sein Gesamtorganismus ist gespalten in eine entleibte Psyche – einen «Geist in der Maschine» – und ein Soma – «der arme Bruder Esel» –, wobei der Mensch sich ganz mit seiner Psyche, seinem Verstand, seinem Ego identifiziert. Dies verrät sich darin, daß er nicht sagt: «Ich *bin* ein Körper», sondern «Ich *habe* einen Körper». Er fühlt sich als *in* seinem Körper und nicht *als* sein Körper existierend. Kennzeichen dieser Ebene ist eine fast ausschließliche Identifikation mit einem mentalen Abbild des psychophysischen Gesamtorganismus, weshalb hier auch die intellektuellen und symbolischen Prozesse überwiegen. Die Buddhisten nennen dies die Ebene des «Intellekts», während Hinduisten von einer Ebene sprechen, auf der das Ego vom grobstofflichen Körper abgespalten und daher in ihm gefangen ist.

Die Ebene des Schattens

Unter bestimmten Umständen kann der Mensch auch Aspekte seiner eigenen Psyche als von sich getrennt und fremd erfahren; er disidentifiziert sich von ihnen, wodurch er seine Identität noch weiter einengt, nämlich auf *Teile* seines Ego, die wir hier als Persona bezeichnen wollen. Dies ist die Ebene des Schattens: der

Mensch, identifiziert mit einem beschnittenen und unzutreffenden Bild von sich selbst (Persona), während der Rest seiner psychischen Züge, alle, die zu schmerzhaft, «böse» oder unvorteilhaft sind, abgelehnt werden und einen Fremdkörper bilden, den Schatten.

Diese extrem geraffte Beschreibung des Sepktrums kann natürlich die Interaktion zwischen den einzelnen Bändern nicht in vollem Umfang wiedergeben. Es wird jedoch deutlich geworden sein, daß von Ebene zu Ebene eine zunehmende Einengung der Identität stattfindet: vom Universum zu einer Facette des Universums, die Organismus genannt wird, vom Organismus zu einer Facette des Organismus, der Psyche, und von dort schließlich zu einer Facette der Psyche, der Persona. (Jeder Hauptebene des Spektrums entspricht überdies eine bestimmte Weise des Erkennens, ein charakteristischer Dualismus, beziehungsweise ein Gefüge von Dualismen, eine spezifische Klasse unbewußter Prozesse und so weiter. Im Rahmen dieses Beitrags konzentriere ich mich auf die Mehrdimensionalität der Identität. Eine detailliertere Ausarbeitung findet sich in Wilber 1974).

Die Evolution des Spektrums

Wenn es zutrifft, daß die Ebene des GEISTES die einzige Wirklichkeit darstellt, könnte die Frage auftauchen, weshalb die anderen Ebenen überhaupt zu existieren scheinen. Hier gibt uns die *Psychologia perennis* eine Antwort in Form der Lehre von der «Maya». Maya ist jede Erfahrung, die auf Dualismus fußt und von Dualismus (vor allem vom Ur-Dualismus zwischen Subjekt und Objekt) bestimmt ist. Für Deutsch (1969, S. 28) ist Maya «alle Erfahrung, die von der Unterscheidung zwischen Subjekt und Objekt, zwischen Ich und Nicht-Ich gebildet wird und aus ihr hervorgeht». Die Ewige Psychologie erklärt alle Dualismen weniger für unwirklich als vielmehr für *illusorisch.* Das Auftrennen der Welt in Sehenden und Gesehenes teilt die Welt nur scheinbar und nicht wirklich, denn die Welt bleibt stets von sich selbst ununterschieden. Der Dualismus ist mit anderen Worten Illusion – er *scheint* vorhanden zu sein, doch es fehlt ihm jegliche Realität. Die verschiedenen Ebenen des Bewußtseins (außer dem GEIST selbst) sind auch für die *Psychologa perennis* Produkte der Maya, des Dualismus, und existieren nur als Illusion, während die WIRKLICHKEIT jeder dieser Ebenen immer dieselbe bleibt: GEIST.

Die Ewige Philosophie stellt den Ur-Dualismus aus verschiedenen Perspektiven dar: Mythologisch betrachtet erscheint er als die Getrenntheit von Himmel und Erde, männlich und weiblich, Sonne und Mond; der erkenntnistheoretische Ansatz zeigt ihn als die Kluft zwischen Subjekt und Objekt, Erkennendem und Erkanntem, Beobachter und Beobachtetem; ontologisch gesehen ist er die Aufspaltung der einen Wirklichkeit in das Ich und das Andere, in Organismus und Umwelt. Im Rahmen unserer Betrachtung eignen sich für die Benennung der beiden Hälften dieses Urdualismus am besten die Begriffe Subjekt und Objekt oder das Ich und das Andere oder einfach Organismus und Umwelt – denn mit dem Urdualismus verlagert sich die Identität des Menschen (wenn auch nur scheinbar) vom nichtdualen All auf seinen Organismus. Die höchste Identität des Menschen ist nicht verlorengegangen, sondern nur überlagert, und so entsteht aus der Einheit des GEISTES die nächste Hauptebene des Spektrums, die existentielle Ebene, auf der sich der Mensch mit seinem Organismus identifiziert und so gegen die Umwelt abgrenzt. Der Urdualismus schafft einen Abstand zwischen dem Sehenden und dem Gesehenen, zwischen Subjekt und Objekt, das heißt, er erschafft den Raum.

Sobald der Mensch sich ausschließlich mit seinem Organismus identifiziert, entsteht das Problem von Sein und Nichtsein, das Problem von Leben und Tod. Da es in der Zeitlosigkeit des GEISTES weder Geburt noch Tod, weder Anfang noch Ende, weder Vergangenheit noch Zukunft gibt, bedeutet das Aufbrechen des Dualismus von Leben und Tod auch den Beginn der Zeit. Geburt und Tod, Vergangenheit und Zukunft sind, anders gesagt, im Ewigen Jetzt des GEISTES eins, und indem der Mensch Geburt und Tod zu unterscheiden beginnt und damit notwendigerweise auch Vergangenheit und Zukunft, fällt er aus dem zeitlosen Jetzt heraus und tritt in die historische Zeit ein. Dies ist die existentielle Ebene, auf der der Mensch ausschließlich mit seinem Organismus identifiziert ist, den er als in Raum und Zeit existierend erfährt.

Die Zerstörung der Einheit von Leben und Tod, die Erschaffung der Zeit, hat aber noch eine andere Konsequenz. Auf der existentiellen Ebene befindet sich der Mensch jetzt in panikartiger

Flucht vor dem Tod, und eben diese Flucht führt dazu, daß er ein idealisiertes Bild von sich selbst schafft, sein Ego; denn dieses Bild, das sich aus fixierten und stabilen Symbolen zusammensetzt, *scheint* ihm etwas zu versprechen, das im bloßen Fleisch nicht zu finden ist: dem Tod für immer zu entkommen. «Nach Freuds später Theorie verhält es sich so, daß die eigentümliche Struktur des menschlichen Ego daher rührt, daß es unfähig ist, die Wirklichkeit – insbesondere die letzte Wirklichkeit des Todes – zu akzeptieren» (Brown 1962). Um dem Tod zu entkommen, flieht der Mensch seinen vergänglichen Körper und identifiziert sich mit der – scheinbar – unsterblichen Idee seiner selbst. So verlagert sich seine Identität von seinem gesamten psychophysischen Organismus auf ein mentales Abbild dieses Organismus, woraus die nächste Hauptebene des Spektrums entsteht: die Ebene des Ego. Auf ihr identifiziert sich der Mensch mit einem symbolischen Abbild seiner selbst, das in Opposition zu seinem sterblichen Körper steht.

Schließlich zerbricht der Mensch im letzten Akt dualistischer Spaltung die Einheit seiner ichhaften Strebungen und identifiziert sich nurmehr mit einem Bruchteil seiner eigenen psychischen Prozesse. Er verleugnet und verstößt die Seiten seines Ego, die er selbst nicht gutheißen kann, wobei er sie allerdings nicht endgültig los wird, sondern nur verdrängt. Um sein Bild von sich selbst akzeptabel zu gestalten, verfälscht er es und schafft damit die letzte Ebene des Spektrums: die Ebene des Schattens, wo der Mensch sich mit einem falschen und stark beschnittenen Bild von sich selbst identifiziert und seine unliebsamen Seiten als Schatten nach außen projiziert.

So entwickeln sich die Ebenen des Bewußtseinsspektrums durch aufeinanderfolgende Dualismen (Organismus – Umwelt, Leben – Tod, Geist – Körper, Persona – Schatten). Da Zeit nichts anderes ist als eine sukzessive Betrachtungsweise der ewigen Gleichzeitigkeit des GEISTES, findet die Evolution des Spektrums nicht *in* der Zeit statt, sondern ist die Entwicklung *der* Zeit. Zudem ist die «Ebene» des GEISTES nicht eine unter vielen, denn der GEIST ist das «Eine ohne ein Zweites»; nur aus Verlegenheit und der Kürze halber sprechen wir hier von der «Ebene des GEISTES». Die Schichten des Bewußtseinsspektrums sind durchaus nicht diskret, sondern gehen (wie bei jedem Spektrum) unmerklich ineinander über. Zwar existieren diese Schichten oder Ebenen, jedoch gemäß der *Psychologia perennis* nur als Illusion, ähnlich den Bildern auf einem Fernsehschirm, die auch nicht wirkliche Ereignisse sind. Geist ist stets die einzige Wirklichkeit jeder dieser Ebenen, und die Ebenen selbst besitzen nur für den eine eigene, unabhängige Wirklichkeit, der zu sehr von ihnen gebannt ist, um die Illusion durchschauen zu können, der unfähig ist zu erkennen, daß die Welt trotz aller scheinbaren Zweiheiten von sich selbst ungeschieden bleibt.

Therapien, die auf den verschiedenen Ebenen ansetzten

Soweit die stark verkürzte Darstellung der *Psychologia perennis* und ihrer Interpretation im Licht des Bewußtseinsspektrums. Allgemein gesagt unterscheiden sich die einzelnen Schulen westlicher Psychotherapie dadurch, daß sie bei verschiedenen Ebenen des Spektrums ansetzen. Sie brauchen sich nicht darum zu streiten, welcher Ansatz nun der «richtige» ist, denn jeder ist mehr oder weniger richtig, wenn er sich an die Ebene hält, zu der er gehört. Eine wirklich integrierte und umfassende Psychologie muß die komplementären Einsichten der verschiedenen Schulen in sich vereinigen.

Therapien für die Ebene des Ego

Gemeinsam ist allen Therapien dieser Art die Anschauung, daß Pathologisches aus einem Zusammenbruch der Kommunikation zwischen bewußten und unbewußten Prozessen entsteht, aus einer Spaltung zwischen Persona und Schatten (wie auch immer der Schatten jeweils aufgefaßt werden mag). Nach einem populären Text über Ego-Psychotherapie (Putney & Putney 1966) entstehen pathologische Zustände aus einem verzerrten und unzutreffenden Bild von sich selbst, und die «Heilung» besteht darin, dieses Bild zurechtzurücken und akzeptabel zu machen.

Wenn jemand bestimmte Seiten seiner Person als nicht zu sich selbst gehörend betrachtet, verfälscht er das Bild von sich selbst. Die abgelehnten Züge (der jetzt «unbewußte» Schatten) bleiben jedoch sein eigen, nur projiziert er sie jetzt, so daß sie «außerhalb» seiner selbst, nämlich in der Umwelt oder in anderen Menschen zu existieren scheinen. Die Therapie besteht darin, eine Verbindung zum Schatten herzustellen, damit der Klient ihn schließlich wieder als sein eigen annimmt. Das Identitätsgefühl erweitert sich, um endlich alle Seiten der Person, auch die nach außen projizierten, einzuschließen. So kann sich die Kluft zwischen Persona und Schatten schließen, und der Mensch gewinnt ein zutreffendes und akzeptables Bild von sich selbst, ein mehr oder weniger richtiges mentales Abbild seines psychophysischen Gesamtorganismus. Dies ist die Zielsetzung der Therapien für die Ebene des Ego.

Therapien für die existentielle Ebene

Auf der existentiellen Ebene ist der Gesamtorganismus nicht durch den Dualismus von Psyche und Soma entstellt; Therapien, die hier ansetzen, geht es vor allem um die Verwirklichung des konkreten, ganzen Menschen, der nicht in Ego und Körper gespalten ist. Es geht also weniger um ein zutreffendes *Bild* vom Gesamtorganismus, sondern darum, dieser Gesamtorganismus zu *sein*. Wie die Therapien der Ego-Ebene darauf abzielen, die Identität auf alle Facetten der Psyche auszudehnen, geht es bei den Therapien der existentiellen Ebene darum, die Identität auf alle Facetten des Gesamtorganismus auszudehnen. Dies wird von Perls et al. (1979) deutlich ausgesprochen: «Das Ziel besteht darin, die Grenzen dessen, was man als ‹Ich› akzeptiert, so weit auszudehnen, daß sie alle organische Aktivität einbeziehen.» Später formulierte Perls noch lapidarer: «Verlier den Verstand und komm zur Besinnung!» – nämlich zum Gesamtorganismus.

Erinnern wir uns aber, daß die existentielle Ebene auch der Bereich der beiden Wurzeldualismen des Menschen ist: Subjekt – Objekt (oder das Ich und das Andere) und Leben – Tod (oder Sein und Nichtsein). Diese Dualismen bilden den eigentlichen Arbeitsbereich vieler Therapien der existentiellen Ebene. «Krankheit zum Tode», «In-der-Welt-Sein», «Sein und Nichts», «die Hölle sind die anderen», «Dialektik der Krise» sind gemeinsame Leitmotive verschiedener existentieller Therapien, in denen die Phänomene dieser Ebene treffend abgebildet sind.

Die Therapien der existentiellen Ebene richten sich also auf den psychophysischen Gesamtorganismus, auf seine möglichen Krisen und auf sein ungeheures Potential. In diese Gruppe gehören Therapien von eher kognitivem Charakter wie etwa Existentielle Psychologie, Gestalttherapie, Humanistische Psychologie und Bioenergetik, aber auch eher somatische Ansätze wie Hatha-Yoga, Strukturelle Integration (Rolfing), Polaritätstherapie und Sensory

Awareness. Ungeachtet mancher Unterschiede streben alle diese Therapien danach, den ganzen, konkreten Menschen ans Licht zu bringen.

Therapien für die biosozialen Bänder

Die oberen Bereiche der existentiellen Ebene haben wir als «biosoziale Bänder» bezeichnet. Diese Bänder repräsentieren ein Netz kultureller Muster, das über den Organismus gebreitet wird, und diese Muster üben in allen Bereichen einen tiefgreifenden Einfluß auf die Ausrichtung und das Verhalten des Organismus aus. Sie formen unter anderem die Struktur des Ego (Mead 1964) und die Muster seiner Denkprozesse (Whorf 1963). Wichtiger ist jedoch, zumindest für den pathologischen Aspekt, daß diese Bänder Filter der Wirklichkeit darstellen. So schreibt Erich Fromm (1963, S. 127f., 133):

> Die Wirkung der Gesellschaft besteht jedoch nicht nur darin, unserem Bewußtsein Fiktionen einzutrichtern, sondern auch darin, uns daran zu hindern, uns der Wirklichkeit bewußt zu sein . . . Jede Gesellschaft bildet durch ihre Lebensweise und die Art ihres Bezogenseins, Fühlens und Wahrnehmens ein System von Kategorien, das die Formen des Bewußtseins bestimmt. Dieses System arbeitet sozusagen wie ein gesellschaftlich bedingter Filter . . . Empfindungen, die nicht durch den Filter gehen, bleiben außerhalb des Bewußtseins, das heißt, sie bleiben unbewußt.

Die Therapien für die biosozialen Bänder setzen also bei den tiefgreifenden Veränderungen und Verzerrungen der Wahrnehmung durch soziale Muster wie Sprache und Logik an, die auf tieferen Schichten wirken als individuelle Verzerrungen und Verdrängungen. Es geht diesen Therapien demnach vor allem um den sozialen Kontext des Pathologischen; allerdings lassen sich nicht alle sogenannten interpersonellen Therapieformen als Therapien für die biosozialen Bänder bezeichnen, denn vielen geht es im Grunde mehr um «die Spiele, die das Ego spielt». Einige Formen der Sozialpsychologie, Sozialphänomenologie, Familientherapie und semantischen Therapie beziehen sich direkt auf dieses überaus wichtige Band des Spektrums. (Eine neue Betrachtungsweise der biosozialen Bänder findet sich in Castaneda 1975.)

Therapien für die transpersonalen Bänder

Die transpersonalen Bänder bezeichnen die ihrer Natur nach überindividuellen Ebenen des Bewußtseins. Hier ist das «Individuum» noch nicht vollständig mit dem All identifiziert, aber auch nicht mehr ausschließlich mit seinem durch konventionelle Grenzen definierten Organismus. Auf der Ebene der transpersonalen Bänder sind unter anderem die «Urbilder» des «kollektiven Unbewußten» (C. G. Jung) zu Hause.

Diese Urbilder oder Archetypen üben auf alle Schichten oberhalb der transpersonalen Bänder einen starken Einfluß aus. Das könnte ein allgemeiner Zug sein, der im gesamten Spektrum wirksam ist: Bewegungen auf jeder Ebene können sich auf alle darüberliegenden Ebenen dramatisch auswirken. Besonders wichtig ist die Tatsache, daß die transpersonalen Bänder direkt erfahrbar sind. Auch Jung war sich dessen bewußt, denn er schrieb (1968, S. 110): «Mystiker sind Menschen, die eine besonders lebhafte Erfahrung von den Prozessen des kollektiven Unbewußten haben. Mystische Erfahrung ist Erfahrung von Archetypen.»

Ein allgemeines Kennzeichen der transpersonalen Bänder besteht darin, daß alle Dualismen (abgesehen von einer Form des Urdualismus) aufgehoben sind. Wird aber solchen Dualismen wie dem von Ego und Körper oder Persona und Schatten die Grundlage entzogen, so entfällt damit auch die Grundlage für individuelle Neurosen, sowohl egohafter als auch existentieller Natur.

Um dasselbe noch einmal etwas anders auszudrücken: Wenn ein Mensch jenseits seines individuellen und von allem anderen getrennten Seins noch eine größere Tiefe der Identität entdeckt, kann er auch leichter über seine individuellen Neurosen hinauswachsen. Er ist jetzt nicht mehr ausschließlich mit seinem Gefühl des Getrenntseins identifiziert und daher nicht mehr ausschließlich auf seine rein persönlichen Probleme fixiert. Er beginnt jetzt, von seinen Ängsten, von seinen Depressionen und Obsessionen loszulassen und sie unvoreingenommen zu betrachten. Die Therapie der transpersonalen Bänder eröffnet ihm – vermutlich zum ersten Mal – einen Standort, von dem aus er seine individuellen emotionalen und weltanschaulichen Probleme insgesamt überschauen kann. Gerade die Tatsache, daß er sie *überschaut* bedeutet aber, daß er sie nicht mehr benutzt, um durch sie die Wirklichkeit *anzuschauen* und dadurch zu verzerren. Sie bedeutet auch, daß er jetzt nicht mehr ausschließlich mit diesen Komplexen identifiziert ist, seine Identität beginnt in einen Bereich hineinzuwachsen, der jenseits dessen liegt.

Die transpersonalen Bänder selbst werden manchmal als überindividueller «Zeuge» erfahren, als etwas, das den Fluß des Wirklichen beobachtet, ohne ihn zu manipulieren. Der Zeuge beobachtet den Strom der Ereignisse innerhalb und außerhalb des Geist-Körpers auf schöpferisch distanzierte Weise, da er weder mit dem Inneren noch mit dem Äußeren ausschließlich identifiziert ist. Anders gesagt, *wenn ein Mensch erkennt, daß sein Geist und sein Körper als Objekte wahrgenommen werden können, so erkennt er auch spontan, daß sie kein wirkliches Subjekt bilden.* Dieses Zeugesein ist die Grundlage buddhistischer Praxis (Achtsamkeit, Aufmerksamkeit) und der Psychosynthese («Disidentifikation und das transpersonale Selbst»).

Es scheint auch dem sehr ähnlich zu sein, was Maslow «Plateauerfahrung» genannt hat, denn auch dazu gehört ein «distanziertes Beobachten der Welt. Die Plateauerfahrung ist ein Bezeugen der Wirklichkeit. Dazu gehört auch, das Symbolische oder Mythische, das Poetische, das Transzendente, das Wunderbare zu sehen ... Das Transzendieren von Zeit und Raum wird ganz normal, könnte man sagen.» Gerade durch diese Arten der Erfahrung wird man eingeführt in die Welt der Metamotivationen, B-Werte, transzendenten Werte, in die Welt der mythologischen und überindividuellen Bewußtheit – kurz, in die spirituelle Dimension der transpersonalen Bänder.

«Therapien» für den Zugang zur GEIST-*Ebene*

Der Unterschied zwischen dem, was ich – aus Mangel an besseren Begriffen – «niedere» und «wahre» Mystik nenne, ist auch der Unterschied zwischen dem transpersonalen Zeugen und dem GEIST, denn die Position des transpersonalen Zeugen der Wirklichkeit enthält – anders als der GEIST – noch eine subtile Form des Urdualismus, nämlich die Zweiheit von Zeuge und Bezeugtem. Erst wenn diese letzte Spur von Dualismus ganz und endgültig getilgt ist, erwacht man zum GEIST, denn in dem Augenblick (der *dieser* Augenblick ist) werden Zeuge und Bezeugtes ein und dasselbe.

Damit soll die Position des transpersonalen Selbst oder Zeugen keineswegs herabgemindert werden, denn sie kann nicht nur selbst von großem therapeutischem Wert sein, sondern auch eine Art Sprungbrett zum GEIST. Dennoch darf sie nicht mit dem GEIST selbst verwechselt werden.

Das also ist der wichtigste Unterschied zwischen den niederen mystischen Zuständen des transpersonalen Selbst und dem wahren mystischen Zustand – der Identität mit dem GEIST. Im einen ist der Mensch Zeuge der Wirklichkeit, im anderen ist er die Wirklichkeit. Der eine behält stets einen Rest des primären Dualismus, der andere nicht. Im wahren mystischen Zustand dringt der Mensch bis zum Grund seines Seins vor und entdeckt, wer oder was sieht – aber das ist kein transpersonales Selbst, sondern nichts anderes als das Gesehene, es ist, um mit Blythe zu sprechen, «die Erfahrung des Universums durch das Universum».

Allen Therapien auf jeder Ebene geht es um die Heilung bestimmter Dualismen; um die Ebene des GEISTES zu verwirklichen, muß der Urdualismus von Subjekt und Objekt überwunden werden. Der Zusammenbruch des Subjekt-Objekt-Dualismus bedeutet zugleich den Zusammenbruch des Dualismus von Vergangenheit und Zukunft, von Leben und Tod; man erwacht wie aus einem Traum in die raum- und zeitlose Welt des Kosmischen Bewußtseins. Zu den «Therapien» (hier benutzen wir diesen Ausdruck nur als sprachliche Konzession) zur Verwirklichung dieser Ebene gehören Mahayana-Buddhismus, Taoismus, Vedanta, Hinduismus, Sufismus und bestimmte Formen christlicher Mystik.

Das Verhältnis des Bewußtseinsspektrums zur Psychologia perennis

Dieser sehr abstrakte Aufriß des Bewußtseinsspektrums bedarf zumindest noch einiger ergänzender Bemerkungen.

Erstens: Die Ebenen des Spektrums gehen ineinander über und sind letztlich nicht klar voneinander zu trennen. Wir haben lediglich zum Zweck der Erörterung einige charakteristische Abschnitte herausgelöst, woraus unmittelbar folgt, daß unsere Zuweisung bestimmter Therapieformen zu bestimmten Abschnitten des Spektrums nicht mehr als eine grobe Annäherung darstellt.

Zweitens: Wenn wir eine bestimmte psychotherapeutische Schule einer bestimmten Hauptebene des Spektrums zuordnen, so richten wir uns dabei nach dem etwas willkürlichen Bezugspunkt der «tiefsten» Ebene, die von dieser Schule noch berücksichtigt wird. Allgemein gesagt berücksichtigen und benutzen die Therapien einer Ebene alle psychotherapeutischen Disziplinen der «darüberliegenden» Ebenen. Wenn wir also die Jungsche Psychotherapie in den transpersonalen Bändern ansiedeln, so heißt das nicht, daß Jung nichts über die Ebene des Schattens oder die biosozialen Bänder zu sagen hatte – ganz im Gegenteil.

Drittens: Es ist jedoch im allgemeinen so, daß Therapien einer Ebene alle Erfahrungen, die «tieferen» Ebenen angehören, als pathologisch einstufen; tiefere Ebenen werden mit diagnostischem Ingrimm schnellstens weginterpretiert, wofür die Haltung der orthodoxen Psychoanalyse gegenüber allem Mystischen ein gutes Beispiel ist.

Viertens: Der Abstieg durch das Bewußtseinsspektrum bedeutet eine Expansion der Identität von der Persona über das Ego und den Organismus bis zum Kosmos; ebensogut könnten wir von einer fortschreitenden Disidentifikation oder Ablösung von allen *ausschließenden* Identifikationen sprechen. Auf der Ebene des GEISTES spielt es keine Rolle mehr, ob wir sagen, das Individuum sei mit *allem* oder es sei mit *nichts* identifiziert – logisch gesehen sind ohnehin beide Möglichkeiten sinnlos. Die erste Aussage hat lediglich den Vorteil, daß sie der Form nach mit den Aussagen über die anderen Ebenen übereinstimmt.

Fünftens: Da jeder Ebene des Spektrums ein anderes Identitätsgefühl zugehört, besitzen alle Ebenen mehr oder weniger charakteristische Züge. So scheinen die verschiedenen Ebenen beispielsweise verschiedene Träume, Bedürfnisse und Symptome zu erzeugen. Transpersonale Angst, Existenzangst und Schattenangst sind gewiß nicht dasselbe und können nicht auf die gleiche Weise behandelt werden. Die undifferenzierte Anwendung ein und derselben therapeutischen Technik für alle möglichen Symptome kann zu höchst unerfreulichen Ergebnissen führen.

Hier könnte die Frage entstehen, welche Wirkung (falls überhaupt) therapeutische Verfahren der oberen Ebenen (Schatten, Ego, existentiell) auf einen Menschen haben, der sich auf einer tieferen Ebene (transpersonal, GEIST) befindet oder dorthin entwickelt. Wir können diese Frage hier nicht erschöpfend beantworten, aber doch einige Anmerkungen dazu machen. Der Abstieg durch das Bewußtseinsspektrum bedeutet, daß ausschließende Identifikationen zugunsten weiterer und umfassenderer Zug um Zug aufgegeben werden. Je mehr der Mensch von seinen Verhaftungen auf den oberen Bändern des Spektrums loslassen kann – und das ist im wesentlichen das Ziel der Therapien, die dort ansetzen –, desto leichter wird der Abstieg auf tiefere Ebenen.

Wird der Hauptdualismus einer bestimmten Ebene wiedervereinigt oder «geheilt», so kann man erwarten, daß ein Mensch, beidem das geschieht, spontan auf die nächsttiefere Ebene absteigt. Wird etwa die Spaltung von Persona und Schatten überwunden und geheilt, so ist damit im Grunde schon gesagt, daß die Person auf die Ego-Ebene abgestiegen ist. Wird dort nun wieder die Kluft zwischen Ego und Körper geschlossen, so ist die Person damit spontan auf die existentielle Ebene abgestiegen, und so weiter. Einmal auf eine neue Ebene gelangt, wird man sensibler für deren Besonderheiten – ihre Träume, Dualismen, ihre charakteristischen Übel und Leiden, ihre Bedürfnisse und ihr Entwicklungspotential. Das Phänomen des spontanen Abstiegs – und jeder Mensch besitzt das Potential dazu – entspricht ziemlich genau Maslows (1973) Hierarchie der Bedürfnisse: neurotische Bedürfnisse (Ebene des Schattens), Grundbedürfnisse (Ebene des Ego und existentielle Ebene) und Meta-Bedürfnisse (transpersonale Bänder); der GEIST kennt keine Bedürfnisse, denn es gibt nichts außer ihm. Sobald ein Mensch mit einer Gruppe von Bedürfnissen ins reine gekommen ist, taucht spontan die nächste auf, und wenn diesen Bedürfnissen wiederum nicht entsprochen wird, entsteht eine neue Gruppe von Problemen.

So werden auf der Ebene des Schattens die Grundbedürfnisse nicht befriedigt. Aufgrund von Verdrängung, Verlagerung oder anderen Projektionsmechanismen gelingt es dem Menschen nicht, die Natur seiner Grundbedürfnisse zu erkennen. Und da man bekanntlich nicht genug von dem bekommen kann, was man eigentlich nicht braucht, entsteht ein ganzer Zoo von unstillbaren neurotischen Bedürfnissen. Gelingt es andererseits, die neurotischen Bedürfnisse zu verstehen und zu überwinden, so können die darunterliegenden Grundbedürfnisse ans Licht kommen, so daß der Mensch sich mit ihnen auseinandersetzen und den Weg zu einem erfüllteren Leben suchen kann. Dabei gelangt er – fast automatisch – auf eine tiefere Ebene des Spektrums. Wenn er schließlich die existentielle Ebene erreicht, zeigt sich wiederum eine ganz neue Gruppe von Bedürfnissen, die Meta-Bedürfnisse, und mit ihnen ist ein Aufruf zur Transzendenz verbunden, der ein unwiderstehlicher Drang werden kann. Die Auseinandersetzung mit den Meta-Bedürfnissen bedeutet die Einführung in die Welt der transpersonalen Bänder, sie abzulehnen bedeutet das Heraufbeschwören einer Meta-Pathologie.

Es erscheint mir nicht allzu gewagt, wenn wir daraus folgern, daß therapeutische Maßnahmen auf den oberen Ebenen des Spektrums den Abstieg auf tieferliegende erleichtern können. Dies bedeutet jedoch nicht, daß der Abstieg zu den transpersonalen Bändern oder auf die Ebene des GEISTES in jedem Fall therapeutische Maßnahmen der oberen Ebenen erfordert, nicht einmal unbedingt dort, wo sie angezeigt erscheinen. So hilfreich solche Maßnahmen sein können, sie sind keine Bedingung, denn die Therapien für die tieferen Ebenen reduzieren offenbar die Arbeit, die auf den oberen zu tun ist. Wäre dies nicht der Fall, dann wäre eine meditative Praxis für einen Neurotiker ziemlich sinnlos – solange er nicht etwas einer kompletten Psychoanalyse Entsprechendes durchlaufen hat.

Ich habe die Behauptung der *Psychologia perennis*, daß die genannten Ebenen tatsächlich existieren, lediglich um den Aspekt erweitert, daß jeder dieser Ebenen (außer natürlich der Ebene des GEISTES) eine spezifische Pathologie entspricht. Die große Leistung der westlichen Psychologie besteht darin, sich in ihren einzelnen Schulen den spezifischen Pathologien der verschiedenen Ebenen zugewendet zu haben. Jetzt wird auch deutlich, daß der östliche und der westliche Zugang zum Bewußtsein im Grunde eine große Entsprechung und Ergänzung bilden. Den östlichen Erforschern des Bewußtseins (und mit «östlich» ist hier ganz allgemein die *Psychologia perennis* gemeint und keine geographische Bestimmung) war es stets in erster Linie um die Ebene des GEISTES zu tun, und sie kümmerten sich wenig oder gar nicht um Pathologisches, das sich auf anderen Ebenen bilden kann. Dies ist verständlich, denn die Ewige Psychologie behauptet, daß alles Pathologische auf die Entfremdung vom GEIST zurückzuführen ist. Sie besaßen zweifellos ein sehr detailliertes Wissen von allen Ebenen des Spektrums, betrachteten es aber als Zeitverschwendung, für die Heilung von etwas Pathologischem auf einer der oberen Ebenen anzusetzen, denn dort ist die Wurzel von allem Übel, der Subjekt-Objekt-Dualismus, nicht zu fassen. Dem Westen ist andererseits –

zumindest seit dem 17. Jahrhundert – jede noch so vage Vorstellung von der *Psychologia perennis* verlorengegangen, und als in diesem metaphysischen Vakuum die Erforschung der Psychopathologie einsetzte, blieb den ersten Wissenschaftlern gar nichts anderes übrig, als die Ursachen von Neurosen und Psychosen auf einer der oberen Ebenen des Spektrums zu suchen. Auf der jeweils eigenen Ebene hat jeder von ihnen recht, und alle miteinander schaffen sie einen komplementären, das gesamte Spektrum umspannenden Zugang zum Bewußtsein.

Vorstoß ins Unbewußte

Stanislav Grof

Empirische Basis eines neuen theoretischen Rahmens

Die Ergebnisse, die ich hier vorlegen möchte, beruhen auf meiner siebzehnjährigen klinischen Forschungsarbeit mit LSD. Im Laufe dieser Jahre haben sich mein Verständnis dieser Droge und meine Anschauungen über ihre therapeutische Verwendung grundlegend gewandelt. Die wichtigsten Stadien dieser Entwicklung möchte ich kurz beschreiben.

Die Anfänge der LSD-Forschung standen ganz im Zeichen des sogenannten «Modellpsychose»-Ansatzes. Nach der zufälligen Entdeckung dieses Stoffs zeigte sich bereits in ersten Untersuchungen, daß schon kleinste Mengen dramatische und tiefgreifende Veränderungen der mentalen Funktionen bewirken können. Viele Forscher gewannen damals den Eindruck, man könne mit LSD die Symptomatik der Schizophrenie simulieren, und glaubten mit ihren LSD-Untersuchungen nachweisen zu können, daß Schizophrenie letztlich auf eine biochemische Anomalie zurückführbar ist. Es gelang jedoch nicht, signifikante Parallelen zwischen den Erscheinungsbildern von LSD-Zuständen und Schizophrenie aufzuzeigen.

Ich gab den Modellpsychose-Ansatz auf und konnte immer weniger die Ansicht jener Kritiker teilen, die LSD-Zustände einfach als unspezifische Gehirnreaktion auf eine schädliche Chemikalie interpretierten, als «toxische Psychose».

Besonders verblüffend war für mich in diesen frühen Jahren des Experimentierens die große Variationsbreite von Erfahrungen unter den Personen, die an den Sitzungen teilnahmen. Im Laufe vieler Versuche wurde mir dann immer deutlicher, daß viele LSD-Phänomene einen interessanten psychodynamischen Sinn haben und in psychologischen Begriffen interpretierbar sind. Zunächst einmal wurde ganz deutlich, daß die LSD-Reaktion hochspezifisch für die Persönlichkeit des jeweiligen Probanden ausfällt. LSD löst demnach keine unspezifische «toxische Psychose» aus, sondern stellt offenbar einen höchst wirkungsvollen Katalysator mentaler

Prozesse dar, der unbewußtes Material aus verschiedenen Tiefenschichten der Persönlichkeit zutage fördert. Viele dieser Phänomene in diesen Sitzungen ließen sich in psychologische oder psychodynamische Begriffe kleiden – in ihrer Struktur waren sie den Träumen nicht unähnlich. Die systematische analytische Kleinarbeit machte immer deutlicher, daß LSD ein unvergleichliches Instrument psychologischer Tiefendiagnostik werden konnte.

Gegenwärtig betrachte ich LSD als einen sehr wirkungsvollen unspezifischen Verstärker oder Katalysator biochemischer und psychischer Hirnprozesse. Es scheint eine Art allgemeine Aktivierung zu bewirken, die das Auftauchen von unbewußtem Material aus verschiedenen Persönlichkeitsschichten begünstigt.

Für den Zweck der folgenden Erörterung unterscheiden wir vier Ebenen oder Typen von LSD-Erfahrungen samt den ihnen zugeordneten Bereichen des Unbewußten: 1. abstrakte und ästhetische Erfahrungen; 2. psychodynamische Erfahrungen; 3. perinatale Erfahrungen; 4. transpersonale Erfahrungen.

Ästhetische Erfahrungen

Ästhetische Erfahrungen scheinen die Schicht von LSD-Phänomenen darzustellen, die der Oberfläche am nächsten liegen. Sie enthüllen weder das Unbewußte der Versuchsperson noch haben sie irgendeine psychodynamische Bedeutung. Die hervorstechenden Merkmale solcher Erfahrungen lassen sich psychologisch als Folge einer chemischen Reizung des sensorischen Apparats beschreiben, als Abbild seiner inneren Struktur und funktionalen Charakteristik.

Das folgende Beispiel aus einer LSD-Sitzung mit einem Psychiater, der am LSD-Ausbildungsprogramm teilnahm, mag als Illustration dienen:

> Ich war tief versunken in eine abstrakte Welt wirbelnder geometrischer Formen und intensiver Farben – strahlend, wie ich es nie zuvor in meinem Leben gesehen hatte. Ich war hingerissen und völlig gebannt von diesem unfaßbaren Kaleidoskop . . .

Psychodynamische Erfahrungen

Die Erfahrungen dieser Kategorie entspringen dem individuellen Unbewußten und den Persönlichkeitsbereichen, die im normalen Bewußtseinszustand zugänglich sind. Sie stehen in Beziehung zu wichtigen Erinnerungen, emotionalen Problemen, ungelösten Konflikten und verdrängtem Material aus verschiedenen Lebensabschnitten des Betreffenden. Die meisten Phänomene dieser Ebene lassen sich psychodynamisch erklären.

Die einfachsten psychodynamischen Erfahrungen sind ein Wiedererleben emotional hochbedeutsamer Ereignisse, die lebensechte Wiederholung traumatischer oder ungewöhnlich freudiger Erfahrungen in frühester Kindheit oder auch späteren Lebensabschnitten. Bildhafte Konkretisierungen oder Phantasien, Dramatisierungen von Tag-Wunschträumen, Deck-Erinnerungen und verwickelte Mischungen aus Phantasie und Wirklichkeit stellen schon kompliziertere Phänomene dar. Außerdem gehört zur psychodynamischen Ebene eine Vielfalt von Erfahrungen, in denen wichtiges unbewußtes Material in Erscheinung tritt, jedoch in abwehrend kaschierter Form – symbolisch verbrämt, voller Verzerrungen und metaphorischer Anspielungen.

Psychodynamische Erfahrungen sind besonders häufig in der psycholythischen Therapie psychiatrischer Patienten und bei Versuchen, die Personen mit beträchtlichen emotionalen Problemen auf eigene Faust unternehmen. Bei emotional stabilen Personen, deren Kindheit weniger von einschneidenden Ereignissen geprägt war, spielen solche Phänomene eine wesentlich geringere Rolle.

Die Phänomenologie psychodynamischer Erfahrungen in LSD-Sitzungen stimmt weitgehend mit den Grundbegriffen der klassischen Psychoanalyse überein. Wären psychodynamische Phänomene die einzige Art von LSD-Erfahrungen, so könnte man die Ergebnisse der LSD-Psychotherapie einfach als experimentellen Beweis für die Grundannahmen Freuds betrachten. Die psychosexuelle Dynamik und die Grundkonflikte der menschlichen Psyche, wie sie von Freud beschrieben wurden, manifestieren sich hier mit ungewöhnlicher Klarheit und Lebhaftigkeit – selbst an ganz naiven Probanden, die noch nie analysiert wurden, kein psychoanalytisches Buch gelesen haben und auch sonst auf keine Weise implizit oder explizit indoktriniert wurden. Unter LSD-Einfluß regredieren solche Personen in die Kindheit oder gar ins frühe Säuglingsalter, durchleben erneut verschiedene psychosexuelle Traumata und komplexe Empfindungen, die mit der infantilen Sexualität in Zusammenhang stehen, und werden mit Konflikten konfrontiert, wie sie mit dem Geschehen in den verschiedenen Zonen der Lustempfindung einhergehen. Sie müssen sich durch die von der Psychoanalyse beschriebenen Grundprobleme hindurcharbeiten, etwa den Ödipus- und Elektrakomplex, Kastrationsangst und Penisneid.

Bei all diesen Übereinstimmungen gibt es in psychodynamischen LSD-Sitzungen dennoch Phänomene, die sich nicht psychoanalytisch erklären lassen. Um solche Sitzungen – vor allem auch ihre Aussagekraft für den klinischen Zustand und die Persönlichkeitsstruktur des Patienten – ganz verstehen zu können, müssen wir ein neues Prinzip in das psychoanalytische Denken einführen. LSD-Phänomene auf dieser Ebene werden verständlich und manchmal sogar voraussagbar, wenn wir sie unter dem Aspekt spezifischer Erinnerungskonstellationen betrachten, die ich als COEX-Systeme (*systems of condensed experience* = «Systeme verdichteter Erfahrung») bezeichne.

COEX-Systeme

Ein COEX-System läßt sich definieren als spezifische Erinnerungskonstellation, die von verdichteter Erfahrung (und damit zusammenhängenden Phantasien) aus verschiedenen Lebensabschnitten eines Individuums gebildet wird. Die Erinnerungen, die zu einem bestimmten COEX-System gehören, haben ein ähnliches Grundthema oder enthalten ähnliche Elemente und sind mit starker emotionaler Energie der gleichen Qualität besetzt. Die tiefsten Ebenen dieses Systems werden von lebhaften und farbigen Erinnerungen an Erfahrungen der frühen und frühesten Kindheit gebildet. Darüber liegen Erinnerungen an ähnliche Erfahrungen aus späteren Lebensphasen bis hin zur Jetztzeit. Jedes COEX-System hat ein Grundthema, das alle Schichten durchzieht und deren gemeinsamen Nenner darstellt; die Grundthemen verschiedener COEX-Konstellationen können sehr unterschiedlich sein. Ein bestimmtes System kann in seinen verschiedenen Ebenen beispielsweise sämtliche Erinnerungen an demütigende und erniedrigende Situationen enthalten, die das Selbstwertgefühl des Betreffenden untergraben haben. Ein anderes sehr häufiges Motiv vieler COEX-Konstellationen ist die emotionale Deprivation und Zurückweisung in verschiedenen Entwicklungsphasen. Oft begegnen wir auch Grundthemen, die Sex als gefährlich oder verabscheuungswürdig darstellen, aber auch solchen, in denen Aggression und Gewalt im Vordergrund stehen. Besonders schwerwiegend sind COEX-Systeme, in denen Situationen der Bedrohung von Überleben, Gesundheit und Unversehrtheit des Körpers ihren verdichteten Niederschlag gefunden haben. Die überaus starke emotionale Besetzung eines COEX-Systems (die sichtbar wird an den heftigen emotionalen Entladungen bei der Entfaltung solcher Systeme in der LSD-Therapie) scheint durch die Summierung der Emotionen aller zu ihm gehörenden Erinnerungen einer bestimmten Art zustande zu kommen.

Individuelle COEX-Systeme haben fixierte Beziehungen zu bestimmten Abwehrmechanismen und gehen mit spezifischen klinischen Symptomen einher. Die verzweigten Abhängigkeitsbeziehungen zwischen den einzelnen Teilen und Aspekten eines COEX-Systems stehen meist in grundsätzlicher Übereinstimmung mit dem Freudschen Denken. Neu ist hingegen der Gedanke, daß ein dynamisches *System* die Komponenten zu einer charakteristischen funktionalen Einheit integriert. Die Persönlichkeitsstruktur enthält normalerweise eine große Zahl von COEX-Systemen. Charakter, Anzahl, Ausmaß und Intensität solcher Systeme können von Mensch zu Mensch sehr verschieden sein.

Nach der Grundqualität der emotionalen Besetzung können wir zwischen *positiven* und *negativen* COEX-Systemen unterscheiden; positive Systeme verdichten erfreuliche emotionale Erfahrungen und positive Aspekte des zurückliegenden Lebens, während negative Systeme unerfreuliche emotionale Erfahrungen verdichten. Einzelne COEX-Systeme funktionieren relativ autonom, wenn es auch Wechselwirkungen und Überschneidungen gibt. Sie haben Einfluß darauf, wie die Person sich selbst und die Welt wahrnimmt, sie färben ihre Gefühle und Vorstellungen und beeinflussen sogar viele somatische Prozesse.

Das Wiedererleben von Erfahrungen, die verschiedene Ebenen von COEX-Systemen bilden, sind eines der am häufigsten und durchgängig zu beobachtenden Phänomene in der LSD-Psychotherapie psychiatrischer Patienten. Dieses Wiedererleben ist ziemlich realistisch, lebhaft und komplex; begleitet wird es von überzeugenden Anzeichen für eine Regression der Person in ein Alter, in dem die ursprüngliche Erfahrung stattfand.

Die Liste charakteristischer traumatischer Erfahrungen, die als Kernelemente negativer COEX-Systeme auftreten, umfaßt einen breiten Fächer von Situationen, in denen die Sicherheit und Bedürfnisbefriedigung des Kindes gefährdet waren. Die ältesten Kernerfahrungen stehen mit dem frühesten Säuglingsalter in Zusammenhang. Recht häufig ist das Wiedererleben oraler Frustrationen aufgrund von starren Fütterungs-Zeitplänen, Mangel an Muttermilch oder Angst, Nervosität und Liebesmangel der Mutter, die unfähig war, dem Kind eine liebevolle, friedliche und schützende Umgebung zu schaffen. In dieser frühen Säuglingszeit sind eine ganze Reihe anderer traumatischer Erfahrungen möglich, die ebenfalls häufig beobachtet werden.

Dem Wiedererleben traumatischer Kindheitserlebnisse folgen oft weitreichende Veränderungen der klinischen Symptomatik, der Verhaltensmuster, Wertvorstellungen und Einstellungen. Diese tiefgreifende Verwandlungskraft des Wiedererlebens und Integrierens solcher Erinnerungen legt die Vermutung nahe, daß hier ein allgemeines dynamisches Prinzip im Spiel ist.

Der wichtigste Teil des COEX-Systems scheint die Kernerfahrung zu sein. Sie war die erste Erfahrung einer bestimmten Art, die im Gehirn registriert wurde und das Fundament für ein spezifisches COEX-System legte. Die Kernerfahrung bildet also einen Prototyp, eine Matrix für die Einspeicherung späterer Ereignisse ähnlicher Art in die Datenbank des Gedächtnisses. Es ist nicht leicht zu erklären, weshalb bestimmte Arten von Ereignissen einen so starken traumatischen Einfluß auf das Kind ausüben, daß sie sich für Jahre oder gar Jahrzehnte auf seine psychodynamische Entwicklung auswirken. Psychoanalytiker versuchen diese Verständnislücke gern mit konstitutionellen oder erblichen Faktoren von unbekannter Art zu schließen. Die LSD-Forschung scheint dagegen die Vermutung zu stützen, daß diese besondere Sensibilität möglicherweise wichtige Determinanten in tieferen Schichten des Unbewußten hat, nämlich in funktionalen dynamischen Matrizes, die angeboren und von transpersonaler Natur sind.

Die Ähnlichkeit eines traumatischen Ereignisses der Kindheit mit bestimmten Aspekten des Geburtstraumas könnte ebenfalls von großer Bedeutung sein. In diesem Fall beruht die traumatische Wirkung der späteren Situation überwiegend auf der Reaktivierung psychobiologischer Erinnerungen an den traumatischen Anteil der Geburtserfahrung.

Alle Fälle stimmen jedoch darin überein, daß in der LSD-Psychotherapie früher oder später die Elemente des individuellen Unbewußten aus der LSD-Erfahrung verschwinden und die Person im Verlauf der psycholytischen Therapie in den Bereich perinataler und transpersonaler Phänomene gelangt.

Perinatale Erfahrungen

Kennzeichen und Brennpunkt perinataler LSD-Erfahrungen sind die Probleme der biologischen Geburt, aber auch körperliche Schmerzen, das Alter, Krankheit und Siechtum, Sterben und Tod. Die niederschmetternde Begegnung mit diesen Aspekten des menschlichen Daseins, die tiefe Erkenntnis der Zerbrechlichkeit und Vergänglichkeit des biologischen Lebens, löst unweigerlich eine qualvolle existentielle Krise aus. Wer solche Erfahrungen macht, dem wird eindringlich klar, daß am Unvermeidlichen kein Weg vorbeiführt, was auch immer er in seinem Leben tun mag: Er wird diese Welt verlassen müssen, aller Errungenschaften beraubt, an denen er gehangen hat. Die schwerwiegendste Implikation der perinatalen Erfahrung ist die Ähnlichkeit von Geburt und Tod, die schockierende Erkenntnis, daß der Beginn des Lebens seinem Ende gleicht. Doch diese erschreckende emotionale und psychische Begegnung mit dem Tod hat noch eine andere wichtige Konsequenz, nämlich die Öffnung von spirituellen und religiösen Erfahrungsbereichen, die offenbar Bestandteil der menschlichen Natur sind, und zwar unabhängig von der jeweiligen kulturellen und religiösen «Programmierung». Nach meiner Erfahrung gelangt jeder, der diese Ebene erreicht, zu überzeugender Einsicht in die tiefe Bedeutung der spirituellen und religiösen Dimensionen der universalen Ordnung. Selbst eingefleischte Materialisten, positivistische Wissenschaftler, Skeptiker und Zyniker, ja selbst kompromißlose Atheisten oder auch Religionshasser wie etwa marxistische Philosophen interessieren sich plötzlich für spirituelle Entwicklung, sobald sie diese Ebene in sich selbst erfahren haben.

Solche Erfahrungen scheinen auf eine Weise, die auf dem gegenwärtigen Stand der Forschung noch nicht ganz zu erklären ist, mit den Umständen der biologischen Geburt zusammenzuhängen.

Personen unter LSD-Einfluß sprechen hier häufig ganz explizit von einem Wiedererleben ihres Geburtstraumas. Andere, die diese Verbindung nicht herstellen und sich ihre Begegnung mit dem Tod und die Tod-Wiedergeburt-Erfahrung auf rein philosophisch-spirituelle Weise zu erklären versuchen, weisen ziemlich regelmäßig eine physische Symptomatik auf, die sehr stark an die biologische Geburt erinnert. Sie nehmen Haltungen ein und bewegen sich in komplexen Mustern, die den Haltungen und Bewegungen eines Kindes in den verschiedenen Stadien der Entbindung erstaunlich ähnlich sind. Außerdem haben solche Personen oft Visionen von Embryos, Föten oder Neugeborenen und berichten über ein Gefühl der Identität mit einem dieser Stadien. Nicht ungewöhnlich sind auch authentische Empfindungen und Verhaltensweisen des Neugeborenen oder Visionen von weiblichen Genitalien und Brüsten.

Aufgrund dieser Beobachtungen und unter Berücksichtigung von anderem klinischem Material bezeichne ich die beschriebenen Phänomene als *perinatale Erfahrungen.* Worin der kausale Zusammenhang zwischen der tatsächlichen biologischen Geburt und den unbewußten Matrizes für diese Erfahrung besteht, bleibt noch zu klären. Es scheint jedoch sinnvoll zu sein, sich dieser Bewußtseinsebene unter den Gesichtspunkten anzunähern, die der Wiener Psychiater Otto Rank nach seiner Ablösung von der psychoanalytischen Hauptströmung in seinem Buch *Das Trauma der Geburt* (1924) formulierte.

Perinatale Erfahrungen sind Manifestationen einer Tiefenschicht des Unbewußten, die ersichtlich außerhalb der Reichweite klassischer Freudscher Techniken liegen. Die Phänomene dieser Kategorie sind weder in der psychoanalytischen Literatur beschrieben noch in den theoretischen Spekulationen Freudianischer Analytiker auch nur in Betracht gezogen worden. In der klassischen Psychoanalyse ist für die Erklärung solcher Erfahrungen kein Platz – schon allein deshalb, weil ein adäquater Begriffsrahmen fehlt.

Perinatale Erfahrungen repräsentieren eine sehr wichtige Überschneidungszone zwischen Individualpsychologie und transpersonaler Psychologie oder, wie wir auch sagen könnten, zwischen Psychologie und Psychopathologie einerseits und Religion andererseits. Sofern sie mit der individuellen Geburt in Zusammenhang stehen, scheinen sie in den Rahmen der Individualpsychologie zu gehören; es gibt an ihnen jedoch Aspekte, durch die sie einen entschieden transpersonalen Charakter bekommen. Die Intensität solcher Erfahrungen sprengt alle bisher angenommenen Grenzen der menschlichen Erfahrung. Eine häufige Begleiterscheinung ist die Identifikation mit anderen Menschen oder mit der ringenden und leidenden Menschheit. Auch andere, zweifelsfrei transpersonale Erfahrungen – zum Beispiel Evolutionserinnerungen, Elemente des kollektiven Unbewußten oder manche der von C. G. Jung beschriebenen Archetypen – gehören oft zum Kernbestand perinataler Matrizes.

Die Elemente des vielfältigen und komplexen Inhalts von LSD-Sitzungen, in denen diese Ebene des Unbewußten zutage tritt, scheinen in vier typischen Gruppierungen, Matrizes oder Erfahrungsmustern aufzutreten. Auf der Suche nach einer einfachen, logischen und natürlichen Darstellung dieser Tatsache stieß ich auf die erstaunlich tiefgehende Parallelität zwischen diesen Mustern und den klinischen Stadien der Entbindung. Es erwies sich als sehr hilfreich – und zwar sowohl für die Theoriebildung als auch für die Praxis der LSD-Psychotherapie –, diese vier Kategorien zu Stadien des biologischen Geburtsprozesses und zur Erfahrung des Kindes während dieses Vorgangs in Beziehung zu setzen. Der Kürze halber bezeichne ich diese vier Haupt-Erfahrungsmatrizes der Rankschen Ebene als *perinatale Grundmatrizes I–IV*. Der gegenwärtige Erkenntnisstand erlaubt noch nicht, diese Darstellung als Beschreibung eines Kausalzusammenhangs zu verstehen, aber sie stellt ein sehr nützliches Arbeitsmodell dar.

Die perinatalen Grundmatrizes sind dynamische Leitsysteme (von vorläufig hypothetischer Natur), die auf der Rankschen Ebene des Unbewußten eine ähnliche Funktion haben wie die COEX-Systeme auf der Freudschen (psychodynamischen) Ebene. Sie haben einen besonderen eigenen Inhalt, nämlich die Umstände bei der Geburt, die perinatalen Phänomene. Diese Phänomene lassen sich in biologische und spirituelle unterteilen. Die biologischen Aspekte der perinatalen Erfahrung bestehen in konkreten und recht realistischen Erfahrungen, die in Zusammenhang mit den Stadien der biologischen Entbindung stehen. Jedes dieser Stadien scheint ein spezifisches spirituelles Gegenstück zu haben: Für das noch ungestörte intra-uterine Dasein ist es die Erfahrung der kosmischen Einheit; dem Beginn der Entbindung entspricht ein Gefühl des Versinkens im Universum; im ersten klinischen Stadium der Entbindung, gekennzeichnet durch Kontraktionen des noch geschlossenen uterinen Systems, herrscht eine Erfahrung der Ausweglosigkeit oder «Hölle» vor; der Todes-Wiedergeburts-Kampf ist die spirituelle Entsprechung des zweiten klinischen Entbindungsstadiums, der Austreibung durch den Geburtskanal; das dritte und abschließende Stadium der Entbindung begleitet die Erfahrung von Tod und Wiedergeburt des Ego. Abgesehen von diesen spezifischen Inhalten wirken die perinatalen Grundmatrizes auch noch als Organisationsprinzipien für die Inhalte anderer Ebenen des Unbewußten, und zwar für die COEX-Systeme und für manche Arten transpersonaler Erfahrung, die gelegentlich gleichzeitig mit perinatalen Phänomenen auftreten.

Ein weiteres sehr wichtiges Beobachtungsergebnis der LSD-Psychotherapie besteht darin, daß es offenbar eine tiefe Entsprechung gibt zwischen dem physiologischen Geschehen in den aufeinanderfolgenden Stadien der biologischen Entbindung und dem Aktivitätsmuster verschiedener erogener Zonen, womit insbesondere der genitale Orgasmus gemeint ist. Diese Beobachtung erlaubt uns, die Ursachen für die Entstehung psychischer Störungen künftig weniger in der Sexualität als vielmehr in den perinatalen Matrizes zu suchen (womit allerdings den klassischen psychoanalytischen Prinzipien keineswegs die Gültigkeit abgesprochen werden soll). Auch in diesem erweiterten Rahmen behalten die psychoanalytischen Beobachtungen und Begriffe ihren Wert für die Interpretation psychodynamischer Phänomene und ihrer Beziehungen untereinander.

Transpersonale Erfahrungen

In frühen Sitzungen der psycholytischen oder LSD-Therapie treten transpersonale Erfahrungen nur selten auf, werden aber häufiger, wenn die Person das Material der psychodynamischen und perinatalen Ebene aufgearbeitet hat. Nach der Erfahrung von Tod und Wiedergeburt des Ego beherrschen transpersonale Elemente alle weiteren LSD-Sitzungen.

Der gemeinsame Nenner dieser ansonsten vielfältigen und verzweigten Phänomene besteht in einem Gefühl der Erweiterung des Bewußtseins über die gewohnten Grenzen des Ich und über Raum und Zeit hinaus. Die folgende Aufschlüsselung nach zwei Hauptgruppen mag einen Eindruck von der Vielfalt transpersonaler Erfahrungen geben:

I. *Erweiterung des Erfahrungsraums innerhalb des Bezugsrahmens der «objektiven Wirklichkeit»*
 A. Zeitliche Erweiterung des Bewußtseins
  1. Embryonale und fötale Erfahrungen
  2. Ahnen-Erfahrungen
  3. Kollektive und rassische Erfahrungen
  4. Phylogenetische oder Evolutionserfahrungen
  5. Erfahrungen früherer Inkarnationen
  6. Präkognition, Hellsehen, Hellhören und «Zeitreisen»

 B. Räumliche Erweiterung des Bewußtseins
  1. Transzendierung des Ego in zwischenmenschlichen Beziehungen und in der Erfahrung der «Einheit in der Zweiheit»
  2. Identifikation mit anderen Menschen
  3. Gruppenidentifikation und Gruppenbewußtsein
  4. Identifikation mit Tieren
  5. Identifikation mit Pflanzen
  6. Einheit mit dem Leben und der gesamten Schöpfung
  7. Bewußtsein nicht-organischer Materie
  8. Planetarisches Bewußtsein
  9. Außerplanetarisches Bewußtsein
  10. «Out-of-body»-Erfahrungen, Hellsehen und Hellhören bei diesen Reisen, «Raumreisen», Telepathie

 C. Räumliche Verdichtung des Bewußtseins
  1. Organ-, Gewebe- und Zellbewußtsein

II. *Erweiterung des Erfahrungsraums über den Bezugsrahmen der «objektiven Wirklichkeit» hinaus*
  1. Spiritistische und mediale Erfahrungen
  2. Erfahrungen von Begegnungen mit übermenschlichen spirituellen Wesenheiten
  3. Erfahrung von anderen Universen und der Begegnung mit deren Bewohnern
  4. Archetypische Erfahrungen und komplexe mythologische Sequenzen

5. Erfahrungen von Begegnungen mit verschiedenen Gottheiten
6. Intuitives Verstehen universaler Symbole
7. Aktivierung der Chakras und Erweckung der Schlangenkraft (Kundalini)
8. Erfahrung des Kosmischen Bewußtseins
9. Erfahrung der suprakosmischen und metakosmischen Leere

Embryonale und fötale Erfahrungen

Das lebhafte und konkrete Wiederholen von Episoden, die der Person als Erinnerungen bestimmter Ereignisse während der intra-uterinen Entwicklung erscheinen, sind nicht ungewöhnlich. Ähnlich wie bei dem Wiedererleben von Geburts- und Kindheitserinnerungen ist jedoch auch die Authentizität intra-uteriner Erinnerungen schwer nachzuweisen; deshalb sollte man hier lieber von Erfahrungen anstatt von Erinnerungen sprechen. Immerhin stieß ich aber in etlichen Fällen bei der unabhängigen Befragung der Mutter oder anderer beteiligter Personen auf erstaunliche Bestätigungen.

Ein Forscher, der transpersonale Phänomene untersucht, wie sie in LSD-Sitzungen auftreten können, muß auf viele verblüffende Beobachtungen und Koinzidenzen gefaßt sein, die sich als harter Prüfstein für gängige naturwissenschaftliche Glaubenssätze erweisen können und Zweifel an der Gültigkeit mancher «selbstverständlicher» Grundannahmen wecken.

Archetypische Erfahrungen und komplexe mythologische Sequenzen

Eine wichtige Gruppe transpersonaler LSD-Erfahrungen wird von Phänomenen gebildet, die C. G. Jung als Urbilder oder Archetypen bezeichnete. Die Begegnung mit diesen Urbildern kann sich als Identifikation mit der universalen Rolle der Mutter, des Vaters, des Kindes, der Frau, des Mannes oder der/des Geliebten vollziehen. Viele dieser universalen Rollen werden als heilig empfunden, wie sich an manchen Beispielen ablesen läßt, etwa an den Archetypen der Großen Mutter, der Schrecklichen Mutter, der Erdmutter, der Mutter Natur, des Großen Hermaphroditen oder des Kosmischen Menschen. Auch Archetypen, die bestimmte Persönlichkeitsaspekte des Teilnehmers an einer LSD-Sitzung repräsentieren – zum Beispiel Schatten, Animus, Anima oder Persona –, treten in fortgeschrittenen Stadien recht häufig auf.

Nicht selten werden von einfachen und wenig gebildeten Personen Geschichten wiedergegeben, die starke Ähnlichkeit mit antiken mythologischen Themen aus Mesopotamien, Indien, Ägypten, Griechenland, Mittelamerika und anderen Ländern aufweisen. Diese Beobachtung stimmt mit Jungs Entdeckung überein, daß relativ unbekannte, aber deutlich archetypische Themen in den Träumen von Kindern und ungebildeten Menschen, aber auch in der Symptomatik mancher Schizophrener auftauchen können.

Es gibt sogar Fälle, wo Teilnehmer an LSD-Sitzungen Zugang zu alten Systemen des esoterischen Denkens fanden – und das ohne jede Vorkenntnis. So machten Personen, die mit der Kabbala nicht vertraut waren, Erfahrungen, wie sie im Sohar und im Sepher Jezira beschrieben sind, und bewiesen eine erstaunliche Vertrautheit mit kabbalistischen Symbolen. Ähnliches wurde auch hinsichtlich alter Formen der Divination beobachtet, etwa des I Ging und des Tarot.

Aktivierung der Chakras und Erweckung der Schlangenkraft (Kundalini)

Viele Erfahrungen in transpersonalen LSD-Sitzungen zeigen eine erstaunliche Ähnlichkeit mit Phänomenen, wie sie in verschiedenen Schulen des Kundalini-Yoga als Zeichen für die Aktivierung und Öffnung der einzelnen Chakras beschrieben werden. Und diese Entsprechung gilt nicht nur für Erfahrungen positiver Art; Erscheinungsbild und Folgen einer schlecht geführten und unzureichend integrierten LSD-Sitzung ähneln stark den Komplikationen, die beim amateurhaften Experimentieren mit Kundalini-Praktiken auftreten können. Im übrigen scheint aber das Chakra-System eine sehr hilfreiche Landkarte des Bewußtseins darzustellen, mit deren Hilfe sich viele ungewöhnliche LSD-Erfahrungen verstehen und einordnen lassen.

Von allen yogischen Systemen steht der Kundalini-Yoga der

LSD-Psychotherapie am nächsten. Beide Techniken lösen augenblickliche, gewaltige Energieentladungen aus, führen zu tiefen und dramatischen Erfahrungen und können in relativ kurzer Zeit erstaunliche Veränderungen bewirken. Andererseits sind sie mit großen Risiken verbunden und können recht gefährlich werden, wenn sie ohne kundige und gewissenhafte Leitung angewendet werden.

Erfahrung des Kosmischen Bewußtseins

Dies ist eine der tiefsten und umfassendsten Erfahrungen, die bei LSD-Sitzungen zu beobachten sind. In der Identifikation mit dem Kosmischen Bewußtsein empfindet die Person, daß sie die Gesamtheit des Seins erfährt. Man fühlt, daß man die absolute Wirklichkeit hinter allen relativen Wirklichkeiten erreicht hat und Auge in Auge dem höchsten und letzten Prinzip allen Seins gegenübersteht. Die Illusion von Materie, Raum und Zeit, die unendliche Zahl subjektiver Wirklichkeiten sind vollständig transzendiert und endgültig auf diese eine Art des Bewußtseins zurückgeführt, die ihre Quelle und ihr gemeinsamer Nenner ist. Diese Erfahrung ist grenzenlos, unauslotbar und unbeschreiblich – sie ist Sein schlechthin. Die ganze Symbolstruktur unserer gewohnten Sprache erscheint als lächerlich ungeeignetes Instrument für die Vermittlung von Art und Qualität dieser Erfahrung. Unsere normalen Bewußtseinszustände und die ihnen entsprechende Welterfahrung erscheinen jetzt als sehr begrenzte, willkürlich ausgewählte Teilaspekte des übergreifenden Kosmischen Bewußtseins.

Im Gespräch über solche Erfahrungen ist von Teilnehmern an LSD-Sitzungen häufig zu hören, daß die Sprache der Dichter – obgleich auch sie noch unvollkommen ist – sich für diesen Zweck weit besser eignet. Daraus wird deutlich, weshalb so viele große Seher, Propheten und spirituelle Lehrer auf die dichterische Sprache, auf Parabeln und Metaphern zurückgreifen, um ihre transzendenten Visionen mitzuteilen.

Die Erfahrung des Kosmischen Bewußtseins steht in engem Zusammenhang mit der Erfahrung der Kosmischen Einheit, ist jedoch nicht mit ihr identisch. Ihre wichtigsten Begleiterscheinungen sind intuitive Einsichten in den Schöpfungsprozeß der phänomenalen Welt, wie wir sie kennen, und in den Zusammenang, der im Buddhismus als das «Rad von Tod und Wiedergeburt» bezeichnet wird. Das kann für den, der diese Erfahrung macht, zu dem vorübergehenden oder anhaltenden Eindruck führen, daß er zu einem globalen und transrationalen Verständnis der ontologischen und kosmologischen Grundprobleme des Daseins gelangt ist.

Erfahrung der suprakosmischen und metakosmischen Leere

Das letzte uns zugleich scheinbar widersprüchlichste der transpersonalen Phänomene, die wir hier erörtern wollen, ist die Erfahrung der suprakosmischen und metakosmischen Leere, der uranfänglichen «Nichtsheit» und Stille, die Ursprung und Wiege von allem Existierenden ist, das «unerschaffene und unnennbare Höchste». Die Ausdrücke supra- und metakosmisch, die von gebildeten und intelligenten Teilnehmern an LSD-Sitzungen in diesem Zusammenhang gebraucht werden, beziehen sich auf die Tatsache, daß diese Leere der phänomenalen Welt offenbar sowohl übergeordnet ist als auch zugrundeliegt. Sie ist jenseits von Raum und Zeit, jenseits der Form und aller Unterscheidung, aber auch jenseits aller Dualismen wie gut und böse, Licht und Dunkel, Stabilität und Bewegung oder Qual und Ekstase.

So paradox das erscheinen mag, die Leere und das Kosmische Bewußtsein werden als identisch und austauschbar wahrgenommen, als zwei Aspekte ein und desselben. Die Leere erscheint als formträchtig, und die subtilen Formen des Kosmischen Bewußtseins werden als absolut leer erfahren.

Tiefgreifende transzendente Erfahrungen wie die Kundalini-Aktivierung oder die Erfahrung des Kosmischen Bewußtseins und der Leere üben nicht nur einen günstigen Einfluß auf die körperliche und seelische Gesundheit aus, sondern wecken auch ein lebhaftes Interesse an religiösen, mystischen und philosophischen Fragen und erzeugen das starke Bedürfnis, der spirituellen Dimension einen Platz im eigenen Leben einzuräumen.

Transpersonale Erfahrungen und die heutige Psychiatrie

Es ist sicher nicht das erste Mal, daß Verhaltenswissenschaftler und Angehörige der psychiatrischen Berufe mit transpersonalen

Erfahrungen konfrontiert werden, und die Arbeit mit psychedelischen Substanzen ist gewiß nicht das einzige Gebiet, auf dem sie zu beobachten sind. Viele dieser Erfahrungen sind seit Jahrhunderten oder gar Jahrtausenden bekannt. Beschreibungen findet man in den heiligen Schriften aller großen Weltreligionen, aber auch bei zahllosen Sekten, Splittergruppen und religiösen Bewegungen, und schließlich in den Berichten über einzelne Heilige, Mystiker und spirituelle Lehrer. Ethnologen und Anthropologen fanden sie in den heiligen Ritualen von Eingeborenen, in ekstatischen Mysterienreligionen, in den althergebrachten Heilweisen der Naturvölker und in den Einweihungsriten verschiedener Kulturen. Psychiater und Psychologen begegnen in ihrer Arbeit mit psychotischen, vor allem schizophrenen Patienten täglich verschiedenen transpersonalen Phänomenen – doch ohne sie als solche zu identifizieren und zu benennen. Historiker, Religionswissenschaftler, Anthropologen und Experimentalpsychologen wissen um die Existenz einer Vielzahl alter und neuer Techniken der Induzierung von transpersonalen Erfahrungen; doch trotz der Häufigkeit solcher Phänomene und ihrer offenkundigen Relevanz für viele Bereiche des Lebens wurden bisher erstaunlich wenige Versuche unternommen, sie in die Theorie und Praxis heutiger Psychologie und Psychiatrie aufzunehmen. Die meisten Fachleute schwanken zwischen verschiedenen Ansätzen, sich diesem Gebiet zu nähern, und manche nehmen transpersonale Phänomene nur am Rande wahr und ignorieren sie mehr oder weniger.

Für eine andere große Gruppe von Fachleuten sind transpersonale Phänomene einfach zu bizarr, als daß man sie überhaupt noch unter dem Gesichtspunkt normaler mentaler Funktionen betrachten könnte. Hier ist man sehr schnell mit dem Etikett «psychotisch» bei der Hand.

Schließlich gibt es noch Fachleute, die echtes Interesse an verschiedenen Aspekten des transpersonalen Bereichs bekunden und ernsthafte Ansätze zu einer Theoriebildung gemacht haben. Sie erkennen jedoch nicht die Einzigartigkeit dieser Kategorie oder die spezifischen Merkmale solcher Phänomene und versuchen infolgedessen, transpersonale Erfahrungen im Rahmen herkömmlicher Paradigmen zu erklären, was im allgemeinen zu einer biographisch ausgerichteten psychodynamischen Interpretation führt. So werden intra-uterine und perinatale Elemente, die in den Träumen und freien Assoziationen vieler Patienten auftauchen, als reine

Phantasien behandelt; religiöse Gedanken und Gefühle werden auf ungelöste Konflikte mit der elterlichen Autorität zurückgeführt; und die Erfahrung der kosmischen Einheit wird als Indikator für primären infantilen Narzißmus gewertet.

Gegenwärtig habe ich wenig Zweifel, daß solche Erfahrungen Phänomene *sui generis* darstellen, die im tiefen Unbewußten ihren Ursprung haben, in Bereichen, die von der klassischen Freudschen Psychoanalyse nicht erkannt, beziehungsweise nicht anerkannt wurden. Ich bin überzeugt, daß sie sich nicht auf die psychodynamische Ebene zurückführen lassen und mit dem Freudschen Begriffsapparat nicht angemessen zu erklären sind.

Alle Personen, die von mir in LSD-Sitzungen betreut wurden, haben früher oder später den engen psychodynamischen Rahmen transzendiert und sind in den perinatalen und transpersonalen Bereich vorgedrungen.

Ein Entwicklungsmodell des Bewußtseins

Ken Wilber

Wohin wir auch schauen, sagt der Philosoph Jan Smuts, sehen wir Ganzheiten,[1] und zwar hierarchische Ganzheiten: Jedes Ganze ist Teil eines größeren Ganzen, das wiederum Teil eines größeren Ganzen ist. Das Universum, so Smuts, zeigt eine Tendenz, immer «höhere», das heißt umfassendere und organisiertere Ganzheiten zu bilden. Dieser kosmische Gesamtprozeß ist nichts anderes als *Evolution.* Da man erwarten kann, daß der Kosmos in jedem seiner Teile nach diesem Muster hierarchischer Ganzheiten aufgebaut ist, müssen wir davon ausgehen, daß auch der Geist oder die Psyche des Menschen diese «Schachtelung» aufweist, angefangen von sehr einfachen und undifferenzierten Ganzheiten bis zu höchst komplexen und umfassenden (vgl. Welwood).[2] Genau das ist jedenfalls eine der Entdeckungen der modernen Entwicklungspsychologie.

Bei der psychischen Entwicklung wird das *Ganze* einer bestimmten Stufe zum *Teil* des Ganzen, das die nächste Stufe bildet, und das wiederum wird zum Teil des nächsten Ganzen, ein Prozeß, der sich durch die gesamte Entwicklung des Bewußtseins fortsetzt. Die moderne Entwicklungspsychologie hat sich der Erforschung und Erklärung der verschiedenen Stadien und Schichten dieses Prozesses gewidmet – Geist (Verstand), Persönlichkeit, Psychosexualität, Charakter, Bewußtsein. Die kognitiven Studien von Piaget und Werner, die Arbeiten von Loevinger[3] und Arieti[4] und Maslow,[5] Kohlbergs Studien über die moralische Entwicklung,[6] fußen alle, ganz oder teilweise, auf der Grundvorstellung geschichteter Entwicklungsstadien von zunehmender Komplexität, Integration und Einheit. Das berechtigt uns zu der Frage: «Was ist denn die *höchste* Stufe der Einheit, nach der man streben kann?» Oder vielleicht etwas maßvoller: «Von welcher Natur sind höhere Entwicklungsstufen? Welche Formen der Einheit erschließen sich in den am weitesten entwickelten Menschen?»

Die Schwierigkeit besteht bei solchen Fragen darin, genau festzulegen, was eigentlich die höher entwickelte Persönlichkeit ausmacht, und vor allem: Beispiele zu finden. Andere, die schon auf dieses Problem gestoßen sind, legen uns nahe, die größten Mystiker und Erleuchteten der Weltgeschichte – Buddha, Laotse, Sokrates und viele andere – als Repräsentanten sehr hoher Entwicklungsstufen des Menschen zu betrachten. Bergson äußerte sich so, aber auch Toynbee und Tolstoi, James, Schopenhauer, Nietzsche und Maslow. Nehmen wir also einfach an, daß der authentische Mystiker/Erleuchtete die höchsten Entwicklungsmöglichkeiten des Menschen darstellt, dann haben wir sinnfällige Beispiele für den «höchsten Bewußtseinszustand».

Halten wir nun diese höheren Stufen neben die niederen und mittleren Stufen oder Ebenen, die von der westlichen Psychologie so sorgfältig und genau untersucht und beschrieben worden sind, so erhalten wir ein recht ausgewogenes und umfassendes Modell für das Spektrum des Bewußtseins. Das folgende versteht sich als ein sehr allgemeiner und stark vereinfachender Grundriß.

Die niederen Bereiche

Westliche und östliche Psychologie stimmen darin überein, daß die untersten Ebenen der Entwicklung von einfachen biologischen Funktionen und Prozessen gebildet werden. Hier sind also die somatischen Prozesse, die Instinkte, einfache Empfindungen und Wahrnehmungen und die emotional-sexuellen Impulse zu Hause. Auch Freud sagte, das frühe Ich sei zuerst und vor allem Körper-Ich.[7]

Das Körper-Ich oder Körper-Ego entwickelt sich in groben Zügen folgendermaßen: Es wird übereinstimmend angenommen, daß der Säugling anfangs zwischen Ich und Nicht-Ich, Subjekt und Objekt, Körper und Umwelt nicht unterscheiden kann. Das Ich ist in diesem frühesten Stadium buchstäblich eins mit der physischen Welt. Auch Freud spricht von einem Gefühl, das das Universum umspannt, von einer untrennbaren Verbindung zwischen Ich und Außenwelt. Dieses früheste Stadium der materiellen Einheit enthält die Fähigkeit, dieser Einheit gewahr zu werden, nur als Potential.

Aus diesem Urzustand der Verschmolzenheit, dem «Grund-Unbewußten» bildet sich das Ich heraus, das sich als etwas Eigenständiges und getrennt Existierendes erfährt, und dieses Ich ist, wie gesagt, zuerst und vor allem Körper-Ich. Der Säugling beißt in ein

Tuch, und es tut nicht weh, er beißt in seinen Daumen, und es tut weh. So entdeckt er sich selbst als Körper, *identifiziert* sich mit ihm, mit seinen Empfindungen und Emotionen, und lernt nach und nach, sie vom übrigen materiellen Kosmos zu unterscheiden.

Indem das Körper-Ich sich allmählich gegen die materielle Umwelt abgrenzt, *transzendiert* es den primitiven Zustand der Verschmolzenheit und Einbettung. Es transzendiert die materielle Umwelt und wird dadurch fähig, physisch auf diese Umwelt einzuwirken. Diese Triade ist wichtig: Durch *Abgrenzung* von einem Objekt *transzendiert* das Ich dieses Objekt und kann dann auf es *einwirken* (mit den Werkzeugen, die auf dieser Ebene das Ich bilden – hier also der sensomotorische Körper).

Auf dieser Stufe ist das Ich nicht mehr an die Umwelt gebunden – aber doch gebunden, nämlich an den physischen Körper, mit dem es sich identifiziert. Das Körper-Ich ist instinktiven Trieben und Impulsen ausgeliefert, beherrscht vom Lustprinzip und den körperlichen Prozessen – von all den Es-haften Primärprozessen, die von Freud und anderen so gut beschrieben worden sind.

Schließlich beginnen sich die mentalen Funktionen aus dem Körper-Ich herauszudifferenzieren. Mit der Sprache wird das Kind in die Welt der Symbole, Ideen und Begriffe eingeführt und allmählich aus dem Fluktuieren des einfachen, instinktiven, unmittelbaren und impulsiven Körper-Ich herausgehoben.

Wenn das mentale Ich sich (mit Hilfe der Sprache) aus dem Körper herausdifferenziert, transzendiert es den Körper und kann auf ihn einwirken, wobei es seine eigenen mentalen Strukturen als Werkzeuge benutzt (es kann die unmittelbaren Ausscheidungen des Körpers verschieben und sprachliche Einschübe an die Stelle augenblicklicher Instinktbefriedigung setzen). Das erlaubt zugleich die Sublimierung der emotional-sexuellen Energien des Körpers zu feineren, komplexeren und höher entwickelten Aktivitäten.

Irgendwann in der Zeit des Heranwachsens setzt eine weitere wichtige Differenzierung ein. Das Ich beginnt sich aus dem objektgebundenen Denkprozeß herauszudifferenzieren, transzendiert ihn bis zu einem gewissen Grad und kann daher auf ihn einwirken. Piaget nennt dieses Stadium (das für ihn das höchste ist), «formal operational», weil man hier auf sein eigenes formales Denken einwirken kann (das heißt, mit linguistischen Objekten umgehen kann wie mit physischen). Dies wird möglich, weil sich das Bewußtsein vom syntaktischen Denken ablöst, es transzendiert und dann auf es einwirken kann (etwas, das es nicht konnte, solange es dieses Denken noch *war*). Eigentlich beginnt dieser Prozeß in diesem Stadium gerade erst und intensiviert sich später in höheren Stadien – aber eines wird doch ganz deutlich: Das Bewußtsein oder das Ich beginnt, die sprachliche Ichverfassung zu transzendieren, es wird trans-verbal.

Sobald das sprachliche Ichbewußtsein transzendiert wird, kann es mit allen tieferen Ebenen integriert werden. Das Bewußtsein ist jetzt mit keinem dieser Elemente mehr *ausschließlich* identifiziert, so daß Körper und Geist zu einer höheren Ganzheit integriert werden können. Für dieses Stadium gibt es verschiedene Bezeichnungen: «Integration der niederen Ebenen» (Sullivan, Grant und Grant),[8] «integriert» (Loevinger),[9] «selbstverwirklicht» (Maslow) oder «autonom» (Fromm, Riesman).[10, 11]

Die Zwischenbereiche

Sehen wir von der Transpersonalen Psychologie ab, so ist das Ichbewußtsein die höchste Bewußtseinsstufe, die von der westlichen Psychologie berücksichtigt wird. Westliche Psychologen und Psychotherapeuten bestreiten entweder die Existenz einer höheren Einheit oder wenden ihr diagnostisches Instrumentarium darauf an und machen sie dadurch zu etwas Pathologischem. Wenn wir also etwas über höhere Bewußtseinsstufen wissen wollen, müssen wir uns anderswo umsehen: bei den großen Mystikern und Erleuchteten in Ost und West, in Hinduismus und Buddhismus, Christentum und Islam. Es ist einigermaßen überraschend und von größter Bedeutung, daß die alten mystischen Traditionen, mögen sie in vieler Hinsicht noch so verschieden sein, sich recht einhellig über die höchsten Entwicklungsmöglichkeiten der menschlichen Natur äußern. Sie bekräftigen allesamt, daß es wirklich höhere Ebenen des Bewußtseins gibt.

Wenn wir uns zum Beispiel der Terminologie der yogischen Chakra-Psychologie bedienen, so zeigt sich folgendes Bild: Ist die Entwicklung bis zum sechsten Chakra (dem «dritten Auge») fortgeschritten, so tritt das Bewußtsein in die «feinstoffliche Sphäre» ein, den Bereich, den wir transpersonal nennen. Dieser Prozeß verstärkt sich noch, wenn das höchste Chakra erreicht wird, und dann wird das Bewußtsein supra-mental, wenn es in die darüberliegenden sieben höheren Ebenen eintritt. Das sechste und siebte Chakra und die sieben höheren Ebenen werden insgesamt als feinstofflicher Bereich bezeichnet.

Wir wollen hier, der genaueren Darstellung wegen, zwischen dem «niederen» und dem «hohen» Feinstofflichen unterscheiden. Das niedere Feinstoffliche umfaßt die astrale und die psychische Ebene des Bewußtseins und wird vom sechsten Chakra beherrscht. Das Bewußtsein differenziert sich weiter aus dem geistig-körperlichen Gesamtorganismus heraus, transzendiert ihn bis zu einem gewissen Grade und kann jetzt auf diesen Organismus und die Welt in einer Weise einwirken, die dem ichhaften Normalbewußtsein höchst phantastisch oder schlicht unglaubwürdig erscheint. Ich selbst verstehe sie als ganz natürlichen Ausdruck der transzendenten Funktionen des Bewußtseins.

Das hohe Feinstoffliche beginnt beim siebten Chakra und erstreckt sich über sieben weitere Ebenen immer höherer Transzendenz, Differenzierung und Integration. Dies ist der Bereich höherer religiöser Intuition und Inspiration.

Manche Autoren wie etwa Emerson oder Aurobindo benutzen für diesen Bereich Ausdrücke wie «Über-Ich» (hier natürlich in anderer Bedeutung als das Über-Ich der Psychoanalyse) «Über-Geist» oder «das Supramentale». Dabei geht es einfach darum, daß das Bewußtsein sich Zug um Zug immer weiter vom normalen Ichbewußtsein absetzt. Dieses «Supramentale» verkörpert die Transzendenz aller mentalen Formen und erschließt auf seinem Gipfelpunkt die Intuition von etwas, das höher ist als Geist (Verstand), Ich, Körper und Welt und diesen vorausgeht – und das ist etwas, das, wie Thomas von Aquin sagt, alle Menschen Gott nennen würden. Aber dieser Gott ist nicht das ontologische Andere, steht nicht außerhalb der Schöpfung; dieser Gott ist identisch mit der höchsten Entwicklungsstufe unseres Bewußtseins. Deshalb konnten christliche Mystiker sagen: «Wer sich selbst erkennt, erkennt Gott.»

Die höchsten Bereiche

Im weiteren Verlauf des Transzendierungs- und Integrationsprozesses werden immer höhere Ebenen der Einheit und endlich die

All-Einheit erreicht. Jenseits des hohen Feinstofflichen liegt der kausale Bereich, den wir wiederum in einen niederen und einen hohen Aspekt unterteilen.

Das niedere Kausale erschließt sich auf dem Höhepunkt des Gottbewußtseins. Hier erkennt man, daß alle Manifestationen des Feinstofflichen letztlich nur Modifikationen des Bewußtseins sind: Man *wird* all das, was vorher «da draußen» zu sein schien – Visionen, Licht, Klänge, Farben. Dieser Prozeß beginnt im hohen Feinstofflichen, kulminiert aber hier im niederen Kausalen. Man geht auf in das Göttliche, wird zum Göttlichen – jenem Göttlichen, das von Anfang an das eigene Selbst oder der höchste Archetypus war.

Jenseits dieses Punktes, also im hohen Kausalen, werden alle Formen so radikal transzendiert, daß sie überhaupt nicht mehr im Bewußtsein erscheinen oder gebildet werden müssen. Dies ist totale und letzte Transzendenz ins Formlose Bewußtsein, ins Grenzenlose Sein. Hier gibt es kein Ich, keinen Gott, keine Objekte, keine Subjekte, nichts Dinghaftes mehr, nur noch Bewußtsein an sich. Im hohen Feinstofflichen und niederen Kausalen geht das Ich in das Göttliche auf; im hohen Kausalen löst sich schließlich auch das Gott-Ich in reiner Formlosigkeit auf. Das Bewußtsein erwacht hier ganz zu seinem ursprünglichen Wesen, seiner «Soheit», die identisch ist mit dem Wesen, der Soheit von allem, was existiert, grobstofflich, feinstofflich oder kausal. Der Zeuge und das Bezeugte erweisen sich jetzt als ein und dasselbe. Der gesamte Weltprozeß ist also in jedem Augenblick nichts anderes als das eigene Sein, außerhalb dessen oder vor dem nichts existiert. Dieses Sein ist vollständig jenseits von allem Entstehen und geht ihm voraus, und doch ist es nichts anderes als das, was entsteht.

Und wie Gott die Mitte des Ich ist und Formlosigkeit die Mitte Gottes, so ist die ganze Welt der Form die Mitte der Formlosigkeit. «Form ist Leere, Leere ist Form», heißt es im Herz-Sutra. An diesem Punkt fallen das Ungewöhnliche und das Gewöhnliche, das Übernatürliche und das Natürliche in eins zusammen.

In dieser letzten Einheit sind alle Dinge und Ereignisse eins und bleiben doch einzeln und wohlunterschieden. Dies ist also kein Zustand, der neben anderen existiert, kein veränderter Zustand[12] und kein besonderer Zustand – sondern vielmehr die Soheit aller Zustände, das Wasser, das in jeder Welle der Erfahrung als alle Erfahrung Gestalt annimmt. Man kann es nicht sehen, weil es alles ist, was gesehen wird; man kann es nicht hören, weil es das Hören selbst ist; man kann es nicht erinnern, weil es nur *ist*. Dies ist die endgültige Ablösung des Bewußtseins von allen Formen, wobei das Bewußtsein an sich in vollkommener Transzendenz freigesetzt wird – aber diese Transzendenz führt nicht weg von der Welt, sondern in sie hinein. Von jetzt an wirkt das Bewußtsein nicht mehr auf die Welt ein, sondern wirkt *als* der gesamte Weltprozeß, durchdringt und integriert alle Ebenen und Bereiche, seien sie hoch oder tief, heilig oder profan.

Das ist also die höchste Einheit, zu der alle Evolution, die des Menschen ebenso wie die des Kosmos, hinstrebt. Und die kosmische Evolution, dieses alles übergreifende Grundmuster, vollendet sich in der Evolution des Menschen, die mit der Verwirklichung des höchsten Einheits-Bewußtseins jene absolute Gestalt vervollständigt, auf die sich alle Manifestation zubewegt. Die Phylogenese rekapituliert nicht nur die Kosmogenese, sondern vervollständigt sie.

Die Form der Entwicklung

Der Prozeß der psychischen Entwicklung, der das Wirken der kosmischen Evolution im Menschen ist, vollzieht sich auf sehr klar gegliederte Weise. Höhere Strukturen bilden sich jeweils durch Differenzierung der vorangehenden Stufe. Solch eine höhere Struktur wird dann allmählich bewußt, und schließlich (das kann sehr schnell gehen oder auch lange Zeit dauern) identifiziert sich das Ich mit der entstehenden Struktur.

Wenn aber die Evolution dann fortschreitet, löst sich das Ich auch wieder von der Identifikation mit dieser Stufe, um sich mit der nächsthöheren Stufe, die sich jetzt bildet, identifizieren zu können. Oder sagen wir lieber: Das Ich löst sich von der *ausschließlichen* Identifikation mit dieser Stufe. Worauf es ankommt, ist dies: Weil das Ich sich durch Differenzierung von der niederen Struktur löst, transzendiert es diese Struktur und kann dann mit den Mitteln der sich neu herausbildenden Struktur auf sie einwirken.

So finden wir in allen Stadien der psychischen Entwicklung dieses Schema: 1) Eine höhere Struktur taucht im Bewußtsein auf; 2) das Ich identifiziert sich mit dieser Struktur; 3) irgendwann taucht die nächsthöhere Struktur auf, das Ich löst sich von der Identifikation mit der niedrigeren Struktur und identifiziert sich mit der höheren; 4) dabei transzendiert das Bewußtsein die niedere Struktur und kann mit den Mitteln der höheren auf sie einwirken; 5) alle vorangehenden Ebenen können dann im Bewußtsein und schließlich als Bewußtsein integriert werden. Wie wir schon sagten, ist jede nächsthöhere Struktur komplexer, organisierter und geeinter als die vorangehende – und die Evolution schreitet fort, bis es nur noch Einheit gibt.

Hier müssen wir einige neue Begriffe einführen: In Anlehnung an die Sprache der Linguistik sagen wir, daß jede Bewußtseinsebene aus einer *Tiefenstruktur* und einer *Oberflächenstruktur* besteht. Die Tiefenstruktur besteht aus den einschränkenden Grundprinzipien der jeweiligen Ebene; sie ist deren definierende Form und verkörpert ihr gesamtes Potential und ihre Grenzen. Eine Oberflächenstruktur ist einfach eine bestimmte Manifestation einer Tiefenstruktur. Sie ist gebunden an die Form der Tiefenstruktur, kann aber innerhalb dieser Form frei unter verschiedenen Inhalten wählen.

Eine Tiefenstruktur ist wie ein Paradigma; sie enthält die Beschränkungsprinzipien, nach deren Maßgabe alle Oberflächenstrukturen realisiert werden. Nehmen wir als einfaches Beispiel ein zehngeschossiges Gebäude. Jedes Stockwerk ist eine Tiefenstruktur, und alles, was ein Stockwerk enthält, die Zimmer und Möbel, sind Oberflächenstrukturen. Alle Körper-Egos befinden sich im zweiten Stock, alle verbalen Egos im fünften und so weiter. Wichtig ist, daß *alle* verbalen Egos, mögen sie noch so verschieden sein, sich im fünften Stock befinden, weil sie alle dieselbe Tiefenstruktur aufweisen.

Die Bewegung von Oberflächenstrukturen nennen wir *Übersetzung* oder *Veränderung (Translation)*, und die Bewegung von Tiefenstrukturen nennen wir *Verwandlung (Transformation)*. Wenn wir also im vierten Stock irgendwelche Möbel umstellen, dann ist das Veränderung; ziehen wir aber um in den siebten Stock, dann ist das Verwandlung. Gedanken über die Einheit sind allenfalls Veränderung; erst die Erfahrung der Einheit wäre Verwandlung.

Jede Verwandlung nach oben bezeichnet das Auftauchen einer neuen und höheren Ebene im Bewußtsein, einer neuen Tiefenstruktur, in der neue Veränderungen oder Oberflächenstrukturen sich entfalten und wirksam werden können. Die Evolution ist eine Serie solcher Verwandlungen (oder Umgestaltungen der Tiefenstruktur), vermittelt durch Symbole (oder Formen im Bewußtsein, deren niedrigste der Körper ist, die nächste der Geist [Verstand], dann das Feinstoffliche und so weiter). Besonders wichtig ist die Tatsache, daß alle Tiefenstrukturen *erinnert* werden, während Oberflächenstrukturen *gelernt* werden. Eine Tiefenstruktur taucht im Bewußtsein auf, wenn sie erinnert wird, eine Oberflächenstruktur taucht auf, wenn sie gelehrt wird.

Immer wenn eine neue, höhere Tiefenstruktur durch Erinnern im Bewußtsein auftaucht, wird die alte, transzendierte, in sie einbegriffen. Für jeden Punkt der Evolution gilt: Was auf einer Ebene das Ganze war, wird auf der nächsthöheren Ebene zu einem Teil eines umfassenderen Ganzen.

Ganz analog können wir sagen: An jedem Punkt der Evolution (an jedem Punkt im Prozeß des Erinnerns) wird das, was als das Ich empfunden wird, im nächsten Schritt zu einem bloßen Teil eines höheren und umfassenderen Ich. Zum Beispiel war der Körper vor dem Auftauchen des Verstandes das *ganze* Ich; nach diesem Auftauchen ist er nur noch eine Komponente des Ich. Wir können hierfür verschiedene Umschreibungen wählen, und jede wird uns etwas Wichtiges über Entwicklung, Evolution und Transzendenz sagen: 1) Aus *Identifikation* wird *Loslösung;* 2) aus *Kontext* wird *Inhalt,* das heißt, was auf einer Ebene Kontext des Erkennens und der Erfahrung ist, wird auf der nächsten einfach ein Inhalt der Erfahrung; 3) was *Grund* ist, wird *Gestalt,* und dahinter wird ein höherer Grund sichtbar; 4) was *subjektiv* ist, wird *objektiv,* bis endlich beide Begriffe bedeutungslos werden; 5) was *Bedingung* ist, wird *Element* – so ist zum Beispiel der Verstand eine apriorische Bedingung der ichhaften Erfahrung, wird aber auf höheren Ebenen zu einem bloßen Element der Erfahrung.

Jede dieser Aussagen ist letzten Endes eine Definition der *Transzendenz.* Jede ist aber zugleich auch Definition für eine Stufe der *Entwicklung.* Daraus folgt, daß die beiden im Grunde identisch sind, daß Entwicklung, wie schon gesagt wurde, «Selbstverwirklichung durch Selbsttranszendenz» ist.

Verschiedene Typen des Unbewußten

Viele Darstellungen des Unbewußten gehen einfach davon aus, daß es – als Prozeß oder Inhalt – von Anfang an da ist, und gehen gleich dazu über, seine Schichten, Grundlagen, Erscheinungsweisen und Inhalte zu beschreiben. Ich glaube aber, daß wir bei solchen Erörterungen auch Entwicklung und Evolution im Auge behalten und an gewisse dynamische Faktoren denken müssen.

Was «im» Unbewußten existiert, hängt zweifellos zu einem Großteil von Entwicklungsfaktoren ab – es ist nicht in seiner Gesamtheit und in all seinen Formen von Anfang an gegeben. Manche Autoren scheinen sogar anzunehmen, daß es ein «transpersonales Unbewußtes» gibt, das verdrängt ist, und zwar von Anfang an. Tatsächlich ist es aber nicht verdrängt, denn dazu müßte es schon einmal bewußt gegenwärtig gewesen sein – das aber ist nicht einmal ansatzweise der Fall.

Aus dieser Perspektive, die auf Entwicklung und Dynamik gerichtet ist und nicht auf das Statische und Gegebene, möchte ich nun fünf Grundtypen unbewußter Prozesse umreißen. Wichtig ist, daß es sich um Typen von Prozessen und nicht um Ebenen handelt (obgleich wir die auch erwähnen werden). Dieser Abriß versteht sich weder als erschöpfend noch als endgültig, sondern will nur auf Gesichtspunkte hinweisen, denen die Transpersonale Psychologie sich meiner Ansicht nach widmen muß.

Das Grund-Unbewußte

«Grund» ist hier ganz neutral gemeint, nicht etwa im Sinne von «Grund des Seins» oder «Urgrund». «Grund» ist zwar in gewissem Sinne allumfassend, in unserem Zusammenhang aber in erster Linie ein Entwicklungsbegriff. Der Fötus «besitzt» das Grund-Unbewußte, die Gesamtheit aller Tiefenstrukturen, ein Potential, das darauf wartet, irgendwann in der Zukunft durch Erinnern ans Licht zu kommen. Alle Tiefenstrukturen, die der Menschheit gegeben sind und den verschiedenen Ebenen des Bewußtseins – Körper, Geist/Verstand, Seele, GEIST, grobstofflich, feinstofflich und kausal – zugehören, sind in das Grund-Unbewußte eingefaltet. All diese Strukturen sind unbewußt, aber sie sind *nicht* verdrängt, sondern noch nicht ins Bewußtsein getreten.

Entwicklung – oder Evolution – besteht aus einer Abfolge hierarchischer Transformationen oder Verwandlungen, in denen sich die Tiefenstrukturen des Grund-Unbewußten entfalten –

angefangen von der niedrigsten (Körper) bis zur nöchsten (Gott). Wenn das gesamte Grund-Unbewußte auf diese Weise aufgetaucht ist, gibt es nur noch Bewußtsein: Alles ist bewußt *als* das All. Um es mit den Worten von Aristoteles zu sagen: Wenn alles Potential aktualisiert ist, dann ist das: Gott.

Von größter Bedeutung ist in diesem Zusammenhang, daß eine Tiefenstruktur um so tiefergreifend auf bereits aufgetauchtes Bewußtsein einwirkt, je weiter sie selbst schon zur Oberfläche aufgestiegen ist.

Wir können nun die folgenden vier Bewußtseinstypen in Relation zum Grund-Unbewußten definieren. Damit kommen wir zu einem Konzept des Unbewußten, das seine strukturelle und dynamische Seite ebenso berücksichtigt wie seine Schichtung und seinen Entwicklungsaspekt.

Das archaische Unbewußte

Freud gelangte durch seine frühe psychoanalytische Forschung zum Postulat zweier grundsätzlich verschiedener psychischer Systeme oder «Provinzen»: das Unbewußte und das Bewußte, wie er diese Systeme nannte. Das Unbewußte, so schien ihm, *entsteht* durch Verdrängung; gewisse Impulse, denen sich das Bewußte heftig widersetzt, werden gewaltsam unterdrückt und aus dem Bewußtsein verbannt. Das «Unbewußte» und das «Verdrängte» waren also im Grunde identisch.

Irgendwann fiel Freud jedoch auf, daß nicht alles Unbewußte auch verdrängt ist.[13] Manches Unbewußte erweist sich als von Anfang an unbewußt, ist also nicht zuerst persönliche Erfahrung, die dann verdrängt wird, sondern beginnt sozusagen als gemeinsames phylogenetisches Erbe im Unbewußten.[14]

Für Jung wurde das «phylogenetische Erbe» von den Instinkten gebildet und von mentalen Formen oder Bildern, die mit ihnen verbunden sind, den sogenannten Archetypen. Dies ist das archaische Unbewußte, einfach die primitivste und am wenigsten entwickelte Struktur des Grund-Unbewußten. Das archaische Unbewußte ist kein Produkt der persönlichen Erfahrung, sondern von Anfang an unbewußt, also nicht verdrängt. Es enthält die frühesten und primitivsten Strukturen, die sich aus dem Grund-Unbewußten entfalten und selbst in diesem entfalteten Zustand größtenteils unbewußt bleiben – rudimentäre Tiefenstrukturen mit wenig oder gar keinem Oberflächengehalt.

Das untergetauchte Unbewußte

Ist eine Tiefenstruktur einmal aus dem Grund-Unbewußten aufgetaucht und hat irgendeine Oberflächenstruktur angenommen, so kann sie aus verschiedenen Gründen wieder in den unbewußten Zustand zurückversetzt werden. Die Gesamtheit dieser auf- und wieder untergetauchten Strukturen nennen wir das untergetauchte Unbewußte. Es ist all das, was im Leben eines Menschen einst bewußt war, dann aber wieder «ausgeblendet» wurde.

Im Prinzip kann jede aufgetauchte Struktur, sei sie kollektiv, persönlich, archaisch, feinstofflich oder irgendeiner anderen Art, zu untergetauchtem Unbewußtem werden. Jung hat ausführlich über dieses Thema geschrieben, und selbst Freud war sich des Unterschieds zwischen archaisch unbewußtem Es und untergetaucht unbewußtem Es bewußt (wenn es auch schwierig ist, zwischen beiden klar zu unterscheiden).[15]

Die Gründe dafür, daß etwas ins Unbewußte abtaucht, bilden ein Kontinuum des Entzugs von Aufmerksamkeit. Es reicht vom einfachen Vergessen über selektives Vergessen bis hin zum zwanghaften Vergessen (wobei nur das letztere die eigentliche Verdrängung darstellt). Über das *persönliche* untergetauchte Unbewußte sagt Jung, es enthalte alle psychischen Inhalte, die im Lauf des individuellen Lebens vergessen wurden, alle subliminalen Eindrücke (Eindrücke, die unterhalb der Bewußtheitsschwelle bleiben) und alle psychischen Inhalte, die mit der bewußten Haltung der Person unvereinbar sind.[16] Vergessenes oder unterhalb der Bewußtheitsschwelle Gebliebenes bildet das subliminale untergetauchte Unbewußte. Aktives oder zwanghaftes Vergessen ist die eigentliche Verdrängung, Freuds große Entdeckung. Das Verdrängte besteht aus jenen Teilen des Grund-Unbewußten, die zunächst aufsteigen und Oberflächenstrukturen annehmen, dann aber wegen ihrer Unvereinbarkeit mit anderen Bewußtseinsstrukturen wieder ins Unbewußte abgedrängt werden.

Das Identitäts-Unbewußte

Freud fand nicht nur das archaische Unbewußte, das unbewußt ist, ohne verdrängt zu sein, sondern stellte auch fest, daß das Ich selbst zum Teil unbewußt ist. In dieser Zeit begann Freud auch, das Ich als die Instanz der Verdrängung zu betrachten, weil auch die Widerstände seiner Patienten hier offensichtlich ihren Ursprung hatten.[17]

Dann entdeckte Freud, daß dieser Teil des Ich, in dem die Verdrängung ihren Ursprung hat, selbst unbewußt, aber *nicht verdrängt* ist. Er zählte einfach zwei und zwei zusammen und folgerte, daß dieser *unverdrängte* Teil des Ich der *verdrängende* Teil ist. Dieser Teil, den er «Über-Ich» nannte, ist unbewußt, unverdrängt, aber verdrängend. Das Über-Ich bewerkstelligt die Verdrängung, wie Freud erkannte, entweder selbst oder bedient sich dazu des Ich, das seinen Befehlen gehorcht.[18]

Bevor wir darauf näher eingehen, muß ich kurz die allgemeine Verdrängungstheorie skizzieren, die ich hier zugrundelege; sie fußt auf der Arbeit von Piaget, Freud, Sullivan, Jung und Loevinger. Der Prozeß der Übersetzung/Veränderung (im Unterschied zu Transformation/Verwandlung) hat aufgrund seiner Natur die Tendenz, alle Erfahrungen und Wahrnehmungen auszublenden, die sich den Einschränkungsprinzipien des Übersetzens nicht fügen. Dies ist die Basis der normalen, gesunden, ja sogar notwendigen Abwehrmechanismen, die verhindern, daß das Ich-System von seiner (inneren oder äußeren) Umwelt überschwemmt und überrannt wird. Wichtig ist hierbei, daß die Person jetzt gezielt unaufmerksam ist und ihre Bewußtheit gewaltsam einschränkt – wenn dies auch unbewußt geschieht. Sie übersetzt ihr Ich und ihre Welt jetzt nicht mehr, sondern läßt ein Gutteil von beidem dem Rotstift zum Opfer fallen, nämlich alles, was irgendwie bedrohlich zu sein scheint. Diese mißlungene (beziehungsweise unterbliebene) Übersetzung erzeugt ein Symptom und ein Symbol anstelle des Ausgelassenen, und die Arbeit des Therapeuten besteht darin, dem Patienten bei der Rückübersetzung (der «Interpretation») seiner symbolischen Symptome in ihre ursprüngliche Form zu helfen, indem er den Symbol-Symptomen Bedeutungen gibt («Ihre Depressivität ist maskierte Wut»). Verdrängung ist also Fehlübersetzung, aber diese Fehlübersetzung ist nicht einfach ein Irrtum, sondern intentionale (wenn auch unbewußte) Bearbeitung, ein aktives

Eingreifen, hinter dem ein verdecktes Interesse steht. Man vergißt etwas nicht einfach, sondern man will es nicht wissen.

Auf jeder neuen Bewußtseinsebene, so sagten wir, entsteht durch Identifikation mit den neu auftauchenden Strukturen dieser Ebene ein neues Identitätsgefühl. Überdies liegt es in der Natur jedes ausschließenden Identitätsgefühls (und jedes Identitätsgefühl außer der Identität «mit» dem All ist ausschließend), daß man es nicht erkennt und nicht erkennen kann, ohne es zu durchbrechen. Anders gesagt, alle ausschließende Identifikation ist unbewußte Identifikation. Sobald das Kind erkennt, daß es einen Körper *hat, ist* es nicht mehr einfach dieser Körper: Es ist seiner bewußt, transzendiert ihn, betrachtet ihn mit seinem Verstand und kann deshalb nicht mehr einfach ein Körper sein. Und sobald ein Erwachsener erkennt, daß er einen mentalen Apparat hat, ist er nicht mehr einfach dieser mentale Apparat, sondern fängt an, ihn von den feineren Ebenen jenseits des Mentalen zu betrachten. Vorher war das Ich mehr oder weniger ausschließlich mit diesen Strukturen identifiziert und konnte sie deshalb nicht erkennen. Es konnte diese Strukturen nicht erkennen, weil es diese Strukturen *war.*

Auf jeder Ebene der Entwicklung gilt also, daß man den Sehenden nie ganz sehen kann. Man benutzt die Strukturen einer Ebene als etwas, womit man die Welt wahrnehmen und übersetzen/verändern kann, aber man kann diese Strukturen *selbst* nicht wahrnehmen und übersetzen, jedenfalls nicht ganz. Das ist erst von einer höheren Ebene aus möglich. Jeder Übersetzungsprozeß sieht, wird aber nicht gesehen: er übersetzt, wird aber nicht selbst übersetzt; und er kann verdrängen, ist aber nicht selbst verdrängt.

Das Freudsche Über-Ich bildet zusammen mit den Abwehrmechanismen und der Charakterstruktur die Aspekte der Ich-Ebene, mit denen das Ich sich unbewußt identifiziert, und zwar so sehr, daß es sie nicht (wie andere Teile des Ich) *objektiv* wahrnehmen kann. Das stimmt sehr gut mit Freuds Gedanken über diesen Gegenstand überein, denn erstens glaubte er selbst, daß das Über-Ich durch unbewußte Identifikation entsteht, und zweitens besteht ein Ziel der Therapie darin, das Über-Ich bewußt zu machen – sichtbar zu machen, wie es die Welt (fehl)übersetzt –, um so die alte Identifikation aufzubrechen und weitere Entwicklung zu ermöglichen.

Das Über-Ich ist ein Beispiel für etwas, das wir Identitäts-Unbewußtes nennen können: Weil es zum Ich gehört, kann das Ich es nie ganz oder richtig sehen. Es ist unbewußt, aber nicht verdrängt. Es ist der Aspekt des Grund-Unbewußten, der *als* Ich-System auftaucht und im wesentlichen unbewußt bleibt, dafür aber die Macht besitzt, andere Elemente ins untergetauchte Unbewußte zu verdrängen. Dieser Prozeß kann im Prinzip auf jeder Bewußtseinsebene auftreten, wenn auch die Einzelheiten stark variieren mögen, einfach weil die Strukturen einer Ebene als Werkzeuge der Verdrängung benutzt werden und jede Ebene andere Strukturen besitzt.

Das auftauchende Unbewußte

Betrachten wir nun jemanden, der sich vom Körper-Ich zur Ebene des Ego hin entwickelt hat. Im Grund-Unbewußten bleiben jetzt immer noch die Tiefenstrukturen des feinstofflichen und des kausalen Bereichs.

Da höhere Strukturen die niederen umfassen, müssen sich die höheren zuletzt entfalten. Es wäre beispielsweise unsinnig, das Transpersonale verwirklichen zu wollen, bevor das Persönliche vollkommen gebildet ist. Die transpersonalen Bereiche (das Feinstoffliche und das Kausale) sind nicht verdrängt, sondern hatten einfach noch keine Gelegenheit, sich zu zeigen.

An jedem Punkt des Entwicklungszyklus nennen wir die Tiefenstrukturen, die noch nicht aus dem Grund-Unbewußten aufgetaucht sind, «auftauchendes Unbewußtes». Für jemanden auf der Ebene des Ego sind das Feinstoffliche und das Kausale auftauchendes Unbewußtes. Sie sind unbewußt, aber nicht verdrängt. Darin ähnelt das auftauchende Unbewußte dem archaischen Unbewußten, das ebenfalls von Anfang an unbewußt, aber nicht verdrängt ist. Nur ist letzteres die primitive Vergangenheit des Menschen und ersteres seine transzendente Zukunft.

Wenn die Entwicklung nicht auf der Stufe des voll ausgebildeten Ego stehenbleibt (was allerdings gegenwärtig im allgemeinen der Fall ist), so kann das Feinstoffliche irgendwann nach dem Heranwachsen – selten vor dem einundzwanzigsten Lebensjahr – allmählich aus dem Grund-Unbewußten auftauchen. Auch gegen diesen Prozeß gibt es Widerstände, und er kann sogar verdrängt werden. Das Ego ist stark genug, nicht nur die niederen, sondern auch die höheren Bereiche zu verdrängen – es kann das Überbewußte ebenso abkapseln und verschwinden lassen wie das Unterbewußte.

Der Teil des Grund-Unbewußten, dessen Auftauchen durch Widerstände verhindert wird, bleibt also über den Punkt hinaus unbewußt, an dem er bei ungehindertem Fortgang der Entwicklung ebensogut bewußt werden könnte. Sehen wir uns nach Gründen dafür um, so finden wir eine ganze Reihe von Widerständen – gegen das Göttliche, gegen Transzendenz und Glückseligkeit: zum Beispiel Rationalisierung («Transzendenz gibt es nicht, und sogenannte transzendente Erfahrungen sind pathologisch»), Isolation oder Beziehungsangst («Mein Bewußtsein ist hier in meinem Kopf und nicht irgendwo da draußen»), Todesangst («Wenn ich meinem Ich sterbe, was bleibt dann noch?»), Desakralisierung (Maslows Ausdruck für die Weigerung, überhaupt irgendwo transzendente Werte zu sehen), Substitution (eine intuitiv erfaßte, aber rational nicht nachvollziehbare höhere Struktur wird durch eine niedere ersetzt und dann die niedere für die höhere ausgegeben) und Kontraktion (zu Formen des Wissens und der Erfahrung). All dieser Mittel bedient sich das Ego – mit der Folge, daß es nur immer weiter übersetzt oder verändert, wo es eigentlich anfangen sollte, sich tiefgreifend zu wandeln.

Psychoanalyse und orthodoxe Psychologie haben das Wesen des auftauchenden Unbewußten (zumindest seiner höheren Formen) nie recht erkannt, und sobald irgendwo das Feinstoffliche oder Kausale bewußt zu werden beginnt – zum Beispiel in sogenannten Gipfelerfahrungen –, wird es als Einbruch archaischer Inhalte oder verdrängter Impulse interpretiert. Wo das auftauchende Unbewußte nicht erkannt wird, interpretiert man es nicht als eine erstmalig auftauchende höhere Struktur, sondern als wieder auftauchende niedere Struktur, also als untergetauchtes Unbewußtes.

Widmen wir uns nun vor dem Hintergrund des bisher Gesagten unserem abschließenden Thema:

Meditation und das Unbewußte

Der Begriff des Unbewußten, den die meisten Arbeiten über Meditation und das Unbewußte zugrundelegen, beinhaltet bei näherem Hinsehen nichts weiter als das untergetauchte Unbewußte (alles Subliminale, Ausgefilterte, Verdrängte oder Automatisierte), und Meditation wird hier als ein Mittel betrachtet, einen unerfreulichen Zustand wieder in Ordnung zu bringen, und zwar durch *Umkehrung*. Meditation wird hier als ein Mittel betrachtet, um die Verdrängung abzuschwächen, das Ausfiltern zu beenden und die Automatismen abzubauen. Das sind meiner Ansicht nach zwar wichtige, aber sekundäre Aspekte der Meditation. Die Verwandlung zum Feinstofflichen oder Kausalen erfordert, daß ichhaftes Verändern oder Übersetzen abgebaut und schließlich ganz losgelassen (aber nicht zerstört) wird. Ego-Übersetzungen bestehen normalerweise aus verbalem Denken und Begriffen (und den emotionalen Reaktionen auf diese Gedanken). Deshalb ist Meditation *anfangs* ein Mittel, das begriffliche Übersetzen zu durchbrechen, um den Weg zu wirklicher Verwandlung freizumachen. Das läuft im wesentlichen darauf hinaus, den laufenden Übersetzungsbemühungen den Boden zu entziehen und sie ins Leere stoßen zu lassen. In vielen spirituellen Traditionen geschieht dies dadurch, daß besondere Umstände geschaffen werden, in denen Merkmale der angestrebten höheren Bereiche einen symbolischen Ausdruck gefunden haben. Der einzelne fängt also an, seine Wirklichkeit gemäß solchen Hauptmerkmalen höherer Bereiche zu verändern (übersetzen), und weil er dabei jetzt mit *Symbolen* umgeht anstatt wie bisher mit *Zeichen,* ist die Möglichkeit gegeben, daß bloße Veränderung in Verwandlung umschlägt.

Das ist im Prinzip nichts anderes, als von einem Kind zu verlangen, etwas in Worte zu fassen, dem es lieber durch Aktion Ausdruck geben würde. Meditation verlangt vom Ego, all dem, worüber es gern begrifflich nachdenken würde, eine feinere Form zu geben. Dieser Weg führt zu immer höheren Übersetzungen, bis schließlich der Schritt zur Transformation in den höheren Bereich möglich wird.

Wenn durch Meditation die vom Ego gesteuerten Übersetzungsversuche abnehmen, wird die Person zunächst dem subliminalen untergetauchten Unbewußten (das ist der nichtverdrängte Anteil des untergetauchten Unbewußten) ausgesetzt, und später werden dann die ernsthaft Widerstand leistenden Aspekte des ichhaften Übersetzens untergraben und ihrer Ausschließlichkeit beraubt. Das Identitäts-Unbewußte wird von seiner unbewußten Identifikation mit dem Ich losgerissen und kann dann als ein Gegenstand wirklicher Erfahrung auftauchen oder verliert zumindest an Einfluß auf die Bewußtheit.

Erinnern wir uns, daß die Übersetzungen/Veränderungen des Identitäts-Unbewußten auf jeder Ebene die unverdrängten, aber verdrängenden Aspekte des Ich-Systems sind. Wenn der Verdrängungsmechanismus nun nachgibt, taucht der verdrängte Anteil des untergetauchten Unbewußten natürlich – ganz allmählich oder auch ausbruchartig – auf und wird bewußt. Das Individuum stellt sich seinem Schatten. Bis zu diesem Stadium der Meditation hat man noch einmal das ganze zurückliegende Leben durchlebt. Man hat sich den Traumata, Fixierungen, Komplexen und all den Schatten früherer Bewußtseinsebenen geöffnet. Bis hierher hat man seine Vergangenheit gesehen, die vielleicht die Vergangenheit der Menschheit ist. Ab hier sieht man die Zukunft – die vielleicht auch die Zukunft der Menschheit ist. Meditation ist – was immer man sonst noch darunter verstehen mag – der beharrlich verfolgte Weg der Transzendenz. Und da Entwicklung und Transzendenz, wie wir gezeigt haben, letztlich dasselbe sind, ist Meditation einfach beharrliche Entwicklung, beharrliches Wachstum. Sie ist also nicht in erster Linie eine Möglichkeit, den Lauf der Dinge umzukehren, sondern ihn fortzuführen, bis alles Potential verwirklicht ist, bis das gesamte Grund-Unbewußte sich zu Bewußtsein entfaltet hat.

Meditation funktioniert also nach demselben Muster wie alle früheren Entwicklungsschritte: Eine Übersetzungsart wird kraftlos und kann das Bewußtsein nicht mehr ausschließlich beherrschen, worauf die Transformation zu einer höheren Übersetzungsart einsetzt (eine höhere Tiefenstruktur wird erinnert und bildet jetzt neue Oberflächenstrukturen). Der Prozeß der Meditation weist die uns bekannten Schritte auf: Differenzierung, Disidentifikation, Transzendenz und Integration. Meditation *ist* Evolution, sie *ist* Transzendenz – eigentlich also gar nichts Besonderes. Sie erscheint dem Ego nur mysteriös und vertrackt, weil sie Entwicklung über das Ego hinaus ist.

Im Gegensatz zu anderen Anschauungen, für die der transpersonale Bereich – das Feinstoffliche und Kausale – zum untergetauchten Unbewußten oder dessen verdrängtem Anteil gehört und Meditation ein Mittel ist, die Verdrängung aufzuheben, bin ich der Ansicht, daß das Transpersonale zum auftauchenden Unbewußten gehört und Meditation dieses Auftauchen beschleunigt.

Jede echte Verwandlung im Lauf der Entwicklung erfordert, daß die Übersetzungen/Veränderungen der jeweiligen Ebene aufgegeben werden. Aber auch «die neue Übersetzungsweise oder Schwelle, die dabei gebildet wird, kann durch weiteres Meditieren wieder reduziert oder transformiert werden und die daraus entstehende wieder und so weiter. Jedesmal wird dem inneren Auge des Meditierenden ein neues Spektrum noch feinerer Dinge sichtbar.»[19]

Wenn die Meditation in den Bereich des Kausalen vordringt, wird alles Frühere, sei es grob- oder feinstofflich, zu bloßen Gesten des Bewußtseins an sich, bis selbst der transzendente Zeuge des kausalen Bereichs im Großen Tod in die Leere aufgeht. In dieser letzten Verwandlung gibt es nirgendwo mehr ausschließende Übersetzungen/Veränderungen, weil der Übersetzer gestorben ist.

3. Teil: Psychische Gesundheit – Ost und West

Psychologen und Philosophen vermeiden es seit jeher gern, Aussagen darüber zu machen, was das Höchste Gut der Menschheit sei – sie sagen uns lieber, was es nicht ist. So wird das Gute als die Abwesenheit des Bösen definiert und Gesundheit als die Abwesenheit von Krankheit. Solche Definitionen erweisen sich zunehmend als unzureichend. «Gesund» könnte beispielsweise mehr sein als «nicht krank», es könnte Seins- und Erfahrungsweisen, Interessen und Motive beinhalten, die sich am Negativ des Krankhaften gar nicht ablesen lassen. Andererseits könnte es sein, daß besonders gesunde Menschen bestimmte Dinge nicht tun, die in der großen Mehrheit der Bevölkerung so verbreitet sind, daß sie als Bestandteil der menschlichen Natur gelten. Damit stellt sich die interessante Frage, ob Menschen von extremer psychischer Gesundheit uns übrigen nicht manchmal als geradezu bizarre oder zumindest geheimnisvolle Gestalten erscheinen. Wir müssen kurz gesagt darauf gefaßt sein, daß sie unseren allgemein anerkannten Kriterien für Gesundheit möglicherweise gar nicht entsprechen und wir sie nicht so ohne weiteres als das erkennen können, was sie sind.

Wie sollen wir dann aber die Merkmale psychischer Gesundheit bestimmen? Dazu sind mehrere Ansätze möglich. Wir können uns zum Beispiel die bestehenden transpersonalen Modelle der menschlichen Natur vergegenwärtigen und die Zielrichtung ihrer Hauptdimensionen beschreiben. Eine zweite Möglichkeit könnte darin bestehen, die Hinweise und anekdotischen Beschreibungen, die in der Literatur gegeben werden, durchzusehen. Und schließlich bliebe noch der experimentelle Ansatz: empirische Forschung mit Menschen, die als besonders gesund gelten. Solche Forschungsergebnisse zu den transpersonalen Dimensionen der Gesundheit liegen noch kaum vor, so daß wir einstweilen nur den theoretischen und den anekdotischen Ansatz verfolgen können. Aus diesem Grund sollten wir die folgenden Beschreibungen nicht als «erhärtete Prinzipien» betrachten, sondern als Arbeitshypothesen für die Weiterführung und Vertiefung des Denkprozesses.

Ein Kernbegriff und eine Hauptdimension transpersonaler Modelle der menschlichen Natur ist das Bewußtsein. Je gesünder ein Mensch psychisch ist, desto mehr Bewußtseinszustände, vor allem höhere Bewußtseinszustände, werden ihm vermutlich zugänglich sein.[1] Bei besonders weit entwickelten Menschen kann man einen höheren Grad von willentlicher Kontrolle erwarten und sogar die Fähigkeit, willentlich in bestimmte Bewußtseinszustände einzutreten.

In der Wahrnehmungsdimension könnten Dinge wie Sensibilität, Klarheit und Verzerrungsfreiheit die Kennzeichen der Gesundheit sein. «Der vollständig Verwirklichte ist ein Mensch, dessen Pforten der Wahrnehmung durch nichts mehr blockiert sind.»[1] Er sieht die Dinge wie sie sind und unterliegt nicht mehr dem verzerrenden Einfluß seiner Begierden oder Aversionen, seiner Unwissenheit und seiner Ängste.

Auch das Identitätsgefühl eines ganz gesunden Menschen wird wohl mehr umfassen als das übliche Ichempfinden. Man kann erwarten, daß er einerseits seinen Schatten (jenen Teil der Psyche, der alles enthält, was das Ich als negativ und nicht mit seinem Bild von sich selbst vereinbar empfindet) erkannt, angenommen und integriert hat, andererseits aber auch in der Gegenwart des Numinosen, des «heiligen Unbewußten»,[1] des transpersonalen Selbst, der reinen Bewußtheit lebt und erkennt, daß er auch das ist.

Auch Motivation ist eine wichtige Dimension der Gesundheit. Am meisten Zustimmung hat bisher ein transpersonales Modell der Motivation gefunden, das in seinen Grundzügen von Abraham Maslow entwickelt wurde.[2] Maslow erkannte, daß Bedürfnisse hierarchisch organisiert sind und die Ebenen der Motivation sich ebenfalls gemäß dieser Hierarchie organisieren. Wenn eine Kategorie von Bedürfnissen befriedigt ist, so zeigt sich die nächste Ebene, und diese Hierarchie reicht vom einfachen Überlebens- und Sicherheitsstreben über Gruppenzugehörigkeit und Selbstwertgefühl bis hin zur Selbstverwirklichung, worunter Maslow die Aktualisierung des gesamten, einem Menschen innewohnenden Potentials versteht. Beim Aufstieg durch diese Hierarchie wird die Motivation immer feiner, und aus der Mangelmotivation der unteren Ebene wird auf den höheren Ebenen eine Motivation des Genügens. Die Bedürfnisse an diesem oberen Ende der Skala nannte Maslow *Metabedürfnisse* oder *B-Bedürfnisse* (B von engl. *being*).

Gegen Ende seines Lebens erkannte Maslow, daß Selbstverwirklichung noch nicht der höchste aller Werte ist, sondern darüber noch das Bedürfnis nach Selbsttranszendenz liegt.[2] Maslow verstand darunter einen Drang nach Weisen der Erfahrung und des Seins, die die allgemein anerkannten Grenzen der Erfahrung und Identität transzendieren – kurz, ein Streben nach dem, was wir transpersonal nennen. Ähnliche hierarchische Modelle mit transzendenten Komponenten finden wir auch in nichtwestlichen Psychologien, etwa im Sufismus und Hinduismus.

Generell scheint es so zu sein, daß psychisch gesündere Menschen mehr durch sogenannte höhere Bedürfnisse motiviert sind. Selbsttranszendenz kann sogar zum alles beherrschenden obersten Motiv werden und alle anderen Motive wie Selbstwertgefühl und Besitz, also alle ichhaften Motive, weit in den Schatten stellen.[3]

In vielen mystischen Traditionen finden wir die Anschauung, daß Leiden durch Verhaftung verursacht wird, vor allem durch die Verhaftung an die Befriedigung der eigenen Bedürfnisse, und daß höher entwickelte Menschen eher von dem Wunsch motiviert sind, anderen zu nützen und zu dienen. Weniger Verhaftung und dafür eine stärkere Neigung zu altruistischem Verhalten könnten demnach ebenfalls Kriterien für psychische Gesundheit sein.

Es gibt noch eine Reihe weiterer Eigenschaften, die als Kennzeichen der Gesundheit gelten, sich aber nicht unbedingt in ein bestimmtes Modell einfügen lassen. Etwa das Bewußtsein der Eigenverantwortung für die eigene Erfahrung und das eigene Wohlergehen; oder mehr Sensibilität gegenüber anderen, erkennbar an mehr Liebe, Mitgefühl und Großzügigkeit; ein tiefes Empfinden für das Mysterium des Lebens, das sich in Staunen, Ehrfurcht, Dankbarkeit und ökologischem Gespür niederschlägt; und nicht zuletzt die rückhaltlose Teilnahme am Leben, in dem man sich allen Freuden und allem Kummer des menschlichen Daseins ganz öffnet.

In den transzendenten Bereichen, wo wir uns als reine Bewußtheit jenseits von Raum, Zeit und Form erfahren, erhält die Frage nach Gesundheit und Krankheit eine ganz neue Antwort, denn in diesem Bereich wird auch jeder *Begriff* von Gesundheit transzendiert. Auf den tiefsten (oder «höchsten», also am weitesten entwickelten) Ebenen des Seins lösen sich alle subjektiven Dichotomien auf, auch die Unterscheidung von Gesundheit und Krankheit. Auf das, was wir jenseits aller Illusionen und Identifikationen sind, lassen sich Begriffe wie Gesundheit und Krankheit nicht mehr anwenden – diese Auffassung vertreten viele Bewußtseinsdisziplinen seit vielen Jahrhunderten.[3]

Daraus ergeben sich einige scheinbar paradoxe Schlußfolgerungen. Da unser Wesen in allen illusorischen, unsere Ganzheit beschneidenden Identifikationen stets gleichbleibt, ist es im Grunde nichts, das es irgendwann in der Zukunft zu verwirklichen gilt. Es ist jederzeit – transzendent – vorhanden, auch wenn die gesamte Bildfläche von unseren Vorstellungen (zum Beispiel über Gesundheit und Krankheit) eingenommen zu sein scheint. Ein Schritt zu mehr Gesundheit bedeutet keine Veränderung unserer selbst, sondern ein tieferes Erkennen unserer selbst. Letztlich bedarf es eigentlich gar keiner Bewegungen. Nach der *Psychologia perennis* «gibt es nichts, das es zu tun, zu ändern oder zu sein gilt».

Daraus läßt sich ablesen, daß der transpersonale Ansatz zur Verwirklichung psychischer Gesundheit sich radikal von der herkömmlichen abendländischen Anschauung unterscheidet. Hier werden Verhaltensänderungen, Denken, Affekte und Persönlichkeit nicht als eigenständige Ziele betrachtet, sondern als Mittel, die den Zugang zu den transzendenten Dimensionen des Seins erleichtern.

Die in diesem Teil vereinigten Beiträge widmen sich demgemäß einem westlichen psychologischen Ansatz, der in diese Richtung weist, dann aber dem Gebiet, aus dem die Transpersonale Psychologie ihre wichtigsten Impulse erhält, der östlichen Psychologie und ihren Bewußtseinsdisziplinen.

In «Eine Theorie der Metamotivation» trägt Abraham Maslow eine Reihe von Hypothesen über Natur und Erfahrungshorizont der Selbstverwirklichung und der Selbsttranszendenz vor. Er beschreibt die Hierarchie der Bedürfnisse und stellt die Behauptung auf, daß die höheren Bedürfnisse (Metabedürfnisse, B-Werte) nach Wahrheit, Schönheit, Transzendenz und so weiter ebenso biologisch bedingt sind wie die sogenannten niederen, etwa Durst oder Geschlechtstrieb. Das Nichtbefriedigen von Bedürfnissen führt zu entsprechenden Formen des Pathologischen, und das, so Maslow, gilt auch für die Metabedürfnisse, die zur Grundlage einer Metapathologie werden können. Der Schluß, der sich daraus ganz von selbst ergibt, lautet, daß die transzendenten religiösen, ästhetischen und philosophischen Aspekte des Lebens ebenso real sind und ebenso zur menschlichen Natur gehören wie jedes andere biologische Bedürfnis.

Die weiteren Beiträge dieses Teils führen in die östliche Psychologie ein und wollen eine erste Vorstellung davon vermitteln, was es mit Meditation auf sich hat. «Meditation – die Pforte zum Transpersonalen» von Roger Walsh und Frances Vaughan kann hierzu als kurze Einführung verstanden werden. «Relative Wirklichkeiten» nennt Ram Dass (Richard Alpert) seinen Artikel, in dem er die ersten Stadien des Erwachens beschreibt, die ein Anfänger in einer meditativen Disziplin erfahren kann. Wenn die Bewußtheit sich von all ihren Objekten und Inhalten löst, etwa von den Gedanken und Empfindungen, so wird sie ganz frei beweglich und verfügbar. Der Meditierende kann dann tief in die Psyche eindringen, den Strom psychischer Prozesse beobachten, Wahrnehmungsverzerrungen durchschauen und die Stille und Weisheit erfahren, die unter der aufgewühlten Oberfläche warten.

Daniel Goleman gibt in seinem Beitrag «Eine Landkarte des inneren Raums» eine detaillierte Beschreibung der gestuften Folge von Erfahrungen, die ein Praktizierender buddhistischer Meditation erwarten kann (und wenn er hier ausschließlich maskuline Pronomina verwendet, so kommt darin kein sexistisches Vorurteil zum Ausdruck, sondern nur der traditionelle Sprachgebrauch buddhistischer Texte). Auf dem Weg der Konzentration und Sammlung wird die Fähigkeit, die Aufmerksamkeit auszurichten, gebildet und verfeinert, so daß man in immer tiefere und feinere Zustände gesammelter Aufmerksamkeit gelangt. Das aber ist nur die Vorbereitung für den Pfad der Einsicht, auf dem es um immer tiefere Einsichten und schließlich um Erleuchtung geht. Der Meditierende beobachtet die Prozesse des Geistes mit immer mehr Sensibilität und Klarheit, bis er schließlich an den normalen Verzerrungen und Störungen der mentalen Prozesse und der Wahrnehmung vorbei die Wirklichkeit erblickt. Dieser Weg ist begleitet von einer ganzen Sequenz veränderter Bewußtseinszustände, die allesamt außerhalb des Gesichtskreises traditioneller westlicher Psychologie liegen.

In «Aspekte einer Theorie und Praxis der Meditation» beleuchtet Jack Kornfield ein psychologisches Modell des Buddhismus, das *Abhidharma* genannt wird, und hier insbesondere die sieben «Faktoren der Erleuchtung», die Kennzeichen des erleuchteten Geistes. Diese Kennzeichen bilden sozusagen den gemeinsamen Nenner verschiedenster Bewußtseinsdisziplinen und Religionen und an ihnen wird deutlich, daß selbst Tradition und Praktiken, die nichts miteinander gemein zu haben scheinen, letztlich doch nach demselben Ziel streben. Und wie sollte es auch anders sein, wenn das stimmt, was Plotin (und mit ihm viele andere Eingeweihte) sagt: «Wir müssen die Augen schließen und eine neue Art des Sehens in uns wachrufen, eine Wachheit, die unser aller Geburtsrecht ist, aber nur von wenigen genutzt wird.»

Eine Theorie der Metamotivation

Abraham Maslow

1

Zur Definition des sich selbst verwirklichenden Menschen gehört, daß seine Grundbedürfnisse befriedigt sind. Er hat ein Gefühl der Zugehörigkeit und Verwurzelung, sein Bedürfnis nach Liebe ist befriedigt, er hat Freunde und fühlt sich geliebt und liebenswert, er besitzt einen Status und einen Platz im Leben und wird von anderen geachtet, sein Selbstwertgefühl und seine Selbstachtung sind ausreichend ausgebildet.

2

Wenn wir die tiefsten, echtesten und wesenhaftesten Aspekte des wahren Selbst, der Identität oder der authentischen Person definieren wollen, so müssen wir nicht nur Konstitution und Temperament der Person berücksichtigen, nicht nur ihre Anatomie, Physiologie, Neurologie und Endokrinologie, nicht nur ihre Fähigkeiten, ihre biologische Verfassung und ihre instinktoiden Bedürfnisse, sondern auch die B-Werte, die auch *ihre* B-Werte sind.

Die B-Werte gehören ebenso zur Natur, zur Definition, zum Wesen der Person wie die «niederen» Bedürfnisse – jedenfalls bei den sich selbst verwirklichenden Menschen, die ich kenne. Eine letztgültige Definition des Menschen kann es ohne Berücksichtigung der B-Werte nicht geben. Es stimmt zwar, daß sie bei den meisten Menschen nicht vollständig sichtbar werden oder verwirklicht sind, aber so weit ich sehen kann, gibt es keinen Menschen, in dem sie nicht zumindest angelegt sind.

3

Ich habe die Grundbedürfnisse aus verschiedenen Gründen als instinktoid oder biologisch notwendig bezeichnet, vor allem aber deshalb, weil die Person die Befriedigung dieser Bedürfnisse braucht, damit sie nicht krank wird, damit ihre Menschlichkeit nicht geschmälert wird oder, positiv ausgedrückt, damit sie vorwärts und aufwärts weitergehen kann zu Selbstverwirklichung und voll entwickelter Menschlichkeit. Ich habe nun sehr stark den Eindruck, daß etwas ganz Ähnliches auch für die Metamotivation sich selbst verwirklichender Menschen gilt. Sie scheint mir ebenfalls eine biologische Gegebenheit zu sein, notwendig, um (negativ ausgedrückt) «Krankheit» zu vermeiden und (positiv ausgedrückt) um zur vollen Menschlichkeit zu gelangen. Da solche Motivationen die *immanenten* Werte des Seins sind, können wir sie ebenfalls als ihrer Natur nach instinktoid betrachten.

«Krankheitsbilder», wie sie aus der Nichtbefriedigung von Metabedürfnissen erwachsen können, sind im Abendland noch gar nicht als solche erkannt und schon gar nicht beschrieben worden – es sei den unwissentlich oder implizit oder stark generalisierend und undifferenziert, jedenfalls nicht auf gezielte, systematische Weise. Vertreter anderer Disziplinen – Religion, Geschichte, Philosophie – haben sich zwar schon immer mit ihnen beschäftigt, aber stets nur religiöse oder spirituelle «Mangelerscheinungen» darin gesehen, während Ärzte, Naturwissenschaftler und Psychologen sie noch gar nicht als einen ihrer möglichen Gegenstände erkannt haben, als psychische oder biologische «Krankheit» oder Entwicklungshemmung.

Ich nenne diese «Krankheiten» (oder besser: Minderungen der Menschlichkeit) «Metapathologien» und definiere sie als Folge eines Entzugs von B-Werten (generell oder von einzelnen B-Werten).

Ähnlich dem Periodensystem chemischer Elemente, aus dem die Existenz mancher Elemente schon abgeleitet wurde, als sie noch gar nicht entdeckt waren, können wir uns eine Art Periodensystem der Krankheiten vorstellen, in das künftig zu entdeckende (aber natürlich, genau wie die Elemente, schon jetzt vorhandene) Krankheiten eingetragen werden können.

Ich könnte mir denken, daß man in der religiösen Literatur, vor allem auf dem Gebiet der Mystik, manche Hinweise finden wird. Dies gilt wahrscheinlich auch für Kunst, Sozialpathologie, homosexuelle Subkulturen und die Literatur des neinsagenden Existentialismus. Die Fallgeschichten der existentiellen Psychotherapie, spirituelle Krankheit, existentielles Vakuum, die Tendenz zu Dichotomisierung, Verbalisierung und Über-Abstraktion, wie sie von der allgemeinen Semantik aufgedeckt wird, das Spießertum, gegen das Künstler zu kämpfen haben, die Mechanisierung und Depersonalisierung (das «Roboterhafte»), von der die Sozialpsychotherapeuten sprechen, Entfremdung, Identitätsverlust, Verrohung und

Abstumpfung, die wachsende Wehleidigkeit und Hilflosigkeit, die religiösen Pathologien, von denen Jung sprach, Frankls noogenische Störungen, die Charakterstörungen der Psychoanalyse – all das und viele andere mit Werten zusammenhängende Störungen sind zweifellos relevante Informationsquellen.

Wenn wir der Anschauung sind, daß solche Störungen, Krankheiten, Pathologien, die aus der Nichtbefriedigung von Metabedürfnissen entstehen, tatsächlich Minderungen der vollen Menschlichkeit oder des menschlichen Potentials sind, und wenn wir ferner annehmen, daß die Befriedigung von Metabedürfnissen eine Erfüllung des dem Menschen innewohnenden Potentials bedeutet, dann sind diese Werte oder Bedürfnisse zweifellos ebenso immanent und ebenso instinkthafter Natur wie die Grundbedürfnisse, und beide gehören zur selben Hierarchie. Obgleich Metabedürfnisse besondere Merkmale aufweisen, durch die sie sich von Grundbedürfnissen unterscheiden, gehören sie doch grundsätzlich demselben Bereich an wie etwa das Bedürfnis nach Vitamin C. Sie fallen daher gleichermaßen in den Arbeitsbereich einer (breit genug angelegten) Naturwissenschaft und sind nicht die exklusive Domäne von Theologen, Philosophen und Künstlern. Das spirituelle Leben oder Wertleben gehört demnach dem Bereich der Natur an und ist nicht etwa ein ganz anderer oder gar entgegengesetzter Bereich. Es kann Untersuchungsgegenstand für Psychologen und Sozialwissenschaftler werden und wird mit der Entwicklung geeigneter wissenschaftlicher Methoden schließlich auch die Neurologen, Endokrinologen, Genetiker und Biochemiker beschäftigen.

4

Wir unterliegen nicht nur einer passiven Wertdeprivation: Nicht nur durch die Umwelt wird uns die Befriedigung unserer Metabedürfnisse versagt. Es kommt hinzu, daß wir die höchsten Werte auch fürchten, und zwar in uns selbst ebenso wie außerhalb. Sie ziehen uns nicht nur an, sondern erschüttern und erschrecken uns auch. Anders gesagt, wir stehen ihnen durchaus ambivalent gegenüber und neigen dazu, uns gegen sie zur Wehr zu setzen. Wir verdrängen und verleugnen die B-Werte und setzen vermutlich das gesamte Arsenal Freudscher Abwehrmechanismen nicht nur gegen das Niedere, sondern auch gegen das Höchste in uns ein. Das Gefühl unseres eigenen Unwerts, aber auch das Gefühl, der überwältigenden Macht dieser Werte nicht standhalten zu können, läßt uns nur allzu leicht versuchen, ihnen auszuweichen.

5

Grundbedürfnisse und Metabedürfnisse gleichen sich im Charakter der Notwendigkeit; wird ihre Befriedigung verhindert, so ist «Krankheit» und Minderung die Folge; wird ihnen Raum gegeben, so fördern sie die Entwicklung zur vollen Menschlichkeit.

Zunächst einmal ist klar, daß die ganze Hierarchie der Grundbedürfnisse vorrangig ist; ihre Befriedigung ist dringlicher als die der Metabedürfnisse, die sich aufschieben läßt. Diese Aussage besitzt allerdings nur allgemeine oder statistische Gültigkeit, denn es gibt durchaus Fälle, wo das Wahre oder Gute oder Schöne für eine bestimmte Person aufgrund einer besonderen Neigung oder Sensibilität wichtiger und dringender sein kann als manche Grundbedürfnisse.

Zweitens können wir die Grundbedürfnisse als Mangelbedürfnisse bezeichnen, während die besondere Eigenart der Metabedürfnisse darin zu bestehen scheint, daß sie eine «Wachstums-Motivation» erzeugen.

6

Grundsätzlich sind Metabedürfnisse gleich stark und gleich wichtig, es läßt sich an ihnen keine Hierarchie der Vorrangigkeit erkennen. Bei einem bestimmten Individuum sind sie jedoch häufig hierarchisch organisiert, je nach persönlichen Neigungen und konstitutionellen Besonderheiten.

7

Ich habe den Eindruck, daß jeder B-Wert von der Gesamtheit aller anderen B-Werte vollständig und hinreichend definiert ist. Das bedeutet, daß (zum Beispiel) Wahrheit, um vollständig definiert zu sein, auch schön, gut, vollkommen, gerecht, einfach, geordnet, gesetzmäßig, lebendig, umfassend, einheitlich, dualitäts-transzendierend, mühelos und amüsant sein muß. (Hier erweist sich die Formel: «Die Wahrheit, die ganze Wahrheit und nichts als die Wahrheit» als viel zu kurzatmig.) Schönheit, vollständig definiert, muß auch wahr, gut, vollkommen, lebendig, einfach und so weiter sein. Es ist, als bildeten die B-Werte eine Art Einheit, wobei jeder einzelne B-Wert das Ganze ist, nur aus einem besonderen Blickwinkel betrachtet.

8

All das bedeutet, daß das sogenannte spirituelle oder Wertleben oder «höhere» Leben demselben Kontinuum angehört (von derselben Art oder Qualität ist) wie das Leben des Fleisches oder Körpers, also das animalische, materielle oder «niedere» Leben. Das spirituelle Leben ist also Teil unseres biologischen Lebens. Sein «höchster» Teil zwar, aber eben ein Teil.

Das spirituelle Leben gehört demnach zum Wesen des Menschen. Ohne es ist die menschliche Natur nicht vollständig die menschliche Natur. Es gehört zum Wahren Selbst, zur Identität, zum Kern des Menschen, es prägt den Charakter der Spezies, der vollen Menschlichkeit.

Es ist zu vermuten, daß auch die Tiefendiagnostik und -therapie irgendwann auf die Metabedürfnisse stoßen werden, denn unsere «höchste» Natur ist zugleich auch unsere «tiefste» Natur.

Ein weit genug gefaßtes Wissenschaftsverständnis wird auch die ewigen und letzten Wahrheiten und Werte als real und natürlich anerkennen, wird erkennen, daß sie auf Tatsachen beruhen und nicht dem Wunschdenken entspringen, daß sie keineswegs übermenschlich, sondern sehr menschlich sind und damit legitime Gegenstände wissenschaftlicher Forschung.

Wir dürfen aus der biologischen Verwurzelung der Metabedürfnisse jedoch nicht schließen, daß das höhere Leben jederzeit greifbare Wirklichkeit ist; es gehört viel dazu, dieses Potential zu verwirklichen, aber es ist zumindest im Prinzip möglich. Kultur ist gewiß absolut notwendig für diese Verwirklichung, aber Kultur kann in diesem Punkt auch versagen, und das scheint in der Tat bisher bei den meisten Kulturen der Fall gewesen zu sein. Eine Kultur kann mit dem biologischen Wesen des Menschen übereinstimmen oder sich ihm entgegenstellen; jedenfalls sind Kultur und Natur keine prinzipiellen Gegensätze.

Die höhere, spirituelle «Animalität» ist so zart und schwach, geht so leicht verloren, wird so leicht zwischen den stärkeren kulturellen Kräften zermalmt, daß sie nur in solchen Kulturen in größerem Umfang verwirklicht werden kann, die die menschliche Natur billigen und daher aktiv an ihrer vollen Entfaltung mitwirken.

In dieser Überlegung liegt die mögliche Lösung für viele unnötige Konflikte und Dualismen. Sind beispielsweise «Geist» (im Sinne Hegels) und «Natur» (im Sinne von Marx) hierarchisch in dasselbe Kontinuum eingegliedert, was dann auch für die verschiedenen Spielarten des «Idealismus» und «Materialismus» gelten würde, so bieten sich mehrere Möglichkeiten der Konfliktlösung an. Zum Beispiel sind die niederen (animalischen, materiellen) Grundbedürfnisse in gewissem Sinn vorrangig gegenüber den höheren Grundbedürfnissen und diese wiederum gegenüber den Metabedürfnissen (Geist, Ideale, Werte). Die materiellen Umstände des Lebens sind, anders gesagt, im allgemeinen dringlicher und stärker als hohe Ideale, sie sind vorrangig gegenüber Ideologie, Philosophie, Religion, Kultur und so weiter, wenn auch nur in einem ganz bestimmten Sinn und nicht unter allen Umständen. Dennoch sind die höheren Ideale keineswegs bloße Nebenerscheinungen; sie scheinen vielmehr die gleiche biologische und psychologische Realität zu besitzen, wenn auch weniger stark und dringend. Wie in jeder hierarchischen Struktur, etwa dem Nervensystem oder der Hackordnung, sind Höheres und Niederes gleich wirklich und gleich menschlich.

Wenn wir das Niedere und das Höchste im Menschen als Abschnitte ein und desselben Kontinuums betrachten und damit ihre Entgegensetzung auflösen, so können auch viele andere Dualismen überwunden und transzendiert werden. Der Stimme des Teufels, der Verworfenheit, dem Fleisch, dem Bösen, der Selbstsucht stehen als Entgegensetzung gegenüber: das Göttliche, das Ideal, das Gute, die ewigen Wahrheiten, unser höchstes Streben und so weiter. Es gibt Traditionen, die das Göttliche als *in* der menschlichen Natur liegend betrachten, aber meist wird das Gute außerhalb und oberhalb der menschlichen Natur angesiedelt.

9

Die B-Werte sind als Befriedigung der Metabedürfnisse auch höchste Freude und höchstes Glück. Ich habe an anderer Stelle darauf hingewiesen, daß es auch ein hierarchisches Kontinuum der Freude gibt, angefangen etwa von der Befreiung von Schmerz über die Wohltat eines warmen Bades, das Glück, bei guten Freunden zu sein, große Musik zu hören, ein Kind zu bekommen, die Ekstase höchster Liebeserfahrung, bis hin zur Verschmelzung mit den B-Werten.

Solch eine Hierarchie könnte die Lösung der konfliktreichen

Problematik von Hedonismus, Selbstsucht, Pflichterfüllung und ähnlichem beinhalten. Wenn man die höchste Freude unter die Freuden insgesamt einreiht, dann zeigt sich, daß auch voll verwirklichte Menschen nur Freude suchen, nämlich Metafreude. Vielleicht können wir das «Metahedonismus» nennen, denn auf dieser Ebene gibt es keinen Widerspruch mehr zwischen Freude und Pflichterfüllung, und die höchsten Verpflichtungen des Menschen, nämlich gegenüber Wahrheit, Gerechtigkeit, Schönheit und so weiter, sind auch seine höchsten Freuden, sein höchster Genuß. Und auf dieser Ebene bilden natürlich auch Selbstsucht und Selbstlosigkeit keinen Widerspruch mehr. Was für den Einzelnen wirklich gut ist, ist auch für alle anderen gut.

10

Da das spirituelle Leben (B-Werte, B-Fakten, Metabedürfnisse etc.) dem wahren Selbst angehört, das instinkthafter Natur ist, kann es im Prinzip introspektiv erfahren werden. Es besitzt «Impulsstimmen» oder «innere Signale», die zwar schwächer als die Grundbedürfnisse sind, aber doch gehört werden können und deshalb unter die Rubrik «subjektive Biologie» fallen.

Im Prinzip ist daher alles, was dazu beiträgt, unsere Sinnesbewußtheit, unsere Körperbewußtheit, unsere Empfänglichkeit für innere Signale auszubilden, auch auf unsere inneren Metabedürfnisse anzuwenden, also auf die Erweckung und Vertiefung unserer Sehnsucht nach Schönheit, Gerechtigkeit, Wahrheit, Vollkommenheit und so weiter.

Es sollte im Prinzip möglich sein, den Zugang zu diesem Bereich der Erfahrung durch Schulung zu erleichtern, vielleicht sogar mit dem feinfühligen Einsatz psychotroper Substanzen, jedenfalls aber mit nichtverbalen Methoden, wie sie am Esalen Institute praktiziert werden, mit Meditation und kontemplativen Techniken und durch die weitere Erforschung der Gipfelerfahrungen, des B-Erkennens und so weiter.

11

Auf der Ebene der höchsten Bewußtseinsklarheit (Erleuchtung, Erwachen, Einsicht, B-Erkennen, mystische Wahrnehmung etc.) können wir die B-Werte auch als B-Fakten oder letzte Wirklichkeit bezeichnen. Wenn die höchsten Ebenen der Persönlichkeitsentwicklung, der kulturellen Entwicklung, der Klarheit, der emotionalen Befreiung (von Angst, Hemmung und Abwehrhaltung) und der Nichteinmischung zusammenfallen, dann wird die Wirklichkeit nicht mehr durch die zwangsläufige Voreingenommenheit der Beobachterhaltung verzerrt. Die Welt wird hier als wahr, gut, vollkommen, integriert, lebendig, gesetzmäßig, schön und so weiter *beschrieben*, und es zeigt sich, daß hier die Wörter, die das Wahrgenommene am besten wiedergeben, genau die Wörter sind, die man normalerweise als Wertbegriffe bezeichnet. Die übliche Engegensetzung von *ist* und *sollte* erweist sich als kennzeichnend für die niederen Ebenen des Lebens und wird auf den höheren transzendiert, denn dort verschmelzen Faktum und Wert. Solche Wörter, die je nach Betrachtungsniveau deskriptiv oder normativ sein können, bezeichnen wir als «Verschmelzungswörter».

Auf dieser Ebene ist «Liebe für immanente Werte» dasselbe wie «Liebe für die letzte Wirklichkeit». Hingabe *an* die Fakten bedeutet hier Liebe *für* die Fakten. Das entschlossenste Bemühen um Objektivität der Wahrnehmung, also um Reduzierung der verfälschenden Einflüsse des Beobachters (seiner Ängste und Wünsche und selbstsüchtigen Berechnungen), führt zu einem emotionalen, ästhetischen und axiologischen Resultat, auf das uns auch die größten philosophischen, naturwissenschaftlichen, künstlerischen und spirituellen Geister hinzuweisen versuchen.

Die Kontemplation letzter Werte wird identisch mit der Kontemplation des Wesens der Welt. Wahrheitssuche könnte dasselbe sein wie das Streben nach Schönheit, Ordnung, Einheit, Vollkommenheit, Richtigkeit, und Wahrheit kann dann *über* irgendeinen anderen B-Wert gesucht werden. Ist Naturwissenschaft dann nicht mehr zu unterscheiden von Kunst, Liebe, Religion, Philosophie? Ist eine fundamentale naturwissenschaftliche Aussage über das Wesen der Wirklichkeit auch eine spirituelle oder axiologische Aussage?

Wenn all das so ist, dann genügt unsere rein kognitive, rationale, logische, distanzierte Haltung gegenüber dem Wirklichen (beziehungsweise der Wirklichkeit, auf die wir in unseren oder *ihren* besten Momenten einen Blick erhaschen) nicht mehr. Diese Wirklichkeit verlangt auch nach einer warmen emotionalen Reaktion, sie regt an zu Liebe, Hingabe, Loyalität und sogar Gipfelerfahrungen. Sie ist nicht nur wahr, gesetzmäßig, geordnet, integriert und so weiter, sondern auch gut, schön und liebenswert.

Wenn B-Werte letztlich identisch mit dem Selbst sind und dessen Kennzeichen werden, sind dann die Wirklichkeit, die Welt, der ganze Kosmos identisch mit dem Selbst und dessen Merkmalen? Was könnte solch eine Aussage bedeuten? Sie klingt sehr nach der klassischen Verschmelzung des Mystikers mit der Welt oder mit seinem Gott. Sie erinnert uns auch an die östliche Anschauung, daß das individuelle Selbst mit dem Ganzen verschmilzt und sich in ihm verliert.

Sagen wir damit nicht, daß es durchaus sinnvoll ist, absolute Werte für möglich zu halten (zumindest in dem Sinne, wie man die Wirklichkeit selbst absolut nennen kann)? Und wenn sich derartiges tatsächlich als sinnvoll erweisen sollte, sind wir dann noch auf dem Feld des rein Menschlichen, oder wäre es vielleicht schon trans-human?

12

. . . eine Richtung, zu der wir immer mehr Zutrauen fassen, ist die Vorstellung, daß wir nicht Fremde des Kosmos sind, sondern zutiefst eins mit ihm.

Gardner Murphy

Die biologische oder evolutionare Version der mystischen Erfahrung oder Gipfelerfahrung – die sich hier vielleicht nicht von spiritueller oder religiöser Erfahrung unterscheidet – erinnert uns daran, daß wir über die nicht mehr brauchbare Entgegensetzung der Begriffe «Höchstes» und «Niedrigstes» oder «Tiefstes» hinauswachsen müssen. Die «höchste» Erfahrung, die je beschrieben wurde, die glückselige Verschmelzung mit dem Äußersten, das dem Menschen erreichbar ist, läßt sich ebenso als seine tiefste Erfahrung interpretieren, die Erfahrung nämlich, daß die biologische Natur des Menschen von derselben Grundstruktur ist wie die Natur im allgemeinen.

Mit dieser Ausdrucksweise umgehen wir die Notwendigkeit (oder Versuchung), das Transzendente als nicht-menschlich oder gar übernatürlich zu definieren. Die Kommunion des Menschen mit dem, was ihn transzendiert, kann als biologische Erfahrung betrachtet werden. Und wenn wir auch nicht sagen können, daß das Universum den Menschen *liebt*, so nimmt es ihn doch ohne Feindseligkeit an, läßt ihn bestehen und wachsen und gewährt ihm – manchmal – große Freude.

Wir sehen so leicht den Wald vor lauter Bäumen nicht mehr. So oft reagieren wir nur auf Reize, auf Belohnung und Strafe, auf

Notfälle, Schmerzen und Ängste, auf die Forderungen anderer, auf Oberflächlichkeiten. Es bedarf einer spezifischen, bewußten Anstrengung, zumindest am Anfang, um die Aufmerksamkeit auf immanente Dinge und Werte zu lenken. Dieses bewußte Bemühen kann damit einhergehen, daß wir uns zurückziehen oder uns großer Musik, guten Menschen oder der Schönheit der Natur aussetzen. Erst nach langer Übung funktionieren diese Strategien «von selbst», so daß man, ohne immer wieder neue Anläufe zu unternehmen, im Bereich der B-Werte leben kann.

13

Schon immer sucht die Menschheit das Ewige und Absolute, und es könnte sein, daß die B-Werte dabei in gewissem Umfang behilflich sein können. Sie sind als solche, in ihrer Existenz, nicht von den Launen des Menschen abhängig. Sie werden wahrgenommen, nicht hervorgebracht. Sie sind transhuman und transindividuell. Sie könnten das menschliche Verlangen nach Gewißheit befriedigen.

Und doch sind sie in einem besonderen Sinn auch menschlich. Sie sind nicht nur *sein*, sondern auch *er*. Sie gebieten Anbetung und Verehrung und verlangen Opfer. Es lohnt sich, für sie zu leben und für sie zu sterben. Sich in sie zu versenken und mit ihnen zu verschmelzen, ist das höchste Glück, dessen der Mensch fähig ist.

Unsterblichkeit bekommt in diesem Zusammenhang auch einen ganz bestimmten und erfahrbaren Sinn, denn die Werte, die der Person als Wesensmerkmale inkorporiert sind, leben nach dem Tod weiter, das heißt, daß das Selbst in einem realen Sinn den Tod transzendiert.

Ähnliches gilt auch für andere Funktionen, die die organisierten Religionen zu erfüllen versucht haben und versuchen. Es sieht so aus, als könnten alle (oder fast alle) spezifisch religiösen Erfahrungen, die von den traditionellen Religionen – theistischen und nichttheistischen, östlichen und westlichen – in ihrer jeweiligen Sprache beschrieben wurden, in diese theoretische Struktur integriert werden.

Meditation – Pforte zum Transpersonalen

Roger N. Walsh und Frances Vaughan

In unserer modernen Welt wird stets angenommen, um sich selbst zu beobachten, müsse man nur «nach innen schauen». Niemand kommt auf den Gedanken, daß Selbstbeobachtung eine Fähigkeit sein könnte, die äußerste Disziplin voraussetzt und einer längeren Schulung bedarf als jede andere Fähigkeit, die wir kennen. Der schlechte Ruf der «Introspektion» rührt von der Vorstellung her, daß ein Mensch «einfach so», also ohne besondere Anleitung und Schulung, zu treffender und unvoreingenommener Beobachtung seines eigenen Denkens und Wahrnehmens kommen kann. Ganz im Gegensatz dazu steht die systematische Schulung in der Disziplin der Selbsterforschung im Mittelpunkt psychologischer Systeme des Ostens und des antiken Westens.

Jacob Needleman[1]

Ursprünglich ein Bestandteil religiöser und spiritueller Disziplinen, ist Meditation im Lauf der letzten Jahrzehnte im Westen zu einem Instrument für Entspannung und «persönliches Wachstum» geworden. Bis 1980, so wird geschätzt, haben allein in den Vereinigten Staaten über sechs Millionen Menschen irgendeine Form der Meditation erlernt. Am weitesten verbreitet ist die Transzendentale Meditation, eine vom Hinduismus abgeleitete und für den Westen säkularisierte Form der Praxis. Auch verschiedene Spielarten des Yoga, ebenfalls vom Hinduismus abgeleitet, und einige Formen buddhistischer Praxis finden im Westen Anklang. Unter den letzteren sind Zen-Buddhismus, tibetischer Buddhismus und Vipassana-(Einsicht-)Meditation am beliebtesten. Daneben werden noch Formen der Meditation geübt, die von der christlichen Praxis der Kontemplation abgeleitet sind.

Für den transpersonalen Psychologen ist die Meditation aus mehreren Gründen von Interesse. Von überragender Bedeutung ist in diesem Zusammenhang, daß Meditation veränderte Bewußtseinszustände auslösen und die psychische Entwicklung fördern kann. Die Tatsache, daß sie meßbare physiologische Auswirkungen hat und Verhaltensänderungen herbeiführt, hat sie in den Brennpunkt des Interesses mancher Forscher gerückt, die in der Meditation ein Mittel zu finden hofften, die Kluft zwischen den Bewußtseinsdisziplinen und westlicher empirischer Naturwissenschaft zu überbrücken. Leider verfügt dieser neue Forschungszweig bislang nur über recht grobe Maßstäbe für die Wirkungen der Meditation. So ist heute zwar nicht mehr zu bezweifeln, daß Meditation experimentell nachweisbare Wirkungen physiologischer Art hat, aber niemand wüßte zu sagen, wie relevant solche Wirkungen für die feineren Veränderungen sind, die das Ziel der Meditation darstellen.

Allgemein können wir Meditation als eine Methode der Bewußtheitssteigerung durch Ausrichtung der Aufmerksamkeit beschreiben. Die Aufmerksamkeit kann wie etwa bei der konzentrativen Meditation auf ein bestimmtes Objekt ausgerichtet sein oder in nicht-selektivem Gewahrsein aller Erfahrung völlig offen bleiben. Objekte der Aufmerksamkeit können zum Beispiel der Atem, bestimmte Empfindungen, Laute oder visuelle Vorstellungsbilder sein. Bei anderen Formen werden Gefühle wie Liebe oder Mitgefühl erzeugt und erfahren.

Für den Anfänger gibt es manche Schwierigkeiten zu bewältigen. Eine halbe Stunde lang bewegungslos in einer Meditationshaltung zu sitzen, kann anfangs sehr anstrengend sein, und intensive Praxis über mehrere Tage hin zeigt manchmal sehr durchschlagende und zutiefst beunruhigende Wirkungen. Ungelöste psychische Konflikte kommen gern an die Oberfläche, sobald die Aufmerksamkeit sich nach innen wendet, und die ruhelose Natur des ungeschulten Geistes wird schlagend deutlich. Heftige Wellen der Erregung und Emotionalität können sich mit Perioden tiefen Friedens und tiefer Freude abwechseln.

Schon wenige Stunden intensiver Praxis können uns sehr deutlich machen, wie es um unsere Bewußtheit und Wahrnehmung im Normalzustand bestellt ist, wie unsensibel, verzerrt und fern jeder willentlichen Kontrolle sie sind. Die willentliche Kontrolle über unsere psychischen Prozesse, so merken wir bald, ist sogar viel geringer als allgemein angenommen wird. Erstaunlicherweise können wir ein ganzes Leben leben, ohne auch nur zu bemerken, daß diese automatischen Prozesse unsere Wirklichkeit erschaffen, beherrschen und verzerren und selbst unsere Ideen darüber, wer oder was wir sind, formen. Die meisten Menschen, die es versucht haben, werden wohl einräumen, daß Schulung und willentliche Kontrolle des Geistes eine der schwierigsten Aufgaben überhaupt ist.

Die positiven Auswirkungen meditativer Praxis sind anfangs

eher subtiler Art. Regelmäßige Praxis kann uns schon bald zu mehr innerer Ruhe, Sensibilität, Empfänglichkeit, Einfühlungsvermögen, Einsicht und Klarheit führen. Alte Annahmen über uns selbst und die Welt werden allmählich aufgegeben, und an ihre Stelle tritt eine weniger grobschlächtige und verkürzende Betrachtungsweise.

Solch unmittelbarer Nutzen ist aber nur ein Vorgeschmack auf den tiefgreifenden Wandlungsprozeß, den Meditation bewirken kann, denn beharrliche intensive Praxis führt irgendwann fast unweigerlich in den Bereich transpersonaler Erfahrung. Fortgeschrittene Praktizierende berichten von Bewußtseinszuständen, von Ebenen der Wahrnehmungssensibilität und Klarheit, von Tiefen der Einsicht, Stille, Freude und Liebe, die die Alltagserfahrung der meisten Menschen weit in den Schatten stellen. Eine progressive Sequenz veränderter Bewußtseinszustände kann sich entfalten und schließlich in einen radikalen und dauerhaften Bewußtseinswandel münden, der vielfach Erleuchtung oder Befreiung genannt wird.

Relative Wirklichkeiten

Ram Dass

In diesem Augenblick sind Sie angefüllt mit vielen Gedankengebilden, deren jedes eine Identität konstituiert, unter anderem eine geschlechtliche, soziale, kulturelle, das Bildungsniveau betreffende, ökonomische, intellektuelle, historische, philosophische und spirituelle Identität. Je nach den Umständen übernimmt diese oder jene Identität das Ruder. Normalerweise geht man ganz in der Identität auf, die gerade das Denken dominiert. Wenn man gerade Vater oder Mutter, Student oder Liebhaber ist, sind die anderen Identitäten vergessen.

Wenn Sie einen guten Film anschauen, werden Sie in die Story hineingezogen. Wenn dann am Schluß das Licht wieder angeht, sind Sie ein bißchen desorientiert. Es dauert eine Weile, bis Sie wieder ganz der sind, der da in einem Kino sitzt. Wenn der Film aber nicht viel taugt und Sie nicht fesselt, dann hören Sie das Rascheln der Süßigkeitentüten, nehmen die technische Qualität des Films und die Menschen um Sie her wahr. Es kommt keine Identifikation mit dem Filmgeschehen zustande.

Die Stille, die Meditation in Ihr Leben bringen kann, hat etwas mit diesem Rückzug aus dem Filmgeschehen gemein, denn auch das Leben ist eine Art Film, seine Stories mindestens ebenso melodramatisch: Werde ich Erleuchtung finden? Werde ich heiraten und Kinder bekommen? Kann ich mir ein neues Auto kaufen?

Auch der Vergleich mit Träumen kann uns den Raum vergegenwärtigen, in den wir durch Meditation gelangen. Vielleicht sind Sie noch nie *in* einem Traum aufgewacht. Aber wenn Sie jeden Morgen *aus* dem Traum erwachen, wohinein erwachen Sie dann? In die Wirklichkeit. Oder vielleicht in einen anderen Traum? Das Wort «Traum» bedeutet für uns soviel wie Unwirklichkeit. Sagen wir lieber ganz vorsichtig, daß Sie aus einer relativen Wirklichkeit in eine andere erwachen.

Während wir aufwachsen gewöhnen wir uns daran, eine bestimmte Ebene des Daseins als wirklich zu betrachten. Wir identifizieren uns total mit dieser Wirklichkeit, empfinden sie als absolut und schieben alle Erfahrungen, die mit ihr nicht vereinbar sind, als

Träume, Halluzinationen, Phantasien oder gar Wahnsinn beiseite. Aber was Einstein für die Physik demonstrierte, gilt für alle Aspekte des Kosmos: Alle Wirklichkeit ist relativ. Jede Wirklichkeit ist nur in bestimmten Grenzen gültig, nur *eine* Version neben anderen. Wer aus einer bestimmten Wirklichkeit erwacht, erkennt ihre relative Natur. Meditation ist eine Möglichkeit, genau das zu tun.

Der normale Wachzustand, der Traumzustand oder auch emotionale und andere Zustände sind verschiedene Wirklichkeiten, etwa so wie die verschiedenen Empfangskanäle eines Fernsehers. Wenn Sie eine Straße entlanggehen, können Sie Ihren «Empfänger» auf eine unbegrenzte Zahl von Kanälen «abstimmen», über die Sie die Welt aufnehmen. Jede Abstimmung läßt eine ganz andere Straße entstehen. Aber natürlich bleibt die Straße sich gleich. *Sie* verändern sich.

Die meditative Bewußtheit läßt in dem Raum, der ein Geschehen umgibt, alle möglichen Weisen des Sehens zu. Der meditativen Bewußtheit eignet eine Klarheit, die das Wirken aller Kräfte, auch der des Verstandes, in einer gegebenen Situation bloßlegt. Diese Klarheit läßt Sie erkennen, wodurch Ihre Entscheidungen von Augenblick zu Augenblick bestimmt werden. Aber Sie brauchen nicht zu denken, um all das zu erfassen. Sie merken einfach, daß Sie wissen, daß Sie verstehen. In dieser inneren Stille und Klarheit sind Sie sich der gesamten Situation als einer Gestalt bewußt. Sie finden sich in der Lage, ohne Mühe und auf allen Ebenen genau in der richtigen Weise auf die Situation einzugehen – anstatt nur auf einer Ebene mechanisch zu reagieren. Sie befinden sich in Harmonie, im Fluß mit dem Gesamtgeschehen.

Ihr Ich ist ein Gedankengebäude, das Ihre Welt definiert. Man könnte auch sagen, es sei so etwas wie ein vertrautes Zimmer, aus Gedanken gebaut: Sie sehen das Universum durch seine Fenster. Sie fühlen sich sicher darin, wagen sich aber nicht mehr ohne weiteres heraus, so daß es in gewisser Weise auch ein Gefängnis ist. Ihr Ich hat Sie im Griff. Sie glauben, Sie brauchen seine besonderen Gedanken, um leben zu können. Das Ich beherrscht Sie über die Furcht vor Identitätsverlust. Diese Gedanken aufzugeben, käme Ihnen wie Selbstauslöschung vor, also klammern Sie sich daran.

Es gibt eine Alternative. Sie brauchen das Ich nicht zu zerstören, um seiner Tyrannei zu entkommen. Sie können dieses vertraute Zimmer behalten und doch kommen und gehen, wie Sie wollen.

Dazu müssen Sie zuerst erkennen, daß Sie unendlich viel mehr sind als das Ich-Zimmer, mit dem Sie sich selbst definieren. Dann liegt es in Ihrer Hand, aus dem Gefängnis eine Operationsbasis zu machen.

Wir benötigen die Matrix der Gedanken, Gefühle und Empfindungen, die wir unser Ich nennen, um physisch und psychisch überleben zu können. Das Ich sagt uns, was zu was führt, was zu vermeiden ist, wie unsere Wünsche zu befriedigen sind und was in jeder Situation zu tun ist. Es tut das, indem es allem, was wir empfinden oder denken, einen Namen gibt. Diese Namen bringen Ordnung in unsere Welt und geben uns ein Gefühl von Sicherheit und Geborgenheit. Mit Hilfe dieser Namen erkennen wir die Welt und unseren Platz in ihr.

Unser Ich gibt uns Sicherheit in einer ungebärdigen Welt. Zahllose Sinneseindrücke und Gedanken stürmen auf uns ein, und würde das Ich nicht die irrelevante Information ausfiltern, so würden wir in dieser Überfülle ertrinken. So jedenfalls scheint es.

Das Ich hat uns davon überzeugt, daß wir es brauchen – und nicht nur, daß wir es brauchen, sondern daß wir es sind. Ich bin meine Persönlichkeit. Ich bin meine Neurosen. Ich bin wütend. Ich bin deprimiert. Ich bin ein guter Mensch. Ich bin aufrichtig. Ich suche Wahrheit. Ich bin ein Faulpelz. Definition um Definition. Ein Zimmer nach dem anderen. Manche gehören zu Luxuswohnungen – Ich bin ja so wichtig –, andere in Elendsquartiere – zum Kotzen bin Ich.

Durch Meditation stellt sich die Frage: Wer bin ich wirklich? Bin ich nichts als mein Ich, dann werde ich ertrinken, wenn ich seine Schleusen und Filter öffne. Wenn ich aber nicht nur das bin, als was mein Ich mich definiert, dann ist es vielleicht gar nicht so bedrohlich, die Filter wegzunehmen. Es könnte sogar meine Befreiung bedeuten. Aber solange das Ich am Ruder sitzt, können wir nie etwas anderes werden als das, was es sagt. Wie ein Diktator bietet es uns Schutz und Sicherheit auf Kosten unserer Freiheit.

Fragen wir uns ruhig einmal, wie wir ohne unser Ich überleben könnten. Keine Angst – es wird nicht verschwinden. Aber wir können lernen, uns auch mal aus ihm herauszuwagen. Das Ich ist immer da als unser Diener. Unser Zimmer ist da. Wir können jederzeit hineingehen und es zum Beispiel als Büro benutzen, wenn wir etwas zu erledigen haben. Aber wir können die Tür offenlassen und jederzeit wieder nach draußen gehen.

Die meisten Menschen können nicht entkommen, weil sie sich

vollständig mit ihren Gedanken identifizieren. Sie sind nicht in der Lage, die reine Bewußtheit von den Gedanken zu trennen, die nur ihre Objekte sind. Meditation gibt uns die Möglichkeit, die Identifikation der Bewußtheit mit ihren Objekten aufzubrechen. Die Bewußtheit des Menschen ist etwas anderes als seine Gedanken oder seine Sinne. Jeder kann Herr seiner Bewußtheit werden, anstatt sich von jedem Sinneseindruck oder Gedanken willenlos mitschleifen zu lassen. Meditation befreit die Bewußtheit.

Der Weg zur Freiheit geht über die Ablösung von den alten Gewohnheiten des Ich. Ganz allmählich werden Sie eine neue und tiefere Integration Ihrer Erfahrung in einer weiter entwickelten Struktur des Universums erreichen. Sie werden, anders gesagt, über das Ich hinausgehen und schließlich mit dem Universum verschmelzen. Unterwegs müssen Sie alte Strukturen durchbrechen und neue entwickeln, dann auch diese wieder durchbrechen und noch umfassendere entwickeln.

Bis zum Ende des Aufstiegs auf den Berg der Freiheit bleibt ein sehr subtiles Leiden übrig, denn es gibt immer noch ein Individuum, das sich als von allen anderen getrennt empfindet und mit dieser Empfindung identifiziert ist. Immer noch gibt es ein Festhalten, immer noch ist ein letztes Band zu zerreißen. Aber wenn der Kletterer über einen äußerst schmalen Felsgrat den Gipfel erreicht, muß er von allem loslassen, sogar von seinem Ichbewußtsein, um zum vollkommenen Kletterer zu werden. Und beim letzten Schritt muß er schließlich auch noch die Identität des Kletterers transzendieren. Man muß, wie Christus sagte, wahrhaft sterben und wiedergeboren werden.

Nachdem man den Gipfel erreicht und die totale Verwandlung des Seins durchlebt hat, nachdem man frei von Furcht, Zweifel, Verwirrung und Ichbewußtsein geworden ist, gibt es doch noch einen Schritt, der die Reise erst vollendet: die Rückkehr ins Tal, in die Alltagswelt. Der zurückkehrt, ist nicht der, der aufstieg. Er ist jetzt die Stille selbst, er ist Mitgefühl und Weisheit, die Wahrheit aller Zeiten. In jeder Position, die er künftig in der Gemeinschaft einnimmt, sei sie niedrig oder gehoben, wird er ein Licht für andere sein, die unterwegs sind, ein Zeuge der Freiheit, die nach dem Aufstieg zum höchsten Gipfel möglich wird.

Eine Landkarte des inneren Raums

Daniel Goleman

Das klassische buddhistische *Abhidharma* ist wohl die zugleich umfassendste und detaillierteste traditionelle Psychologie. Im fünften Jahrhundert faßte der Mönch Buddhaghosa den Teil des Abhidharma, der von Meditation handelt, im *Visuddhimagga*, dem «Pfad der Läuterung», zusammen.

Dieses Werk beginnt mit Ratschlägen für die Umgebung und die innere Haltung, die für die Meditation die besten Voraussetzungen bieten. Danach beschreibt es die Methoden der Aufmerksamkeitsschulung und die Marksteine, an denen man auf dem meditativen Weg zum Nirvana vorbeikommt. Es endet mit der Beschreibung der psychologischen Konsequenzen der Nirvanaerfahrung für den Meditierenden.*

Vorbereitung auf die Meditation

Die Praxis beginnt mit *Sila* (Tugend oder moralische Reinheit). Diese Pflege tugendhafter Gedanken, Worte und Taten bildet einen Brennpunkt für die Bemühungen des Meditierenden, sein Bewußtsein in der Meditation zu verändern. Nicht-heilsame Regungen wie etwa sexuelle Phantasien oder Zorn führen nur zu Ablenkung von der Meditation. Sie sind für den ernsthaft Meditierenden Verschwendung von Zeit und Energie.

Die Reinigung ist einer der drei Hauptbestandteile buddhisti-

---

* Das hier und im folgenden Beitrag beschriebene ist nur *eines* der vielen meditativen Systeme, die zu verschiedenen Zeiten und unter verschiedenen kulturellen Bedingungen im Rahmen des Buddhismus entstanden; es entstammt dem traditionellen Theravada-Buddhismus. Die späteren, im Mahayana-Buddhismus verwurzelten Systeme basieren zwar auf den gleichen Grunderfahrungen, haben jedoch andere Methoden entwickelt, definieren Begriffe wie z. B. *Punna* (Pali; Sanskr.: *Prajna*) oder *Jhana* (Pali; Sanskr:: *Dhyana*) anders und geben ihnen damit einen anderen Stellenwert. Das hier Gesagte ist also nicht in allen Einzelheiten repräsentativ für alle buddhistischen Psychologien. (Anm. d. Übers.)

scher Schulung; die beiden anderen sind *Samadhi* (vollkommene Absorption des Bewußtseins von einem «Gegenstand») und *Punna* (Einsicht). Einsicht ist nichts anderes als die besondere Fähigkeit, die Dinge so zu sehen, wie sie sind. Reinigung, Sammlung (Versenkung) und Einsicht stehen in enger Beziehung zueinander. Die Bemühung um die Läuterung des Geistes erleichtert die anfängliche Sammlung, und das wiederum fördert die Einsicht. Bei der Vertiefung von Sammlung und Einsicht wird die Reinigung von etwas willentlich Angestrebtem zu etwas Mühelosem und Natürlichem.

Die ersten Schritte

Läuterung des Geistes ist die Voraussetzung der Konzentration. Das Wesen der Konzentration besteht im Nicht-Abgelenktsein; Läuterung bedeutet hier also ein systematisches Ausschalten aller Quellen der Ablenkung. Die Aufgabe des Meditierenden besteht nun darin, die Ungeteiltheit des Geistes, also tiefe Sammlung zu verwirklichen. Die Gedanken fließen normalerweise mehr oder weniger ungelenkt und sprunghaft. Meditative Konzentration soll den Gedankenfluß durch Ausrichtung auf einen bestimmten Meditationsgegenstand sammeln. In den fortgeschrittenen Stadien der meditativen Sammlung ist der Geist nicht mehr nur auf ein Objekt ausgerichtet, sondern durchdringt es schließlich – völlig in dieses Objekt aufgegangen, verschmilzt der Geist zu einer Einheit mit ihm. Wenn das geschieht, ist das Bewußtsein des Meditierenden vollständig und ausschließlich von diesem einen Gegenstand erfüllt.

Anfangs wandert die Aufmerksamkeit natürlich immer wieder vom Meditationsgegenstand weg. Der Meditierende bemerkt dies früher oder später und richtet seine Aufmerksamkeit wieder aus. Der schmale Grat völliger Sammlung scheint schwer zu finden und geht nur allzu leicht wieder verloren. Man schwankt hin und her zwischen dem Meditationsgegenstand und ablenkenden Gedanken, Gefühlen und Empfindungen. Der erste Meilenstein der Sammlung ist erreicht, wenn die Aufmerksamkeit nicht mehr von außen, etwa durch Geräusche, oder von innen durch Gedanken und Gefühle abgelenkt wird. Der Meditierende hört die Geräusche zwar noch und bemerkt seine Gedanken und Gefühle, aber er widmet sich ihnen nicht mehr, läßt sich durch sie nicht stören.

Im nächsten Stadium sammelt sein Geist sich schon für längere Zeit auf den Gegenstand. Und wenn er doch einmal abschweift, bemerkt er es früher und kann schneller zur Sammlung zurückfinden. Er wird in der Ausrichtung seiner Aufmerksamkeit immer entschlossener, je deutlicher er die Folgen der Ablenkung (zum Beispiel Aufgewühltheit) und den Segen stiller Sammlung zu spüren bekommt. Jetzt wird er auch allmählich seiner mentalen Gewohnheiten Herr, die die Sammlung unterbrechen, etwa dem Gefühl der Langeweile, das auf dem steten Verlangen nach Neuem beruht. Er ist jetzt für längere Zeiträume unablenkbar.

Nach langem Üben kommt der Augenblick, wo all die ablenkenden inneren Bewegungen – sinnliche Begierden, Groll, Verzweiflung und Zorn, Trägheit und Abstumpfung, innerer Aufruhr und sorgenvolle Gedanken, Zweifel und Skepsis – verstummen und die Sammlung sich plötzlich spürbar vertieft. In diesem Augenblick übernehmen Kräfte die Führung, die dem Meditierenden tiefe Versenkung ermöglichen. Diese Kräfte haben auch früher schon existiert, aber erst jetzt werden sie alle zugleich wirksam und entwickeln eine zuvor unerreichte Macht. Dies ist der erste wirkliche Erfolg bei der meditativen Sammlung; man spricht von «Eintritts»-Sammlung, weil es der Zustand ist, an den unmittelbar die Versunkenheit angrenzt.

Um es in einem Bild auszudrücken, können wir uns ein Kind vorstellen, das noch nicht ganz sicher stehen kann, es aber unablässig versucht. Auf der Eintritts-Ebene sind die mentalen Voraussetzungen für die völlige Versunkenheit noch nicht sehr stark; sie stehen «auf wackligen Füßen», und der Geist wandert zwischen ihnen und seinem gewohnten inneren Geplapper hin und her. Der Meditierende behält seine Sinne offen, er bemerkt seine Umgebung und seine körperlichen Empfindungen. Das Meditationsthema ist zwar ein dominanter «Gedanke», füllt den Geist aber noch nicht vollständig aus. Auf dieser Eintritts-Ebene sind Gefühle der Begeisterung und Hingerissenheit häufig, aber auch Glück, Freude und stille Heiterkeit.

Tiefe Versunkenheit oder Jhana

Durch beharrliche Sammlung auf einen Meditationsgegenstand kommt schließlich der erste Augenblick, der einen totalen Bruch mit der normalen Bewußtheit anzeigt. Dafür gebrauchen wir den Ausdruck tiefe Versunkenheit oder *Jhana*. Der Geist scheint plötzlich in den Gegenstand der Meditation einzusinken und bleibt darin. Störende Gedanken hören ganz auf. Es gibt keine Sinneswahrnehmung mehr und auch nicht das gewohnte Körperbewußtsein; körperliche Schmerzen werden nicht mehr gefühlt. Neben der weiterbestehenden Sammlung ist das Bewußtsein jetzt beherrscht von Verzückung und Ungeteiltheit.

Der erste Geschmack von Jhana dauert nur einen Augenblick, doch nach weiteren beharrlichen Bemühungen kann der Zustand für immer längere Zeiträume gehalten werden. Jhana ist anfangs unstabil und geht leicht wieder verloren. Erst dann beherrscht man es ganz, wenn man jederzeit, an jedem Ort augenblicklich und so lange, wie man will, in Jhana eintreten kann.

Die tieferen Jhanas

Nach und nach wird die meditative Sammlung immer stabiler durch die schrittweise Eliminierung jhanischer Faktoren. Alle Energie, die auf tieferen Stufen in diese jhanischen Faktoren einfloß, geht jetzt in der Sammlung auf.

Das erste Jhana erreichte der Meditierende, indem er sich auf ein primäres Objekt konzentrierte. Danach aber befreit er den Geist von jedem Gedanken an das Objekt und richtet ihn auf Verzückung, Glückseligkeit und ungeteilte Sammlung selbst. Diese Ebene der Versunkenheit ist subtiler und zugleich stabiler als die erste. Der Geist ist vollkommen frei von verbalem Denken, und auch von dem ursprünglichen Meditationsgegenstand bleibt nur ein Abbild als eine Art «Verankerung» der Sammlung.

Wenn der Meditierende lange genug diese zweite Stufe von Jhana geübt hat, geht ihm eines Tages auf, daß die Verzückung – eine Art von Erregung – noch recht grob ist im Vergleich mit Glückseligkeit und ungeteilter Sammlung. Auf die dritte Stufe von Jhana gelangt er wiederum durch Kontemplation des Primärobjekts, wobei er zuerst alle Gedanken an das Objekt aufgibt und dann auch die Verzückung. Auf dieser dritten Ebene der Versunkenheit breitet sich ein Gefühl des Gleichmuts aus, sogar gegenüber der höchsten Verzückung. Dies ist ein sehr subtiles Jhana, und ohne seinen neugefundenen Gleichmut würde der Meditierende bald in die

Verzückung zurückgezogen. Bleibt er jedoch auf der dritten Ebene, so überflutet ihn ein Gefühl höchster Glückseligkeit.

Auf der nächsten Stufe muß der Meditierende jedoch alle geistigen Freuden wieder aufgeben, da sie nur seinem vollkommenen Stillwerden im Weg stehen. Ist auch die Glückseligkeit von der Stille aufgesogen, so kommen Gleichmut und ungeteilte Sammlung zu ihrer vollen Kraft. Im vierten Jhana kommen auch alle körperlichen Lustempfindungen vollkommen zum Schweigen (Schmerz wurde schon im ersten Jhana überwunden). Keine Empfindung, kein Gedanke ist jetzt mehr übrig. Auf dieser äußerst subtilen Ebene ruht der Geist des Meditierenden voller Gleichmut in ungeteilter Sammlung.

Die nächsten Stufen meditativer Versunkenheit bestehen in den vier Jhanas, die «formlos» genannt werden. Die ersten vier Jhanas hatte der Meditierende durch Sammlung auf ein materielles Objekt oder eine daraus abgeleitete Vorstellung erreicht. Die formlosen Zustände erreicht er jedoch nur, wenn er alle Formwahrnehmung hinter sich läßt. Bei den ersten vier Jhanas mußte er den Geist von allen mentalen Faktoren befreien; beim Aufstieg durch die formlosen Jhanas setzt er immer feinere Meditationsgegenstände an die Stelle der früheren. Allen formlosen Jhanas sind ungeteilte Sammlung und Gleichmut gemein, aber auf jeder nächsthöheren Ebene nehmen diese Faktoren eine noch feinere Form an. Die Sammlung vertieft sich so weit, daß der Meditierende durch nichts gestört werden kann, sondern nach einer zuvor selbst festgesetzten Zeit aus diesem Zustand wieder auftaucht.

So erreicht er also die erste formlose Versunkenheit, das fünfte Jhana. Hier wird der unendliche Raum zum Gegenstand seiner Kontemplation, und da Gleichmut und Sammlung jetzt zu ihrer vollen Reife gekommen sind, ruht sein Geist in einer Sphäre, in der alle Formwahrnehmung aufgehört hat. Spuren von Sinnestätigkeit existieren hier zwar noch, werden aber ignoriert. Würde der Meditierende sich ihnen zuwenden, wäre seine Sammlung unterbrochen.

Wenn die Kontemplation des grenzenlosen Raums, das fünfte Jhana, sich gefestigt hat, so läßt der Meditierende auch diesen Gegenstand wieder hinter sich, und anstelle des Raums bleibt nur grenzenlose Bewußtheit zurück. Dies ist das sechste Jhana, und wenn der Meditierende es gemeistert hat, wendet er sich der Nichtexistenz des grenzenlosen Bewußtseins zu. So ist das siebte Jhana also Versenkung in die Nicht-Dinghaftigkeit, in die Leere.

Man könnte sagen, daß jetzt Gegenstandslosigkeit der Gegenstand der Meditation ist.

Wenn der Meditierende es im siebten Jhana zu einiger Sicherheit gebracht hat, wird er irgendwann feststellen, daß jede Art der Wahrnehmung ein Hindernis ist. Er zieht seine Aufmerksamkeit von der Wahrnehmung der Leere ab und öffnet sich für den bedingungslosen Frieden. Dieser Schritt in das achte Jhana ist ein äußerst subtiler Vorgang, und es wird hierzu der Hinweis gegeben, daß nicht eine Spur von Verlangen daran beteiligt sein darf – weder nach diesem Frieden noch nach der Nicht-Wahrnehmung der Nicht-Dinghaftigkeit. In der Ausrichtung auf diesen Frieden erreicht der Meditierende einen Zustand äußerster Geläutertheit, in dem sich nur noch geringe Reste von mentalen Prozessen finden. Sinneswahrnehmung gibt es hier überhaupt nicht mehr, es ist der Zustand der Nicht-Wahrnehmung. Statt dessen gibt es jedoch eine ultrasubtile Wahrnehmung, weshalb es auch der Zustand der «Nicht-Nichtwahrnehmung» heißt. Deshalb wird das achte Jhana auch bezeichnet als «Sphäre, in der es weder Wahrnehmung noch Nichtwahrnehmung gibt». In diesem Stadium nähert man sich den äußersten Grenzen der Wahrnehmung.

Jedes Jhana geht aus dem unter ihm liegenden hervor. Bei jedem Schritt auf eine höhere Ebene durchläuft der Geist des Meditierenden wieder alle darunterliegenden Stufen in der ursprünglichen Reihenfolge, wobei er Schritt für Schritt die gröberen Elemente eliminiert. Mit fortschreitender Übung wird dieses Durchmessen der jhanischen Ebenen immer schneller und geschieht schließlich fast augenblicklich, wobei der Meditierende auf jeder Stufe nur noch für ein paar Bewußtseinsaugenblicke verharrt.

Der Pfad der Einsicht

Für das *Visuddhimagga* ist die Beherrschung der Jhanas und der Geschmack ihrer Erhabenheit zweitrangig gegenüber *Punna*, der unterscheidenden Weisheit. Natürlich ist Jhana ein unverzichtbarer Bestandteil der Schulung, aber dieser Teil zielt vor allem darauf ab, den Geist brauchbar und geschmeidig zu machen für die *Punna*-Schulung. Die tieferen Jhanas werden sogar zuweilen als «meditative Spiele» bezeichnet, ein Spiel für Fortgeschrittene. Ein entscheidender Teil der Schulung besteht jedoch in einem Weg, auf dem die Jhanas keine Rolle spielen müssen. Dieser Weg beginnt mit Achtsamkeit *(Satipatthana)*, schreitet fort über die Einsicht *(Vipassana)* und endet im *Nirvana*.

Achtsamkeit

Die erste Phase, Achtsamkeit oder Aufmerksamkeit, beinhaltet das Durchbrechen stereotyper Wahrnehmungsmuster. Wir haben eine natürliche Neigung, den Umgang mit unserer Umwelt gewohnheitsmäßig werden zu lassen und das Vertraute schließlich gar nicht mehr zu bemerken. Wir setzen vorgefaßte Begriffe und Vorstellungen an die Stelle unserer reinen Sinneseindrücke. Bei der Achtsamkeitsübung widmet der Meditierende sich methodisch den nackten Tatsachen seiner Erfahrung und sieht alles, als sähe er es zum ersten Mal. Dies geschieht durch beständige Aufmerksamkeit auf die *erste* Phase der Wahrnehmung, in der der Geist ganz rezeptiv ist und noch nicht reagiert. Der Meditierende begrenzt seine Aufmerksamkeit auf das bloße Bemerken seiner Sinneseindrücke und Gedanken. Dabei besteht seine ganze Reaktion darin, einfach zu registrieren, was er beobachtet. Stellt sich irgendein Kommentar, ein Urteil oder eine Reflexion dazu ein, so werden diese wiederum zum Brennpunkt reiner Aufmerksamkeit gemacht. Sie werden weder zurückgedrängt noch weiterverfolgt, sondern schlicht zur Kenntnis genommen, und dann läßt man wieder von ihnen ab. Das Wesen der Achtsamkeit besteht nach Nyaponika Thera, einem modernen buddhistischen Mönch, darin, «ein klares und nüchternes Bewußtsein dessen zu gewinnen, was in den aufeinanderfolgenden Augenblicken des Wahrnehmens tatsächlich mit und in uns geschieht».

In der Achtsamkeit wird der Meditierende Zeuge der mehr oder minder zufälligen Verstandesprozesse, aus denen seine Wirklichkeit gebaut ist. Aus diesen Beobachtungen ergibt sich eine Reihe von Erkenntnissen über die Natur des Geistes, und mit diesen Erkenntnissen reift die Achtsamkeit allmählich zu Einsicht. Die eigentliche Praxis der Einsicht beginnt an dem Punkt, an dem die Achtsamkeit ununterbrochen genau auf der Höhe dessen bleibt, was gerade geschieht. Bei der Einsichtsmeditation heftet sich die Bewußtheit an ihr Objekt, so daß das betrachtende Bewußtsein und seine Objekte in ununterbrochener Folge gemeinsam aufsteigen. Dieser Punkt markiert den Beginn einer Kette von Einsichten, in denen der Geist sich selbst erkennt und die schließlich ins Nirvana einmünden.

Die erste dieser Erkenntnisse besteht darin, daß die betrachteten Phänomene von dem Geist, der sie betrachtet, verschieden sind. Auch die Fähigkeit des Geistes, seine eigenen Prozesse zu betrachten, ist verschieden von diesen Prozessen selbst. Der Meditierende weiß, daß die Bewußtheit etwas anderes ist als ihre Objekte, doch dieses Wissen hat nicht die verbale Qualität, die wir ihm in dieser Darstellung geben müssen. Dieses Wissen und jede daraus folgende Erkenntnis ist für den Meditierenden unmittelbare Erfahrung. Mag sein, daß er gar keine Worte dafür hat.

Mit weiterer Übung und vertiefter Einsicht gewinnt der Meditierende ein Verständnis davon, daß diesen beiden Prozessen – der Bewußtheit und ihren Objekten – kein Ich zugrunde liegt. Er sieht, daß sie als Wirkungen aus ihren jeweiligen Ursachen hervorgehen und nicht auf das Wirken einer individuellen oder persönlichen Instanz zurückzuführen sind. Jeder Bewußtheitsaugenblick vollzieht sich – ungeachtet des «persönlichen Willens» – gemäß seiner eigenen Natur. Dem Meditierenden wird zur Gewißheit, daß nirgendwo in seiner mentalen Organisation eine bleibende Wesenheit existiert oder je zu finden sein wird. Dies ist eine direkte Erfahrung dessen, was in der buddhistischen Lehre *Anatta* genannt wird, wörtlich «Nicht-Ich»: Es gibt keine den Dingen innewohnende dauerhafte Identität. Und das gilt auch für «einen selbst». Der Meditierende sieht sein vergangenes und künftiges Leben als einen konditionierten Prozeß von bloßen Ursachen und Wirkungen. Er fragt sich nicht mehr, ob es das «Ich» wirklich gibt; er weiß, daß das «ich bin» ein großer Irrtum ist.

Mit der Vertiefung der Einsichtsübung wird dem Meditierenden immer deutlicher, daß seine Bewußtheit und ihre Objekte schneller wechseln, als er sie verfolgen kann. Sein gesamtes Bewußtseinsfeld ist in ständigem Fluß. Die Welt seiner Wirklichkeit erneuert sich jeden Augenblick in endloser Folge. Mit dieser Erkenntnis erfährt er die Wahrheit der Vergänglichkeit *(Anicca)* in der Tiefe seines Seins. Er sieht die Phänomene von Augenblick zu Augenblick aufsteigen und vergehen und begreift, daß sie letztlich weder angenehm noch verläßlich sind. Entzauberung setzt ein: Was sich beständig wandelt, kann niemals bleibende Befriedigung gewähren. Mit dieser Erkenntnis, daß es in seiner «privaten» Wirklichkeit kein Ich und nichts Bleibendes gibt, löst der Meditierende sich allmählich von seiner Erfahrungswelt und erkennt sie aus dieser distanzierten Perspektive als die Quelle des Leidens *(Dukkha)*.

Pseudonirvana

Fortan widmet der Meditierende diesen Dingen keine Überlegung mehr. Deutlich sieht er jetzt Anfang und Ende jedes Bewußtheitsaugenblicks. Mit dieser Klarheit der Wahrnehmung können einhergehen:

- die Vision eines strahlenden Lichts oder einer leuchtenden Form;
- Verzückungsgefühle;
- Stille in Geist und Körper;
- Gefühle der Verehrung und des Vertrauens gegenüber seinem Lehrer, dem Buddha, der Lehre, begleitet von freudigem Glauben an den Sinn der Meditation und dem Wunsch, auch Freunde und Verwandte auf diesem Weg zu sehen;
- große Intensität in der Meditation;
- höchste Glückseligkeit, die seinen Körper durchtränkt und endlos zu sein scheint; sie bewegt ihn dazu, anderen von seinen außergewöhnlichen Erfahrungen zu berichten;
- unmittelbare klare Wahrnehmung jedes Augenblicks der Bewußtheit: Mit scharfer, klarer und hellwacher Auffassungskraft erkennt er in allem augenblicklich die Unbeständigkeit, Nicht-Ichhaftigkeit und Unzulänglichkeit;
- unerschütterliche Aufmerksamkeit;
- Gleichmut gegenüber allem, was in seinem Bewußtsein auftaucht;
- ein subtiles Anhaften an den hier genannten Dingen und Freude an ihrer kontemplativen Betrachtung.

Der Meditierende wird das Erscheinen dieser Zeichen mit Erleichterung aufnehmen und vielleicht insgeheim denken, er habe Erleuchtung erlangt und das Ziel der Meditation erreicht. Aber selbst wenn er nicht so denkt, wird er vielleicht innehalten, um sich in der Freude an diesen Zeichen zu sonnen.

Schließlich geht ihm dann aber auf – entweder aus eigener Kraft oder durch die Worte seines Lehrers –, daß seine Erfahrung eher ein Meilenstein als der Endpunkt seiner Reise ist. Er sammelt seine Aufmerksamkeit auf sie und auf sein Haften an ihr.

Dadurch läßt dieses Pseudonirvana allmählich nach und die Wahrnehmung des Meditierenden gewinnt eine neue Klarheit. Er kann die aufeinanderfolgenden Augenblicke der Bewußtheit immer feiner unterscheiden, bis seine Wahrnehmung schließlich vollkommen ist. Er nimmt jetzt das Ende jedes Bewußtheitsaugenblicks deutlicher wahr als seinen Anfang, und schließlich nur noch sein Verschwinden. Er erfährt den betrachtenden Geist und seine Objekte als in jedem Augenblick gleichzeitig sich verflüchtigend. Seine Welt ist in beständiger Auflösung begriffen. Aus dieser Erfahrung steigt ein Grauen auf, und Furcht ergreift das Bewußtsein.

Hier wird dem Meditierenden endgültig klar, daß in keinem der Phänomene jemals Befriedigung oder Erfüllung zu finden sein wird. In allen Arten des Entstehens, so fühlt er, ist nicht ein einziges Ding, in das er seine Hoffnung setzen, an das er sich klammern kann. Er wird absolut leidenschaftslos gegenüber allem Gedankenstoff – gegenüber jeder Form des Entstehens, jeder Bestimmung, jedem Bewußtseinszustand. Zwischen den Augenblicken des Gewahrseins geht ihm auf, daß nur im Aufhören aller mentalen Prozesse Erlösung möglich ist.

In dem starken Verlangen nach dem Aufhören aller mentalen Prozesse verstärkt der Meditierende seine Bemühungen, diese Prozesse überhaupt nur noch zu gewahren, um ihnen zu entkommen. Seine Kontemplation bedarf jetzt keines besonderen Bemühens mehr; sie setzt sich fort wie von selbst. Furcht, Verzweiflung und Trübsal verstummen ebenso wie körperliche Schmerzen. Sein Geist hat Angst und Freude einfach aufgegeben. Vollendete Klarheit und Gleichmut setzen sich durch.

Die Einsicht nähert sich ihrem Gipfelpunkt. Der Meditierende löst sich von allem. Sein Gewahrsein bleibt an keinem Phänomen mehr haften. Und jetzt steigt ein Bewußtsein auf, das nur noch ein Objekt kennt, das «Zeichenlose, Nicht-Geschehen, Nicht-Entstehen» – Nirvana. Die Bewußtheit physischer und mentaler Prozesse hört gänzlich auf.

Dieser Moment des Eintretens ins Nirvana dauert beim ersten Mal nur einen Sekundenbruchteil. Unmittelbar darauf setzt die Reflexion über diese Erfahrung ein, und der Meditierende erlebt einen tiefen und psychologisch folgenschweren kognitiven Schock. Nirvana liegt jenseits der alltäglichen Erfahrungswelt, der auch unsere Sprache angehört, und wir können deshalb allenfalls Aussagen darüber machen, was es *nicht* ist. Nirvana hat kein Erscheinungsbild, keine erfahrbaren Merkmale. Es ist der Zustand der Unbedingtheit.

Im Nirvana werden Verlangen, Anhaften und Eigeninteresse zu Asche. Nicht nur das Bewußtsein des Meditierenden ist jetzt bleibend verändert, sondern auch sein Verhalten. Manche Seiten seines alten Ich und seines früheren Normalbewußtseins verschwinden für immer.

In diesem Punkt besteht ein beträchtlicher Unterschied zwischen dem Pfad der Einsicht und dem Pfad der Versenkung: Nirvana zerstört niedere Züge wie Haß, Gier oder Verblendung, während Jhana sie nur unterdrückt. Die Frucht des Nirvana ist mühelose ethische Reinheit; sie wird sogar das einzige Verhalten, das dem Meditierenden noch möglich ist. Dazu mußte sein Ego sterben; sein Verhalten darf nicht mehr durch Begierden und eigennützige Interessen bestimmt sein.

Mit der vollen Reifung der Einsicht überwindet er die letzten Hindernisse auf dem Weg zur Befreiung. Er ist jetzt ein *Arhat*, ein Heiliger. *«Arhat»* bedeutet wörtlich: «Einer, der würdig ist», und zwar verehrungswürdig. Er ist frei von seiner früheren, durch alle möglichen Faktoren bedingten Identität. Er erkennt den durch Übereinkunft gebildeten Begriff der Wirklichkeit als Illusion. Er ist absolut frei von allem Leiden, und sein Handeln bildet kein neues Karma mehr. In ihm ist kein Ichempfinden mehr, und so handelt er – frei von allen Vorstellungen, Zielen und Wünschen – nur noch gemäß den Erfordernissen jedes einzelnen Augenblicks. Was immer er tut, geschieht würdevoll. Seine Vergangenheit kann sein Verhalten nicht mehr bestimmen, alte Gewohnheiten sind gelöscht. Er lebt jetzt ganz im gegenwärtigen Augenblick, und was immer er tut, geschieht spontan. In diesem Stadium sind auch die letzten Reste von Verlangen gelöscht, sei es nach Besitz oder Ruhm oder Vergnügen, ja selbst nach der Glückseligkeit der Jhanas. Dem Arhat ist unlauteres Denken oder Handeln buchstäblich unvorstellbar.

Mit dem gänzlichen Erlöschen aller «nicht-heilsamen» Verhaltensantriebe wie Gier, Aggressivität und Hochmut werden Güte, Freundlichkeit, Mitgefühl und Gleichmut zur Grundlage des Handelns. Die Motive des Arhat sind makellos, und er selbst betrachtet

Verhalten, das unlauteren Motiven entspringt, nicht mehr als verwerflich, sondern einfach als «untauglich».

Ein so Erwachter ist auch der doppelten Wahrnehmung fähig: «Erkennen wie die Dinge wirklich sind und wie sie erscheinen.» Er nimmt die normale Wirklichkeit wahr und zugleich die «edlen Wahrheiten» der Vergänglichkeit, des Leidens und der Nichtexistenz des Ich.

Aspekte einer Theorie und Praxis der Meditation

Jack Kornfield

Wenn wir fragen, worin der Zweck spiritueller Praxis besteht, so wäre eine mögliche Antwort: zu erkennen daß wir nicht existieren. Wir existieren nicht in der Weise, wie wir normalerweise glauben: als feste, unveränderliche Wesenheit, die irgendwie wohlunterschieden ist von der Welt und den wechselnden Strömungen in dem Universum, das uns umgibt. Wir geben uns der Illusion hin, daß es ein unabhängiges, festes, gleichbleibendes Ich gibt, das wir bewahren und verteidigen müssen und von dem wir im Tiefsten letztlich glauben, daß es nicht sterben kann. Diese Illusion ist der Hauptgrund unserer Probleme, der Spannungen, des Leidens und des Unglücks in der Welt. Könnten wir diese Anschauung und damit die Illusion des Ich aufgeben – und zwar nicht bloß intellektuell oder unter Annahme irgendwelcher religiöser Glaubensformeln («Alles ist eins» und dergleichen), sondern aufgrund einer tiefen Erfahrung der Tatsache, daß wir nicht sind, dann hätten wir die Schwierigkeiten, um deren Lösung sich auch die Psychotherapie bemüht, bei den Wurzeln gepackt. Daß wir nicht unabhängig und getrennt, nicht als ein «Ich» existieren, kann man auch anders ausdrücken: daß wir *alles* sind, daß es keine Möglichkeit gibt, eine Grenze zwischen «uns selbst» und anderen oder der Welt zu ziehen.

Es gibt mehrere Hauptkategorien der Meditation. Die grundlegendste Unterscheidung dürfte die zwischen konzentrativer Meditation und Einsichts-Meditation sein. Konzentrative Meditation bezeichnet eine ganze Klasse von Meditationsformen, bei denen es um die Schulung des Geistes durch beharrliche Sammlung auf ein Meditationsobjekt geht. Konzentration bedeutet hier Sammlung auf den Atem, ein Mantra, eine Kerzenflamme oder ähnliches, so daß alle Gedanken und sonstigen Empfindungen, alle ablenkenden Einflüsse von innen und außen ausgeschaltet sind. Der Geist, der eine Form der Energie darstellt, kann ebenso konzentriert werden, wie ein Laser Lichtenergie konzentriert. Die Kraft der Konzentration kann dazu dienen, eingefahrene Anschauungs- und Erfahrungsmuster zu transzendieren, veränderte Bewußtseinszustände auszulösen oder andere Weisen der Wahrnehmung als die gewohnte zu erschließen. Solche friedvollen Erfahrungen von tiefer Stille sind häufig von intensiven Glücksempfindungen begleitet. Die Kraft der Konzentration kann daneben auch zur Erforschung unserer selbst und unserer Erfahrung genutzt werden, zum Verständnis dessen, was unsere Bewußtseinswelt ausmacht.

Einsichts- oder Bewußtheitsschulung, die andere Hauptklasse der Meditation, versucht nicht, den Geist von den laufenden Ereignissen abzuziehen, um ihn auf einen bestimmten Gegenstand zu sammeln und dadurch veränderte Zustände auszulösen. Sie arbeitet vielmehr mit dem Vorliegenden und schult die Aufmerksamkeit für den von Augenblick zu Augenblick sich fortsetzenden Strom all dessen, woraus unser Leben besteht – alles, was wir sehen, hören, schmecken, riechen, denken und fühlen. All das wird zum Gegenstand einer Meditation, in der wir einfach sehen lernen, was wir sind. Im Verlauf dieser Schulung beantwortet sich dem Meditierenden auch die Frage, wie negative Verfassungen zustandekommen und wie er mit ihnen umgehen kann. Ist die Bewußtheit weit genug entwickelt, so kann der Meditierende Zugang zu anderen Ebenen der Erfahrung gewinnen, die unser normales Alltagsbewußtsein transzendieren.

Meditationsformen, die Ergebung oder Hingabe verlangen, können ebenfalls dieser zweiten Klasse zugeordnet werden, denn gesammelte Aufmerksamkeit ist an sich schon eine Übung der Hingabe. Man gibt sich dem hin, was jeweils gerade geschieht, ohne zu versuchen, etwas daran zu ändern oder es in ein begriffliches Korsett zu zwängen. Bei dieser Aufmerksamkeitsschulung werden Gefühle, Impulse und Gedanken nicht unterdrückt, aber man läßt sich auch nicht auf sie ein, geht ihnen nicht nach. Das erzeugt und festigt einen Geisteszustand, in dem wir offen bleiben für die Beobachtung und Erfahrung der ganzen Breite unserer mentalen und physischen Wirklichkeit, ohne sie jedoch unterdrükken oder ausleben zu müssen. Die fortgesetzte gesammelte Aufmerksamkeit schafft Raum für größere Bewußtheit, tiefere Konzentration und ein neues Verstehen.

Ich möchte hier ein Modell vorstellen, das der buddhistischen Psychologie entstammt. Es wird «Faktoren der Erleuchtung» genannt und kann uns zu einem besseren Verständnis für die Wirkungsweise der Meditation führen. In der Literatur (Buddhaghosa 1952) sind die Faktoren der Erleuchtung als die sieben Eigenschaften eines gesunden oder erleuchteten Geistes beschrieben. Sie werden geschult, damit sie stets so gegenwärtig sind, daß sie unsere Beziehung zu jedem Augenblick der Erfahrung bestimmen. Achtsamkeit oder Aufmerksamkeit bildet den Angelpunkt für alle übrigen Eigenschaften, die in zwei Gruppen aufgeteilt sind, zwischen denen ein ausgewogenes Verhältnis bestehen muß. Die erste Gruppe umfaßt Energie, Selbsterforschung und Begeisterung. Energie bezeichnet hier das Bemühen, bewußt zu bleiben; Selbsterforschung ist das tiefe Eindringen in unsere Erfahrung, die Erkundung des Geschehens, das wir selbst sind; und Begeisterung meint einfach unser freudiges Interesse.

Die andere Gruppe, die mit dieser ersten ein feines Gleichgewicht bilden muß, besteht aus Konzentration (Sammlung), innerer Stille und Gleichmut. Konzentration ist die Fähigkeit, den Geist so intensiv auf einen Gegenstand auszurichten oder zu sammeln, daß er ganz davon erfüllt ist; Stille ist ein in sich ruhendes, schweigendes, gedankenleeres Betrachten; Gleichmut ist die Fähigkeit, sich von den wechselnden Gegebenheiten der Erfahrung nicht mitreißen zu lassen.

Die «Faktoren der Erleuchtung»:

Achtsamkeit	
Energie	Konzentration (Sammlung)
Selbsterforschung	Stille
Begeisterung	Gleichmut

In der westlichen Psychologie liegt das Hauptgewicht auf den aktiven Faktoren Selbsterforschung und Energie. Was hier fehlt, ist das Verständnis für die komplementären Faktoren Sammlung und Stille. Ohne diese beiden bleibt die Durchdringungskraft des Geistes beschränkt, und nur ein schmaler Ausschnitt aus dem gesamten Bereich möglichen Begreifens ist zugänglich. Andererseits kann auch die einseitige Betonung von Konzentration und Stille zu Schwierigkeiten führen, denn sie können zwar wunderbare Erfahrungen der Verzückung und Trance vermitteln, aber auch das wird nicht zu tiefer Einsicht in das Wesen des Selbst oder zur Erleuchtung führen, wenn der Aspekt entschlossener, energischer Selbsterforschung fehlt.

Besonders interessant ist an diesem Modell, daß es keiner spezifischen (buddhistisch, hinduistisch, sufisch, psychotherapeutisch) Form bedarf. Wie auch ein sehr bezeichnender Buchtitel sagt: «Der Erleuchtung ist es egal wie Du sie erlangst» (Golas 1981). Jede Methode, die diese geistigen Eigenschaften ausbildet und in ein ausgewogenes Verhältnis zueinander bringt, ist gut. Jede Technik, mit der man sich einen Freiraum von Stille, Klarheit und Offenheit schaffen kann, führt zum Verständnis der spirituellen Grundwahrheiten. Unser Wahres Wesen ist stets gegenwärtig und sichtbar – wir müssen nur unsere Fähigkeiten zu sehen ausbilden.

Wenn wir spirituelle Praxis einfach als die Schulung bestimmter geistiger Eigenschaften betrachten, werden viele scheinbar ganz verschiedene Traditionen plötzlich verständlich und offenbaren ihre Gemeinsamkeit. Es gibt auf allen spirituellen Wegen offenbar etliche Entwicklungsstadien und die verschiedensten Weisen, sie zu beschreiben. Auf der ersten Stufe wird einem einfach klar, wie tief man schläft, und das ist schon eine der wichtigsten Erkenntnisse überhaupt. Wenn man sich den ganzen Tag lang darum bemüht, seiner selbst gewahr zu sein und in jedem Augenblick ganz gegenwärtig zu sein, wird man staunend feststellen, daß man die meiste Zeit den «automatischen Piloten» eingeschaltet hat. Der Schock dieser Einsicht verändert einen Menschen und läßt ihn den Wert wirklicher Wachheit erkennen. Seine Motivation verstärkt sich, und er ist eher bereit, nüchtern zu betrachten, wie er sich selbst in seiner Welt sieht.

Die zweite Ebene der Einsicht wird von etwas gebildet, das ich psychodynamische oder Persönlichkeits-Offenbarungen nennen möchte. Man erkennt immer deutlicher die Grundmuster der eigenen Motivation und des eigenen Verhaltens, etwa bestimmte, immer gleich auftretende Ängste oder Formen der Selbstdarstellung. Die meditative Bewußtheit vermittelt – einfach aufgrund von gesammelter Aufmerksamkeit – Aufschlüsse, die etwas von einer Selbst-Psychotherapie an sich haben. Da es eine nicht-urteilende Bewußtheit ist, werden diese Aufschlüsse einfach angenommen, vertiefen das Verstehen und das innere Gleichgewicht, so daß unsere neurotischen Identifizierungen und Fixierungen sich entkrampfen und unser Leiden nachläßt.

In der klassischen östlichen Literatur werden Ebenen der Einsicht erörtert, die noch über dieser Ebene «psychologischer» Erkenntnisse liegen. Darunter befinden sich zum Beispiel die verschiedensten Trance- oder Jhana-Zustände tiefer Versunkenheit oder Sammlung. Für mich haben diese Erfahrungsbereiche den Nachteil, daß sie in erster Linie veränderte Bewußtseins*zustände* erzeugen, aber nicht unbedingt zu einer bleibenden veränderten Bewußtseins*beschaffenheit* führen. Es wird jedoch in der östlichen Literatur noch eine zweite Gruppe von Erfahrungen jenseits der psychodynamischen Ebene beschrieben, und hierbei handelt es sich um eine schrittweise Vertiefung der Einsicht.

Hier geht es darum, Aufbau und Funktionsweise des Geistes zu erhellen. Man beginnt die Dynamik der Begierden und Antriebe als solche zu sehen, also ganz abgesehen von irgendwelchen bestimmten Inhalten. Ist man tief genug eingedrungen, so erkennt man, daß alles, was man selbst ist, sich in beständigem Wandel befindet. Manchmal stellt sich eine klare Vision der von Augenblick zu Augenblick fortschreitenden Auflösung des Ich ein, und der Furcht und dem Entsetzen angesichts dieser erschreckenden Erfahrung folgt eine Art innerer Tod. Danach aber setzt eine Ablösung von allen persönlichen Antrieben ein, und mit ihr wächst etwas, das in den alten Schriften «Bodhisattva-Bewußtsein» genannt wird. Das Ich wird brüchig, und durch die Risse erkennen wir die tiefe Verbundenheit von uns allen, eine Erkenntnis, aus der spontane Wärme und spontanes Mitempfinden aufsteigen. Noch tieferes Verstehen läßt allmählich jede Art von Eigennützigkeit von uns abfallen und führt schließlich zu höchsten Formen der Erleuchtung, worin wir unsere eigene Existenz, als ein Spiel in jenem großen Energiefeld, das unsere Welt ist, erkennen.

Zum umfassenden Verständnis dieses breiten Fächers meditativer Erfahrung gehört sicher auch die wissenschaftliche Erforschung der verschiedenen Traditionen und Techniken unter dem Gesichtspunkt ihres Potentials, ihrer Fähigkeit, unsere mentale Verfassung zu beeinflussen und zu ändern. Jede Technik verändert die Art und Weise, wie wir zu unseren eigenen Erfahrungen stehen, und wenn wir genau hinschauen, laufen äußerlich ganz verschiedene Techniken und Praktiken letztlich doch auf die Schulung derselben Eigenschaften hinaus – etwa Konzentration, Stille, größere Bewußtheit und Ausgewogenheit. Insbesondere können wir das hier vorgestellte System der sieben Faktoren als eines von vielen Modellen betrachten, die beschreiben, wie die Kräfte des Geistes zur Harmonie gebracht werden können, so daß die Natur unserer Erfahrung deutlich sichtbar hervortritt.

4. Teil: Transpersonale Psychotherapie

Soll unsere Seelenheilkunde heilkräftiger werden, wird dem Besitz an psychologischen Begriffen und psychotherapeutischer Technik eine Besonnenheit des Psychotherapeuten die Waage halten müssen, die sich täglich in einem stillen Offensein übt für den Zuspruch des unaussprechlichen Ursprungs all dessen, was ist.[1]

Medard Boss

Transpersonale Psychotherapie, wie sie von Therapeuten definiert wird, deren klinische Praxis auch transpersonale Arbeit einschließt, geht über die Belange des Ich hinaus und stellt einen Brückenschlag zwischen psychologischer und spiritueller Praxis dar. Westliche Therapie befaßt sich in erster Linie mit Psychodynamik, Verhaltensänderung und persönlichem Wachstum. Als gesund gilt die angepaßte,«normale» Persönlichkeit, und der Bereich jenseits des Persönlichen wird weitgehend ignoriert. In den letzten Jahrzehnten sind zahllose Ich-Psychologien entstanden, die dem einzelnen helfen wollen, sich in die Gesellschaft einzufügen und seine persönlichen Lebensziele zu erreichen. Der existentielle und der humanistische Ansatz gehen einen Schritt weiter und räumen der Suche nach Sinn und persönlicher Identität einen zentralen Platz ein. Die innere Welt der Psyche wurde von C. G. Jung und anderen bis in große Tiefen ausgelotet, doch erst in den siebziger Jahren begannen westliche Therapeuten, Meditation und andere bewußtseinsverändernde Techniken persönlich zu erkunden und östliche Lehren in die therapeutische Praxis zu integrieren.

Früher war der Bereich des Transpersonalen die Domäne des Guru oder spirituellen Lehrers, aber heute wird manchen Therapeuten, deren Arbeit sich auch auf Probleme der Sinnsuche erstreckt, immer deutlicher, daß psychische Entwicklung über das Persönliche hinaus unweigerlich auch Fragen spiritueller Natur aufwirft. Psychotherapie zur Lösung psychodynamischer Konflikte und für persönliches Wachstum wird von vielen als gute Vorbereitung auf spirituelle Disziplinen erachtet, die ausschließlich im transpersonalen Bereich ansetzen. Transpersonale Therapie ist demgegenüber der Versuch, nicht nur die Ich-Stärke und existentielle Identität des Klienten zu entwickeln, sondern will ihn über die Ich-Identität hinaus in die transpersonale Verwirklichung führen, das heißt in die Transzendenz.

Auch die transpersonale Psychotherapie verschließt sich nicht den Grundbedürfnissen und Strebungen des Ich – etwa dem Bedürfnis nach Selbstachtung und erfüllten persönlichen Beziehungen –, aber sie bleibt dort nicht stehen. Sie widmet sich auch den Motiven, Erfahrungen und Möglichkeiten von Menschen, die auf dieser Ebene bereits zufriedenstellende Lösungen gefunden haben.

In seiner Arbeit mit solchen relativ gesunden Menschen entdeckte Abraham Maslow eine Reihe von «Meta-Motiven», worunter er einen Hang zu Wahrheitssuche, ästhetischen Werten, Selbstverwirklichung und ähnlichem verstand. Der Ausdruck *meta* bedeutet hier soviel wie «höher», «jenseits» oder «transzendent» und weist darauf hin, daß diese Motive außerhalb des Bereichs der Grundmotive liegen und in Identitätserfahrungen und Seinsebenen hineinreichen, in denen die normalen Beschränkungen des Ich aufgehoben sind. Werden solche Motive und Erfahrungen entwikkelt, so stellen sich erstaunliche Übereinstimmungen mit den Zielen der großen religiösen und spirituellen Disziplinen ein, die aus diesem Grund jetzt auch in psychologischen Begriffen faßbar werden. Maslow beschreibt die Beziehung zwischen Metamotiven und transpersonaler Erfahrung so:

> Metamotive sind nicht mehr *nur* intrapsychisch oder organismisch. Sie sind gleichermaßen nach innen und außen gerichtet. Dies bedeutet, daß die Unterscheidung von Ich und Nicht-Ich zusammengebrochen beziehungsweise transzendiert worden ist. Zwischen der Welt und der Person wird immer weniger ein Unterschied gesehen; das Ich dehnt sich sozusagen aus. Und wenn man sein höchstes Selbst mit den höchsten Werten in der Welt dort draußen identifiziert, so ist das – zumindest in gewissem Umfang – eine Verschmelzung mit dem Nicht-Ich.[2]

So können wir über die transpersonale Psychotherapie sagen, daß sie einen weiteren Erfahrungsbereich berücksichtigt als die bisherige westliche Psychotherapie. Transpersonale Erfahrungen, definiert als Erfahrungen, die die Bewußtheit über die Grenzen des Ich hinaus ausweiten, bilden einen zentralen Bestandteil des therapeutischen Prozesses. Die wegweisende Arbeit von Stanislav Grof auf dem Gebiet der psychedelischen Therapie in den sechziger und siebziger Jahren erbrachte einen der ersten Hinweise darauf, daß transpersonale Erfahrungen durchaus einen Sinn haben, therapeutisch wirksam sein können und potentiell jedem Menschen zugänglich sind.[3] Zudem machten in dieser Zeit immer mehr Menschen auch außerhalb therapeutischer Situationen transpersonale Erfahrungen, als die Drogenwelle begann und das Interesse für Yoga und meditative Disziplinen zunahm. Unter den Menschen, die durch solche Erfahrungen in Bedrängnis gerieten und Hilfe suchten, mußten viele feststellen, daß psychotherapeutische Intervention ungeeignet oder gar schädlich ist, wenn sie den potentiellen Wert solcher Erfahrungen gar nicht erst in Betracht zieht.[3]

So wurde immer deutlicher, daß dringend Therapeuten gebraucht werden, die mit diesem Bereich umzugehen wissen, und die ersten, die sich auf dieses Gebiet vorwagten, merkten bald, daß sie hier wirksame Mittel für die Arbeit mit ihren Klienten und an sich selbst in die Hand bekamen. Manche integrierten meditative Entspannungs- und Konzentrationstechniken in ihre normale Arbeit, andere schlugen vor, Yoga und ähnliches als Ergänzung zur Therapie anzuwenden. Die allmählich sich durchsetzende Erkenntnis, daß Körper, Geist und Psyche als ein Ganzes behandelt werden müssen, entsprach dem gerade in dieser Zeit aufkommenden Gedanken der ganzheitlichen Medizin, der es ebenfalls nicht um die Behandlung einzelner Symptome, sondern um den ganzen Menschen geht.

Die Transpersonale Psychologie lehnt «Besserung» oder «Gesundung» im traditionellen Sinn keineswegs ab, bedient sich darüber hinaus aber einer Fülle von Techniken für die Arbeit mit Körper, Psyche und Geist, die sowohl aus der östlichen als auch aus der westlichen Psychologie abgeleitet sind. Ein transpersonaler Therapeut kann beispielsweise sehr wohl mit den Träumen und der Bilderwelt seines Klienten arbeiten und ihm ergänzend eine bestimmte Ernährungsweise oder meditative Übungen nahelegen. Natürlich kann kein Therapeut auf allen Gebieten Experte sein, aber wenn er grundsätzlich aufgeschlossen ist für den Wert von Körperarbeit, Meditation und Bewußtheitsschulung, wird er immer wieder Empfehlungen aussprechen können, die man zwar als Draufgabe zur eigentlichen Psychotherapie betrachten kann, die aber tatsächlich für die Suche nach Gesundheit und Erfüllung von zentraler Bedeutung sein können. Ein transpersonaler Therapeut kann in der Wahl seiner therapeutischen Techniken eklektisch sein und seine Ausrichtung dennoch mit Recht als transpersonal bezeichnen, denn dieser Ausdruck bezeichnet nicht in erster Linie die einzelnen Techniken, sondern den Kontext, innerhalb dessen sie angewendet werden. Der transpersonale Kontext besteht in bestimmten Wertvorstellungen, Überzeugungen, Grundeinstellungen und Anschauungen über die menschliche Natur, für die der Therapeut bei seiner Arbeit einsteht. Deshalb kann man von jedem transpersonalen Therapeuten erwarten, daß er die Überzeugungen, die seine Arbeit prägen, überprüft.

Der transpersonale Kontext bietet gegenüber herkömmlichen Modellen eine erweiterte Sicht des menschlichen Potentials. Worin diese Erweiterung besteht, betrachten Walsh und Vaughan in ihrem Artikel «Psychotherapien im Vergleich». Sie beschreiben darin einige Hauptzüge der transpersonalen Psychotherapie, vergleichen sie mit anderen bedeutenden Schulen und bestimmen dadurch den Standort des transpersonalen Ansatzes gegenüber früheren Versuchen, die nie an Aktualität verlierende Frage nach psychischer Gesundheit zu beantworten. Dieser Beitrag versteht sich nicht als endgültig, denn es gibt auf diesem Gebiet noch viel zu lernen, aber er bietet einen Orientierungsrahmen für die derzeitige Praxis.

In «Der transpersonale Standpunkt» betrachtet James Fadiman die spirituellen Traditionen, vor allem den Sufismus, und zeigt auf, was sie uns über psychische Gesundheit zu sagen haben, insbesondere hinsichtlich der Behandlung des ganzen Menschen und nicht nur des Ich oder der Persönlichkeit. Fadiman betont, daß es sich hier in der Tat um einen besonderen Standpunkt, Kontext oder Bezugsrahmen handelt, in dem die verschiedensten Methoden ihren Platz finden können. Seine Betrachtungsweise schafft die Grundlage für die weitere Integration östlicher und westlicher Anschauung in der Bewußtseinsarbeit.

«Transpersonale Psychotherapie – Kontext, Inhalt und Prozeß» heißt der Beitrag, in dem Frances Vaughan den Unterschied zwischen transpersonalem Kontext (geschaffen durch die Wertvorstellungen und Einstellungen des Therapeuten) und transpersonalem Inhalt (das, woran der Klient in der Therapie arbeitet) aufzeigt und den Übergang von der personalen zur transpersonalen Arbeit untersucht.

James Bugental zeigt in «Stufen therapeutischer Entwicklung» auf, daß es für die Verwirklichung persönlicher Souveränität notwendig ist, sowohl die ungeheuren Fragen, denen der Mensch sich konfrontiert sieht, zu sehen als auch die erstaunlichen Leistungen, die bereits vollbracht wurden. Er betont die überragende Rolle des Prozesses in der Therapie und lenkt die Aufmerksamkeit auf die Bedeutung der Beziehung zwischen Therapeut und Klient.

Jeder der Beiträge dieses Abschnitts erschließt dem Leser eine ganz bestimmte Perspektive, so daß er die vorhandenen Möglichkeiten, persönliche Transformation anzustreben, von allen Seiten betrachten kann. Die Zusammenschau von Theorie (Walsh und Vaughan), Prozeß (Bugental) und Methode (Fadiman) gibt dem Leser die Möglichkeit, sich auf dem rasch expandierenden Feld angewandter Transpersonaler Psychologie zu orientieren.

Psychotherapien im Vergleich

Roger N. Walsh und Frances Vaughan

Das transpersonale Modell

Bevor wir eine Gegenüberstellung der Prinzipien transpersonaler Psychotherapie mit anderen Formen der Psychotherapie versuchen, mag es angebracht sein, noch einmal kurz zu umreißen, worin überhaupt die Bedeutung des transpersonalen Ansatzes für die therapeutische Arbeit besteht. Da die transpersonale Psychotherapie ein breiteres Spektrum von Entwicklungsmöglichkeiten zugrunde legt als jede andere Form der Psychotherapie, kann sie Menschen einen Arbeitsrahmen bieten, die sich über die herkömmlichen Zielvorstellungen hinaus auch für Selbst-Transzendenz interessieren. Wo die Möglichkeit transzendenter Bewußtheit nicht in Betracht gezogen wird, kommt es nur allzu leicht zu pathologisierenden Interpretationen entsprechender Erfahrungen, und oft genug müssen Menschen, die im Begriff sind, sich zum transpersonalen Bereich hin zu entwickeln, sich sagen lassen, sie seien krank.

Die transpersonale Psychotherapie verschmäht keineswegs die Zielvorstellungen herkömmlicher Therapieformen – etwa Besserung von Symptomen oder Verhaltensänderung –, sucht aber in geeigneten Fällen darüber hinaus in den transpersonalen Bereich vorzudringen, wobei sie davon ausgeht, daß wir für unsere Erfahrung ebenso selbst verantwortlich sind wie für unser Verhalten. Den psychodynamischen Prozessen wird mit anderen Worten auch hier Rechnung getragen, doch danach hilft der Therapeut seinem Klienten, sich von dieser psychodynamischen Ebene zu disidentifizieren und sie zu transzendieren. So kann er ihm zum Beispiel nahebringen, alle Lebenserfahrungen als Lernerfahrungen zu betrachten (Karma-Yoga), er kann ihm das Potential veränderter Bewußtseinszustände verdeutlichen und ihm klarmachen, welche Gefahren in fixierten Modellen und Erwartungen lauern. Wenn die therapeutische Begegnung im Sinne eines Karma-Yoga aufgefaßt wird, können *beide* Partner sich gegenseitig zu weiterer Entwicklung anregen. Mit diesen Zielsetzungen wird dem Klienten ermöglicht, seine Bewußtheit aus der Tyrannei der Konditionierung zu befreien.

Die transpersonale Psychotherapie bedient sich traditioneller westlicher, aber auch östlicher Techniken wie Meditation und Yoga. Es geht weniger darum, die Erfahrung als solche zu verändern, sondern vielmehr um eine neue Einstellung des Menschen zu seiner Erfahrung, vermittelt durch die Bereitschaft, sie sein zu lassen, wie sie ist, und durch vermehrte Aufmerksamkeit.

Zwei Grundzüge der psychotherapeutischen Beziehung verdienen es, besonders herausgestellt zu werden, nämlich die Modellfunktion des Therapeuten und der Aspekt, den wir als Karma-Yoga bezeichnen. Die Bedeutung der Modellfunktion kommt in neueren behavioristischen Publikationen zur Geltung, scheint aber in anderen Systemen vielfach unterschätzt zu werden.[1, 2] Gewiß spielt die Modellfunktion in jeder Therapieform eine Rolle (wenn auch gelegentlich ohne Wissen der Beteiligten). Worauf es jedoch ankommt, ist weniger der Vorgang selbst als vielmehr sein Inhalt: Wofür steht der Therapeut als Modell? Diese Frage ist für den transpersonalen Therapeuten eng mit dem Konzept des Karma-Yoga verbunden, mit dem Weg des Dienens und Mitwirkens durch Arbeit.

Für die Psychoanalyse ist der optimale Therapeut ein Partner, der sich in der therapeutischen Beziehung selbst möglichst wenig engagiert, eine Art leeren Projektionsschirm abgibt und seine eigenen Gefühle und Reaktionen, seine eigene Entwicklung zum Wohl des Patienten hintanstellt. Das humanistisch-existentielle Modell fordert auf der anderen Seite, daß der Therapeut in seiner ganzen Menschlichkeit an der therapeutischen Begegnung teilnimmt und seinen eigenen Reaktionen gegenüber ebenso offen ist wie für die Erfahrung des Klienten.[3, 4]

Dieses Prinzip des Teilnehmens ergänzt die transpersonale Perspektive noch um die Anschauung, daß Klient und Therapeut am meisten aus ihrer Beziehung profitieren, wenn der Therapeut sie durch bewußtes Dienen für seine eigene transpersonale Entwicklung einsetzt. Wenn solch eine Beziehung sich auch nicht unbedingt sichtbar von anderen therapeutischen Ansätzen unterscheiden mag, so schafft das Element des Dienens doch einen ganz anderen Rahmen. Die Arbeit am eigenen Bewußtsein wird zum obersten Gebot. Wenn einer der beiden Partner sich entwickelt, so erleichtert er es damit dem anderen weiterzugehen, und indem der

Therapeut stets den Kontext des Dienens und des Karma-Yoga aufrechterhält, schafft er einen optimalen Rahmen und vergegenwärtigt dem Klienten ein Modell. Wo der Therapeut bewußt seinem Klienten dient, ist mit seiner Rolle in der Beziehung kein übergeordneter Status verbunden: Therapeut und Klient arbeiten letztlich jeder an sich selbst, jeder auf die Art, die seinem jeweiligen Entwicklungsstand entspricht. In seiner Bereitschaft, zu dienen und sich in der Beziehung selbst zu entwickeln, ist der Therapeut das beste Modell, das er seinem Klienten geben kann.

Die erste und vielleicht wichtigste Voraussetzung für die Umwandlung des therapeutischen Prozesses in einen Weg des Karma-Yoga ist die Absicht dazu. Mit dieser Hand in Hand geht die Absicht, jederzeit so bewußt und meditativ gesammelt zu bleiben wie möglich.

In vielen herkömmlichen Therapieformen gilt ein Therapeut dann als «kompetent», wenn er das, was er zu vermitteln sucht, vollkommen beherrscht. Ein transpersonaler Therapeut darf jedoch auch seine eigenen ungelösten Fragen mitteilen und sich selbst so transparent wie möglich machen; er braucht nicht in jeder Situation überlegen zu sein. Der karmayogische Therapeut vereinigt demnach zwei Modelle in sich; das eine heißt «Kompetenz», und das andere könnten wir «lernen, wie man zurechtkommt» nennen. Interessanterweise haben verschiedene Untersuchungen zum Thema Modellfunktion ergeben, daß das letztere Modell häufig wirksamer ist als das erstere.[1, 2]

In dieser therapeutischen Situation wird echter Austausch zwischen beiden Partnern möglich, weil beide eine Wachstumsorientierung einbringen, durch weniger hierarchischen Abstand getrennt sind und deshalb einer des anderen Lehrer sein kann. Je offener und ehrlicher dieser Prozeß abläuft und je besser das gegenseitige Feedback über alle Mängel der Kommunikation ist, desto größer wird die Intensität. Dieses Vorgehen verlangt auch vom Therapeuten die Bereitschaft, die Wahrheit über sich selbst zu hören, und gerade in dieser Bereitschaft stellt er ein überzeugendes Modell dar.

Bevor wir nun im einzelnen die Unterschiede zu anderen psychotherapeutischen Ansätzen erörtern, müssen wir noch auf die möglichen Gefahren solcher Vergleiche eingehen. Zwischen allen Therapieformen gibt es Überschneidungsbereiche, und ein Vergleich übertreibt und zementiert nur allzu leicht die Unterschiede, ohne die Gemeinsamkeiten zu berücksichtigen. Hinzu kommt, daß oft erhebliche Unterschiede zwischen dem idealistischen Anspruch einer Therapie und ihrer Praxis bestehen.[5] Eine weitere Schwierigkeit besteht darin, daß Therapeuten unterschiedlicher theoretischer Überzeugung ein und dieselbe therapeutische Interaktion ganz verschieden bewerten können. Voreingenommenheiten sind schwer zu überwinden, so objektiv ein Autor auch zu sein versucht. Diese Umstände müssen wir bei den folgenden Erörterungen im Auge behalten.

In der transpersonalen Psychotherapie geht es weniger um die interpretierende Bewertung oder Veränderung von Verhaltensweisen oder mentalen Inhalten, sondern zunächst vor allem um reines Beobachten oder Gewahrsein. Ein Merksatz dafür könnte sein: «Betrachte alles, tu nichts!» Oder wie Fritz Perls sagte: «Bewußtheit *per se* – an sich und aus sich selbst heraus – kann heilsam sein.»[6] In diesem Prozeß des «unbeteiligten» Gewahrseins geht es letztlich um die Disidentifikation von mentalen Inhalten, denn erst dann können die wirklichen Grundfragen sichtbar werden: *Wer* bin ich und *was* bin ich?

Nehmen wir an, ein Klient ginge zu einem herkömmlichen Therapeuten, um ihm seine Beschwerden vorzutragen, Minderwertigkeitsgefühle oder ähnliches. Je nachdem, welcher Schule der Therapeut angehört, wird er mangelnde Selbstachtung, unzureichende Ich-Stärke, negative Selbstbeurteilung und dergleichen diagnostizieren. In einer psychodynamischen Therapie würde man nun versuchen, den Ursprung solcher Gedanken aufzudecken; der behavioristische Ansatz würde versuchen, in direktem Zugriff das Verhalten zu ändern, sei es durch andere Umfeldbedingungen, bestimmte Verstärkungsimpulse oder durch kognitive Arbeit.[7, 8] Welchen Zugang man auch wählen mag, stets geht es darum, die Erfahrungen und Überzeugungen des Klienten von sich selbst *als Person* zu verändern. Auch ein transpersonaler Therapeut kann den Fall aus dieser Perspektive betrachten, würde aber zugleich erkennen, daß die vorgetragenen Beschwerden ein Beispiel für Identifikation mit negativen Gedanken und Emotionen sind, nur ein Ausschnitt aus einer breiten Palette von Identifikationen, die dem Klienten gar nicht bewußt sind. Die als Beschwerden vorgetragenen Identifikationen unterscheiden sich von anderen nur dadurch, daß sie spürbare Beschwerden nach sich ziehen. Wenn der Therapeut nun eine meditative Bewußtseinsschulung vorschlägt, so strebt er damit eine Disidentifikation seines Klienten von *allen* Gedanken an; der Patient verliert dabei nicht nur seine alten Anschauungen darüber, was für eine *Person* er ist, sondern stößt jetzt auf die Frage, *was* er überhaupt ist.

In welchem Umfang herkömmliche psychotherapeutische oder transpersonale Methoden angewendet werden, hängt von der individuellen Verfassung des Klienten ab. Halten wir aber fest, daß die Ziele des transpersonalen Ansatzes weiter gesteckt sind als die der herkömmlichen westlichen Psychotherapie. So beinhaltet das transpersonale Modell beispielsweise, daß die Ich-Identifikation illusorisch ist, «nur ein Traum». Wenn diese Illusion irrtümlich für die Wirklichkeit gehalten wird, kann ein traditioneller westlicher Therapeut vielleicht verhindern, daß der Traum zum Alptraum wird, aber die transpersonale Therapie strebt mehr an, nämlich das Erwachen.

Ein Vergleich der Formen von Psychotherapie

Ken Wilber unterscheidet in seinem Buch *The Spectrum of Consciousness* drei Hauptebenen des Bewußtseins, nämlich die Ebene des Ego, die existentielle Ebene und die Ebene des GEISTES.[9] Auf der Ebene des Ego spielen die Größen eine Rolle, mit denen wir uns normalerweise identifizieren, unsere Rollen, unser Bild von uns selbst und unser analytischer Verstand. Auf der existentiellen Ebene geht es um unser existentielles Grundgefühl, um den Sinn des Lebens, um die Konfrontation mit Tod und Einsamkeit, um die zentrale Erfahrung des In-der-Welt-Seins. Diese beiden Ebenen zusammen bilden unsere Identität als abgegrenzte, für sich existierende Individuen – und sie bilden den Arbeitsbereich der meisten abendländischen Therapien, die (wie ihre Klienten) davon ausgehen, daß der Mensch «nun mal» so angelegt ist, daß er als isoliertes, entfremdetes Wesen leben muß, von Natur aus und auf Dauer vom Rest des Universums getrennt. Solche Ansätze zielen auf Vermehrung der Ich-Stärke ab.

Auf der Ebene des GEISTES erlebt der einzelne sich selbst als reines Bewußtsein; er hat alle ausschließenden Identifikationen hinter sich gelassen, den Ich/Nicht-Ich-Dualismus transzendiert und lebt in dem Gefühl der Einheit mit dem Kosmos. Von dieser neuen Warte aus betrachtet, stellen sich die früheren Ebenen als illusionär dar und werden nicht mehr so wichtig genommen.[9, 10, 11, 12]

Jeder therapeutische Ansatz kann, wenn man seine Grenzen klar erkennt, auf seiner jeweiligen Ebene von großem Nutzen sein, und was für den einen richtig sein mag, kann für einen anderen, der sich auf einem anderen Entwicklungsstand befindet, ganz falsch sein. Verschiedene Therapieformen setzen einfach bei verschiedenen Ebenen und Dimensionen des Bewußtseins an.

Vergleichen wir nun die transpersonale Psychotherapie mit einigen Hauptrichtungen traditioneller westlicher Psychotherapie.

Klassische Psychoanalyse

Die Psychoanalyse betrachtet den Menschen als ein Wesen, in dessen Natur tiefe Konflikte angelegt sind, die man zwar in Grenzen halten, aber nie ganz überwinden kann.[13] Es kommt darauf an, diese Konflikte stets unter Kontrolle zu haben. Daher gilt ein starkes Ich, die Vermittlungsinstanz zwischen den irrationalen Strebungen des Es und der allzu starren Selbstzensur des Über-Ich, als *das* Kennzeichen der psychischen Gesundheit (die natürlich nur negativ definiert ist, nämlich als das Fehlen von pathologischen Zügen). Der Unterschied zur transpersonalen Perspektive könnte kaum größer sein, denn dort gilt das Ich oder Ego als Ein-bildung, als Produkt von Identifikationen und verzerrter Wahrnehmung. Gewiß, ein starkes und gesundes Ego kann gegenüber den Anforderungen des Lebens von Vorteil sein oder sogar notwendige Voraussetzung für weitere Entwicklungsschritte, aber es ist keineswegs das Endziel oder der Gipfel psychischer Gesundheit. Ein transpersonaler Psychologe wird nicht bestreiten, daß die Konflikte des Ego unlösbar sind; aber für ihn sind sie transzendierbar: Sie erledigen sich durch die Auflösung der ausschließlichen Identifikation mit dem Ego, durch den Schritt zur reinen Bewußtheit, von selbst. Die Ich-Identität ist für ihn kein absolutes Muß wie etwa für den Psychoanalytiker, und ein Identitätswechsel nimmt den Ansprüchen des Ego ihre Dringlichkeit, so daß sie jetzt distanziert betrachtet und auf ihre Vernünftigkeit untersucht werden können. Die Disidentifikation vom Ego, in der ein Mensch sein Wahres Wesen erkennt, ist in der transpersonalen Psychotherapie die wichtigste Voraussetzung für seine Befreiung.

Analytische Psychologie

Von allen Schulen, die aus dem ursprünglichen Ansatz Sigmund Freuds hervorgegangen sind, berücksichtigt die Tiefenpsychologie oder analytische Psychologie C. G. Jungs den transpersonalen Bereich mehr als jede andere. Dem transpersonalen Bereich ist zuzuordnen, was Jung unter «Archetypen» und dem «kollektiven Unbewußten» verstand. Er war der erste westliche Psychologe, der die Bedeutung transpersonaler Erfahrung für die psychische Gesundheit erkannte. So schrieb er, daß nicht die Heilung von Neurosen das Hauptanliegen seiner Arbeit gewesen sei, sondern der Zugang zur «numinosen» Dimension der Erfahrung. «Es ist . . . so, daß der Zugang zum Numinosen die eigentliche Therapie ist, und insoweit man zu den numinosen Erfahrungen gelangt, wird man vom Fluch der Krankheit erlöst.»[14]

Die Tiefenpsychologie weiß um die Selbstheilungskraft und Selbstverwirklichungskraft der Psyche, bleibt aber letztlich bei den *Inhalten* des Bewußtseins stehen und kommt nicht zum Bewußtsein selbst als dem Kontext aller Erfahrung. Das Bewußtsein wird mit anderen Worten nur in Beziehung zu seinen Objekten gesehen, wodurch die Möglichkeit, den Subjekt-Objekt-Dualismus ganz zu überwinden, unerkannt bleibt. Die analytische Psychologie mißt der mythischen Dimension der Erfahrung, wie sie etwa in Traumbildern oder bei der aktiven Imagination sichtbar wird, große Heilkraft bei, aber sie gelangt nicht bis zur unmittelbaren, bildlosen Bewußtheit, wie sie in vielen meditativen Disziplinen angestrebt wird.

Behaviorismus

Das Charakteristische am Behaviorismus ist der Umstand, daß er auf der Meßbarkeit und Verifizierbarkeit von Verhalten und Verhaltensänderung beharrt.[15,1,8] Hier wurde durch methodisches und durchdachtes Vorgehen eine Technik entwickelt, die sich bei der Behandlung eingrenzbarer Verhaltensprobleme häufig als äußerst wirksam erweist. Tatsächlich müssen wir einräumen, daß die Verhaltenstherapie unter Hunderten von Therapieformen die einzige ist, die ihre Wirksamkeit zweifelsfrei demonstrieren konnte.[16,17]

Ihre Stärke könnte jedoch zugleich auch ihre Schwäche sein, denn das Beharren auf der Beobachtbarkeit und Meßbarkeit des

Verhaltens führt natürlich dazu, daß nicht-meßbares Verhalten nicht berücksichtigt werden kann. So ist man gezwungen, das Bewußtsein und weitgehend auch das Denken und Fühlen auszuklammern. Einige der wichtigsten Züge des Menschseins kommen im Behaviorismus überhaupt nicht vor, weshalb er auch wenig Hörenswertes zum Thema Gesundheit zu sagen hat und sich auf die Behandlung von Störungen mit genau definierten Verhaltensmerkmalen beschränkt.

Gegenwärtig scheint sich hier jedoch ein tiefgreifender Wandel abzuzeichnen. Immer häufiger wird jetzt auch das Erkennen und die kognitive Steuerung des Verhaltens untersucht, und es entsteht ein neues Feld der sogenannten kognitiven Verhaltensänderung.[18] Die Rolle der Selbststeuerung für therapeutische Veränderungen wird hier immer deutlicher erkannt.[19, 7] Viele transpersonale Techniken lassen sich auch aus der behavioristischen Perspektive betrachten und interpretieren. Manche Meditationsformen etwa, die bestimmte positive Gefühlslagen fördern und negativen Gefühlslagen den Boden entziehen, wirken aus der Sicht der Verhaltenstherapie nach dem Prinzip der wechselseitigen Hemmung, nach dem hier auch beispielsweise Angst durch Entspannung abgelöst wird. Gautama Buddha gab explizite Anweisungen für solche Techniken, so daß man sagen kann, daß einige Prinzipien dieser Disziplin auf ein Alter von über zweitausend Jahren zurückblicken können.[20]

Zur Modellfunktion des Therapeuten, der im transpersonalen Ansatz große Bedeutung beigemessen wird, haben Behavioristen eine große Menge von Forschungsdaten zusammengetragen. Der große Unterschied zwischen den beiden Ansätzen liegt jedoch auch hier wieder im Inhaltlichen, denn Behavioristen beschränken sich natürlich auch bei der Modellfunktion auf die meßbaren, also die relativ groben Aspekte, während es den Transpersonalisten gerade um die Unwägbarkeiten am meisten zu tun ist.

Der transpersonalen Psychotherapie täte ein wenig von der methodologischen Strenge des Behaviorismus hin und wieder ganz gut, vor allem da, wo es um die kritische Bewertung gängiger Annahmen und Praktiken geht. Auf diesem Gebiet bleibt noch viel zu tun.

Humanistische Psychotherapie

Die Unterschiede zwischen humanistischer und transpersonaler Psychotherapie sind auf den ersten Blick nicht so auffällig. Beide sind entwicklungs-orientiert, also mehr auf Gesundheit als auf Krankhaftes ausgerichtet, und beide sind ganzheitlich, befassen sich also nicht mit Einzelaspekten, sondern möglichst mit dem ganzen Menschen.

Die beiden Ansätze unterscheiden sich jedoch in dem, was sie unter Gesundheit verstehen. Die humanistische Psychotherapie richtet sich hauptsächlich an die Ebene des Ego und die existentielle Ebene; als gesund gilt ein Mensch, der sich auf dem Wege der Selbstverwirklichung befindet. Es geht also um die Entwicklung der Persönlichkeit, und die gilt in der transpersonalen Psychotherapie als zweitrangig oder gar als Hindernis auf dem Weg zur Transzendenz.[21, 22]

Ein humanistischer Therapeut muß sich nicht unbedingt für transpersonale Erfahrungen interessieren (was allerdings manche von ihnen getan haben). Von transpersonalen Therapeuten werden jedoch eigene Erfahrungen auf diesem Gebiet erwartet, denn wie soll er sonst seinen Klienten, die sich diesem Bereich nähern, eine Hilfe sein? Nur eigene Erfahrung bietet einen Schutz gegen die Gefahr, die Erfahrung anderer Menschen falsch zu beurteilen und zu entwerten.[23]

Existentielle Psychotherapie

Der existentielle Ansatz deckt sich mit dem humanistischen und dem transpersonalen in seiner Ausrichtung auf Sinnsuche, auf die Konfrontation mit Tod und Alleinsein, auf die Notwendigkeit von Wahlfreiheit und Eigenverantwortlichkeit und auf Authentizität.[24,3,4] Er vertritt die Anschauung, daß wir unsere Wirklichkeit aufgrund unserer Überzeugungen selbst schaffen. Nur wenn wir beispielsweise an Freiheit oder Liebe *glauben,* werden wir in der Lage sein, sie zu verwirklichen. Über diese einzelnen Ziele hinaus strebt die existentielle Psychotherapie an, den Schleier der isolierten und entfremdeten Individualität überhaupt zu zerreißen und die fundamentale Einheit und Verbundenheit allen Lebens erfahrbar zu machen. Die ungeschönte, pure Erfahrung des In-der-Welt-Seins, die von den Existentialisten angestrebt wird, kann den Weg ebnen für tiefgreifende persönliche Wandlung, für die Entwicklung zur Transzendenz. Andererseits ist hier die Gefahr gegeben, in einer vom Ego definierten Identität steckenzubleiben und nicht über das dualistische Erkennen hinaus zu jenem direkten Erkennen vorzudringen, das die transpersonale Erfahrung ausmacht.

Im existentiellen Ansatz finden wir die erste der «Vier Edlen Wahrheiten» des Buddhismus abgebildet, nämlich daß alles Leben von Leiden durchsetzt ist. In einer letztlich ausweglosen Situation kämpft der einzelne im existentiellen Rahmen darum, das Leben selbst mit diesem unausweichlichen Zug auszusöhnen. Gautama Buddha selbst aber ging weiter und formulierte in den übrigen drei Edlen Wahrheiten den möglichen Ausweg aus diesem Dilemma:

– Die Ursache für alles Leiden ist Verhaftung (das Haften an Dingen, Ideen usw.);
– Befreiung vom Leiden ist durch Aufheben der Verhaftung möglich;
– der Weg dorthin ist der «Edle Achtfache Pfad», der ein ethisches Leben und vor allem eine meditative Schulung vorschreibt, deren Ziel die vollkommene Befreiung oder Erleuchtung ist.

Dieser Weg führt über die Ebene des Ego und die existentielle Ebene hinaus in den transpersonalen Bereich.

Die Grenzen transpersonaler Psychotherapie

Soweit eine Beschreibung der transpersonalen Psychotherapie – oder dessen, was sie zu werden versucht. Wo liegen nun gegenwärtig ihre Grenzen?

Zunächst ist ihre empirische Grundlage zweifellos noch unzureichend. Für viele der Dinge, die für den transpersonalen Therapeuten wichtig sind, haben experimentelle Forscher weder Interesse noch die notwendige Kompetenz. So bleibt vieles, was durch Erfahrung hinreichend abgesichert scheint, experimentell ungeprüft. Es mag zwar richtig sein, daß Erfahrung letztlich ausschlaggebend ist, aber wenn die Transpersonale Psychologie als Synthese von östlicher Weisheit und westlicher Wissenschaftlichkeit glaubwürdig sein will, kann sie die Frage der experimentellen Erhärtung ihrer Anschauungen nicht einfach auf sich beruhen lassen. Zu oft haben wir in der Geschichte der Psychotherapie erlebt, daß zentrale Prämissen nur so lange bestanden, wie sie unüberprüft blieben.[25, 5, 17]

Auf dem Gebiet der Meditation stehen zwar immer mehr Forschungsergebnisse zur Verfügung, und sie bestätigen im großen und ganzen die Annahmen der Transpersonalen Psychologie,[26, 27] aber nur wenige andere Bereiche sind bisher eingehend untersucht worden.

Hier stellt sich aber die Frage, ob die mechanistische Verfahrensweise herkömmlicher naturwissenschaftlicher Forschung überhaupt auf transpersonale Phänomene anwendbar ist.[27, 11] Es wird zwar häufig darauf hingewiesen, daß hier neue Methoden notwendig sind, die weniger störend eingreifen, sensibler gegenüber subjektiven Zuständen sind und den Experimentator als geschulten Teilnehmer-Beobachter einbeziehen – aber dieser Hinweis wird noch kaum in die Tat umgesetzt. Die Integration des transpersonalen Ansatzes mit anderen westlichen Schulen der Psychotherapie steckt noch in den Anfängen; es ist jedoch zu hoffen, daß vertieftes Wissen diesem Mangel abhelfen wird.

Für jeden, der sich tiefer auf den transpersonalen Bereich eingelassen hat, ist deutlich, daß ein intellektuelles Verstehen unmittelbare Erfahrung voraussetzt.[28, 29, 30] Begriffliches Verstehen reicht nicht über den Erfahrungshorizont hinaus, und wenn es doch danach strebt, mündet es unweigerlich in Irrtümer. Das mangelnde Bewußtsein von diesem Zusammenhang hat beispielsweise über die Natur des Transpersonalen zahllose Mißverständnisse und oberflächliche oder pathologisierende Interpretationen entstehen lassen. Selbst einem intellektuell äußerst fähigen Therapeuten können solche Fehler unterlaufen, wenn er nicht die notwendige Erfahrung besitzt; der Bericht der Group for the Advancement of Psychiatry über Mystik und Psychiatrie beweist es.[31] Therapeuten und Forscher müssen sich dies vor Augen halten und sich um direkte persönliche Erfahrung bemühen. Der transpersonale Bereich, der Bereich unserer Entwicklungsmöglichkeiten, ist so ungeheuer weit, daß man wohl sagen kann, einer der begrenzenden Faktoren auf diesem Gebiet werde durch die Grenzen gebildet, die unserer Fähigkeit, dieses Potential auszunutzen, gesetzt sind.

An den transpersonalen Therapeuten werden hohe Anforderungen gestellt, vor allem ein in der bisherigen Psychotherapie noch nie gefordertes Maß an persönlicher Anpassungsfähigkeit. Wenn man vom Pathologischen zu einer Orientierung auf positive Gesundheit fortschreitet, werden die Phänomene, Erfahrungen und Barrieren offenbar immer subtiler, und mit ihnen wachsen die

Anforderungen an den Therapeuten und ebenso an die therapeutischen Techniken, die ihre Starrheit verlieren und dafür immer sensibler werden müssen und immer weniger eingreifen dürfen.

Da wir sowohl Werkzeug als auch Modell dessen sind, was die Zielsetzung Transpersonaler Psychologie bildet, müssen wir all das zu *leben* versuchen, was wir unseren Klienten nahebringen wollen. Angesichts der wenigen wissenschaftlich gesicherten Hilfsmittel müssen wir uns vor allem auf uns selbst verlassen und uns um Integrität und Sensibilität mühen. Nirgendwo sonst auf dem Feld der Psychotherapie ist die Arbeit des Therapeuten an sich selbst wichtiger für den Verlauf der Therapie.

Denn was ein Mensch dem anderen zu bieten hat,
ist sein eigenes Sein, nicht mehr, nicht weniger.

Ram Dass

Der transpersonale Standpunkt

James Fadiman

Am Anfang der sich allmählich herausbildenden transpersonalen Orientierung standen Erfahrungen, die immer mehr Menschen mit ungewöhnlichen Bewußtseinszuständen machten. Fragen wurden durch diese Erfahrungen aufgeworfen, auf die man natürlich gern Antworten gewußt hätte, aber die herkömmliche Psychologie erwies sich (mit Ausnahme von William James und einigen anderen) als unergiebig, und so wendete die Informationssuche sich immer mehr den älteren Psychologien zu. So kamen deren Schriften, die zum Teil aus dem Osten stammen, immer mehr ins Gespräch, und als sie schließlich auch von westlichen Psychologen studiert wurden, stellten sich Übereinstimmungen heraus und die Integration von alten Ideen mit den Bedürfnissen und Wertvorstellungen des Westens konnte beginnen.

Die älteren Psychologien

Das westliche Bewußtsein ist keineswegs Bewußtsein schlechthin, sondern eher ein historisch bedingter und geographisch begrenzter Faktor, der nur für einen Teil der Menschheit repräsentativ ist.

C. G. Jung

Die Transpersonale Psychologie stützt sich zu einem großen Teil auf nichtwestliche psychologische Literatur, beispielsweise aus Buddhismus, Sufismus und der Yoga-Tradition.

Im Yoga wird immer wieder betont, daß die Beziehungen zu den Außendingen sich ändern, wenn man an der Klärung seiner Bewußtseinsinhalte arbeitet. Hier ist damit aber nicht Konfrontation oder Substitution neurotischer Aspekte des Lebens gemeint, sondern einfach eine fortschreitende Disidentifizierung von ihnen, die sie immer weniger interessant werden läßt. Unzuträgliche Gewohnheiten und scheinbar unverzichtbare Bedürfnisse verblassen allmählich, wenn man merkt, daß transpersonale Erfahrungen eine viel tiefere Befriedigung bedeuten. Das gleiche meint auch Ramakrishna, wenn er fragt: «Wann stirbt die Anziehungskraft sinnlicher Freuden ab? Wenn man das Zusammenfließen von allem Glück und allen Freuden in Gott erlebt – den teillosen, ewigen Ozean der Glückseligkeit.»

Praktische Gesichtspunkte

Hör auf, von Satori zu reden – suche und diszipliniere zuerst dich selbst mit Geist und Körper.

Zen-Meister Mumon

Die Frage der therapeutischen Besserung ist für jede Form der Therapie von entscheidender Bedeutung. Was unter «Besserung» verstanden wird, ist jedoch von Therapie zu Therapie und von Patient zu Patient verschieden. Am ehesten gewinnen wir vielleicht einen Einblick in dieses Gebiet, wenn wir uns einige der entscheidenden Punkte ansehen, mit denen ein transpersonaler Therapeut umzugehen hat.

Die Persönlichkeit – ein Subsystem des Selbst

Eine Grundannahme Transpersonaler Psychologie lautet, daß der Mensch mehr ist als seine Persönlichkeit. Persönlichkeit ist das Gefühl einer von allem anderen getrennten und wohlunterschiedenen einzigartigen Identität. Tatsächlich ist die Persönlichkeit jedoch nur eine Facette des Selbst – der totalen Identität – und vielleicht nicht einmal eine besonders wichtige Facette. Schon das Wort «transpersonal» bedeutet ja «jenseits der Persönlichkeit». Völlige und ausschließliche Identifikation mit der Persönlichkeit wird vom transpersonalen Standpunkt aus bereits als pathologisch betrachtet, und ein therapeutisches Ziel besteht darin, die Persönlichkeit mit dem gesamten Selbst so in Einklang zu bringen, daß sie die ihr zukommende Rolle richtig spielen kann. Diese Auffassung steht natürlich in krassem Gegensatz zu der landläufigen Vorstellung, die Verbesserung der Persönlichkeit sei das höchste Lebensziel.

In der transpersonalen Therapie geht es gerade darum, solche Tendenzen zu entwickeln, die dem einzelnen erlauben, sich von der Zwangsjacke der Persönlichkeit zu disidentifizieren und seine

Identität mit dem gesamten Selbst zu erkennen (eine detaillierte Erörterung findet sich in Assagioli 1978 und *Synthesis* 1974).

Das Persönliche Drama

Wenn ich schwerkranke Patienten habe, die von etwas besessen sind – und schwerkranke Menschen sind *per definitionem* besessen: besessen von der Bedeutung ihres inneren Dramas, das sie mit konkreter Wirklichkeit verwechseln und immer fester und gegenständlicher machen, bis es für sie schließlich nichts anderes mehr gibt –, dann setze ich sie einem realen Szenario aus.

Minuchin (in Malcolm 1978)

Um ein Bild von der wirklichen Bedeutung der Persönlichkeit zu gewinnen, kann es nützlich sein, sie einmal als «inneres Drama» zu betrachten. Solche Persönlichkeitsdramen sind stereotyp wiederholte und daher absehbare Verhaltensmuster, die mit oder ohne Publikum und Mitspieler «aufgeführt» werden. Wenn etwa in einer Therapiegruppe jemand ansetzt mit der Formel: «Also, ich empfinde jetzt im Moment . . .», dann wissen die anderen Teilnehmer schon, daß jetzt eines seiner persönlichen Dramen folgt: «Ich spiele jetzt ‹Meine Mutter hat meine Schwester im Grunde viel mehr geliebt als mich›, gefolgt von dem Refrain ‹Meine sexuellen Gefühle sind in mir wie eingefroren› und dem Schlußakkord ‹Manchmal wünschte ich, ich wäre lesbisch, aber wenn ich es wäre, würde ich mich umbringen›.»

Persönlichkeitsdramen sind ein überflüssiger Luxus und behindern nur die volle Entfaltung des Lebens. Sie gehören zu dem emotionalen Ballast, den wir mit uns herumschleppen. Abstand von den eigenen Dramen zu gewinnen, aber auch von den Dramen anderer, bedeutet meist eine große Erleichterung. Ein therapeutischer Ansatz dazu besteht darin, den Patienten wissen zu lassen, daß man sich sein Drama zwar anschaut, aber den Autor nicht mit dem Darsteller verwechselt. Bei Kindern kann das beispielsweise die folgende einfache Form annehmen: Wenn ein Wutanfall beginnt, rücken Sie Ihren Stuhl näher heran; Sie sagen dem Kind, daß Sie durchaus beeindruckt sind, das Ganze aber doch gewiß durch Fußtritte und Luftanhalten noch fesselnder zu gestalten wäre. Der Zorn, der keinen Widerstand findet, verpufft dann einfach ins Leere und ist weg. Konfrontiert man einen Erwachsenen mit der Möglichkeit, daß sein Verhalten nichts als ein Persönlichkeitsdrama ist, so kann es sein, daß er zunächst mit äußerster

Empörung und Wut reagiert. Aber das läßt schnell nach. Wenn man dieser Person mit echter Wertschätzung begegnet, endet das Drama häufig mit Gelächter, in dem befreienden Gefühl, die Maske verloren zu haben.

Wie gelangt man zu jenem Maß an distanzierter Bewußtheit, das einem erlaubt, alte Dramen aus dem Repertoire zu streichen? Eine Möglichkeit besteht darin, das «Zeugen-Bewußtsein» auszubilden. Der «Zeuge» ist eine Instanz in uns, die unser Handeln ohne Lob oder Vorwurf, ohne jeden Kommentar einfach beobachtet. Die Erfahrung des Zeugeseins und die Ausbildung dieser Fähigkeit findet sich in verschiedenen Meditationssystemen beschrieben, aber auch bei Gurdjieff und seinen Nachfolgern, in der Psychosynthese und anderswo. Die Schulung dieser Art von Bewußtheit verfolgt die Absicht, dem Menschen zu ermöglichen, unter seinen Verhaltensmustern zu wählen. Er erkennt jetzt, daß seine Persönlichkeit nicht mehr als eine Sammlung von Dramen ist, die sich halbautomatisch abspulen, und gewinnt die Freiheit, diese Dramen umzuarbeiten oder ganz vom Spielplan zu streichen. In diesem Lernprozeß identifiziert der Therapeut sich nicht mit dem Leiden des Patienten, denn das würde das Drama nur bestätigen und das Leiden vertiefen. Gerade indem er sich nicht identifiziert, gibt er seinem Klienten die Möglichkeit, sich von diesem Leiden zu befreien.

Einheit oder Vielheit

Es ist unangemessen, Dinge, die nicht zu unterscheiden sind, als getrennt zu betrachten.

Albert Einstein

Ein Grundproblem transpersonaler Theorie besteht in der Frage, ob der Mensch als Einheit oder als Vielheit zu betrachten sei, und aufgrund dieser Frage haben sich verschiedene therapeutische Modelle herausgebildet. Nach der Antwort, die der einzelne Therapeut auf diese Frage gibt, richten sich auch seine therapeutischen Ziele. Geht man davon aus, daß wir letztlich eine Einheit sind und daß alle Trennungen auf höheren Bewußtseinsebenen aufgehoben werden, dann kann das Ziel der Therapie nur darin bestehen, den Klienten erfahren zu lassen, daß seine Identifikation mit Teilen seiner selbst illusorisch ist. Dies ist die klassische Anschauung des

Buddhismus, die auch im yogischen Denken eine wichtige Rolle spielt.

Da transpersonale Therapie kein genau definiertes explizites System ist, sondern ein Standpunkt, von dem aus man arbeitet, gibt es verschiedene Therapieformen, je nachdem, als was der Mensch betrachtet wird. Man wird jedoch kaum eine Form transpersonaler Therapie finden, die sich auf die materielle oder soziale Seite der Person beschränkt.

Niemand ändert sich gern

Herr, laß mich keusch und rein werden – nur jetzt noch nicht.

Augustinus

Wer in eine Therapie eintritt, tut es selten mit der Absicht, sich zu ändern. Er möchte vielmehr von Leiden, Angst, Schmerz, Versagen und der Ungewißheit des Lebens befreit werden. Aber seine Persönlichkeit will er behalten. Er ist mit seiner Neurose, seinen Tics, seinem sexuellen Versagen, seiner Furcht vor dem Tod, seinem Gefühl der Sinnlosigkeit, seinen Phobien und manchem anderen so sehr identifiziert, daß er unter «Veränderung» nicht Ablösung durch etwas anderes versteht, sondern Verlust. Man gibt nicht leicht irgend etwas von dem auf, was man für seine Identität hält.

Die transpersonale Haltung akzeptiert zunächst einmal den Widerstand, den die Persönlichkeit jeglicher Veränderung entgegensetzt. Kein Verhaltenszug kann endgültig ausgelöscht werden, und Komplexe, die in der Kindheit wurzeln, lassen sich nicht lösen, sondern nur in ihrer Wirkung mildern. Traumatische Ereignisse werden zwar bewußtgemacht, aber sie behalten doch ihren Einfluß auf Gewohnheiten und Zukunftserwartungen.

In der transpersonalen Therapie lernt man nun, sich nicht mehr so ausschließlich mit bestimmten Aspekten der Persönlichkeit zu beschäftigen, und die Folge ist, daß das Alltagsleben des Menschen nicht mehr so stark vom Einfluß der Persönlichkeit überschattet wird. Es ist nicht der Mensch, der sich nicht ändern will, sondern seine Persönlichkeit. Sobald man die Bedürfnisse und Ansichten der Persönlichkeit nicht mehr überbewertet, kann das übergreifende Selbst die beherrschende Position einnehmen. Die Persönlichkeit bleibt zwar mit all ihren Stärken und Schwächen erhalten, ist aber jetzt nicht mehr Alleinherrscher.

Ein Beispiel für dieses Vorgehen besteht darin, daß man dem Klienten den Unterschied zwischen normalem und krankhaftem Verlangen verständlich macht. Unausweichlich und daher normal ist beispielsweise das Verlangen nach Schlaf, wenn man müde ist, nach Gesellschaft, wenn man sich allein fühlt, nach Betätigung, wenn man energiegeladen ist. Krankhaft wird ein Verlangen, wenn es nicht mehr zu befriedigen ist und sich pausenlos fortsetzt. In der transpersonalen Therapie lernt man, mit seinem Verlangen so umzugehen, daß man nicht mehr von ihm beherrscht wird. Das ändert am Verlangen selbst zwar nichts, aber jetzt bestimmt man selbst, in welcher Form man darauf reagiert. Das Selbst, wie es in allen transpersonalen Theorien beschrieben wird, kennt kein Verlangen – das ist allein Sache der Persönlichkeit. Jede Form der Therapie, die der Persönlichkeit ihre Wichtigkeit nimmt, verringert auch den zwanghaften Charakter des Verlangens.

Ausblick

In der transpersonalen Psychologie tauchen Gesichtspunkte auf, die künftig die therapeutische Praxis mitbestimmen werden. Zum Beispiel:

Die Einheit von Geist und Körper

Eine Fülle von empirisch gewonnenen Erkenntnissen weist darauf hin, daß psychische und physische Symptome eng miteinander verknüpft sind und es zunehmend unrealistisch wird, die Medizin in einen psychischen und einen physischen Bereich zu unterteilen. Die Beziehung zwischen psychischen und physischen Symptomen erweist sich dabei als ein Verhältnis wechselseitiger Bedingung, so daß es möglich ist, die Psyche einerseits als Subsystem des Körpers, andererseits aber auch den Körper als Subsystem der Psyche aufzufassen. So hat es sich als sinnvoll herausgestellt, Störungen wie etwa Asthma oder Krebs so zu behandeln, als seien sie von mentalen und emotionalen Faktoren mitbedingt; und im umgekehrten Fall zeigt sich bei psychischen Störungen wie Wahnvorstellungen oder Phobien, daß es hilfreich sein kann, physische Faktoren (Umwelteinflüsse, Ernährung, Mineralhaushalt, Konstitution) mitzuberücksichtigen. Das Zusammenfließen dieser beiden Ströme wird ganz deutlich in dem neuen Ansatz, der «ganzheitliche» oder «integrale» Medizin genannt wird. Dem transpersonalen Therapeuten stellt sich die Aufgabe zu bestimmen, an welcher Stelle in diesem Spektrum zwischen «alles ist in der Psyche» und «alles ist im Körper» er steht.

Das therapeutische Ziel

Das Endstadium der transpersonalen Psychotherapie bildet ein Zustand, der in verschiedenen Traditionen als Gewißheit, Befreiung, Erleuchtung oder Gnosis bekannt ist. Der psychologische Begriff, der dieser Erfahrungsebene am nächsten kommt, ist «Selbstverwirklichung».

Das traditionelle abendländische Bild von selbstverwirklichten oder erleuchteten Menschen (das vermutlich von der monastischen Tradition des Christentums geprägt ist) beschreibt sie als still, sanft, spirituell, arm, geschlechtslos, rechtschaffen und etwas langweilig – uns übrigen ist in ihrer Gegenwart immer etwas unbehaglich zumute. Klienten, die eine transpersonale Therapie durchlaufen haben, müssen wir uns nicht unbedingt so lammfromm vorstellen. Sie können durchaus auch Schauspieler oder Unternehmer sein, sich an einer Portion Austern delektieren, Autos reparieren oder sonst irgend etwas ganz Normales tun. Das von der Last und den Beschränkungen der Persönlichkeit befreite Selbst freut sich durchaus an der Welt, aber klammert sich nicht an sie, es ist bereit zu dienen, ohne sich dabei großartig aufzuspielen.

Eine künftige Psychologie

Im transpersonalen Bereich wird großer Wert darauf gelegt, die alten, zum Teil sehr hoch entwickelten psychologischen Systeme zu studieren und mit den bestehenden westlichen Systemen zu integrieren. Die traditionelle Psychologie war stets bemüht, dem Menschen bei der Beantwortung der Grundfragen seiner Existenz zu helfen: Wer bin ich? Wozu bin ich hier? Wohin gehe ich?

Die Transpersonale Psychologie setzt sich zum Ziel, die auf das Individuum gerichteten Psychologien des Westens mit den spirituellen Psychologien des Ostens in Einklang zu bringen. Die Erkenntnis, daß unsere eigene Ausbildung beschränkt war und die westlichen Ideen keineswegs den Mittelpunkt des psychologischen Universums bilden, mag am Anfang höchst beunruhigend sein.

Aber das Gefühl vergeht, wenn man sieht, wieviel Arbeit schon getan ist und darauf wartet, mit den Mitteln westlicher Naturwissenschaft nachvollzogen und erst dadurch ganz verwirklicht zu werden.

Transpersonale Psychotherapie – Kontext, Inhalt und Prozeß

Frances Vaughan

Der transpersonalen Psychotherapie geht es um Ebenen psychischer Gesundheit, die weit über das hinausgehen, was herkömmlich als «normal» gilt. Es mag daher angebracht sein, einige therapeutische Ziele zu nennen.

Eine dieser Zielsetzungen besteht darin, die Fähigkeit zu voller Selbstverantwortung in allen Lebenssituationen zu entwickeln. Man kann davon ausgehen, daß ein gesunder Mensch für die ganze Skala der Emotionen erlebnisfähig ist, dabei aber von persönlicher Melodramatik relativ frei bleibt.[1] Ein weiteres Ziel besteht darin, den einzelnen zu befähigen, seine physischen, mentalen, emotionalen und spirituellen Bedürfnisse angemessen, das heißt in Übereinstimmung mit seinen individuellen Anlagen und Neigungen, zu befriedigen. Es gibt demnach keinen Weg, der für jeden der richtige ist. Für die transpersonale Psychotherapie gehören die Impulse zu spiritueller Entwicklung zum Kernbestand des Menschseins.[2] Neben den Grundbedürfnissen des Überlebens (wie Nahrung, Unterkunft und Beziehungen) müssen auch die höheren Bedürfnisse nach Selbstverwirklichung befriedigt werden, wenn die höchsten Ebenen der Gesundheit erreicht werden sollen.

Der transpersonale Ansatz geht davon aus, daß jeder Klient die Fähigkeit, sich selbst zu heilen, besitzt. Mit anderen Worten, der Therapeut kuriert nicht einen Patienten, sondern gibt einem Klienten die Möglichkeit, seine eigenen natürlichen Selbstheilungs- und Wachstumskräfte zu erschließen, die bislang nur latent oder unentwickelt, nämlich unter Konflikten und Streß begraben, in ihm vorhanden waren. Darüber hinaus wird dem menschlichen Organismus jedoch auch ein immanenter Drang zugeschrieben, sich im Prozeß der Selbstverwirklichung schließlich selbst zu überschreiten oder zu transzendieren. In dieser transpersonalen Verwirklichung wird das getrennt existierende, isolierte Ego als Illusion erlebt und die fundamentale Einheit des Seins als einzige Wirklichkeit.

Um die subjektive Gültigkeit des Weltbildes seines Klienten anzuerkennen, braucht der Therapeut dieses Weltbild nicht zu übernehmen. Jeder Mensch kann die Wirklichkeit – zunächst – nur von seiner Warte aus betrachten, und jede Anschauung ist unweigerlich subjektiv und beschränkt – der Grund des Seins bleibt unbeschreibbar. Hat ein Klient aber einmal die subjektive Natur seiner Überzeugungen erkannt und sie einer eingehenden Prüfung unterzogen, so kann er aus den selbstgewählten Beschränkungen seiner Bewußtheit ausbrechen. Identifikationen mit beschränkten Anschauungen werden abgelegt und transzendiert, und jetzt kann die Heilung imaginärer psychischer Spaltungen, die Wiedereingliederung unterdrückter Teile der Psyche und die Lösung innerer Konflikte beschleunigt voranschreiten. Im Idealfall fördert eine transpersonale Therapie die ausgewogene Integration von physischen, emotionalen, mentalen und spirituellen Aspekten der Gesundheit.

Um das Bild der transpersonalen Psychotherapie weiter zu klären, erweist es sich als nützlich, zwischen den transpersonalen *Inhalten* oder Erfahrungen, die während der Therapie auftauchen, und dem transpersonalen *Kontext*, in dem die Therapie stattfindet, zu unterscheiden. Es ist wichtig, die beiden Begriffe zu definieren, denn dieser Unterschied spielt noch in einer anderen Hinsicht eine Rolle: Transpersonale Psychotherapie will nicht die Inhalte der Lebenserfahrung ihrer Klienten ändern, sondern direkt beim Bewußtsein ansetzen, um den Kontext zu verändern, in dem das Leben erfahren wird.

Kontext

Der transpersonale Kontext in der Therapie ist durch die Überzeugungen, Wertvorstellungen und Intentionen des Therapeuten gegeben. Wenn ein Therapeut beispielsweise eine innere Haltung vermitteln möchte, die Vertrauen erleichtert, und wenn er selbst seine eigene transpersonale Erfahrung aufgearbeitet hat und in ihr ruht, kann auch der Klient in sich den Mut entdecken, diesen Bereich zu erkunden. Was im Rahmen einer Therapie möglich ist, findet seine Grenzen ebenso in den Ängsten und Überzeugungen des Therapeuten wie in der Bereitschaft seines Klienten, sich auf diesen Erfahrungsraum einzulassen. Günstige Umstände kann der Therapeut nur dadurch herstellen, daß er selbst in sich die Bereitschaft entwickelt, sich den Grenzen seiner Bewußtheit immer wieder zu stellen, so oft er an sie stößt.

In der transpersonalen Therapie ist das Bewußtsein als solches sowohl das Objekt als auch das Instrument des Wandels; deshalb ist es für den Kontext einer solchen Therapie sehr wichtig, daß der Therapeut sich stets die zentrale Bedeutung des Bewußtseins vor Augen hält. Es geht hier nicht in erster Linie um Problemlösung, sondern darum, Bedingungen zu schaffen, in denen Probleme gelöst oder transzendiert werden können. Wenn ein Fischer einem Hungrigen helfen will, dann kann er ihm entweder von seinen Fischen abgeben oder das Fischen beibringen. Ein transpersonaler Therapeut tut letzteres. Es gibt keine fix und fertigen Einsichten, Lösungen oder auch nur Zielvorstellungen, die zu vermitteln wären – nur Verfahren, mit deren Hilfe man seine eigenen inneren Ressourcen erschließen kann. Der Therapeut vertraut darauf, daß die innere Weisheit des Organismus sich selbst als integrierende und heilende Kraft ins Spiel bringen wird, wenn man ihr nur Gelegenheit dazu gibt. Schließlich erkennt auch der Klient seine inneren Impulse zu Ganzheit und Transzendenz und faßt Vertrauen zu ihnen – er entdeckt, um es einmal in populäre Ausdrücke zu kleiden, den inneren Guru oder Führer in sich, sein höheres Selbst. In der transpersonalen Therapie führt die Suche wie in allen Erleuchtungslehren – religiösen und psychologischen gleichermaßen – nach innen.[3]

Wenn man dem Bewußtsein in der Psychotherapie zentrale Bedeutung beimißt, so ist darin impliziert, daß der Bewußtseinszustand des Therapeuten einen entscheidenden Einfluß auf die Art der therapeutischen Beziehung ausübt. Ist er sich beispielsweise der fundamentalen Einheit alles Seins bewußt, so wird ihm seine Wesensverbundenheit mit dem Klienten stets gegenwärtig sein, was die Beziehung sehr vertiefen kann. Wenn er die Beschränkung und die illusorische Natur der Wirklichkeitswahrnehmung erkannt hat und weiß, daß die Möglichkeiten der inneren Schau grenzenlos sind, so liegt es nahe, daß er unter Psychotherapie einen Prozeß des Erwachens versteht. Ein transpersonaler Therapeut geht davon aus, daß erweiterte Bewußtseinszustände und Identitätsgefühle möglich sind, die einen grundlegenden Wandel des gesamten Weltbildes mit sich bringen können – je nachdem, inwieweit der Klient bereit ist, von seinen alten Überzeugungen und Identifikationen loszulassen. Ein wichtiges Hilfsmittel für solche Veränderungen ist das Durchbrechen alter Gewohnheiten. Ein Mensch, der sich stets gegen andere durchzusetzen weiß, muß vielleicht lernen, nachgiebig zu sein, oder umgekehrt. Wer immer glaubt, daß er «alles allein schaffen» muß, der hat vielleicht zu lernen, die Kontrolle auch mal abzugeben und Hilfe anzunehmen, und wer sich immer sofort hilfesuchend an andere wendet, dem stellt sich die Aufgabe, die volle Verantwortung für sich selbst zu übernehmen.

Ein transpersonaler Therapeut kennt viele Möglichkeiten, innerhalb des transpersonalen Kontexts die Hindernisse, die transzendenter Erfahrung im Wege stehen, zu beseitigen – und weiß natürlich auch, daß es keine bestimmte Technik gibt, die hier unweigerlich zum Ziel führt. Wenn er aber gar nicht erst an die Möglichkeit solcher Verwandlung glaubt, wird selbstverständlich gerade dieser Unglaube zum Hindernis, und wenn er glaubt, daß solch ein Wandel Jahre dauern muß, so wird vermutlich genau das eintreten: Überzeugungen haben die fatale Tendenz, sich selbst zu bestätigen. Ebensogut ist aber auch möglich – und die mystischen Traditionen bestätigen diese Auffassung –, daß die Befreiung oder Erleuchtung augenblicklich eintritt. Auf jeden Fall muß ein Therapeut sich über seine eigenen Überzeugungen Klarheit verschaffen, damit er nicht das mögliche Erwachen seiner Klienten eher behindert als fördert.

Die Überzeugungen, mit denen er den transpersonalen Kontext schafft, müssen offener Natur sein. Ein Beispiel wäre etwa die Prämisse, daß alle Gedanken, Überzeugungen und Wertvorstellungen direkt den therapeutischen Prozeß beeinflussen, ob sie nun offen zum Ausdruck gebracht werden oder nicht. Es ist allgemein bekannt, daß Menschen in einer Jungschen Analyse Jungsche Träume haben, und für die Freudsche Analyse gilt das gleiche. Ein Therapeut, der selbst eine spirituelle Praxis begonnen hatte, machte die merkwürdige Erfahrung, daß seine Klienten – zum ersten Mal in seiner inzwischen zwanzigjährigen Berufsarbeit – ihre spirituellen Bedürfnisse zu artikulieren begannen, obgleich er selbst nicht über seine eigene Praxis gesprochen hatte.

Wenn ein transpersonaler Kontext geschaffen wird, so kann das dazu führen, daß transpersonale Inhalte erkundet werden, aber das muß nicht der Fall sein. Der Inhalt der Therapie wird vom Klienten bestimmt, von den Problemen, Erfahrungen und Interessen, die er mitbringt. Der Therapeut kann Techniken anwenden, die sich als Zugang zu transpersonalen Inhalten als nützlich erwiesen haben, *aber die Techniken allein definieren weder den Kontext noch den Inhalt als transpersonal.*

Inhalt

Transpersonaler Inhalt ist ein Sammelbegriff für alle Erfahrungen, in denen die ausschließliche Identifikation mit dem Ich oder der Persönlichkeit transzendiert wird. Das erstreckt sich auch auf die mythischen, archetypischen und symbolischen Bereiche innerer Erfahrung, wie sie sich in Träumen und der inneren Bilderwelt darstellen können.

Transpersonale Erfahrung ist nicht das eigentliche oder alleinige Ziel der Therapie; sie ist kein Selbstzweck, sondern wird als wertvolle Hilfe für die Entwicklung des Menschen betrachtet, vor allem für die Disidentifikation von oberflächlichen Rollenvorstellungen oder dem verzerrten Bild, das ein Mensch von sich selbst haben kann. Wenn transpersonaler Erfahrung Raum gegeben wird und wenn man sie als sinnvollen Aspekt der Ganzheit eines Menschen betrachtet, anstatt sie zu meiden oder gar zu unterdrücken, so führt sie den Menschen zu den Grundfragen über das Wesen der Wirklichkeit und seine eigene wahre Identität. Glaubenssysteme sollten eingehend untersucht werden, damit sie schließlich revidiert oder ganz abgelegt werden können. Wenn beispielsweise jemand eine Therapie beginnt, weil er mit einer Beziehung nicht zurechtkommt, so kann er den Rat erhalten, sich klarzumachen, mit welchen seiner Überzeugungen er sich selbst daran hindert, die Entwicklungsmöglichkeiten in der bestehenden Situation zu sehen oder die Ansatzpunkte für die Entwicklung neuer Formen zu erforschen, in denen die Partner sich selbst besser Ausdruck geben und in denen sie beide wachsen könnten. Bei der in die Tiefe gehenden Arbeit mit einem Klienten darf also auch die Frage der Wertvorstellungen nicht vergessen werden – was allerdings nicht heißt, daß die transpersonale Psychotherapie irgendeinem Glaubenssystem Geltung zu verschaffen sucht. Es ist vielmehr sogar entscheidend für die Vertiefung unseres Wissens auf diesem Gebiet, daß wir alle Annahmen und Glaubenssätze immer wieder in Frage stellen.

Der Inhalt der Therapie kann niemals ausschließlich transpersonaler Natur sein, denn es kommt in ihr unweigerlich das ganze

Spektrum der Lebenserfahrung eines Klienten zum Ausdruck. Hinsichtlich des Schwerpunkts, der bezüglich des Inhalts gesetzt wird, lassen sich die verschiedenen Therapieformen bestimmten Bewußtseinsebenen zuordnen. So befaßt sich etwa eine Therapie der Ego-Ebene mit den Problemen der Lebensbewältigung und der Verwirklichung von Lebenszielen, während eine Therapie der existentiellen Ebene mit Fragen der Authentizität und des Lebenssinns umgeht. Auf der transpersonalen Ebene ist Therapie die Suche nach einem Zugang zur Transzendenz.

Prozeß

Aus transpersonaler Sicht können wir uns den Prozeß des Fortschreitens von einer Stufe zur nächsten (womit allerdings keine lineare Progression in der Zeit gemeint ist) folgendermaßen vergegenwärtigen:[4]

Auf der Ebene des Ego geht es in der Psychotherapie in erster Linie um eine Entwicklungsstufe, die durch *Identifikation* charakterisiert ist. Hier arbeitet der Klient daran, Ichstärke zu entwikkeln, mehr Selbstachtung zu gewinnen und die negativen Muster seiner Selbstentwertung abzubauen. Von Bugental stammt die Bemerkung, daß die meisten Menschen in ihrem Denken und Handeln von unüberprüften Ideen über ihre eigene Identität bestimmt werden. Er bemüht sich, seinen Klienten diese Ideen zu Bewußtsein zu bringen, und sagt: «Viele meiner Interventionen zielen darauf ab, vorhandene Selbsteinschätzungen zu erschüttern und eine offenere Bewußtheit anzubahnen.»[5] Je mehr Gefühle, Gedanken und bis dahin abgelehnte oder nach außen projizierte Teile des Ich man identifiziert und schließlich als sein eigen annimmt, desto mehr kommt man in die Lage, die Verantwortung für das, was man ist und was man an Entscheidungen gefällt hat, selbst zu übernehmen. Zum erfolgreichen Abschluß dieses Stadiums gehören ein Bewußtsein von Freiheit und der Wechsel von Fremdbestimmung zu Selbstbestimmung.

Das zweite Stadium im Prozeß des transpersonalen Erwachens ist die *Disidentifikation*. Assagioli schreibt: «Wir werden beherrscht von allem, womit wir uns identifizieren. Wir können all das beherrschen und kontrollieren, wovon wir uns disidentifizieren.»[6] Oder in den Worten von Wei Wu Wei: «Solange wir mit irgendeinem Objekt identifiziert sind, sind wir gefesselt.»[7] Hier beginnt die Arbeit der existentiellen Ebene, die uns mit den Grundfragen nach dem Sinn und Zweck des Lebens konfrontiert und in der wir uns von Rollen, Besitztümern, Tätigkeiten und Beziehungen zu disidentifizieren beginnen. Erfolg im Sinne von persönlichen Errungenschaften spielt hier immer weniger eine Rolle. Die Konfrontation mit der existentiellen Wirklichkeit von Tod und Einsamkeit kann zu Verzweiflung und Resignation führen. Man erfährt das Ich hier als eine unabhängige Gegebenheit, die einer sinnleeren Welt gegenübersteht. Hier kann nun eine Art Ich-Tod den Übergang zur Transzendenz einleiten, und dieser Ich-Tod bedeutet eine noch entscheidend tiefer gehende Disidentifikation von allen Selbst-Definitionen. Während man sich ganz zu seinem Körper, seinen Gefühlen, Gedanken und Anschauungen bekennt, weiß man zugleich, daß man all das nicht *ist*. Die Disidentifikation vom Ego mündet in die Identifikation mit dem transpersonalen Selbst, dem nicht in die Dinge verwickelten Beobachter, und mit diesem Schritt beginnt die innere Befreiung.

Wenn das transpersonale Selbst als der Kontext aller Erfahrung erkannt ist, kann eine Unterscheidung zwischen dem Bewußtsein und seinen Gegenständen getroffen werden. Man kann jetzt alle Erfahrung als bloßen Inhalt der reinen, unwandelbaren transpersonalen Bewußtheit erleben. Man erreicht mit anderen Worten das Stadium der *Selbsttranszendenz*, in dem das ganze persönliche Melodrama seine frühere Bedeutung einbüßt. Hier erfährt man sich selbst nicht mehr als isoliert, sondern als Teil eines größeren Ganzen, als zutiefst mit allem verbunden und in Beziehung stehend. Diese Erfahrung der Eingebundenheit in ein universales Beziehungsgeflecht könnte, wie George Leonard meint, der nächste Schritt in der Evolution des Menschen sein.[8] Der Wandel des Identitätsgefühls, der damit verbunden ist, dürfte für jemanden, der ihn nicht erfahren hat, unbegreiflich sein.

Diese transpersonale Weltsicht wird sowohl von der modernen Physik als auch von der östlichen Mystik bestätigt, die das Universum als dynamisches, in ständigem Wandel begriffenes Beziehungsgeflecht beschreiben.[9] Wertvorstellungen und Verhaltensweisen ändern sich, wenn man sich der transpersonalen Dimension des Seins bewußt wird. Probleme, die auf der Ebene des Ego unlösbar waren, können jetzt transzendiert werden. Zum Beispiel ändert sich von Angst bestimmtes Fehlverhalten automatisch, sobald man erkennt, daß die Angst, welcher Art sie auch sein mag, auf der Identifikation mit einer Illusion beruht, nämlich mit dem Ich als einer getrennt und unabhängig existierenden Gegebenheit.

Die Angst selbst kann man als Inhalt oder Objekt des Bewußtseins betrachten. Nur wenn man sich mit ihr identifiziert, erscheint sie unüberwindlich. Sobald man erkannt hat, daß das transpersonale Selbst nicht Inhalt sondern Kontext ist, kann man jeden Inhalt als nützlich für den Prozeß der Bewußtseinsentwicklung betrachten. Wenn ein Klient in der Therapie auf der transpersonalen Ebene arbeitet, so lernt er, einfach ein Zeuge seiner Erfahrung und seines jeweiligen Bewußtseinszustands zu sein; er läßt sie sein, wie sie sind, und akzeptiert sie als Teile eines Prozesses, an dem er bereitwillig teilnimmt.

Eine Klientin, die recht viel Erfahrung mit traditionellen Therapien besaß, schrieb über Veränderungen, die sie in der transpersonalen Therapie an sich bemerkte: «Ich beobachte jetzt nicht mehr *jede* Aktion und ihre Motive, um sie und mich selbst zu rechtfertigen. Ich messe meinen Wert nicht mehr *ständig* an meinen Leistungen oder Rollenerwartungen. Ich bin nicht mehr so besessen davon, mich zu ändern. Ich fange an zu spüren, daß mein Leben (Schicksal) mein Weg ist, und beginne die Entscheidungen, die ich unterwegs getroffen habe, als meine eigenen anzunehmen. Ich habe heute weniger Angst, weil ich die Fähigkeit zu innerer Stille in mir entwickelt habe, und ich bin nicht mehr so besessen vom Gedanken an den Tod und vom Gefühl der Sinnlosigkeit, denn ich habe erfahren, daß Geburt und Tod eins sind.» Um zu solchen Einsichten zu kommen, ist oft die von der buddhistischen Lehre besonders betonte Erfahrung wichtig, daß alles Leiden vom Haften an den Dingen herrührt. Jedes Festhalten an irgendeiner Erfahrung oder auch an der Veränderung von Erfahrung – denken wir zum Beispiel an krampfhafte Vergnügungssucht oder das Bestreben, Schmerz zu vermeiden – führt unweigerlich in immer tiefere Enttäuschung.

Wer es geschafft hat, sich aus Ich-Identifikationen zu lösen, wie sie etwa durch gesellschaftliche Stellung oder bestimmte Geisteszustände gegeben sind, kann immer noch archetypischen Identifikationen unterliegen, sich also zum Beispiel als Heiler, Weiser, Lehrer oder ähnliches verstehen. Als Symbole, die über sich selbst hinausweisen, sind die Archetypen nicht nur der letzte Fingerzeig auf das unmittelbare, bildlose Gewahrsein des transpersonalen

Bewußtseins, sondern auch die letzte Schwelle auf dem Weg dorthin.[10] Dennoch kann eine solche Symbolgestalt zur Befreiung von einengenden Identifikationen beitragen, indem sie das Augenmerk auf das transpersonale Potential der Psyche lenkt; zu Hindernissen werden Symbole nur dann, wenn das Ich sich mit ihnen identifiziert. Brugh Joy erzählt seine eigene Reise von der herkömmlichen Medizin zu transpersonaler Arbeit und bemerkt zu diesem Punkt: «Träume, Tarot oder das *I Ging* tragen anfangs dazu bei, daß man sich seiner selbst mehr bewußt wird. Sobald man jedoch tiefer in den Bereich des direkten Erkennens eintritt, treten sie wie jeder gute Lehrer in den Hintergrund.»[11]

Eine erfolgreiche transpersonale Therapie führt zu etwas, das wir als erweitertes Identitätsgefühl bezeichnen können; das Selbst wird als der Kontext der Erfahrung verstanden und die Erfahrung als ein Inhalt. Dieser Identitätswandel geht häufig mit einer Verschiebung der Motivation einher: Das Verfolgen ichhafter Ziele tritt hinter die Motivation des Teilnehmens und Dienens zurück. Man ist jetzt viel eher bereit, alle Lebenserfahrung anzunehmen, und besitzt eine größere Toleranz für die Paradoxe und Widersprüche des Lebens. Innere und äußere Erfahrung stehen in Einklang. Im allgemeinen vergrößert sich durch die transpersonale Arbeit die Fähigkeit zu Mitgefühl, Großzügigkeit, innerem Frieden, Liebe und dem Gefühl der Verbundenheit – allerdings läßt diese Aussage sich natürlich nicht quantifizieren. Ist ein Mensch erst einmal für die transpersonale Dimension des Daseins erwacht, so sieht er das Leben selbst aus einer ganz neuen Perspektive. Aus der neuen Erfahrung des transpersonalen Selbst als Kontext kann als Inhalt ein neues Sinngefühl erwachsen. Eine transzendente Erfahrung ist dafür zwar nicht Bedingung, aber sie kann den Prozeß der Disidentifikation und des Erwachens beschleunigen.

Eine Frau, die sich während einer schwierigen Übergangsphase der Lebensmitte in der Therapie befand, beschreibt das folgende Erlebnis, das sie bei der Sammlung auf ihre innere Bilderwelt hatte:

> Ich bin bereit zu einer inneren Reise und sehe mich selbst auf einer Landstraße gehen, die zwischen Wiesen hindurchführt. Das Wetter ist klar und sonnig. Über mir scheint eine Art Kapsel zu sein, die in das Landschaftsbild eindringt, wie wenn zwei Filme übereinander auf dieselbe Leinwand projiziert werden.

Mir wird etwas mulmig zumute. Die Kapsel nimmt mich auf und scheint dann eine Art Membrane zu durchstoßen – vielmehr, die Membrane wird anscheinend von der anderen Seite geöffnet. Drüben ist nichts, nur klarer, strahlender Raum. Ich bin nicht mehr in einem Körper oder einer Kapsel. Ich bin reine Bewußtheit des Raums.

Diese Frau besaß bis dahin keinerlei Erfahrung mit dem inhaltlosen Bewußtsein und war auch nicht mit den östlichen Traditionen vertraut, die das Selbst als Leere oder Nichts beschreiben.

Die Erfahrung der Disidentifikation und Transzendenz und das Erwachen zum transpersonalen Selbst wirken zurück auf die gegenständliche Wirklichkeit in Form eines Gefühls von persönlicher Freiheit, von innerer Ausrichtung und Eigenverantwortlichkeit. Das therapeutische Geschehen, das zu solchen Ergebnissen führen kann, fließt zwischen den beiden Polen des *Kontextes*, für den der Therapeut sorgt, und der *Inhalte*, die der Klient einbringt. Die therapeutische Beziehung ist demnach ein Verhältnis wechselseitiger Bedingung, und der weitest mögliche Kontext, der für alle eventuellen Inhalte Raum bietet, ist der beste. Ein transpersonaler Therapeut bemüht sich um die bestmöglichen Voraussetzungen, damit sein Klient tief in die Quellen des transpersonalen Bewußtseins eindringen kann.

Stufen therapeutischer Entwicklung

James Bugental

Abraham Maslow hat uns immer wieder auf den Unterschied zwischen *Mangelmotivation* und *Wachstumsmotivation* hingewiesen. Ich orientiere mich im folgenden an dieser Unterscheidung.

Anpassungs- und Lebensbewältigungstherapien, aber auch Formen, die ich als Selbsterneuerungstherapien bezeichne, haben hauptsächlich mit der Mangelmotivation zu tun. Sie versuchen negative Weisen der Erfahrung zu mildern, oder anders gesagt, sie wollen unsere Art des In-der-Welt-Seins zurechtrücken. Wachstum, Emanzipation und Transzendenz sind demgegenüber Ziele, die mit der Verwirklichung von mehr Sein zu tun haben. Sie ziehen uns voran zu einer Fülle und Sinnfülle des Lebens, wie wir sie zuvor nie gekannt haben.

Im Verlauf der Entwicklung vom Säugling zum Erwachsenen schafft sich jeder von uns seine eigenen Strategien, um zu überleben, um Schaden von sich zu wenden und ein wenig Erfüllung zu finden. Daraus werden Lebensstrukturen, die unser Identitätsgefühl und unser Weltbild mitbestimmen. Unwissentlich versuchen wir, nach dem Weltbild eines Kindes zu leben, aber wenn wir erwachsen sind, stellen wir fest, daß daran manches nicht mehr stimmt und uns nur unnötig behindert.

Solche Lebensmuster, mit denen wir etwas von uns fernhalten, was wir vage als mit unerträglicher Angst verbunden empfinden, werden *Widerstände* genannt. Es gibt zwei Arten solcher Widerstände: Bei der einen Art handelt es sich um Dinge, die im Leben des Klienten eigentlich keine direkte Rolle mehr spielen – etwa das Gefühl, Entfremdung von den Eltern sei gleichbedeutend mit dem Tod (was für das Kleinkind wohl zutreffen mochte, aber für den Erwachsenen nicht mehr); oder die Angst, daß Geschlechtlichkeit ewige Verdammnis nach sich zieht; oder die tiefe Sorge, vollkommen unproduktiv zu sein, wenn einem nicht irgendeine «Autorität» Beine macht. Die andere Art von Widerständen scheint Ängste in Schach halten zu wollen, die heute so stark sind wie eh und je. Man nennt sie im allgemeinen Existenzängste: Angst vor dem Tod, vor dem Unberechenbaren, vor Verantwortung, vor Isolation und vor der Leere des Universums.

Sich der ersten Art von Widerständen zu stellen und sie aufzuarbeiten, kann noch relativ einfach sein. Man ist dann zutiefst erleichtert, und die Energien, die für die Verdrängung gebraucht wurden, werden endlich frei und verfügbar. Für manche Klienten ist die therapeutische Erfahrung damit zu Ende; die Ängste, an deren Inhalten nichts zu ändern ist, bleiben wo sie sind, und die zugehörigen Widerstände ebenfalls. Natürlich kann man so etwas nicht als vollständige Therapie bezeichnen, aber wir müssen uns auch vor Augen halten, daß Vollständigkeit immer eine relative Sache ist. Keine Therapieform kann alle Widerstände und Verdrängungen restlos aufheben.

Existentielle Emanzipation

Ist ein Klient aber bereit weiterzugehen, so findet die Konfrontation mit den Existenzängsten – also den Ängsten, die aus dem Dasein als solchem erwachsen – so schonungslos statt, wie es für ihn selbst oder den Therapeuten gerade noch erträglich ist, und das kann natürlich nie vollkommen rückhaltlos sein. Jedenfalls geht aber die Bloßlegung der Widerstände weiter und damit auch die Arbeit an der vollen und ungehinderten Bewußtheit.

Ganz allmählich taucht ein neues Bild auf vom Leben, wie es sein kann, wenn die inneren Verkrampfungen sich lösen. Dann folgt für die meisten, die sich so weit vorwagen, eine Krisenzeit. Jetzt steht der Klient vor der Notwendigkeit, alte Lebensweisen wirklich aufzugeben, Lebensweisen, die durch lange Gewöhnung fest in seine persönliche Identität und die Welt, in der diese Identität gesetzt wurde, verflochten sind. Er hat jetzt die Möglichkeit, in eine wahrhaft neue Seinsweise einzutreten, radikal verschieden von allem früher Gekannten. Jetzt geht es nicht mehr darum, das Ich «in Schuß» zu bringen oder ein neues Ich zu bilden; jetzt besteht die Möglichkeit, sich überhaupt aus der Identifikation mit dem Ich zu befreien.

Transzendenz

Was bei der Selbstverwirklichung «herauskommen» soll, ist nichts weiter als eine Vorstellung. Es ist willkürlich, keineswegs naturnotwendig. Der besondere Inhalt dieser Vorstellung und ihre Form erwachsen aus unserer Lebenserfahrung und sind so wandelbar wie diese.

Es besteht keine Notwendigkeit, und das ist hier der Kernpunkt, sich *überhaupt* mit irgendeiner bestimmten Ich-Gestalt zu identifizieren. Man kann eine Art des In-der-Welt-Seins (ein Ich), das der Lebenssituation angemessen ist, grundsätzlich akzeptieren, es aber, wo es die Umstände erfordern, auch einfach mal beiseite lassen.

Jeder von uns zimmert sich ein Ich, das sozusagen eine Chronik dessen ist, was wir bislang gewesen sind, und dann machen wir uns weis, diese Chronik schreibe auch vor, was wir künftig sein können. Ohne auf unser inneres Gespür zu achten, richten wir uns in unseren Entscheidungen und unserem Handeln nach dem, was wir in der Vergangenheit getan haben, und dann merken wir nur allzu oft, daß unsere Entscheidungen unbefriedigend sind und unser Handeln nicht von unserem vollen Einsatz getragen ist.

Nichtigkeit und Freiheit

Wenn ich zu erkennen beginne, daß meine wahre Identität nicht Substanz sondern Prozeß ist, dann stehe ich am Rande einer entsetzlichen Leere und wunderbaren Freiheit. Die Nichtigkeit des Seins, die Vergänglichkeit der Substanz, die endlosen Möglichkeiten der Bewußtheit sind so schockierend, schwindelerregend, daß wir ihnen mit Angst und Abwehr begegnen. Die vertraute Furcht vor Tod und Ausgelöschtsein ist nur eine der vielen Formen, die diese tiefste existentielle Konfrontation annehmen kann. Solange wir einer vorgefaßten Identität oder Existenzform nachjagen, fühlen wir uns wie im richtungslosen All verloren und jeder Möglichkeit des Trostes beraubt. Und doch ist dieses Nachjagen genau das, was wir immer wieder tun zu müssen glauben.

Wir beginnen heute allmählich zu erkennen, daß die Welt, die wir für das Fundament unseres Daseins gehalten haben, nur eine Konstruktion unseres Gehirns ist. Von Kindesbeinen an sind wir gewohnt, sie auf eine bestimmte Weise zu betrachten, und obgleich sich daran im Laufe der Zeit manche Einzelheiten geändert haben, akzeptieren wir grundsätzlich, was uns beigebracht wurde, und glauben, es sei nun mal die Natur der Dinge. Doch Vorsicht, es ist nur unsere Konstruktion! Andere Völker kennen eine ganz andere Erfahrung der Welt. Wir im Westen können uns nicht mehr erlauben, so naiv wie bisher davon auszugehen, daß diese Völker einfach weniger intelligent, weniger wissenschaftlich oder weniger entwickelt sind als wir. Sie erfahren ihre Welt ganz anders als wir, aber ihre Erfahrung ist genauso gültig.

Erst wenn wir uns der Erkenntnis, daß unsere Identität nur Prozeß und die Welt ein willkürliches Konstrukt unserer Wahrnehmung ist, aufrichtig stellen und sie umsetzen, bekommen wir den Blick für die Freiheit, die uns offensteht. Wenn ich nichts als der Prozeß meines Seins bin, dann kann und muß ich mein Leben in jedem Augenblick selbst erneuern. Das gibt mir aber auch die Möglichkeit, es, wenn ich will, ganz anders zu machen als in der Vergangenheit, denn die Vergangenheit ist jetzt nicht mehr Herrscher über diesen gegenwärtigen Augenblick.

Jeder Augenblick ist ein Augenblick der Entscheidung, der Freiheit und der Kompromisse. Jede Möglichkeit hat etwas für sich, aber jede hat auch ihren Preis. Ich wäge ab und entscheide, jetzt und jetzt und jetzt.

Präsenz, Hiersein, Sammlung, Unmittelbarkeit – Ausdrücke, die auf eine fundamentale Wirklichkeit deuten. Nur in diesem Augenblick bin ich lebendig. Alles andere ist mehr oder weniger spekulativ. Nur *jetzt* kann ich mein Leben ändern. Der Klient, der diese Tatsache mit ihrer ganzen Wucht erfährt, weiß im selben Moment, daß ihre Bedeutung weit über das Geschehen in der Praxis seines Therapeuten hinausgeht.

Die meisten von uns sind nur selten ganz gegenwärtig. Unser Normalzustand wird häufig als «Schlafwandeln» oder «Wachträumen» bezeichnet, während Wachsein nur ein gelegentlicher flüchtiger Zustand ist, der uns aber wirkliche Macht über unser Leben geben kann. Wer sein Leben und dessen Belange hier und jetzt voll und ganz erlebt, der setzt damit eine Entwicklung in all diesen Belangen in Gang. Jede andere Haltung bleibt wirkungslos.

Das Primat des Subjektiven

Wenige Menschen widmen ihrer subjektiven Verfassung ernsthafte und beständige Aufmerksamkeit. Erst wenn emotionale Störungen überhand nehmen, werden sie wirklich auf ihre inneren Prozesse aufmerksam, und selbst dann streben sie meist nichts weiter an, als diese lästige Störung einfach loszuwerden, damit sie sich wieder der «realen Welt objektiver Belange» zuwenden können. Daß aber diese sogenannten objektiven Belange ihre Bedeutung überhaupt erst durch subjektive Faktoren erhalten, gesteht man sich nicht so gern ein. Im Rahmen einer Psychotherapie wird nun die Aufmerksamkeit beharrlich immer wieder auf das subjektive Leben zurückgelenkt, und das ist der Beginn einer dauerhaften Veränderung. Mancher Klient erfährt jetzt zum ersten Mal, daß das Leben sein Zentrum nicht in den Dingen da draußen hat, sondern in ihm selbst, und das ist ein tiefgreifender Wechsel der Perspektive.

Wer wirklich in seiner Subjektivität ruht und dort ganz präsent ist, entdeckt mühelos so manches, was ihm früher verschlossen war. Zum Beispiel werden jetzt Inhalte eines Bereichs zugänglich, der eigentlich als unbewußt gilt – Erinnerungen, Impulse und Phantasien, die normalerweise verdrängt oder nur symbolisch repräsentiert sind. Es zeigt sich, daß solche Impulse durchaus nicht automatisch zu verwerflichem Handeln führen, wenn man sie bewußtwerden läßt. Ganz im Gegenteil: Man wird immer mehr «Herr im eigenen Haus» und gewinnt immer mehr Entscheidungsfreiheit, je offener das Bewußtsein wird.

Meine eigene Erfahrung und die Erfahrung derer, die ich als Therapeut begleite, überzeugt mich davon, daß ein großer Teil unserer Sorgen und Nöte darauf zurückzuführen ist, daß wir als Verbannte leben, verbannt aus unserer Heimat, der inneren Welt unserer subjektiven Erfahrung. Psychotherapie hilft uns, die soziale Konditionierung zu überwinden, die uns Argwohn und Schuldgefühle gegenüber einem aus der Mitte heraus geführten Leben empfinden läßt, die nicht zuläßt, daß wir der inneren Ganzheit höchste Priorität einräumen und unsere Entscheidungen nach dem richten, was wir als unsere wahren Bedürfnisse und Wünsche in uns spüren. Wenn wir diese Freiheit aber gewinnen, beginnt unsere gesamte Lebenserfahrung sich zu verändern. Wir erkennen unsere eigene Individualität; wir entdecken die Fülle in unserem eigenen

Bewußtseinsstrom; wir gehen mit allen Dingen und Angelegenheiten weniger ichhaft um; und wir finden Zugang zu einer wahrhaft schöpferischen Teilnahme am Leben.

All dem liegt etwas sehr Einfaches, aber meist vollkommen Übersehenes zugrunde: Die wahre Heimat eines jeden von uns ist seine innere Erfahrung. Die eigentliche Mission der Psychotherapie besteht demnach darin, diesen Erfahrungsbereich freizulegen. Symptome sind oberflächlich. Ob ein bestimmtes Symptom beseitigt oder verändert wird oder gleichbleibt, ist von sekundärer Bedeutung; entscheidend ist, ob der Mensch, der dieses Symptom hat, mehr von seiner Vitalität und seinem Potential erfährt. Verhaltensänderungen sind Nebenprodukte. Denn ob ein bestimmtes Verhaltensmuster gleichbleibt, durch ein anderes ersetzt oder modifiziert wird, ist relativ trivial im Vergleich zu der Frage, ob der Mensch, der dieses Verhaltensmuster hat, mehr Würde, Wahlfreiheit und Sinn in seinem Leben findet.

Unsere Heimat liegt innen, und dort sind wir souverän. Solange wir diese uralte Wahrheit nicht neu entdecken, und zwar jeder für sich und auf seine Weise, sind wir dazu verdammt, umherzuirren und Trost dort zu suchen, wo es keinen gibt – in der Außenwelt.

Wenn man aus der Perspektive der Zentriertheit im Subjektiven auf das menschliche Leben schaut, kann sich ein Gefühl der Tragik einstellen, eine Art Traurigkeit über die gewaltigen Anstrengungen, die so viele Menschen machen, um so zu sein, wie sie sein zu müssen glauben, über den tiefen Wunsch nach echtem Miteinander, der überall nur in die Verzweiflung zu führen scheint, über all die Hoffnung und hingebungsvolle Arbeit, die doch zum größten Teil verloren sind, weil ihnen Bewußtheit mangelt.

Der erste Schritt ins Grenzenlose

Wer ein gewisses Maß an subjektiver Souveränität erreicht hat, fühlt sich dadurch keineswegs schon als der kommende Messias; meist steht im Vordergrund eher ein Gefühl der Demut angesichts der ungeheuren Fragen, denen der Mensch gegenübersteht, und angesichts der staunenswerten Leistungen, die schon vollbracht worden sind. Das einzig Besondere dieses Zustands besteht in der

Erkenntnis, daß es einen absolut unabdingbaren ersten Schritt gibt, der nur meist übersehen wird. *Alle unsere Anstrengungen werden umsonst sein, solange wir unsere eigene Natur nicht akzeptieren und solange wir nicht erkennen, daß wir die Urheber und nicht die Opfer unseres Schicksals sind.* Solange Menschen sich selbst mißtrauen und alle Versuche, ihr Los zu verbessern, auf den Antagonismus zu ihrer eigenen Natur gründen, handeln sie unweigerlich gegen sich selbst. Das ist die tragische Ironie der menschlichen Situation.

Unsere Identität liegt im Subjektiven und ist daher unsichtbar. Wir sind das Sehen, nicht das Gesehene. Wir sind das Erkennen, nicht das Erkannte. Wir sind der Prozeß des Gewahrens, nicht sein Inhalt. Bewußtheit ist weder ihrem Inhalt noch ihrer Gestalt noch ihrer Dimension nach objektiv meßbar. Alle Beschreibungen würden nur ein Objekt aus ihr machen, und das ist sie nicht. Wir können über das Gedächtnis und seine Inhalte sprechen, denn das Gedächtnis wird erst durch seine Inhalte sichtbar. So ist es auch mit dem Bewußtsein: Es zeigt sich nur an dem, was uns bewußt ist, und deshalb können wir davon sprechen, *wieviel* uns bewußt ist. Der Prozeß der Selbsterforschung, so wie ich ihn hier verstehe, bringt uns Inhalte zu Bewußtsein, wie der Lichtkegel einer Taschenlampe die Inhalte einer verstaubten alten Dachkammer einen nach dem anderen erfaßt. Zweifellos umfaßt das Potential, das dort liegt, mehr, als uns zu irgendeiner Zeit bewußt ist, und ob es für die Bewußtheit überhaupt eine letzte Grenze gibt, ist eine nicht zu beantwortende Frage. Womöglich ist es nicht einmal eine vernünftige Frage, denn die Bewußtheit gehört nicht derselben Dimension an wie Grenzen und Inhalte.

Es gibt ein Wort, das, wie ich glaube, auf unsere unbeschreibbare Subjektivität hinweist – auf das unvorstellbare Potential, das in jedem von uns liegt, auf unsere Sehnsucht nach mehr Wahrheit und Lebendigkeit, auf unser tiefes Empfinden für die Tragödie des Menschseins, auf die endlos attackierte und doch unzerstörte Würde unseres Seins, auf das Gefühl des Wunderbaren, in dem wir ständig leben, wenn wir wahrhaft bewußt sind, und auf unseren Willen, dieses Wunderbare, das Wesen des Menschseins, zu erkunden –, und dieses Wort ist: Gott. Unsere Gottesahnung entspringt unserer tiefsten Intuition dessen, was letztlich in unserer eigenen Tiefe ist. Diese Anschauung ist mir aus meiner eigenen Suche erwachsen, aber sie wird bestätigt von den Entdeckungen anderer, die sich zusammen mit mir auf die Suche nach Transzendenz gemacht haben.

5. Teil: Der Wandel zieht Kreise – Implikationen für andere Disziplinen

Jede deiner Reaktionen ist bestimmt von dem, was du zu sein glaubst, und was du sein möchtest, ist was du zu sein glaubst. Was du sein möchtest, bestimmt also alle deine Reaktionen.[1]

Anonymus

Man kann keine Disziplin, mit welcher Art von Beobachtungen sie auch umzugehen hat, losgelöst von den Überzeugungen und dem Wirklichkeitsmodell derer betrachten, die in ihr arbeiten. Wenn diese Überzeugungen und Modelle sich ändern, dann ändert sich auch die Zielsetzung und Sinngebung der Disziplin. Und da «Fakten» nicht unabhängig vom Erkennenden bestehen, sondern durch Beobachtung und Interpretation erst geschaffen werden, kann sich auch das, was unter «Faktum» verstanden wird, ändern. Wir können demnach davon ausgehen, daß die Verbreitung transpersonaler Ideen in manchen anderen Disziplinen Auswirkungen zeigen wird.

Es besteht ein kaum berücksichtigtes, aber überall nachweisbares dynamisches Wechselspiel zwischen kulturellen Grundannahmen und psychologischen Modellen. Eine Psychologie ist mitsamt ihren Prämissen ein Produkt der Kultur, in der sie entstand. Man könnte auch sagen, sie sei in gewisser Weise eine Autobiographie und Projektion ihrer Urheber. Eine Psychologie trägt also sowohl den Stempel der Kultur als auch den der Erfahrungen und Überzeugungen der Menschen, die an ihrer Entwicklung beteiligt waren.

Man könnte eine Psychologie, also eine bestimmte Theorie der menschlichen Natur, und den kulturellen Hintergrund, dem sie entspringt, geradezu als ein Feedback- oder Rückkopplungssystem betrachten: Wenn die Theorie es schafft, populär zu werden, wirkt sie wiederum formend auf die Grundannahmen der Kultur zurück, woraus sich wieder Einflüsse auf die weitere Theoriebildung ergeben und so weiter. Dieses dynamische Wechselspiel enthält ein enormes Potential zum Bösen wie zum Guten, zu immer weiterer Verhärtung der Anschauungen wie zu tiefgreifenden Veränderungen.

Da alles, was wir tun, denken und fühlen, mitgeformt ist von unseren Anschauungen darüber, wer und was wir sind, dürfte eine unserer wichtigsten Aufgaben darin bestehen, die viel zu engen und zu einer Bedrohung für die ganze Menschheit gewordenen Grundannahmen über unsere Natur und unsere Beziehung zur Welt zu verändern. Betrachten wir also, welchen Weg solche Veränderungen in verschiedenen Disziplinen – Naturwissenschaft, Bildungswesen, Philosophie und Parapsychologie – nehmen könnten.

Unter allen Wissenschaften und Disziplinen genießt im Westen heute der Bereich der sogenannten «exakten» oder Naturwissenschaften am meisten Ansehen. Naturwissenschaft ist grundsätzlich eine Weise des Erkennens, die sich weitgehend auf die logische Analyse empirisch gewonnener (und das heißt hier, mit den *Sinnen* erfaßter) Daten stützt. Die subjektive Erfahrung muß demnach ausgeschlossen bleiben, außer da, wo sie mit den Sinnen beobachtbare Auswirkungen hat, etwa in den Aufzeichnungen von Hirnstromkurven. Diese Ausschließung macht einen großen Teil des enormen Erfolgs der naturwissenschaftlichen Methode aus – aber auch deren Begrenztheit, die sich heute immer unangenehmer bemerkbar macht.

Viele fragen sich heute, wie diese Begrenztheit zu überwinden sei, und auch Charles Tart stellt diese Frage in «Bewußtseinszustände und zustandsspezifische Wissenschaften». Er schlägt vor, die Ausbildung von Wissenschaftlern so zu erweitern, daß sie bei ihrer Arbeit veränderte Bewußtseinszustände einnehmen können, um dann als Teilnehmer/Beobachter von ihren Erfahrungen zu berichten. Da aber auch jeder veränderte Bewußtseinszustand notwendigerweise begrenzt ist, so Tart, werden wir eine ganze Reihe verschiedener zustandsspezifischer Wissenschaften brauchen. Erkenntnisse, die in einem bestimmten Bewußtseinszustand gewonnen werden, mögen die Erkenntnisse aus anderen Zuständen zwar ergänzen, können aber deren Gültigkeit weder bestätigen noch widerlegen. Tart weist auch auf die kreativen Möglichkeiten der Interaktion zwischen verschiedenen zustandsspezifischen Wissenschaften hin.

Der nächste Beitrag, «Verschiedene Eindrücke in verschiedenen Zuständen», besteht aus zwei Briefen, die Gordon Globus als Antwort auf Tarts Artikel schrieb. Sie gehören sicherlich zu den ungewöhnlichsten Reaktionen, die je auf eine wissenschaftliche Veröffentlichung erfolgten. Die beiden Briefe wurden nämlich in verschiedenen Bewußtseinszuständen verfaßt und kommen zu diametral entgegengesetzten Schlußfolgerungen über die Gültigkeit von Tarts Hypothese. Eine einmalige Situation: Ein Professor der Psychiatrie, angesehener Forscher und Wissenschaftstheoretiker, bestreitet im normalen Bewußtseinszustand den Sinn und Nutzen von zustandsspezifischen Wissenschaften, während er Tarts Vorschläge in einem veränderten Bewußtseinszustand «ganz sinnvoll» findet. Ein faszinierender Beleg für die Durchschlagskraft zustandsspezifischer Phänomene. Interessanterweise lehnte die Zeitschrift *(Science)*, die Tarts Artikel veröffentlicht hatte, den Abdruck der beiden Briefe ab.

Im nächsten Beitrag, «Auge in Auge – Wissenschaft und transpersonale Psychologie», warnt Ken Wilber vor blindem Optimismus und voreiligen Schlüssen. Er diskutiert die Unterscheidung zwischen empirischem, rationalem und kontemplativem Erkennen, auf die bereits die mystischen Traditionen hinweisen: Was durch Beobachtung erkannt werden kann, darf nicht mit Verstandeserkenntnis verwechselt werden, und kontemplativ gewonnene Erkenntnis ist weder der Beobachtung noch dem Verstand zugänglich, sondern transzendiert beide. Erkenntnis, die auf eine dieser drei Weisen gewonnen wurde, kann, allgemein gesagt, nicht durch die beiden anderen ganz definiert werden. Naturwissenschaftliche Erkenntnis wird durch die Anwendung des Denkens auf empirische Beobachtungen gewonnen. Wilber stellt demgemäß Tarts Annahme in Frage, daß die naturwissenschaftliche Methode so weit ausbaubar ist, daß sie auch die Gegenstände des kontemplativen Erkennens erfassen kann. Er schlägt vielmehr vor, das transpersonale Modell als einen Ansatz zu betrachten, der sich aller drei Weisen des Erkennens bedienen kann und dadurch eine umfassendere Psychologie ermöglicht, als es sie je zuvor gegeben hat.

In seinem Artikel «Das Ende des wissenschaftlichen Isolationismus?» geht Roger Walsh der Frage nach, inwieweit wachsende Sensibilität für die Wirklichkeit disziplinübergreifende Parallelen aufdecken kann. Die Verfeinerung der Sensibilität ist grundsätzlich auf zwei Weisen möglich, nämlich durch Verbesserung des Instrumentariums und durch Bewußtseinsdisziplinen wie etwa Meditation. Auf beide Weisen läßt sich zeigen, daß viele unserer Vorstellungen von der Wirklichkeit illusionärer Natur sind. Viele unserer liebgewonnenen Unterscheidungen könnten sich als trügerisch erweisen, aber wenn sie erst einmal durchschaut sind, so ist zu vermuten, werden sich dahinter immer mehr Parallelen zeigen, und nicht nur zwischen einzelnen Wissenschaftszweigen, sondern auch zwischen der Naturwissenschaft und den Bewußtseinsdisziplinen.

Unsere gegenwärtigen Erziehungs- und Lernsysteme sind einseitig auf das verstandesmäßige Erkennen ausgerichtet. Die Schulung des beobachtenden und kontemplativen Erkennens findet so gut wie gar nicht statt. In dem Beitrag «Bildung und transpersonale Beziehungen» fragt Tom Roberts deshalb nach der Möglichkeit, den Bildungsprozeß auch auf die beiden anderen Dimensionen auszudehnen. Dies ist zwar noch ein sehr junges Gebiet, doch es gibt bereits eine Reihe von Techniken, die auch transpersonalen Zielsetzungen dienen können. Eine der wichtigsten Aufgaben für transpersonale Erzieher und Lehrer besteht darin, das Potential solch eines erweiterten Lehrplans auszuloten und seine höchste Zielsetzung zu formulieren.

«Zwei Weisen des Erkennens» nennt Ken Wilber den Artikel, in dem er uns die von westlicher Philosophie und Wissenschaft weitgehend vergessene oder ignorierte Unterscheidung der beiden Grundtypen des Erkennens in Erinnerung ruft, des *symbolischen* und des *intimen* Erkennens. Das symbolische, schlußfolgernde oder Landkarten-Erkennen ist von Symbolen oder Symbolsystemen wie etwa der Sprache abhängig, während das direkte, unmittelbare oder intime Erkennen keiner Vermittlung durch Symbole bedarf. Wenn wir diesen Unterschied vergessen, so warnt Wilber, werden wir blind für die Tatsache, daß unsere Vorstellung von der Wirklichkeit, unser Weltbild, nur eine «Landkarte» ist – eher eine Begriffsschöpfung als die wirkliche Welt selbst. Nur der kontemplative Bewußtseinszustand, der uns ein nichtsymbolisches, intimes Erkennen erlaubt, kann uns die wirkliche Welt erfahrbar machen.

Die Parapsychologie ist seit jeher das Gebiet, an dem sich die wissenschaftlichen Geister am deutlichsten scheiden. Hier Faszination, dort kopfschüttelnde Ablehnung. Dank des überall einsetzenden Paradigmenwechsels und der kulturellen Bewegungen der letzten Jahre, so schreibt Willis Harman in «Die gesellschaftlichen Auswirkungen paranormaler Phänomene», hat sich das emotionale Klima gewandelt, und die Ergebnisse der Parapsychologie werden allmählich ernster genommen. Manche der sogenannten paranormalen Fähigkeiten, so zeigt sich jetzt, sind offenbar von Natur aus im Menschen angelegt, nur eben normalerweise unterdrückt oder nicht beachtet. Harman weist auf die Möglichkeit hin, Naturwissenschaft und Bewußtseinsforschung auszusöhnen; schon jetzt sehen sich die Naturwissenschaftler zunehmend gezwungen, Fragen aufzugreifen, die sie bislang an die Philosophen weitergereicht haben.

Harman lenkt unsere Aufmerksamkeit auf die Tatsache, daß veränderte Wertvorstellungen und ein verändertes Menschenbild sich im Lauf der Zeit auf das gesamte gesellschaftliche Gewebe auswirken müssen, und er fragt sich, ob der Wandlungsprozeß, den er voraussieht, wohl ohne große Scherbenhaufen abgehen wird. In der Tat dürfen wir die sozialen Implikationen einer Hinwendung zum inneren Leben und eines Strebens nach transpersonaler Bewußtheit nicht unterschätzen. Eine eingehende Erörterung dieses Gegenstands ist auf dem hier zur Verfügung stehenden Raum leider unmöglich, aber vielleicht können wir mit wenigen Bemerkungen zumindest eine Richtung andeuten.

Von Kritikern hört man immer wieder, das Streben nach Selbsterkenntnis sei letztlich selbstsüchtig und lenke nur von der notwendigen Arbeit an gesellschaftlichen Problemen und Belangen ab. Das Gegenteil ist richtig, denn die transpersonale Arbeit zielt ja ihrer Definition nach auf eine Transzendierung begrenzter Eigeninteressen. Das Engagement für das Wohl der Gemeinschaft und die Sehnsucht nach Harmonie mit dem Universum liegt in der Natur dieser Arbeit. So zeigt beispielsweise E. F. Schumacher,

> ... was für ein schwerwiegender Fehler es ist, einem Menschen, der nach Selbstfindung strebt, den Vorwurf zu machen, er «wende der Gesellschaft den Rücken zu». Das Gegenteil käme der Wahrheit näher: daß jemand, der nicht danach strebt, sich selbst zu erkennen, eine Gefahr für die Gesellschaft ist und bleibt, denn er wird alles falsch verstehen, was andere sagen oder tun, und vieles von dem, was er selbst tut, in unbeschwerter Unwissenheit nicht wahrnehmen.[2]

Andere Autoren wie zum Beispiel Duane Elgin erörtern, worin der ganz praktische Nutzen der Selbstfindung bestehen kann. Eine erweiterte oder vertiefte Bewußtheit, so schreibt er, sucht innen wie außen die Harmonie mit der Natur und trachtet nicht mehr danach, sie zu beherrschen. Das Gefühl der Verbundenheit mit dem Ganzen zieht ein Gefühl der Verantwortung für das Ganze nach sich. Wer das, was früher «das andere» war, als «Selbst» zu erfahren beginnt, kommt dadurch ganz automatisch zur Einsicht in die Notwendigkeit des ethischen Verhaltens und des Dienens.

Je mehr wir alle Aspekte der menschlichen Erfahrung – innere und äußere, östliche und westliche, personale und transpersonale – zu integrieren lernen, desto deutlicher wird eine neue Sicht gesellschaftlicher Interaktion und gesellschaftlichen Lebens hervortreten. All denen, die sich der Selbsterforschung widmen, deren es bedarf, um eine direkte Erfahrung vom Wesen unseres Seins zu gewinnen, wird immer deutlicher, wie groß das Potential des Menschen ist, die Fesseln sozialer Konditionierung abzustreifen und die Verantwortung für ein Leben in Harmonie mit der Natur und den anderen Menschen selbst zu tragen. Duane Elgin faßt diese Gedanken so zusammen:

> Wenn das Leben als eine Struktur lückenlosen Ineinander-Verflochtenseins verstanden wird, das die kleinsten Details des täglichen Lebens mit den übergreifenden kosmischen Strukturen verknüpft, dann wird mit einem Schlag klar, daß Rückzug aus der weltlichen Verantwortung gar nicht möglich ist. Für einen Menschen, der sich dem Leben direkt und bewußt stellt, gibt es buchstäblich keinen Rückzugsort mehr, wo er der Erfahrung der Verbundenheit mit allem Leben entkommen kann. Unsere Aufgabe besteht einfach darin, unser Leben in all seinen Ausdrucksformen immer mehr in bewußte und harmonische Übereinstimmung mit dem in stetem Wandel begriffenen Beziehungsgewebe zu bringen, in das wir selbst unlösbar verflochten sind.[3]

Bewußtseinszustände und zustandsspezifische Wissenschaften

Charles Tart

Immer mehr Menschen experimentieren für sich selbst mit veränderten Bewußtseinszuständen (veränderte[r] Bewußtseinszustand [-zustände] = engl. *altered state[s] of consciousness*, abgekürzt ASC) und stellen fest, daß diese Erfahrungen von größter Bedeutung für ihre Lebensphilosophie und das Leben selbst sind. Der Konflikt zwischen solchen Erfahrungen und den emotional-intellektuellen Strukturen des normalen Bewußtseinszustands ist ein wichtiger Faktor für die zunehmende Entfremdung vieler Menschen von der herkömmlichen Naturwissenschaft. Erfahrungen von Ekstase, mystischer Vereinigung, «anderen Dimensionen», Verzückung, Schönheit, Transzendenz von Raum und Zeit und transpersonale Einsichten – Phänomene, die in ASC ganz normal sind – werden von den herkömmlichen wissenschaftlichen Ansätzen einfach nicht angemessen behandelt. Und diese Erfahrungen werden nicht wieder verschwinden, wenn wir psychedelische Drogen unter noch strengere Kontrolle bringen, denn inzwischen praktiziert schon eine große Zahl von Menschen drogenfreie Methoden der Induzierung von ASC, zum Beispiel Meditation und Yoga.[1]

Dieser Artikel will zeigen, daß es möglich ist, wichtige ASC-Phänomene in einer Weise zu untersuchen, die mit dem Wesen wissenschaftlicher Methodik durchaus zu vereinbaren ist. Der Konflikt, den wir gerade ansprachen, ist keineswegs naturnotwendig.

Bewußtseinszustände

Im Rahmen dieses Artikels genügt folgende Definition: Ein ASC ist eine qualitative Veränderung in der übergreifenden mentalen Gesamtstruktur – die Person empfindet ihr Bewußtsein in einem ASC als radikal verschieden von seiner normalen Funktionsweise. Allgemein wird ein Bewußtseinszustand (Bewußtseinszustand [-zustände] engl. *state[s] of consciousness*, abgek. SoC) nicht nach einem bestimmten Bewußtseinsinhalt oder nach spezifischen Verhaltensänderungen und physiologischen Reaktionen definiert, sondern gemäß der Gesamtstruktur des psychischen Geschehens.

Ein Vergleich mit der Funktionsweise eines Computers wird diese Definition klarer machen. Ein Computer hat ein komplexes Programm, das aus vielen untergeordneten Prozeßkomponenten besteht. Wenn wir ihn ganz anders programmieren, wird er dieselben Input-Daten ganz anders verarbeiten; unsere Kenntnis des alten Programms wird uns nun sehr wenig darüber sagen, was geschehen wird, wenn wir den Input variieren; auch die Tatsache, daß manche untergeordneten Prozeßkomponenten in beiden Programmen vorkommen, hilft uns nicht weiter. Wir müssen das neue Programm mit seinen Input-Output-Interaktionen ganz unabhängig und für sich betrachten. Für einen ASC und die Weise, ihn zu untersuchen, gilt Entsprechendes.

Fast allen Menschen sind gewisse ASC vertraut: Träumen und die Übergangsstadien zwischen Wachen und Träumen; nehmen wir noch den Alkoholrausch dazu, dann ist das Spektrum der «normalen» veränderten Bewußtseinszustände bereits erschöpft. Die für unsere Kultur neuen ASC, deren Bedeutung nun immer sichtbarer wird, können durch Marihuana oder auch stärkere Drogen wie LSD herbeigeführt werden, treten aber auch in meditativen Zuständen, sogenannten Besessenheitszuständen oder bei der Selbsthypnose auf.[2]

Bewußtseinszustände und Paradigmen

Es ist sehr aufschlußreich, den Begriff des SoC – eine deutlich unterscheidbare Organisationsstruktur mentaler Funktionen – mit Kuhns Begriff des wissenschaftlichen Paradigma zu vergleichen.[3] Ein Paradigma ist ein intellektuelles Konstrukt, das die Basis herkömmlicher Wissenschaft bildet und der Arbeit ihrer Anhänger und Verfechter die Richtung vorgibt. Es ist eine Art «Supertheorie», so weit gefaßt, daß es die meisten wichtigen Phänomene seines Geltungsbereichs berücksichtigt und organisieren kann, aber auch noch Raum bietet für bisher noch nicht gelöste Probleme. Zwei bedeutende Beispiele aus der Geschichte der Naturwissenschaft sind die kopernikanische Astronomie und die Newtonsche Dynamik.

Eine übergreifende Theorie wird aufgrund ihres Erfolgs zum Paradigma und hat dann ein ganz anderes Schicksal als eine normale Theorie, die immer wieder in Frage gestellt, überprüft und erweitert werden kann. Ein Paradigma wird zum ein für allemal akzeptierten Orientierungsrahmen und schreibt schließlich vor, welche Art, die Dinge zu betrachten und zu tun, die «natürliche» ist. Den Anhängern eines Paradigma kommt gar nicht mehr in den Sinn, es in Frage zu stellen (wenn wir einmal von wissenschaftlichen Revolutionen absehen). Theorien werden zu Gesetzen; so hört man heute kaum noch jemanden von der Theorie der Gravitation sprechen, nur noch vom Gesetz der Gravitation.

Ein Paradigma dient auch dazu, die Aufmerksamkeit der Forschenden auf wichtige Gebiete zu lenken und zu verhindern, daß mit Nebensächlichkeiten Zeit verschwendet wird. Natürlich macht es seine Anhänger dadurch auch blind für Fragestellungen, die es einmal als trivial oder unsinnig definiert hat. Kuhn hat aufgezeigt, daß diese Form der Blendung der Schlüsselfaktor für die Verständigungsschwierigkeiten bei Paradigmenzusammenstößen ist.

Die Begriffe «Paradigma» und «Bewußtseinszustand» haben manche Übereinstimmungen. Beide sind komplexe Geflechte von Regeln und Theorien, die einem erlauben, mit einem bestimmten Umfeld in Interaktion zu treten und die dabei gewonnenen Erfahrungen zu interpretieren. Die Regeln dafür sind weitgehend implizit. Sie werden nicht als vorläufige Arbeitshypothesen erkannt; sie wirken automatisch, und man hat das Gefühl, das Naheliegende oder Natürliche zu tun.

Die These, die ich nun im einzelnen darlegen möchte, besagt, daß wir uns den wichtigen Aspekten von ASC durchaus mit Hilfe dessen nähern können, was den Kernbestand wissenschaftlicher Methodik ausmacht – auch wenn uns dabei einige Nebensächlichkeiten, die heute leider mit dem Begriff der Wissenschaft identifiziert sind, im Weg stehen.

Die Natur des Wissens

Wissenschaft, der Name sagt es schon, hat mit Wissen zu tun, und Wissen (ursprüngliche Bedeutung: «gesehen haben») mit Erfahrung oder Erkenntnis. Erkenntnis könnten wir definieren als unmittelbares Empfinden einer Übereinstimmung zwischen zwei

Ebenen der Erfahrung, zum Beispiel zwischen einer Wahrnehmung (von der äußeren Welt, von anderen Menschen oder von sich selbst) und einem bestimmten Gedankengebäude, einer Theorie. Das Gefühl der Übereinstimmung kann unmittelbar in der Erfahrung gegeben sein, aber es gibt daneben eine Reihe feinerer Beurteilungskriterien, anhand derer sich der Grad der Übereinstimmung bestimmen läßt.

Alles Wissen ist somit im Grunde Erfahrungswissen. Selbst mein Wissen von der stofflichen Welt ist vielleicht nicht mehr als dies: Meine Erfahrung der äußeren Welt, so lautet die zentrale Grundannahme des abendländischen Weltbildes, geht von dieser äußeren Welt aus, die meinen sensorischen Apparat aktiviert; ich kann nun diese äußeren Erfahrungen mit rein inneren Erfahrungen (Erinnerungen, bereits erworbenes Wissen) vergleichen und dann mit großer Zuverlässigkeit andere Erfahrungen voraussagen, deren Herkunft ich dann wieder der äußeren Welt zuschreibe.

Der ungeheure Erfolg der Naturwissenschaft beruht größtenteils darauf, daß sie sich seit jeher zur Philosophie des Physikalismus bekennt, zu der Anschauung, daß die gesamte Wirklichkeit auf bestimmte physikalische Grundeinheiten zurückzuführen ist. Da aber die große Mehrheit der ASC-Phänomene keine erkennbaren physikalischen Begleiterscheinungen hat, kann die Naturwissenschaft in ihnen auch nur Nebensächlichkeiten erkennen, die keiner ernsthaften Untersuchung wert sind. Allerdings könnte die Wissenschaft sich auch darauf besinnen, daß sie mit Wissen überhaupt zu tun hat und kein naturgegebener Zwang besteht, sich auf physische Phänomene zu beschränken.

Das Wesen der wissenschaftlichen Methode

Ich möchte zeigen, daß das Wesen wissenschaftlicher Methodik durchaus nicht unvereinbar ist mit dem Studium von ASC-Phänomenen. Diese Erörterung wird in dem Vorschlag gipfeln, zustandsspezifische Wissenschaften zu entwickeln.

Ich betrachte die Entwicklung der wissenschaftlichen Methodik als den Versuch, den Prozeß der Wissensgewinnung so zu systematisieren, daß die Fehlerquellen, die durch Beobachtung und verstandesmäßige Ausdeutung gegeben sind, möglichst gering gehalten werden.

Ich werde vier Grundregeln wissenschaftlicher Methodik erörtern, denen ein Forscher verpflichtet ist: 1. optimale Beobachtungen; 2. Nachvollziehbarkeit der Beobachtungen jederzeit und überall; 3. streng logische Theoriebildung; 4. Überprüfung der Theorie anhand beobachtbarer Folgen. Ich werde alle diese Regeln auch auf ASC anwenden und zu zeigen versuchen, wie man unnötige physikalistische Restriktionen ausräumen kann. Alle diese Regeln der Wissenschaftlichkeit, so wird meine Schlußfolgerung lauten, sind mit der Entwicklung zustandsspezifischer Wissenschaften, wie ich sie vorschlage, durchaus vereinbar.

Beobachtung

Der Wissenschaftler ist verpflichtet, so gut wie möglich zu beobachten und ständig nach feineren Beobachtungsmethoden zu forschen. Aufgrund unserer paradigmatischen Voreingenommenheit, unserer SoC, neigen wir jedoch dazu, nur bestimmte Teile der Wirklichkeit zu beachten und andere zu ignorieren oder fehlerhaft zu beobachten.

Viele der wichtigsten ASC-Phänomene werden bislang nur sehr notdürftig – falls überhaupt – beobachtet, weil sie für das physikalische Weltbild nur unbedeutende Begleiterscheinungen sind, die man mit Ausdrücken wie «subjektiv», «flüchtig», «unzuverlässig» oder «unwissenschaftlich» belegt. Nun sind innere Prozesse wegen ihrer größeren Komplexität gewiß schwerer zu beobachten als äußere physikalische Phänomene, aber Wissenschaftlichkeit bedeutet ja schließlich: Das beobachten, was da ist, und nicht nur das, was relativ leicht zugänglich ist.

Hier spielt noch ein weiteres Beobachtungsproblem eine Rolle: Eine der heiligen Kühe der Wissenschaftlichkeit, der «unbeteiligte Beobachter», ist im Umgang mit inneren Bewußtseinsphänomenen völlig fehl am Platz. Dieser unbeteiligte Beobachter nimmt nämlich, wie inzwischen vielfach demonstriert worden ist, nicht nur selektiv wahr, sondern beeinflußt unter Umständen auch das, was er beobachtet. Die individuelle Charakteristik des Beobachters muß also berücksichtigt werden, damit solche Fehlermöglichkeiten kompensiert werden können.

Daß der «unbeteiligte Beobachter» eine höchst unrealistische Idealvorstellung darstellt, ist in der Psychologie inzwischen schon fast zum Gemeinplatz geworden[4, 5]. In der Physik wurde diese Erkenntnis schon vor Jahrzehnten gewonnen, nämlich als sich herausstellte, daß Prozesse auf der subatomaren Ebene durch den Vorgang der Beobachtung verändert werden.

Die öffentliche Natur der Beobachtung

Beobachtungen müssen öffentlich sein, das heißt jeder entsprechend geschulte Beobachter muß sie wiederholen können.

Die physikalistische Ausprägung dieses Grundsatzes sieht so aus: Weil von vornherein nur meßbare Daten als «echt» anerkannt werden, können innere Phänomene nur berücksichtigt werden, wenn sie mit meßbaren physiologischen oder Verhaltensphänomenen einhergehen. Gewiß sind meßbare Erscheinungen leichter zu reproduzieren als rein subjektive, aber im Prinzip ist die Bestätigung durch Konsens auch hier möglich.

Gerade weil ASC-Phänomene so komplex sind, ist hier die Reproduktion durch geschulte Beobachter besonders wichtig. Vier bis zehn Jahre dauert es, einen Wissenschaftler in den etablierten Disziplinen auszubilden – es sollte uns deshalb nicht wundern, daß ungeschulte Beobachter von ASC-Phänomenen noch kaum zu verläßlichen Beobachtungen auf diesem Gebiet gelangt sind.

Wir sind allerdings bislang noch nicht in der Lage, die Inhalte einer Ausbildung in den zustandsspezifischen Wissenschaften, für die ich plädiere, genau anzugeben. Dazu bedarf es noch eines langen Erkundungsprozesses, der durch Versuch und Irrtum gekennzeichnet sein wird. Wir müssen uns auch darauf einstellen, daß nur wenige Menschen diese Ausbildung erfolgreich absolvieren können. Nur wenige Menschen besitzen die Eignung, Physiker zu werden, und sicherlich sind auch nur wenige Menschen geeignet, etwa meditative Zustände wissenschaftlich zu erforschen.

Der öffentliche Charakter der Beobachtung verweist also stets auf eine eng begrenzte und besonders ausgebildete Öffentlichkeit. Nur auf der Basis einer grundsätzlichen Übereinstimmung unter diesen Spezialisten können Forschungsdaten zur Grundlage für die Entwicklung einer Wissenschaft werden. Daß Laien diese Beobachtungen nicht reproduzieren können, ist von untergeordneter Bedeutung.

Ein weiteres Problem der Konsensbildung ergibt sich direkt aus meinem Begriff des ASC; ich meine die sogenannte zustandsspezifische Kommunikation, ein ebenfalls noch wenig erforschtes Gebiet. Wenn wir voraussetzen, daß ein ASC eine übergreifende qualitative und quantitative Veränderung der Bewußtseinsfunktionen ist, die eine neue «Logik» und neue Wahrnehmungen begründet (was einem Paradigmenwechsel gleichkommt), so liegt auf der Hand, daß auch die Kommunikation ganz neue Formen annehmen kann. Wenn zwei Beobachter im gleichen SoC sich über irgendeine neue Beobachtung verständigen, werden sie ihre Kommunikation als fließend und dem Gegenstand angemessen empfinden, während ein dritter Beobachter, der sich in einem anderen SoC befindet, die Kommunikation möglicherweise als «stark beeinträchtigt» empfindet.

Bislang haben praktisch alle Untersuchungen an Menschen, die sich in ASC befinden, zu dem Ergebnis geführt, daß ihre Kommunikationsstrukturen erhebliche Lücken aufweisen. Die Leiter solcher Untersuchungen haben allerdings bei ihren Forschungsdesigns nicht berücksichtigt, daß sich die Kommunikationsmuster möglicherweise einfach derart verändert haben, daß man sie nicht mehr mit den herkömmlichen Kriterien messen kann. Wenn ich zwei Leuten zuhöre, die sich auf englisch unterhalten, dann aber plötzlich anfangen, polnische Brocken in ihr Gespräch einzuflechten, werde ich (der kein Wort Polnisch versteht) den Eindruck gewinnen, daß die Kommunikation immer mehr «entgleist». Die Beurteilung einer Kommunikation braucht folglich einen empirischen Hintergrund, der die Möglichkeit verschiedener SoC berücksichtigt.

Für die Konsensbildung über ASC-Phänomene ist also zu bedenken, daß nur zwischen Menschen des gleichen ASC eine adäquate Kommunikation möglich ist und daß der Kommunikation mit Menschen in anderen SoC, beispielsweise im Normalbewußtsein, erhebliche Barrieren entgegenstehen.[6]

Theoriebildung

Ein Wissenschaftler mag über seine Beobachtungen theoretisieren, soviel er will, aber die fertige Theorie muß dann allem Beobachteten Rechnung tragen und für andere Wissenschaftler nachvollziehbar sein (was allerdings noch längst nicht heißt, daß sie sie akzeptieren müssen).

Die Forderung, daß eine Theorie logisch und konsistent sein muß, hat, so einfach und naheliegend sie aussieht, auch ihre Tükken. Jede Logik besteht nämlich aus einer Reihe von Grundannahmen und einer Reihe von Regeln, nach denen Information zu verarbeiten ist. Verändert man die Annahmen oder die Regeln, so können dieselben Anfangsdaten zu ganz anderen Ergebnissen führen. Auch ein Paradigma ist solch ein logisches System aus Prämissen und Arbeitsregeln. Wenn durch Veränderung des Bewußtseinszustands das ganze Paradigma verändert wird, kann sich in der Theoriebildung ein totaler Umsturz vollziehen. Ein und dieselbe Person kann in verschiedenen Bewußtseinszuständen zu völlig verschiedenen Interpretationen ein und desselben Ereignisses kommen. Vom Standpunkt eines bestimmten Bewußtseinszustands (SoC 1) aus kann man sich zwar dazu äußern, wie begreiflich einem Aussagen sind, die jemand in einem anderen Bewußtseinszustand (SoC 2) macht, aber man kann nichts über deren innere Gültigkeit sagen. Besäße ein Wissenschaftler aber die Fähigkeit, in beide Bewußtseinszustände einzutreten, so würde er gleich sehen, daß die betreffende Theorie den Regeln und der Logik von SoC 2 unterliegt. Damit könnten also Wissenschaftler, die im gleichen SoC geschult sind, gegenseitig die logische Gültigkeit ihrer Theoriebildung überprüfen. Zugleich stehen wir jetzt aber auch vor der Möglichkeit, eine zustandsspezifische Logik für die Theoriebildung in den verschiedenen SoC zu entwickeln.

Beobachtbare Konsequenzen

Jede Theorie, die ein Wissenschaftler entwickelt, muß beobachtbare Konsequenzen haben: Man muß aufgrund dieser Theorie Voraussagen machen können, die sich durch Beobachtung verifizieren lassen. Wo diese Verifikation nicht möglich ist, muß die Theorie für ungültig erklärt werden, mag sie noch so elegant, logisch oder überzeugend sein.

Unter der empirischen Erhärtung einer Theorie stellen wir uns normalerweise ihre Überprüfung durch ein Experiment vor, bei dem meßbare Effekte erzeugt werden, und wenn diese Überprüfung so nicht möglich ist, erklären wir eine Theorie für falsch oder zumindest unbeweisbar. Halten wir uns aber vor Augen, daß jeder Effekt, sei er meßbar oder nicht, letztlich eine Erfahrung des Beobachters ist. Wenn wir diese Tatsache zum Kriterium machen, dann könnte eine Theorie folgende allgemeine Form erhalten und danach auch auf ihre Gültigkeit untersucht werden: «Wenn eine bestimmte Erfahrung (beobachteter Umstand) eintritt, wird daraus unter genau bezeichneten Umständen eine ebenfalls bestimmte andere Erfahrung hervorgehen.» Damit ließe sich auch auf Daten, die keinerlei physikalischen (meßbaren) Charakter haben, eine durch und durch wissenschaftliche Theorie gründen.

Zustandsspezifische Wissenschaften

Wissenschaftliche Arbeit stellen wir uns meistens etwa so vor: Auf irgendeinen bestimmten Fragenbereich ausgerichtet, verbringt eine erlesene Schar hochqualifizierter Spezialisten ihre Zeit damit, detaillierte Beobachtungen an ihrem jeweiligen Gegenstand anzustellen. Sie können dabei über besondere Räumlichkeiten (Laboratorien), Instrumente oder Methoden verfügen, die ihnen bei der Verfeinerung ihrer Beobachtungen zu Diensten sind. Sie verständigen sich in einer Spezialsprache, in der sich die wichtigen Fakten ihres Forschungsbereichs am besten vermitteln lassen. Mit Hilfe dieser Sprache bestätigen und erweitern sie gegenseitig ihr Wissen um die Grundgegebenheiten ihres Arbeitsfeldes. Sie theoretisieren über ihre Grunddaten und konstruieren komplizierte Systeme. Diese erhärten sie durch weitere Beobachtung. Sie widmen sich für lange Zeit der Verfeinerung der Beobachtung und der Erweiterung der Theorie. Was sie tun, ist dem Laien häufig unbegreiflich.

Diese allgemeine Beschreibung läßt sich auf verschiedene naturwissenschaftliche Bereiche anwenden, aber auch auf Bereiche, die wissenschaftliche Disziplinen werden könnten – auf Biologie, Chemie, Physik, Psychologie, aber auch auf die Erforschung mystischer Zustände oder der drogeninduzierten Verbesserung kognitiver Prozesse. Die Einzelheiten des Vorgehens können dabei sehr verschieden aussehen, während die grundsätzliche wissenschaftliche Methodik überall die gleiche ist.

Das führt uns nun zum Postulat zustandsspezifischer Wissenschaften. Um solche Wissenschaften entstehen zu lassen, brauchten wir hochqualifizierte und engagierte Fachleute, die in bestimmte SoC eintreten können und in der Lage sind, sich darüber zu verständigen, daß sie gemeinsam in einem bestimmten SoC sind. Während sie in diesem SoC sind, können sie sich dann ihrem Forschungsgegenstand zuwenden, seien es die rein internen Phänomene dieses Zustands, die Interaktion dieses Zustands mit der physischen äußeren Wirklichkeit oder Menschen in anderen SoC.

Für eine zustandsspezifische Wissenschaft ist es zwar wichtig, daß der Experimentator selbst im SoC mit überlegener Kompetenz agieren kann, aber das bedeutet nicht unbedingt, daß er selbst stets der Gegenstand der Untersuchung sein muß. Es mag zwar häufig der Fall sein, daß er Beobachter, Gegenstand und Experimentator zugleich ist, aber er kann auch mit anderen Versuchspersonen experimentieren, die sich in diesem SoC befinden, und zugleich oder bei der anschließenden Datenbearbeitung und Theoriebildung selbst in diesem SoC sein.

Die beste Illustration der Natur einer zustandsspezifischen Wissenschaft wäre natürlich durch Beispiele für Beobachtung und Theoriebildung durch Wissenschaftler in genau definierten ASC gegeben. Leider haben wir solche Beispiele nicht, weil noch keine zustandsspezifischen Wissenschaften existieren[7]. Überdies befinden sich die Leser dieses Artikels vermutlich gerade in einem normalen SoC, und ein Beispiel, das ihnen in diesem Zustand verständlich und sinnvoll erscheint, dürfte kaum eine Illustration für den besonderen Charakter zustandsspezifischer Wissenschaft sein, denn es wäre dann ein Beispiel für ein Problem, das man sowohl vom ASC als auch vom normalen SoC aus angehen kann; das aber würde leicht dazu verleiten, den ganzen Fragenkreis für von der herkömmlichen Wissenschaft beantwortbar zu halten und die Notwendigkeit zustandsspezifischer Wissenschaften gar nicht zu erkennen.

Zustandsspezifische Wissenschaften und Religion

Die organisierten Religionen weisen Züge auf, die mit den Merkmalen zustandsspezifischer Wissenschaft manches gemein zu haben scheinen. Es gibt Techniken, mit denen der Gläubige in einen ASC eintreten und dort Erfahrungen machen kann, die er als Beweis für seine religiöse Überzeugung erlebt. Menschen, die solche Erfahrungen gemacht haben, bezeichnen sie meist als unbeschreiblich – im normalen SoC nicht mehr ganz nachvollziehbar. Eine intensiv emotional aufgeladene Atmosphäre kann die verschiedensten ASC erzeugen und zu tiefen religiösen Erfahrungen führen; ein bekanntes Beispiel sind die Konversionserfahrungen bei Zusammenkünften der Erweckungssekten.

Betrachten wir die spirituellen Schulungssysteme mancher anderen – vor allem östlichen – Religionen, so stellen wir noch tiefere Übereinstimmungen fest, denn hier sind im Dienst einer mystischen Welterfahrung «Spezialisten» tätig, werden Techniken der Induzierung von ASC angewendet, wie sie auch für die zustandsspezifischen Wissenschaften von Bedeutung sind.

Dennoch sind zustandsspezifische Wissenschaften natürlich nicht einfach Religionen in einem neuen Gewand. Der ASC-Aspekt der Religion erfordert gewiß ein Engagement für die Suche nach Wahrheit, wie es auch für die Entwicklung zustandsspezifischer Wissenschaften gegeben sein müßte, doch fast alle Religionen, die wir kennen, sind sozusagen zustandsspezifische Technologien, die im Dienst eines gegebenen Glaubenssystems eingesetzt werden. Das heißt, wer in einem religiösen Kontext einen ASC erfährt, ist im allgemeinen bereits gründlich mit dem jeweiligen Glaubenssystem indoktriniert. Das kann natürlich auf Art und Inhalt des ASC abfärben, und zwar so, daß er wiederum das Glaubenssystem bekräftigt – ein geschlossener Kreislauf.

Der Unterschied zwischen Religionen, in denen ASC eine Rolle spielen, und zustandsspezifischen Wissenschaften besteht darin, daß der Wissenschaftler beständig sein eigenes Glaubenssystem überprüfen muß und immer wieder das anscheinend Offensichtliche in Frage stellt, auch wenn er noch so gern daran glauben möchte. Forscher auf dem Gebiet veränderter Bewußtseinszustände werden bei der Entwicklung zustandsspezifischer Wissenschaften sicherlich auf eine ungeheure Vielzahl von Phänomenen stoßen, die als religiöse Erfahrung oder mystische Offenbarung angesehen werden, aber sie müssen stets ihrer Verpflichtung treu bleiben, diese Phänomene eingehend zu untersuchen, ihre Beobachtungen und Techniken mit Kollegen auszutauschen und alle Überzeugungen (Hypothesen, Theorien), die aus solchen Erfahrungen erwachsen, einer Untersuchung zu unterziehen, die zu überprüfbaren Aussagen führt. Die enorme Überzeugungskraft, die mystische Erfahrungen besitzen, wird dies zu einer sehr schwierigen Aufgabe machen, aber wir müssen uns ihr unterziehen, wenn wir verschiedene ASC wirklich verstehen wollen.

Beziehungen zwischen zustandsspezifischen Wissenschaften

Auch zustandsspezifische Wissenschaft besteht aus zwei Hauptteilen: Beobachtung und Theoriebildung. Beobachtung ist das, was mehr oder weniger direkt erfahren werden kann; Theorien sind Schlußfolgerungen auf die nicht-beobachtbaren Faktoren, die für die Beobachtung verantwortlich sein mögen. Daß man beispielsweise bei bestimmten Klängen bestimmte Farben sehen kann (Synästhesie), ist für mich in meinem normalen SoC eine theoretische Behauptung: Ich erlebe in diesem Bewußtseinszustand keine Synästhesie und kann mir nur Theorien über entsprechende Berichte anderer Menschen bilden. Stünde ich aber selbst unter dem Einfluß einer psychedelischen Droge, so könnte ich die Synästhesie vermutlich direkt erfahren, und meine Beschreibung würde damit zum Datum.[8]

Aus dem Prinzip der Zustandsabhängigkeit geht bereits hervor, daß die Ergebnisse einer bestimmten zustandsspezifischen Wissenschaft die Ergebnisse einer anderen weder bestätigen noch widerlegen können. Ich sage in diesem Zusammenhang lieber, daß zwei zustandsspezifische Wissenschaften in ihrem Überschneidungsbereich ganz verschiedene Perspektiven hinsichtlich der beobachteten Phänomene einnehmen und einander deshalb ergänzen.[9] Die zu entwickelnden zustandsspezifischen Wissenschaften haben auch nicht die Bestätigung oder Widerlegung der Normalbewußtseins-Wissenschaft zum Ziel, sondern werden sie ergänzen – einfach weil bestimmte Arten von Phänomenen in diesem alternativen Rahmen angemessener behandelt werden können.

Eine Interaktionsmöglichkeit zwischen zustandsspezifischen Wissenschaften dürfte allerdings durchaus gegeben sein. So ist zum Beispiel in den Normalbewußtseins-Wissenschaften schon mancher kreative Durchbruch dadurch geglückt, daß ein Wissenschaftler spontan in einen ASC eintrat.[10] In solchen Fällen war dem betreffenden Wissenschaftler plötzlich eine neue Sicht seines Problems und eine neue Art des Verstehens zugänglich und führte zu Resultaten, die sich mit den Mitteln seiner Normalbewußtseins-Wissenschaft überprüfen ließen.

Ein vieldiskutiertes Beispiel für die Überschneidung zwischen ASC-Diziplin und Normalbewußtseins-Wissenschaft ist die Entdeckung, daß meditative Zustände physiologische Entsprechungen haben können, etwa eine Verminderung der Alphawellenfrequenz der Hirnströme, wie sie auch mit der Hilfe von Feedback-Geräten erzeugt werden kann[11].

Individuelle Unterschiede

Ein großes Hindernis für die Entwicklung zustandsspezifischer Wissenschaften ist die verbreitete Annahme, daß die SoC normaler (nicht als psychisch krank eingestufter) Menschen im wesentlichen gleich seien. Mir scheint aber, daß es in diesen Normal-SoC enorme Unterschiede gibt; sie werden nur gern herabgespielt oder vertuscht, weil eine Gesellschaft ihre Mitglieder darauf trainiert, sich auf die allgemein sanktionierten Kommunikationswege und Verhaltensweisen zu beschränken.

Manche Menschen denken in Bildern, andere in Wörtern; manche können Teile ihres Körpers willentlich unempfindlich machen, andere können es nicht; manche erinnern sich an Vergangenes, indem sie die Szene in sich wachrufen und dann die relevanten Einzelheiten betrachten, andere sind auf bildlose verbale Prozesse angewiesen.

Das bedeutet, daß Person A in ihrem normalen SoC Beobachtungen machen kann, die Person B in ihrem normalen SoC verschlossen sind, so sehr B sich auch bemühen mag. Das kann die verschiedensten Konsequenzen haben, zum Beispiel daß B denkt, A sei verrückt, habe eine blühende Phantasie oder sei einfach ein Lügner; er kann sich A jedoch auch unterlegen fühlen. A wiederum – falls er B als Standard der Normalität akzeptiert – kann den Eindruck bekommen, daß er selbst nicht ganz richtig im Kopf ist.

Weitere individuelle Unterschiede, die das Bild noch komplizierter machen, liegen darin, daß man in einem bestimmten SoC eine Beobachtung machen oder einen Begriff bilden kann und diese Erfahrung sich möglicherweise später in einem anderen SoC wiederholt oder dort erst ganz verstanden wird. Erfahrungen, die zunächst an einen bestimmten SoC gebunden scheinen, können sich also später doch als ganz oder teilweise auf andere SoC übertragbar erweisen. Man wird hier vermutlich auf eine schier unübersehbare Fülle von Kombinationsmöglichkeiten der verschiedenen Zustände und Erfahrungstypen stoßen.

Das erste Hauptproblem bei der Entwicklung zustandsspezifischer Wissenschaften liegt in der Evidenz der Wahrnehmung. In vielen ASC empfindet man ohne jede Spur von Zweifel, daß man auf die klarste nur denkbare Weise direkt die Wahrheit erfährt. Der Wunsch nach Überprüfung kann dadurch völlig erlöschen, aber selbst wenn das nicht der Fall ist, kommt es vor, daß gar nicht der Wunsch entsteht, sich mit anderen über die Erfahrung zu verständigen, um zu einer gemeinsamen Einschätzung zu gelangen. Das kann ein schwerwiegender Nachteil sein, denn die Stärke des wissenschaftlichen Vorgehens liegt ja gerade in der Einschätzung eines Sachverhalts aus verschiedenen Perspektiven. Wer sich an der Entwicklung zustandsspezifischer Wissenschaften beteiligen möchte, wird lernen müssen, dem Offensichtlichen zu mißtrauen.

Ein weiteres Problem besteht darin, daß bildhaftes Erleben und Imagination durch manche ASC stark aktiviert werden, so daß auch alles bloß Vorgestellte vollkommen wirklich erscheint. Man kann sich *vorstellen*, daß man etwas Reales beobachtet oder erfährt. Wenn man aber im Grunde alles heraufbeschwören kann, was man nur will, wie kann man dann je zur Wahrheit vordringen? Dennoch müssen lebhafte Vorstellungen nicht unbedingt «bloße Einbildungen» sein; wenn sie auch nicht unbedingt *die* Wirklichkeit sind, können wir sie doch als ernstzunehmende Daten betrachten, denn es kann durchaus wichtig sein zu wissen, *welche* Vorstellungen in einem bestimmten Bewußtseinszustand möglich oder vorherrschend sind. Vermutlich kann in einem bestimmten SoC nicht alles gleich gut vorgestellt oder visualisiert werden, und Vergleiche zwischen den Imaginationscharakteristika verschiedener SoC könnten zur Entdeckung einer gesetzmäßigen Struktur führen.

Das Problem der überzeugenden Lebhaftigkeit der Imagination wird durch zwei weitere Faktoren noch komplizierter: durch die paradigmatische Voreingenommenheit des Experimentators und die Tatsache, daß die Illusion eines Menschen sich nicht nur im Normalzustand, sondern auch im ASC auf einen anderen übertragen kann, der sich im gleichen ASC befindet und dadurch ein höchst trügerischer Konsens entsteht. Auch hier besteht auf lange Sicht die einzige Lösungsmöglichkeit darin, daß Voraussagen aufgrund von Begriffen, die aus solchen Erfahrungen gewonnen wurden, experimentell überprüft werden.

Ein drittes Grundproblem besteht darin, daß wahrscheinlich nicht für alle ASC zustandsspezifische Wissenschaften entwickelt werden können: Manche ASC sind vielleicht wirklich nur Ausdruck schwerer Störungen in der Fähigkeit zu beobachten und zu reflektieren. Wir werden noch darauf zu sprechen kommen, für welche SoC sich entsprechende Wissenschaften entwickeln lassen; grundsätzlich sollte jedoch klar sein, daß diese Entwicklung sich nur über Versuch und Irrtum vollziehen kann und nicht über apriorische Entscheidungen aufgrund von Überlegungen im Normal-SoC.

Die grundsätzliche Schwierigkeit der Darstellung und Vermittlung von ASC-Erfahrungen stellt ein viertes Grundproblem dar. Zwei mögliche Fälle sind hier zu berücksichtigen, nämlich 1. daß die Person sich ihre eigene Erfahrung nicht einmal selbst klarmachen kann, und 2. daß sie dies zwar kann, aber unfähig ist, sie anderen zu vermitteln. Erscheinungen des ersten Typs bleiben der wissenschaftlichen Betrachtung einfach verschlossen, während wissenschaftliche Erforschung im zweiten Fall zwar möglich ist, aber nur wenn wir bereit sind zu akzeptieren, daß es eine Wissenschaft für einen einzigen Menschen geben kann. Da in solch einer Wissenschaft keine Konsensbildung möglich wäre, hätte sie natürlich nicht die Stärken und die Durchschlagskraft herkömmlicher wissenschaftlicher Unternehmungen.

Im übrigen könnte sich bei manchen Phänomenen, die jetzt noch als «unbeschreiblich» gelten, im Lauf der Zeit herausstellen, daß sie es gar nicht sind. Vielleicht besitzen wir bislang einfach zu wenig Erfahrung mit ASC und vor allem keine Sprache, um uns über sie zu verständigen. Viele moderne Sprachen, vor allem aber die europäischen, sind ganz auf die materielle Seite des Daseins und hier insbesondere auf das physische Überleben ausgerichtet.

Schließlich sollten wir uns noch die Möglichkeit vor Augen führen, daß manche ASC-Phänomene zu komplex sind, als daß Menschen sie verstehen könnten. Ein bestimmtes Phänomen kann von so vielen Variablen beeinflußt werden, daß wir es vielleicht nie ganz verstehen können. Andererseits ist die Geschichte der Wissenschaft reich an Beispielen für Phänomene, die zunächst für zu komplex gehalten wurden, dann aber doch ihre Lösung fanden.

Ausblick

Das stärkste Argument für die Notwendigkeit zustandsspezifischer Wissenschaften liefert meines Erachtens eine Betrachtung der Geschichte und unserer gegenwärtigen Situation. Schon immer haben spirituelle und mystische Faktoren – wenn auch meist nur in verwässerter Form – eine Rolle gespielt, wurden die Menschen von der Religion angezogen. Spirituelle und mystische Erfahrungen sind das, was wir hier als ASC-Phänomene bezeichnen: Und solche Erfahrungen waren Anlaß zu den edelsten und grauenhaftesten Taten, deren der Mensch fähig ist. Dennoch ist, solange es die westliche Wissenschaft gibt, noch nie der Versuch unternommen worden, ASC-Phänomene systematisch zu erforschen.

Viele haben darauf gesetzt, daß Religion nur eine Art Aberglaube ist, den wir in unserem «rationalen» Zeitalter endlich überwinden werden. Sie haben die Wette verloren, und unser neues Verständnis von der Natur des rationalen Denkens macht deutlich, daß sie nicht zu gewinnen war. Der Verstand ist nur ein Werkzeug – und steht zudem im Dienst von Annahmen, Überzeugungen und Bedürfnissen, die selbst nicht angezweifelt und rationaler Überprüfung unterzogen werden. Das Irrationale (oder besser: *A*rationale) wird nie aus unserem Leben verschwinden. Der ungeheure Erfolg der Naturwissenschaften hat sich nicht gerade fördernd auf die Entwicklung einer besseren Lebensphilosophie ausgewirkt und schon gar nicht die wirkliche Erkenntnis unserer selbst vertieft. Sonderlich human sind unsere bisherigen Wissenschaften nicht, auch nicht die sogenannten Humanwissenschaften. Sie sagen uns, *wie* man die Dinge tut, vermögen aber keine wissenschaftlichen Anhaltspunkte dafür zu liefern, *was* überhaupt zu tun ist und *weshalb*.

Große Teile der heutigen Jugend, aber auch immer mehr Wissenschaftler wenden sich Meditation, östlichen Religionen und psychedelischen Drogen zu. Die Erfahrungen in veränderten Bewußtseinszuständen scheinen für die Formulierung einer Lebensphilosophie und für die Entscheidung über die richtige Lebensweise relevanter zu sein als die «reine Vernunft».[12] Mein eigener Eindruck ist, daß zwar immer mehr Wissenschaftler sich persönlich an die Erforschung von ASC machen, aber erst sehr wenige diese Arbeit in ihre wissenschaftliche Tätigkeit zu integrieren versuchen.

Es ist schwer zu sagen, wie die Chancen für die Entwicklung zustandsspezifischer Wissenschaften stehen. Unser Wissen ist noch zu diffus und steht zu sehr unter dem Einfluß unseres normalen SoC. Dennoch glaube ich, daß solche Wissenschaften für bestimmte Zustände geschaffen werden können, zum Beispiel Selbsthypnose, meditative Zustände, luzide Träume, Marihuana- und LSD-Rausch, Selbsterinnerung, tiefe Versunkenheit und durch Biofeedback induzierte Zustände.[13] In diesen Zuständen scheint der persönliche Wille erhalten zu bleiben, so daß der Beobachter Experimente an sich selbst und/oder anderen ausführen kann. Dann gibt es noch Zustände, in denen der Wille zwar ausgeschaltet sein kann, wo aber dennoch Experimente möglich sind, wenn vor dem Eintritt des Zustands bestimmte Vorbereitungen getroffen werden; hierzu gehören der Alkoholrausch, der normale Traumzustand, die Übergangszustände zwischen Wachen und Schlafen und drogeninduzierte Halluzinationen. Wir wissen nicht, ob auch andere ASC sich für die wissenschaftliche Erforschung eignen würden oder ob die mentalen Fähigkeiten in ihnen zu stark reduziert sind. Nur das Experiment kann solche Fragen beantworten.

Ich habe nichts gegen religiöse und mystische Gruppen. Mir scheint nur, daß sie meist bloß faszinierende Glaubenssysteme hervorbringen, aber nichts in der Art einer zustandsspezifischen Wissenschaft. Die Frage ist noch offen: Wird die wissenschaftliche Methode sich auch der veränderten Bewußtseinszustände annehmen und zum Wohl der Menschheit zustandsspezifische Wissenschaften entwickeln, oder wird das ungeheure Potential veränderter Bewußtseinszustände den vielen Kulten und Sekten überlassen bleiben? Meine Hoffnung ist, daß wir uns die Entwicklung zustandsspezifischer Wissenschaften zum Ziel machen.

Verschiedene Eindrücke in verschiedenen Zuständen

Gordon Globus

30. Juni 1972

Editors of Science
Science
American Association for the Advancement of Science
1515 Massachusetts Avenue, N.W.
Washington, D.C. 20005

Dear Sirs:

Ich begrüße es, daß *Science* Tarts umstrittenen Artikel «Bewußtseinszustände und zustandsspezifische Wissenschaften» veröffentlicht hat. Mit Recht betont Tart die Notwendigkeit der Erforschung veränderter Bewußtseinszustände (ASC). Man kann sich kaum einen Punkt in der Wissenschaftsgeschichte vorstellen, an dem die Wissenschaft der kulturellen Gesamtentwicklung so weit nachhinkte wie heute; selbst weniger brillante Geister vermögen die Irrelevanz der wenigen Verhaltensstudien über psychedelische Drogen zu erkennen. Leider ist Tarts wissenschaftstheoretische Perspektive so eng und seine Darstellung der Beziehungen zwischen «zustandsspezifischen Wissenschaften» so radikal, daß die ganze Erörterung vermutlich gerade von denen glattweg verworfen wird, an die sie adressiert ist, nämlich vom «geradlinig denkenden» wissenschaftlichen Establishment, das sich den von Tart vorgelegten Thesen wohl in einem normalen Bewußtseinszustand widmen wird.

Tarts Erörterung der «öffentlichen Natur der Beobachtung» als einer Grundregel wissenschaftlicher Methodik verfehlt den entscheidenden Punkt. Es stimmt zwar, daß Beobachtung öffentlich sein muß, daß also jeder entsprechend geschulte Beobachter sie wiederholen können muß, aber Wiederholbarkeit genügt noch nicht; vielmehr ist zu fordern, daß die Beobachtung jedem Beobachter in gleicher Weise zugänglich sein muß. Das methodologische Problem der ASC besteht genau darin, daß der Experimentator einen besonderen Zugang zu seinem eigenen Bewußtsein besitzt, den kein anderer Beobachter je haben kann.

Dies ist das Grundproblem bei der Erforschung der ASC und steht auf einem ganz anderen Blatt als die von Tart genannten Schwierigkeiten – etwa die Beschreibung komplexer ASC oder die Schulung des Beobachters.

Solange empirische Untersuchungen nicht das Gegenteil beweisen, dürfte es die umsichtigste Lösung sein, sich auf die Entwicklung *einer* Wissenschaft für alle – gewöhnliche und außergewöhnliche – Zustände zu beschränken, anstatt sich auf das zweifelhafte Unternehmen einzulassen, jedem Bewußtseinszustand eine eigene Wissenschaft (und eigene Wissenschaftler) zuzuordnen.

Gordon G. Globus, M.D.
Department of Psychiatry & Human Behavior
University of California Irvine

Editors of Science 10. Juli 1972
Science
American Association for the Advancement of Science
1515 Massachusetts Avenue, N.W.
Washington, D.C. 20005

Dear Sirs:

Ich muß noch einmal auf meinen Brief vom 30. 6. zurückkommen, in dem ich Tarts Artikel über veränderte Bewußtseinszustände (ASC) kritisierte. Ich erinnere mich zufällig an Tarts Artikel, während ich mich selbst in einem ASC befinde, und zu meinem größten Erstaunen erscheint mir jetzt sein Vorschlag, für alle ASC spezifische und unabhängige Wissenschaften zu entwickeln, ganz sinnvoll. Ich skizziere daher sofort – also noch im ASC – diesen Brief.

Im Augenblick ist mir vollkommen klar, daß ich im normalen Bewußtseinszustand nicht nachvollziehen kann, wie der ASC wirklich ist. Der Höhepunkt des ASC ist für mich immer wieder völlig überraschend, denn jedesmal vergesse ich wieder, was für eine einzigartige Erfahrung er ist – solange, bis ich wieder in ihn eintrete. Ganz klar sehe ich auch dies: Wenn ich mich später im normalen Bewußtseinszustand mit einem anderen Menschen unterhalte, wird er das, was ich jetzt in diesem Augenblick erfahre, nicht nachvollziehen können; und ich sehe auch schon voraus, daß ich es selbst dann auch nicht mehr kann.

Mich verblüfft nun der überaus merkwürdige Umstand, daß Tarts Vorschläge mir im normalen Bewußtseinszustand absurd, im ASC jedoch ganz vernünftig erscheinen. Meine kritische Haltung gegenüber allen anderen Punkten, die ich an Tarts Artikel bemängelte, bleibt übrigens im ASC bestehen.

Nachträglicher Zusatz: Zurück im Normalzustand, tendiere ich wieder zu *einer* Wissenschaft für alle Bewußtseinszustände und vertraue darauf, daß es eine Erklärung gibt für meine Erfahrung im ASC, nämlich daß der ASC im normalen Bewußtseinszustand nicht nachvollziehbar ist. Ich kann mich zwar erinnern, was im ASC geschah, aber das Gedächtnis kann die Erfahrung selbst nicht reproduzieren. Es scheint keine Möglichkeit zu geben, die ASC-Erfahrung zurückzugewinnen – außer durch Wiedereintritt in den ASC, und dies scheint Tarts These zu bestätigen. Das verfügbare wissenschaftliche Material über «zustandsspezifisches Lernen» kann dieses Phänomen jedoch ohne weiteres erklären.

Es scheint mir nun, daß Tart auf der Erfahrungsebene durchaus vernünftige Gründe für zustandsspezifische Wissenschaften angibt, während jedoch auf der begrifflichen Ebene nach wie vor eine einzige Wissenschaft alle Bewußtseinszustände erfassen kann. Jedenfalls zeigt wohl der Unterschied in meinen beiden Briefen, daß diese faszinierenden Phänomene durchaus von wissenschaftlichem Interesse sein können.

Gordon G. Globus, M.D.
Department of Psychiatry & Human Behavior
University of California Irvine

Auge in Auge: Wissenschaft und Transpersonale Psychologie

Ken Wilber

Das größte und wichtigste Problem, vor das sich die Transpersonale Psychologie heute gestellt sieht, ist wohl ihr Verhältnis zur empirischen Wissenschaft. Wirklich brennend ist dabei jedoch nicht die Frage ihrer Spannweite, ihrer Gegenstände und ihrer Methodik – das heißt ihrer Quellen, Grundannahmen und Schlußfolgerungen –, denn all diese Punkte sind zweitrangig im Vergleich mit der alles entscheidenden Frage, ob sie überhaupt Gültigkeit beanspruchen kann, ob sie also, anders gesagt, eine *empirische* Wissenschaft ist. Falls nämlich, so lautet die Argumentation, die Transpersonale Psychologie keine empirische Wissenschaft ist, so besitzt sie auch keine tragfähige Wissenschaftstheorie und damit nicht die Mittel, gültige Erkenntnisse zu gewinnen. Es ist müßig, nach der Weite oder Tiefe oder Methodik des Erkennens auf diesem neuen und «höheren» Gebiet der Transpersonalen Psychologie zu fragen, solange sie nicht demonstriert hat, daß sie tatsächliches Wissen irgendeiner Art besitzt.

Ich möchte deshalb kurz die Natur der Wissenschaft, die Natur der Transpersonalen Psychologie und das Verhältnis beider zueinander betrachten.

Die drei Augen der Seele

Bonaventura, ein Lieblingsphilosoph der späteren abendländischen Mystiker, lehrte, daß der Mensch über drei Weisen des Erkennens verfügt, über «drei Augen», wie er selbst sie nannte: das Auge des Fleisches, mit dem wir die äußere Welt des Raumes, der Zeit und der Dinge wahrnehmen; das Auge der Vernunft, das uns Zugang zur Philosophie, zur Logik und zum Geist selbst verschafft; und das Auge der Kontemplation, das uns zur Erkenntnis transzendenter Wirklichkeit erhebt.

Diese besondere Ausdrucksweise – Auge des Fleisches, der Vernunft und der Kontemplation – ist zwar eindeutig christlich, doch wir finden ähnliche Ideen in jeder großen Schule traditioneller Psychologie, Philosophie und Religion. Die «drei Augen» des Menschen entsprechen den drei Bereichen des Seins, wie sie von der *Philosophia perennis* beschrieben werden: das Grobstoffliche (fleischlich und materiell), das Feinstoffliche (mental und seelisch) und das Kausale (transzendent und kontemplativ). Diese Bereiche sind anderswo ausführlich beschrieben, und ich möchte hier nur auf die Einhelligkeit unter Psychologen und Philosophen der Vergangenheit hinweisen.[1, 2, 3]

Um Bonaventuras Einsichten weiterzuführen, könnten wir Heutigen sagen, daß das Auge des Fleisches an einer Welt gemeinsamer und ausgewählter sensorischer Erfahrung teilhat und diese Welt teils wahrnimmt, teils aber auch selbst erschafft. Dies ist der grobstoffliche Bereich von Raum, Zeit und Materie. Es ist der gemeinsame Erfahrungsbereich all jener, die ein ähnliches Auge des Fleisches besitzen. Das Auge des Fleisches ist das *empirische* Auge, das Auge der Sinneserfahrung, die als gemeinsame Erfahrung Objektkonstanz schafft.

Das Auge der Vernunft oder, allgemeiner gesagt, das Auge des Geistes hat teil an einer Welt der Ideen, der Bilder, der Logik und der Begriffe. Im modernen Denken beruht sehr viel allein auf dem empirischen Auge, und wir müssen uns daher vergegenwärtigen, daß das mentale Auge nicht auf das Auge des Fleisches zurückgeführt werden kann. Das mentale Feld beinhaltet zwar das sensorische Feld, transzendiert es jedoch auch. Das Auge des Geistes ist für ein Großteil seiner Informationen auf das Auge des Fleisches angewiesen, aber daraus folgt nicht, daß geistiges Erkennen aus fleischlichem Erkennen hervorgeht oder sich ausschließlich mit empirischen Gegenständen beschäftigt. Die Wahrheit einer logischen Ableitung besteht in ihrer inneren Konsistenz und nicht in Beziehung zu Sinnesobjekten.

Das Auge der Kontemplation verhält sich zum Auge der Vernunft wie das Auge der Vernunft zum Auge des Fleisches. Die Vernunft transzendiert das Fleisch, und die Kontemplation transzendiert die Vernunft. Kontemplation kann ebenso wenig auf den Verstand zurückgeführt oder aus ihm abgeleitet werden wie der Verstand aus dem fleischlichen Erkennen. Wenn wir das Auge des Verstandes trans-empirisch nennen, so ist das Auge der Kontemplation trans-rational, trans-logisch und trans-mental.

Nehmen wir einfach an, daß alle Menschen ein Auge des Fleisches, ein Auge des Verstandes und ein Auge der Kontemplation besitzen, daß jedes Auge seine eigenen Erkenntnisgegenstände hat (sinnlich, mental, transzendental), daß ein höheres Auge nicht durch ein niedrigeres zu erklären ist und daß jedes Auge in seinem eigenen Wirkungsbereich gültige Erkenntnisse gewinnt, aber in die Irre geht, sobald es versucht, höhere oder niedrigere Bereiche ganz zu erfassen.

Ich möchte hier vor allem eines betonen: Wenn ein Auge sich die Rolle eines der anderen Augen anmaßt, stellt sich notwendigerweise ein Kategorialfehler ein. Und das gilt für beide Richtungen, denn das Auge der Kontemplation ist ebenso wenig in der Lage, die Gegenstände des empirischen Auges zu erfassen, wie das empirische Auge die Wahrheiten des kontemplativen Auges begreifen kann. Sinneswahrnehmung, Verstand und Kontemplation enthüllen ihre eigenen Wahrheiten in ihrem jeweiligen Bereich, und sobald ein Auge für das andere zu sehen versucht, verschwimmt ihm alles.

Dieser Typ von Kategorialirrtum ist für fast jede größere Religion zu *dem* Problem geworden.

Buddhismus, Christentum und andere Religionen gelangten in ihren größten Vertretern zu höchster Wirklichkeitsschau, doch solche transverbalen Einsichten wurden von späteren «Gläubigen» unweigerlich mit rationalen Wahrheiten und empirischen Fakten durcheinandergeworfen. Das Vermögen, zwischen dem Auge des Fleisches, des Verstandes und der Kontemplation zu unterscheiden, war noch nicht genügend ausgebildet. Man versuchte beispielsweise, die Offenbarung mit der Logik und empirischen Fakten in Verbindung zu bringen und alle drei als *eine* Wahrheit zu präsentieren. Daraus ergab sich zweierlei: Die Philosophen machten sich daran, die rationale Seite der Religion zu demontieren, und die Naturwissenschaft zerpflückte ihre empirische Seite. Damit war die Spiritualität im Westen «erledigt», und nur Wissenschaft und Philosophie überlebten.

Es dauerte nicht lange, bis auch die Philosophie, das rationale System, das vom Auge des Geistes hervorgebracht wurde, in die gleiche Mühle geriet und dem neuen wissenschaftlichen Empirizismus zum Opfer fiel. Von diesem Punkt an besaß das menschliche Erkenntnisvermögen im Abendland nur noch ein Instrument, das Auge des Fleisches.

Aus Wissenschaft wurde Szientismus, eine Haltung, die sich anmaßt, nicht nur für das Auge des Fleisches, sondern auch für das geistige und das kontemplative Auge sprechen zu können. Damit unterlag die neue Wissenschaftlichkeit natürlich genau dem Kategorialirrtum, den sie in der dogmatischen Theologie aufgespürt hatte und für den sie die Religion so teuer hatte bezahlen lassen. Der Szientismus ist ein gewaltsamer Versuch, die Aufgaben aller drei Augen von der empirischen Wissenschaft allein versehen zu lassen. Für diesen Versuch hat nicht nur die Wissenschaft selbst, sondern die Welt insgesamt teuer bezahlt.

So wurde das Kriterium der Wissenschaftlichkeit zum einzigen Kriterium für die Wahrheit, ein Kriterium also, das nichts weiter beinhaltet, als die Prüfung durch das Auge des Fleisches auf der Grundlage von Messungen. Diese Haltung der Naturwissenschaftler, ihr Anspruch, das Ganze erklären zu können, war, wie Whitehead sagt, «reiner Bluff».[4] Sie waren jetzt überdies gezwungen zu behaupten, daß alles, was das empirische Auge nicht sehen kann, nicht existiert. Niemand kam auf die Idee, daß es das, was es nicht sehen kann, eben einfach nicht sehen kann.

Eine «höhere» Wissenschaft

Aber vielleicht haben ja die Wissenschaftler selbst eine zu enge Definition für die wissenschaftliche Methode formuliert. Könnte vielleicht eine breiter konzipierte Wissenschaft auch den Bereich des geistigen und des kontemplativen Auges abdecken? Ist also das, was «zustandsspezifische Wissenschaft» genannt wird – Wissenschaft in höheren Bewußtseinszuständen – eine Möglichkeit oder nur ein von bester Absicht geleiteter Irrtum?

Charles Tart glaubt, die naturwissenschaftliche Methode sei durch ein «physikalistisches Vorurteil»[5, 6] unnötigerweise und willkürlich auf das Auge des Fleisches eingeengt worden, nämlich das Vorurteil, daß nur materielle Dinge der wissenschaftlichen Erforschung wert sind. Die wissenschaftliche Methode, so erläutert er das Konzept der zustandsspezifischen Wissenschaften, kann von ihren materialistischen Verhärtungen befreit und auch auf höhere Bewußtseins- oder Seinszustände angewendet werden. Seine Schlußfolgerung: «Das Wesen der wissenschaftlichen Methode ist durchaus vereinbar mit der Erforschung veränderter Bewußtseinszustände.»

Dazu wäre meiner Meinung nach zweierlei zu sagen: Erstens hat

Tart die Definition der Wissenschaft so weit gefaßt, daß sie sich auf alle möglichen Untersuchungen anwenden läßt. Zweitens können wir diese Schwierigkeit zwar zu umgehen versuchen, indem wir seine Definition dichter und fester machen, aber je besser uns das gelingt, desto mehr verliert sie ihre Gültigkeit für höhere Bewußtseinszustände und nimmt wieder mehr und mehr die alten physikalistischen Züge an.

Wenn das so ist, dann eignet sich die wissenschaftliche Methode wohl doch nicht so gut für die höheren Bewußtseins- und Seinszustände, sondern muß bleiben, was sie immer gewesen ist – der beste Zugang zu den Fakten *im Bereich des fleischlichen Auges*. Ich glaube, Tart hat bei seinen bahnbrechenden Bemühungen, der Existenz höherer Bewußtseinszustände Geltung zu verschaffen, versehentlich Kriterien der niederen Zustände auf die höheren Zustände im allgemeinen angewendet.

Empirische Forschung durch das Auge des Fleisches oder seine Instrumente wird immer ein wichtiges Hilfsmittel der Transpersonalen Psychologie bleiben, aber nie ihren Mittelpunkt bilden, also nie den Platz des kontemplativen Auges einnehmen können. Die Transpersonale Psychologie ist ein zustandsspezifisches Unterfangen (keine Wissenschaft) und kann sich des empirischen und des geistigen Auges bedienen, weil sie beide transzendiert; das empirische Auge dient ihr bei wissenschaftlichen Untersuchungen, das geistige bei der philosophisch-psychologischen Vertiefung. Aber keines dieser beiden Augen ist in der Lage, sie zu erfassen oder zu definieren.

Beweise – der wunde Punkt

Halten wir fest, daß wissenschaftliches Erkennen nicht die einzige Weise des Erkennens ist, sondern nur das methodisch eingesetzte Auge des Fleisches; darüber gibt es noch das geistige und das kontemplative Erkennen. Wenn wir also feststellen, daß die Transpersonale Psychologie keine Wissenschaft ist, so bedeutet das nicht, daß sie gegenstandslos, nicht-verifizierbar, antirational, nicht-kognitiv und letztlich sinnlos ist. Transpersonale Psychologen pflegen sehr nervös zu werden, wenn jemand sagt, die Transpersonale Psychologie sei keine Wissenschaft; wir alle haben uns von den Wissenschaftlern einimpfen lassen, daß «unwissenschaftlich» gleichbedeutend ist mit «nicht-verifizierbar». Aber welche anderen Möglichkeiten der Verifikation haben wir denn außer der wissenschaftlichen?

Dies wird nur deshalb zum Problem, weil wir nicht sehen, daß alle Weisen des Erkennens die gleiche Grundstruktur aufweisen. Alles Erkennen besteht aus drei Grundkomponenten:

1. Die instrumentelle oder operationale Komponente beinhaltet einfache oder komplexe, interne oder externe Verfahrensanweisungen von der Form: «Wenn du das sehen willst, dann tu dies.»

2. Die illuminative Komponente beinhaltet das erkennende Sehen durch das jeweilige Auge, das von der instrumentellen Komponente aktiviert wurde. Hieran kann sich anschließen:

3. Die Konsens-Komponente, die beinhaltet, daß alle, die mit dem gleichen Auge schauen, dasselbe sehen. Wenn diese gemeinsame Schau von allen bestätigt wird, ist damit der Beweis für ihre Gültigkeit erbracht.

Alle Weisen des Erkennens, gleichgültig mit welchem Auge, weisen diese Komponenten auf. Nun beinhaltet die operationale Komponente die Forderung, das durch die jeweilige Anweisung angesprochene Auge zu schulen, damit es die Eindrücke, die es zu empfangen hat, überhaupt aufnehmen kann. Das gilt für Kunst, Wissenschaft, Philosophie und Kontemplation, kurz für alle Formen wirklichen Erkennens.

Weigert sich jemand, ein bestimmtes Auge zu schulen, so bedeutet das zugleich die Weigerung, mit diesem Auge zu sehen, und wir tun ganz recht daran, auf die Ansichten dieses Menschen nichts zu geben und ihn bei der gemeinschaftlichen Verifikation unserer Erfahrung nicht zu berücksichtigen. Einem Menschen, der von Geometrie nichts weiß und auch nichts wissen will, wird man wohl kaum ein Urteil über die Wahrheit des Pythagoräischen Lehrsatzes zugestehen. Einem Menschen, der sich weigert, Kontemplation zu erlernen, kann man kein Urteil über die Wahrheit des Buddhawesens zugestehen.

Ich glaube, das wichtigste, was die Transpersonale Psychologie zu tun hat, besteht darin, Kategorialfehler zu vermeiden, also das Auge des Fleisches, das Auge des Geistes und das Auge der Kontemplation nicht miteinander zu verwechseln. Wenn jemand fragt: «Wo ist denn dein empirischer Beweis für die Transzendenz?», brauchen wir nicht in Panik zu geraten. Wir erläutern ihm die Instrumente, Anweisungen und Methoden unseres Erkennens und fordern ihn auf, der Sache selbst auf den Grund zu gehen. Wenn er akzeptiert und die Anweisungen der operationalen Komponente befolgt, kann er ein Mitglied der Gemeinschaft jener werden, deren Auge für den Bereich des Transzendenten empfänglich ist. Bis dahin aber fehlt diesem Menschen jede Möglichkeit, sich eine Meinung über den transpersonalen Bereich zu bilden. Wir brauchen auf sein Urteil nicht mehr zu geben als ein Physiker auf das Urteil eines Menschen, der sich weigert, Mathematik zu lernen.

Einstweilen muß der transpersonale Psychologe einfach versuchen, Kategorialfehler zu vermeiden. Er sollte transzendente Einsichten nicht als empirische wissenschaftliche Fakten präsentieren, denn solche Einsichten können nicht *wissenschaftlich* verifiziert werden, und wenn man es doch versucht, wird die Transpersonale Psychologie bald in dem Ruf stehen, daß sie eine Ansammlung unsinniger Aussagen ist. Ein transpersonaler Psychologe darf unbekümmert das empirische Auge benutzen, um ergänzende Daten zu gewinnen; er darf ebenso unbekümmert das geistige Auge benutzen, um zu koordinieren, zu klären, kritisch zu sichten und Synthesen herzustellen; aber diese Bereiche dürfen nicht miteinander und vor allem nicht mit dem Bereich der Kontemplation verwechselt werden. Vor allem dürfen die Augen des Fleisches und des Verstandes sich nicht einbilden, sie hätten die Transzendenz bewiesen oder auch nur angemessen beschrieben. Je mehr Fehler dieser Art dem transpersonalen Psychologen unterlaufen, desto näher rückt das gesamte Feld dem Schicksal der mittelalterlichen Theologen: Es wird Pseudowissenschaft und Pseudophilosophie und wird von echten Wissenschaftlern und Philosophen mit Recht dem Erdboden gleichgemacht.

Die Transpersonale Psychologie ist in einer besonders begünstigten Lage, denn sie besitzt in ihrer Weise, sich der Wirklichkeit zu nähern, einen so ausgewogenen und vollständigen Ansatz, wie er sonst nirgends zu finden ist – einen Ansatz, der weder das Auge des Fleisches noch das Auge des Geistes, noch das Auge der Kontemplation ausschließen muß, sondern sich aller drei bedienen kann. Ich glaube, die Geschichte des Denkens wird erweisen, daß es unmöglich ist, mehr zu tun, aber katastrophal, weniger zu tun.

Das Ende des wissenschaftlichen Isolationismus?

Roger N. Walsh

Wenn unsere Sensibilität sich über eine bestimmte Schwelle hinaus verfeinert, so lautet die Grundhypothese dieses Beitrags, überschreiten wir die Grenzen unserer gewohnten Welt- und Wirklichkeitserfahrung und gelangen zu einer grundsätzlich anderen Schau der Natur. Hierbei können wir jeden der drei Wege zur Erkenntnis beschreiten: Sinneswahrnehmung, intellektuelle begriffliche Analyse oder Kontemplation. Die Verfeinerung der Sensibilität erreichen wir durch direkte Schulung der Wahrnehmung wie in der Meditation oder anderen Bewußtseinsdisziplinen, durch Verfeinerung der begrifflichen Analyse oder durch Erweiterung und Systematisierung mit Hilfe von Instrumenten und Experimenten. Auf jedem dieser Wege, wenn wir ihn nur weit genug gehen, wird sich uns eine ganz andere Art von Wirklichkeit erschließen, und deren Qualitäten werden nicht nur fundamentaler und wahrer sein als die uns bekannten, sondern auch eine allgemeinere Gültigkeit für die verschiedensten Disziplinen aufweisen. Wenn also die empirischen Disziplinen sich entwickeln und sensibler werden, können wir erwarten, daß sie Phänomene und Eigenschaften aufdecken, an denen sich zeigt, wieviel Übereinstimmung letztlich doch zwischen scheinbar verschiedenen Disziplinen besteht.

Es sieht so aus, als seien wir heute Zeugen eines Paradigmenwechsels, in dem eines unserer wichtigsten Paradigmen, das Fundament westlicher Wissenschaft, nämlich das klassische griechische Weltbild eines atomistischen, statischen, nichtrelativistischen und durch Zerlegung und Reduktion begreifbaren Universums abgelöst wird. Dies zeigt sich nicht nur in der Physik, wo die ersten Anzeichen eines solchen Wechsels auftraten, sondern in allen Wissenschaften. In der Physik findet dieses Bild des Universums immer mehr – wenn auch längst noch nicht einmütige – Anerkennung.[1, 2, 3, 4, 5] Ich glaube, daß dieses neue Paradigma auch auf die Neurowissenschaften im besonderen, letztlich aber auf alle Wissenschaften anwendbar ist; je weiter sich die einzelnen Wissenschaftszweige entwickeln, desto deutlicher werden vermutlich die Parallelen zutage treten, und nicht nur zwischen den Wissenschaften, sondern auch zwischen der Wissenschaft und den Bewußtseinsdisziplinen.

Erkenntnistheoretische Grenzen

Sowohl die moderne Wissenschaft als auch die Bewußtseinsdisziplinen weisen darauf hin, daß unsere Wahrnehmung stets mehr oder weniger verzerrt ist, ohne daß wir dessen gewahr sind. Seit Jahrtausenden widmen sich die meditativen und yogischen Disziplinen gerade diesem Problem; erst wenn wir die Sensibilität und Genauigkeit unserer Wahrnehmung ausreichend vergrößert haben, so wird von diesen Schulen immer wieder betont, begreifen wir überhaupt die Existenz und das Ausmaß dieses Problems.[6, 7, 8]

In der modernen Wissenschaft zeichnen sich ähnliche Tendenzen ab; es wird der Versuch unternommen, unsere normalen Wahrnehmungsgrenzen zu überschreiten, um ein zutreffendes und feiner schattiertes Bild vom Universum zu gewinnen. Die westliche Psychologie hat die Verzerrungen der Wahrnehmung längst erkannt und bemüht sich um ihre Erforschung, aber erst in jüngster Zeit findet das Wirklichkeitsbild der Bewußtseinsdisziplinen auch in diese Überlegungen Eingang – genauer gesagt seit die Physik immer mehr Zusammenhänge aufdeckt, die dieses Wirklichkeitsbild bestätigen. Eine der Aussagen aus diesem Bereich lautet, daß unsere Wahrnehmung durchgängig und unbemerkt Verzerrungen erzeugt, denen mit analytischen Methoden nicht beizukommen ist. Hierzu gehören die Tendenzen, die Erfahrung zu konkretisieren, zu dichotomisieren, zu zerstückeln und zu vereinfachen, andererseits aber den ganzheitlichen und fließenden Charakter des Universums nicht zu berücksichtigen. Diese Wahrnehmungsverzerrungen sind uns so in Fleisch und Blut übergegangen, daß wir sie gar nicht mehr bemerken und daher auch nicht bemerken, daß das durch die Sinne gegebene «objektive» Bild der Wirklichkeit letztlich eine Illusion ist (das Wort «Illusion» bedeutet hier nicht, daß die Welt im Grunde nicht existiert, sondern nur, daß wir ein durch Voreingenommenheit gefärbtes und daher entstelltes Bild von ihr haben).

Die Evolution wissenschaftlicher Forschung

Bis hierher sind wir der Vermutung nachgegangen, daß die Verfeinerung der Wahrnehmungssensibilität in der Wissenschaft immer mehr disziplinübergreifende Parallelen aufdecken wird und die Neurowissenschaften hierbei möglicherweise eine führende Rolle spielen. Jetzt wollen wir die generelle Entwicklung wissenschaftlicher Forschung betrachten, um uns zu vergegenwärtigen, wie die Strategien wissenschaftlicher Arbeit die Theorien der Naturbeschreibung mitbestimmen und schließlich zu dem ganzheitlichen Modell führen, das wir oben beschrieben haben.

Wissenschaftliche Forschung beginnt normalerweise mit dem Studium vereinfachter, isolierter Systeme. Man prüft den Einfluß einer überschaubaren Zahl von ausgewählten Variablen, wobei alle anderen, aber auch die Interaktion mit anderen Systemen und Prozessen ausgeschaltet oder vernachlässigt werden. Die ausgewählten Variablen sind normalerweise die mit dem größten Einfluß auf das Geschehen.

Je feinfühliger jedoch das Experimentier-Instrumentarium wird, desto deutlicher macht sich der Einfluß der vernachlässigten Variablen bemerkbar, bis man sich ihrer schließlich annehmen muß. Die Störvariable von gestern wird zur unabhängigen Variablen von heute. Die Gesamtbreite der so erklärbar werdenden Varianz nimmt daher stetig zu – allerdings nicht linear, sondern sozusagen asymptotisch, in immer kleiner werdenden Schritten, da die neu hinzukommenden Variablen immer feinere Einflußgrößen darstellen. Je mehr Variablen in die Betrachtung einbezogen werden, desto deutlicher zeichnen sich vielfältige Interaktionen und Interdependenzen ab, bis man schließlich merkt, daß alle Variablen – und dazu gehört auch der Zustand des Beobachters – vielfältige Einflüsse ausüben.[9] Das volle Verständnis erfordert nicht weniger als die Betrachtung sämtlicher Variablen – also des ganzen Universums.

In diesem Stadium bricht das Modell isolierbarer begrenzter Systeme zusammen – es erweist sich als illusorisches Kunstprodukt. Das naturwissenschaftliche Modell hat sich selbst an den Rand der Absurdität geführt, und hier wird jetzt die ganzheitliche, unteilbare, vernetzte und unüberschaubar vielfältig determinierte Natur der Welt sichtbar. Das herkömmliche Kausalitätsdenken reicht dafür natürlich nicht mehr aus, und ein neues Modell muß an seine Stelle treten, das die wechselseitige Bedingung sämtlicher Komponenten berücksichtigt. Jeder Teil ist Spiegelbild des Ganzen. (Dies muß allerdings nicht, wie es gewisse physikalische Modelle und die Bewußtseinsdisziplinen nahezulegen scheinen, ein holographisches Modell sein, das in jedem Teil das Ganze *impliziert* sieht.)

Nach diesen allgemeinen Betrachtungen können wir uns nun spezifischen Aussagen der Hirnforschung, der Bewußtseinsdisziplinen und der modernen Physik zuwenden, die die genannten allgemeinen Prinzipien zu bestätigen scheinen.

Hirnforschung

Die moderne Hirnforschung vermittelt – in stark verkürzter Darstellung – etwa folgendes Bild: Das Gehirn ist ein extrem anpassungsfähiges Organ, dessen Struktur und Funktion seine Ökologie widerspiegeln.[10, 11, 12, 13] Diese Struktur und Funktion sind zudem überwiegend dynamischer Natur, das heißt, sie passen sich kontinuierlich den wechselnden Anforderungen an.[14, 15] Zwischen den Komponenten des Nervensystems bestehen komplexe Verbindungen und Abhängigkeiten; Veränderungen in irgendeinem Teil des Gehirns wirken sich auf viele andere, wenn nicht gar alle übrigen Teile aus. Gehirnreaktionen auf Umwelteinflüsse lassen sich nicht mit absoluter Sicherheit voraussagen, sondern nur mit einer gewissen Wahrscheinlichkeit innerhalb bestimmter Grenzen. Beobachtete Veränderungen lassen sich außerdem nicht auf einen einzigen Mechanismus zurückführen; es gibt keine chemische Reaktion, kein physiologisches Prinzip, keinen psychischen Mechanismus, der allein die Vorgänge im Gehirn genau umschreiben könnte. Eine beobachtete Veränderung ist vielmehr Ausdruck der Gesamtheit aller Reaktionen sämtlicher Gehirnteile in allen Dimensionen und auf allen Ebenen – einen Fundamentalmechanismus gibt es nicht. Alle beobachtbaren Wirkungen hängen vom Gesamtzustand des Gehirns ab und sind sein Abbild. Das Geschehen im Gehirn kann deshalb nicht anhand irgendeines Ursache-Wirkung-Prinzips reduktionistisch erklärt werden, sondern wir müssen es als Ausdruck des Gesamtzustands des Gehirns betrachten – womit letztlich (und damit transzendieren wir alle herkömmlichen Begriffe der Kausalität) der Gesamtzustand von Gehirn plus Umwelt gemeint ist.

Andererseits kann die Umwelt nur durch das Gehirn erkannt

werden. Das Gehirn und das übrige Universum bilden ein zusammenhängendes Ganzes; man kann sie nicht trennen und einzeln untersuchen, ohne daß man dadurch eine künstliche und verfälschende Dualität schafft, die ihre tiefere Verbundenheit und Einheit verschleiert. Struktur und Funktionsweise des Gehirns sind eine Funktion des Ganzen und der Interaktion zwischen Gehirn und Umwelt. Das Universum erkennt sich selbst durch das Gehirn, und das Gehirn scheint sich selbst so zu verändern und anzupassen, daß es dieser Aufgabe immer besser gewachsen ist.

In der Entwicklung der Gehirnforschung kommen, kurz gesagt, eine Reihe von ganzheitlichen Zügen ans Licht – Verbundenheit, wechselseitige Abhängigkeit, Akausalität –, die uns wie Parallelen zu Aussagen der modernen Physik und der Bewußtseinsdisziplinen anmuten müssen.

Die Parallelen

Wo die Grenzen der Wahrnehmung überwunden werden, enthüllt sich eine von derAlltagserfahrung gänzlich verschiedene Wirklichkeit. Hier eine Zusammenstellung einiger Merkmale der Wirklichkeit, wie sie von den Bewußtseinsdisziplinen, bestimmten physikalischen Modellen und manchen Bereichen der Neurowissenschaften beschrieben wird. Das Universum ist:

- nicht-dualistisch
- ein einheitliches Ganzes, also nicht aus unverbundenen Teilen bestehend
- ein System wechselseitiger Verbundenheit
- nicht statisch, sondern dynamisch, also in beständiger Bewegung
- nicht dauerhaft
- größtenteils leer
- akausal, und zwar in dem Sinne, daß sämtliche Komponenten jedes Ereignis mitbestimmen (Omnideterminismus), so daß jedes herkömmliche Modell der Kausalität hoffnungslos versagen muß
- frei von Fundamentalprinzipien und nur durch seinen eigenen inneren Zusammenhalt getragen; wenn alle Komponenten miteinander verbunden und voneinander abhängig sind, kann keine

«fundamentaler» sein als irgendeine andere. Auf der Basis von angenommenen Fundamentalprinzipien ist keine zutreffende oder gar erschöpfende Erklärung des Universums möglich
- ein System, in dem die Ereignisse wegen der unendlichen Vielfalt und Feinheit der Variablen nicht mit Gewißheit, sondern nur mit einer statistischen Wahrscheinlichkeit vorausgesagt werden können
- paradox, das heißt intellektuell letztlich nicht zu verstehen und in Begriffe zu fassen
- mit dem Beobachter unlösbar verbunden

Erkannt werden kann nur die Interaktion zwischen dem Beobachter und dem Beobachteten, nicht aber irgendeine «unabhängige» Eigenschaft des Beobachteten. Alles Beobachten ist vom Bewußtsein des Beobachters abhängig; das Universum ist demnach unlösbar mit dem Bewußtsein verbunden und nicht in Bewußtsein und Bewußtseinsobjekte zu teilen.

Da die oben beschriebenen Merkmale des Universums für alle Phänomene gelten, kann man vermuten, daß eine genügend sensibilisierte und unverfälschte Wahrnehmung diese Merkmale auf jeden Fall irgendwann entdecken wird, gleichgültig welches die Strategie der Wahrnehmung oder was ihr Objekt sein mag. Anders gesagt: Jedes Objekt, das wir mit ausreichend sensibilisierter Wahrnehmung anschauen (was durch direkte Schulung oder Instrumente geschehen kann), wird uns wohl ein Bild seiner inneren Natur enthüllen, das dem oben beschriebenen entspricht.

In diesem Bereich immer weiter gesteigerter Sensibilität spielt das Bewußtsein des Beobachters eine immer größere Rolle. Da wir ja letztlich ohnehin nicht die Dinge «an sich», sondern die Interaktion zwischen Beobachter und Beobachtetem erkennen, wird jede Disziplin nicht nur Eigenschaften beobachteter Objekte aufdecken, sondern auch das Beobachtungssystem und das Bewußtsein des Beobachters immer klarer erfassen.

Zwei Faktoren spielen demnach für die Aufdeckung disziplinübergreifender Parallelen eine besondere Rolle: die Tatsache, daß alle Dinge und Phänomene gemeinsame Merkmale aufweisen, und die Beteiligung des Bewußtseins an allen Beobachtungen.

Voreilige Schlußfolgerungen

Das soll nun aber nicht heißen, daß Physik, Bewußtseinsdisziplinen und die Neurowissenschaften letztlich auf dasselbe hinauslaufen; wir müssen vielmehr berücksichtigen, daß verschiedene Disziplinen auf verschiedenen Ebenen der einen Wirklichkeit operieren. Auf diesem Gebiet hat es, wie Ken Wilber sehr klar gezeigt hat,[16, 17] schon manchen voreiligen Versuch gegeben, alles in einen Topf zu werfen, und die folgende Erörterung stützt sich stark auf Wilbers Überlegungen.

Zum Beispiel unterscheidet sich die Mikrowelt der Quantenphysik sehr deutlich von der Makrowelt, wie wir sie mit unbewaffneten Sinnen wahrnehmen. Sie ist sogar so verschieden, daß wir uns nicht sprachlich, sondern nur mit Hilfe mathematischer Symbole über sie verständigen können. Selbst unserer makroweltorientierten Vorstellungsgabe ist diese Welt größtenteils verschlossen.[18]

Wie die Physik uns die Grenzen der Übertragbarkeit von charakteristischen Zügen zwischen Bereichen verschiedener Größenordnung demonstriert, so beschreibt die *Philosophia perennis* diese Grenzen für ein ontologisches Spektrum, das vom Bewußtsein am einen Ende bis zur unbelebten Materie am anderen reicht. Es bestehen zwar Abhängigkeiten und Überschneidungen zwischen den verschiedenen Ebenen, aber das bedeutet nicht, daß etwa die Qualitäten des Bewußtseins auf die Qualitäten unbelebter Materie zurückgeführt werden können; Erkenntnis ist vielmehr nur durch verschiedene, der jeweiligen Ebene angemessene Weisen des Erkennens zu gewinnen, nämlich durch Kontemplation oder Sinneswahrnehmung oder begriffliches Denken.[16, 17]

Wo das Problem der Größenordnung nicht erkannt und bedacht wird, entstehen aus vorschneller Identifikation etwa von Aussagen der modernen Physik mit Aussagen der *Philosophia perennis* Popularisierungen, die die Klarheit dieser Aussagen nur wieder verwischen, weil sie nicht berücksichtigen, daß sie auf verschiedenen Erkenntnisebenen liegen. So ist es in letzter Zeit Mode geworden, die holographische Interpretation der Quantenphysik auf alle möglichen Bereiche anzuwenden – sehr zum Mißvergnügen mancher Physiker, die ihre sorgfältige Arbeit mit recht durch solche gewaltsamen Verallgemeinerungen untergraben sehen.[19]

Es wird auch häufig behauptet, die Quantenphysik erbringe Beweise für die Aussagen der *Philosophia perennis.* Keineswegs! Eine bestimmte Interpretation der Quantenphysik deutet auf eine holographische Wirklichkeit für eine bestimmte Ebene hin; über andere Ebenen und Weisen der Betrachtung kann auch diese Interpretation nichts aussagen. Überhaupt können wir gegenwärtig nicht mehr tun, als auf mögliche und sich abzeichnende Parallelen hinzuweisen.

Ausblick

Ganz allgemein dürfen wir dies erwarten: Je weiter sich eine wissenschaftliche Disziplin entwickelt, desto eher wird sie auf Phänomene stoßen, die auch in anderen Disziplinen gefunden werden, wobei aber gleichzeitig die Wohlunterschiedenheit ihrer spezifischen Gegenstände erhalten bleibt. Vielleicht kann man ein und dasselbe Prinzip auf verschiedenen Ebenen und immer höheren Stufen der Feinheit immer wieder neu entdecken, wenn die Sensibilität einer Disziplin immer weiter gesteigert wird. Hinter der scheinbar unendlichen Vielfalt der Dinge liegt vielleicht eine wesenhafte Gleichartigkeit oder Komplementarität, die die ganze Natur durchzieht, alle überkommenen Grenzen zwischen den Disziplinen transzendiert und letztlich sogar eine Funktion uneres eigenen Bewußtseins darstellt.

Bildung und transpersonale Beziehungen

Thomas B. Roberts

Es greift heute die Erkenntnis um sich, daß unsere Erziehungs- und Lernpsychologie weniger falsch als vielmehr schrecklich kurzsichtig ist. Sie war natürlich nie vollständig, aber immerhin nahm sie sich doch aus wie eine Karte vom Land des Lernens, auf der die wichtigsten Züge des Geländes verzeichnet waren.

Das hat sich in den letzten Jahren geändert. Was wir für das *ganze* Gelände gehalten haben, erweist sich jetzt als bloßer Brükkenkopf zu einem viel größeren Kontinent.

Die wichtigste Veränderung besteht darin, daß die Psychologen ihre Domäne entscheidend erweiterten und sich jetzt auch dem Studium des Bewußtseins widmen.

Transpersonale Prinzipien in der Schule

Was haben Bewußtseinszustände mit Erziehung und Bildung zu tun? Eine ganze Menge, und zwar sowohl in ihrer unmittelbaren Anwendung als auch für langfristige Möglichkeiten. So erstaunlich das klingen mag, finden Lehrer und Berater ohne Schwierigkeiten Anwendungsmöglichkeiten für transpersonale Techniken in ihrer täglichen Arbeit. Eine Fülle von Büchern über Spiele und Techniken für die Schule lassen heute schon die Bezeichnung «transpersonale Erziehung» gerechtfertigt erscheinen (Roberts 1975, Roberts und Clark 1975, Hendricks und Wills 1975, Hendricks und Fadiman 1976, Hendricks und Roberts 1977). Die unmittelbare Umsetzung von Einsichten der Transpersonalen Psychologie besteht in ihrer Anwendung auf unseren normalen Wachzustand (und damit auf den normalen Schulalltag), erfordert also keine veränderten Bewußtseinszustände.

Die Gehirnhemisphären

Die physiologische Lokalisierung der Fähigkeit zu visualisieren, zu phantasieren oder zu intuieren ist natürlich nicht besonders wichtig. Wichtig ist hingegen, daß unser Ausbildungssystem einseitig geworden ist (Clark 1975, Ornstein 1974). Freies Phantasieren scheint eine gute Möglichkeit zu sein, die Fähigkeiten der rechten Hemisphäre zu mobilisieren.

Verschiedene Zustände und ihre Hirnstromwellen

Hinwendung zu äußeren Reizen, Denken oder der normale Wachzustand halten die Gehirnwellen vorwiegend im Bereich der Beta-Frequenz von 15 oder mehr Hertz (= Schwingungen pro Sekunde, abgek. Hz). Unsere gegenwärtigen Ausbildungs- und Lehrpläne sind ganz auf diesen Beta-Bereich abgestimmt – auf die Ebene des Normalbewußtseins.

Es gibt aber eine ganze Reihe von menschlichen Fähigkeiten, die anderen Hirnstromfrequenzen entsprechen: Alpha (8 bis 14 Hz) Theta (5 bis 7 Hz) und Delta (0 bis 4 Hz). Es könnte auch Formen des Lernens geben (z. B. «Superlearning»), die gerade in diesen nicht-normalen Schwingungsbereichen am effektivsten sind. Das Bildungspotential könnte auf diesen Ebenen ebenso groß wenn nicht größer sein als auf der Beta-Ebene.

Träumen, Geistheilung (LeShan 1975) und paranormale Phänomene (Ullman, Krippner und Vaughan 1974) scheinen mit diesen entspannten und nach Innen gerichteten Zuständen assoziiert zu sein (Honorton 1976, Morris 1976). Ebenso scheinen diese nicht-normalen Zustände die beste Voraussetzung für die Steuerung des vegetativen Nervensystems durch Biofeedback und für den künstlerischen Ausdruck zu sein.

Biofeedback

Biofeedback ist das Verbindungsstück zwischen Transpersonaler Psychologie und physiologischer Verhaltenspsychologie. Beim Biofeedback werden körperliche Prozesse, die normalerweise unbewußt bleiben, durch Verstärkungsapparaturen wahrnehmbar gemacht. Durch diesen Kunstgriff gelingt es, körperliche Prozesse unter Kontrolle zu bekommen.

Bislang beschränkt sich die Anwendung des Biofeedback noch weitgehend auf therapeutische Verhaltensänderungen, doch langfristig könnte dieser Ansatz viel weiter reichende Folgen haben, weil hier die uralte Frage nach der Beziehung zwischen Geist und Körper noch einmal ganz neu gestellt wird (Green und Green 1977). Nach der überkommenen Lehrmeinung haben wir keinen Einfluß auf das vegetative (oder autonome) Nervensystem, das beispielsweise Puls, Blutdruck, Verdauung und Drüsentätigkeit steuert. Jetzt stellt sich heraus, daß diese Systeme doch über das Bewußtsein steuerbar sind. Die Domäne des Bewußtseins läßt sich auf Dinge und Prozesse ausdehnen, die angeblich außerhalb seiner Reichweite liegen. Wir können die Verantwortung für uns selbst offenbar weiter ausdehnen, als je für möglich gehalten wurde.

Das eröffnet natürlich großartige Ausblicke für die Körperschulung. Weit über bloßes Muskeltraining, Wettkampfsport und Hygienemaßnahmen für die Gesundheitsvorsorge hinaus, können wir offenbar lernen, das körperliche Geschehen bis ins feinste Detail selbst zu lenken.

Beratungsdienste und Therapie

Die Transpersonale Psychologie ist eine Ideenfundgrube für Berater und Therapeuten.

Meditation und andere Sammlungstechniken tragen dazu bei, daß man eine bessere Beziehung zu sich selbst und anderen gewinnt; dadurch werden die Bemühungen von Beratern und Therapeuten unterstützt (Driscoll 1972, Rubottom 1972).

Mystische Erfahrungen sind eine weitere Möglichkeit. Alles deutet darauf hin, daß mystische Erfahrungen keineswegs zu einer Abkehr von der Welt führen müssen, sondern eher das Gefühl der Verantwortlichkeit für das Ganze steigern und uns mehr Freude und Erfüllung im Alltagsleben finden lassen. So weiß man beispielsweise von Menschen, die Nah-Todeserfahrungen hatten und dabei transzendente Erfahrungen machten, daß sie dem Leben nach der Rückkehr ins Normalbewußtsein sehr viel gelassener gegenüberstehen (Noyes 1972, Kübler-Ross 1975, Moody 1977). Sie haben das Ego einmal (zumindest zeitweise) abgelegt, so daß sie künftig weniger Angst vor dem Tod empfinden und in größerer Nähe zu sich selbst und ihrem Alltag leben. Auch mystische Erfahrungen, die durch psychedelische Drogen ausgelöst werden, führen dazu, daß man sich selbst und andere besser akzeptieren kann; man ist eher bereit, sich seinen persönlichen Problemen zu stellen, neigt zu mehr Toleranz und Mitgefühl und empfindet eine größere Nähe zu den transzendenten Aspekten der Religion (Clark 1973, Pahnke und Richards 1969).

Unter der Leitung besonders befähigter Therapeuten, so hat sich bereits gezeigt, können Drogenerfahrungen mystischen Charakters den Zustand von Alkoholikern (Abramson 1967), Krebspatienten (Richards et al. 1972), Rauschgiftsüchtigen (Savage et al. 1972) und autistisch-schizophrenen Kindern (Mogar und Aldrich 1969) verbessern und wirken unterstützend bei der kreativen Problembewältigung (Harman et al. 1972). Das soll nun nicht heißen, daß Schulberater psychedelische Therapie betreiben sollten, denn dazu fehlt ihnen ja die Ausbildung. Halten wir aber fest, daß:

- die veränderten Bewußtseinszustände mystischer Erfahrung sich günstig auf den Normalzustand eines Menschen auswirken können;
- mystische Erfahrungen von großem therapeutischen Wert sein können, sofern sie in die Psyche und das Leben der Person integriert werden;
- das Verlangen nach mystischer Erfahrung oder Transzendenz natürlich und gesund ist.

Besonders wichtig ist hier der dritte Punkt. Wenn unser Verlangen nach Transzendenz ebenso natürlich ist wie etwa unsere Sexualität (z. B. Weil 1972), dann wird die neue Aufgabe für Berater und Therapeuten darin bestehen, diesen natürlichen Zug auf gesunde und konstruktive Weise zu entwickeln. Wie die letzten Generationen von Psychologen und Therapeuten daran gearbeitet haben, die menschliche Sexualität aus ihrem Verlies zu holen und auf gesunde Weise in das Leben zu integrieren, so wird die gegenwärtige und die nächste Generation sich um das Verlangen nach Transzendenz und um die Erkundung des Bewußtseins zu bemühen haben. Die transzendenten Aspekte der menschlichen Natur spielen für eine gesunde Lebenshaltung und angemessene Verhaltensweisen eine ebensogroße Rolle wie die Sexualität und andere Züge des Menschen.

Konsequenzen für die Schulpraxis

Es gibt bislang nur sehr wenige Arbeiten, die sich mit der Frage befassen, was eine transpersonale Ausrichtung im Erziehungs- und Bildungssystem für die Ausbildung von Beratern und Lehrern bedeuten würde. In einer der wenigen vorhandenen Studien stellt Lesh (1970) fest, daß Zen-Meditation das Einfühlungsvermögen von Beratern, aber auch die Selbstverwirklichung begünstigt, und einige seiner Probanden berichteten von telepathischen Erfahrungen.

Roberts (1976) geht davon aus, daß der transpersonale Aspekt sich zuerst in Techniken durchsetzen wird, die mit der herkömmlichen Praxis vereinbar sind. Dann wird es zunächst einzelne Kurse mit explizit transpersonaler Thematik geben, und schließlich könnte eine Revision und Reorganisation der Lehrpläne nach transpersonalen Prinzipien einsetzen.

Einzelne Inhalte eines solchen Lehrerausbildungs-Curriculums können wir uns schon vorstellen, wenn wir etwa an die Übungen denken, die Masters und Houston in ihrem Buch *Phantasie-Reisen* (1984) beschreiben.

Zusammenfassung

Die Erziehungs- und Lernpsychologie wird ihre Grenzen in Zukunft beträchtlich erweitern und ihre ausschließliche Ausrichtung auf die linke Gehirnhemisphäre aufgeben müssen. Es wird möglicherweise ganz neue Zweige für die Alpha-, Theta- und Delta-Ebenen des Bewußtseins geben. Daneben wird der Beta-Ansatz natürlich bestehen bleiben, aber nicht mehr allein das Feld beherrschen, sondern aus einer umfassenderen Perspektive als *ein* Zustand unter anderen betrachtet werden.

Zwei Weisen des Erkennens

Ken Wilber

Wenn das Universum als Ganzes sich durch das Medium des menschlichen Geistes zu erkennen sucht, müssen einige Aspekte dieses Universums notwendigerweise unerkannt bleiben. Mit dem Erwachen des symbolischen Wissens *scheint* im Universum ein Riß zu entstehen, eine Kluft zwischen Erkennendem und Erkanntem, zwischen Denker und Gedachtem, zwischen Subjekt und Objekt. Das innerste Bewußtsein dessen, der die Welt erkennt und erforscht, entzieht sich letztlich seinem eigenen Zugriff und bleibt das Unerkannte, Ungezeigte, Ungreifbare – so wie die Hand Objekte ergreifen kann, aber nie sich selbst, oder wie das Auge die Welt sieht, aber nie sich selbst.

Und so wie ein Messer sich nicht selbst schneiden kann, ist auch das Universum nicht in der Lage, sich selbst als Objekt ganz zu sehen. Deshalb ist jeder Versuch, das Universum als ein Objekt zu erkennen, zutiefst und unabänderlich ein innerer Widerspruch, und je mehr dieser Versuch zu gelingen scheint, desto hoffnungsloser scheitert er in Wirklichkeit, denn um so mehr verfälscht das Universum sich selbst. Diese Weise des dualistischen Erkennens, die das Universum in Subjekt und Objekt (oder Gut und Böse, Wahres und Falsches) spaltet, ist das Fundament abendländischer Philosophie, Theologie und Naturwissenschaft, denn die westliche Philosophie ist im großen und ganzen die griechische Philosophie, und die wiederum ist die Philosophie des Dualismus.

Es gibt einen guten Grund dafür, daß der dualistische Ansatz («teile und herrsche») sich so hartnäckig behauptet: Der Irrtum der Dualität ist die Wurzel des Intellekts und daher mit den Mitteln des Intellekts nicht zu überwinden. Immerhin ist der Intellekt aber in der Lage, sich selbst bis zu seinem eigenen inneren Widerspruch zurückzuverfolgen; das jedoch erfordert eine rigorose, konsistente und unbeirrbar durchgehaltene Methodik, die geeignet ist, den Dualismus bis an seine äußerste Grenze zu treiben.

Diese Möglichkeit bietet heute die Naturwissenschaft mit ihrer überaus gründlichen und mit immer raffinierteren Instrumenten verfolgten experimentellen Methodik. Obgleich die neuzeitliche

Naturwissenschaft stets auf ihrem Ansatz des kartesianischen Subjekt-Objekt-Dualismus zu beharren versuchte, entstand – lange Zeit unbemerkt – eine Methodik, die nur konsequent genug durchgehalten werden mußte, um sich schließlich ihrer eigenen dualistischen Grundlage zu berauben. Die klassische Wissenschaft war so angelegt, daß sie sich selbst liquidieren mußte.

Die Physik war der Ort, an dem sich das Problem zuspitzte. In der klassischen Physik, die den subatomaren Bereich noch nicht kannte, durfte mit Fug und Recht vorausgesetzt werden, daß eine Messung weder das Gemessene noch das Meßinstrument verändert. Nun aber stellte sich heraus, daß ein Elektron so wenig Masse besitzt, daß jedes erdenkliche Meßinstrument, und sei es auch so leicht wie ein Photon, die Position des Elektrons bei jedem Versuch einer Messung verändern würde. Und das, so zeigte sich, ist kein technisches Problem, sondern diese Grenze der Meßbarkeit liegt in der Natur des Universums und ist nicht überschreitbar. Hier war die klassische Physik an den Rand ihrer Selbstvernichtung gelangt, und die Grundannahme, die sie dorthin gebracht hatte – daß nämlich der Beobachter vom beobachteten Ereignis getrennt ist, daß man am Universum herumfummeln kann, ohne es dadurch zu verändern –, erwies sich als unhaltbar. Jetzt zeigte sich, daß eine zwar rätselhafte, aber sehr enge Beziehung zwischen Subjekt und Objekt besteht, und alle Theorien, die von etwas anderem ausgegangen waren, gerieten ins Wanken.

Die Quantenrevolution war deshalb so verheerend, weil sie nicht nur die eine oder andere Schlußfolgerung der klassischen Physik in Frage stellte, sondern das Fundament, auf dem das ganze Gebäude stand, und das war der Subjekt-Objekt-Dualismus. Den Physikern der Quantenrevolution wurde nur allzu deutlich, daß man objektive Messung und Verifikation nicht länger als Garanten der absoluten Wirklichkeit betrachten konnte, denn es ließ sich zwischen gemessenem Objekt und messendem Subjekt kein klarer Trennungsstrich mehr ziehen. Das Gemessene und der Messende, das Verifizierte und der Verifizierende sind auf dieser Ebene eins.

In dieser Zeit, in der der «feste Rahmen» des wissenschaftlichen Dualismus auf dem Gebiet der Physik brüchig zu werden begann, verfaßte der damals fünfundzwanzigjährige Mathematiker Kurt Gödel eine in ihrer Art einzigartige Abhandlung. Gödel entwickelte darin etwas, das heute «Unvollständigkeitstheorem» genannt wird, eine Art logische Analogie zu Werner Heisenbergs «Un-

«Im Lichte erlangter Erkenntnis...

...scheint das glücklich Erreichte fast wie selbstverständlich», schreibt Albert Einstein.

Erfolgsgewohnte Sparer werden diese Beobachtung auf ihre Weise gemacht haben: Der erste Pfandbrief ist vom Kauf bis zur Tilgung eine aufregende Sache. Doch schnell gewöhnt man sich daran, Besitzer von Wertpapieren zu sein; denn wie von selbst stellt sich die Erfahrung ein, daß diese Geldanlage optimal ist.

schärferelation» in der Physik. Mit den Mitteln einer konsequent angewendeten Mathematik wird hier demonstriert, daß jedes logische System mindestens eine Prämisse haben muß, die nicht beweisbar oder verifizierbar ist, wenn nicht ein innerer Widerspruch entstehen soll. «Es ist unmöglich, die logische Konsistenz irgendeines komplexen deduktiven Systems nachzuweisen, es sei denn durch die Annahme von Denkprinzipien, deren innere Konsistenz ebenso fragwürdig ist wie die des Systems selbst.» Demnach gilt sowohl logisch als auch physikalisch, daß «objektive» Verifizierbarkeit nicht *das* Kennzeichen der Wirklichkeit ist. Wenn alles zu verifizieren ist, wie verifiziert man dann den Verifizierenden, der doch gewiß zum «alles» dazugehört?

Wenn also, anders gesagt, das Universum in Subjekt und Objekt gespalten wird, in einen Zustand, der sieht, und einen Zustand, der gesehen wird, dann geht immer etwas verloren oder bleibt unberücksichtigt. Das Universum bleibt sich selbst immer teilweise unfaßlich. Kein Beobachtungssystem kann sich selbst beim Beobachten beobachten. Der Sehende sieht sich selbst nicht sehen. Jedes Auge hat einen blinden Fleck. Und aus eben diesem Grund finden wir an der Basis aller dualistischen Ansätze stets nur Ungewißheit («Unschärfe») und Unvollständigkeit.

Die Neue Physik hat jedoch nicht nur den illusorischen Charakter der Dualität vom Subjekt und Objekt, Welle und Partikel, Geist und Körper (Geist und Materie) aufgedeckt, sondern – vor allem mit Einsteins Hilfe – auch die Dualität von Raum und Zeit, Energie und Materie, ja sogar Raum und Objekten aufgegeben. Die Wissenschaftler, die an dieser Entwicklung beteiligt waren und die Unzulänglichkeit der dualistischen Betrachtungsweise erkannten, müssen mehr oder weniger deutlich und bewußt gespürt haben, daß es noch eine zweite Weise des Erkennens gibt, die keine Trennung von Erkennendem und Erkanntem, von Subjekt und Objekt voraussetzt.

Eddington nennt diese zweite Art des Erkennens «intim», weil Subjekt und Objekt darin eine Einheit bilden. Sobald eine Unterscheidung von Subjekt und Objekt getroffen wird, geht die «Intimität» verloren, wird durch Symbole ersetzt, und wir fallen augenblicklich zurück in die Welt des analytischen und dualistischen Erkennens. Das Erkennen mit Hilfe von Symbolen ist also grundsätzlich dualistisches Erkennen. Und da die Trennung von Subjekt und Objekt illusorisch ist, muß auch das symbolische Wissen, das aus dieser Trennung hervorgeht, letztlich illusorisch sein.

Die Physik und auch die meisten anderen intellektuellen Disziplinen des Westens haben sich – zumindest bis zur Quantenrevolution, aber größtenteils auch heute noch – nicht mit der Welt selbst beschäftigt, sondern hatten wegen ihrer dualistischen Grundverfassung immer nur *symbolische Repräsentationen* der Welt zum Gegenstand. In diesem dualistischen und symbolischen Erkennen liegt die Brillanz, aber auch der blinde Fleck von Naturwissenschaft und Philosophie, denn es erlaubt der Wissenschaft zwar, sich ein sehr genaues analytisches Bild von der Welt zu machen, doch solch ein Bild mag einen noch so hohen Erklärungswert haben, es bleibt immer – *Bild.* Und jedes Weltbild verhält sich zur Wirklichkeit der Welt wie ein Bild vom Mond zum wirklichen Mond. Korzybski, der Vater der modernen Semantik, erläutert diesen Zusammenhang treffend anhand der Beziehung zwischen «Landkarte» und «Territorium». Das Territorium ist die wirkliche Welt mit all ihren Prozessen, während jede symbolische Repräsentation irgendeines Aspekts dieses Territoriums eine Karte ist. Es liegt auf der Hand, daß die Karte nicht das Territorium ist.

Es gibt demnach, wie einige Physiker (wieder)entdeckten, grundsätzlich zwei Weisen des Erkennens: die eine wird als symbolisches, schlußfolgerndes, dualistisches Erkennen bezeichnet, eben als Erkennen mit Hilfe von Landkarten; die andere begegnet uns unter Bezeichnungen wie intim, direkt oder nicht-dual. Wie wir gesehen haben, nahm die moderne Naturwissenschaft mit dualistischer Landkarten-Erkenntnis ihren Anfang und richtete ihr Augenmerk ganz auf die «Schatten»; aufgrund neuerer Fortschritte hat sich jedoch gezeigt, daß diese Weise des Erkennens nur sehr unvollkommen leistet, was sie versprochen hat: Erkenntnis des Wirklichen. Dieser Mangel führte manchen Physiker dazu, sich dem intimen Erkennen zuzuwenden oder zumindest seine Notwendigkeit zuzugestehen.

Wirklichkeit als Bewußtsein

Naturwissenschaftler, Philosophen, Psychologen und Theologen, die beide Weisen des Erkennens zutiefst verstanden haben, vertreten unmißverständlich und einhellig die Anschauung, daß allein das nicht-duale Erkennen zur Erkenntnis des Wirklichen führen kann. Sie sind, kurz gesagt, zur gleichen Schlußfolgerung gelangt wie die moderne Quantenphysik.

Im Verlauf der Geschichte haben Menschen immer wieder die symbolische Landkartenerkenntnis – zumindest vorübergehend – abgelegt und durch direkte Erfahrung Zugang zur Einen Wirklichkeit gefunden, zu dem Territorium, nach dem all unsere Landkarten angelegt sind. Sie hörten auf zu reden, um «Es» erfahren zu können, und es ist der «Inhalt» dieser nicht-dualen Erfahrung, der auf der ganzen Welt als die Absolute Wirklichkeit gilt. Dies ist, wie gesagt, letztlich nicht durch logisches Schlußfolgern zu «beweisen», sondern nur als experimentelles Faktum zu demonstrieren, und nur wer selbst das Experiment macht, zur zweiten Weise des Erkennens zu erwachen, wird erfahren, was es mit dem nichtdualen Erkennen der Absoluten Wirklichkeit auf sich hat.

Diese allgemeine erkenntnistheoretische Erörterung bekommt einen psychologischen Gehalt, wenn wir berücksichtigen, daß den verschiedenen Weisen des Erkennens bestimmte Ebenen des Bewußtseins, also bestimmte und leicht unterscheidbare Bänder des Bewußtseinsspektrums entsprechen. Zudem ist unser persönliches Identitätsgefühl sehr eng mit der Bewußtseinsebene verknüpft, auf der wir uns gerade befinden. Der Übergang zu einer neuen Weise des Erkennens ist deshalb mit einem Wandel unseres Identitätsgefühls verbunden. Solange wir uns der symbolischen und dualistischen Weise des Erkennens bedienen, also eine Trennung zwischen erkennendem Subjekt und erkanntem Objekt annehmen und das erkannte Objekt mit einem Symbol oder Namen bezeichnen, solange empfinden wir selbst uns als absolut vom Universum getrennt. Dieses Identitätsgefühl ist bestimmt durch die Rolle, die wir uns selbst zuschreiben, und durch das Bild, das wir von uns selbst haben – ein symbolisches Abbild unserer selbst, hervorgegangen aus der Tatsache, daß wir uns selbst zum Objekt gemacht haben. Beim nicht-dualen Erkennen geschieht so etwas nicht, denn es liegt in der Natur dieses Erkennens, daß es eins ist mit dem, was es erkennt, und dazu gehört offensichtlich auch eine Veränderung des Identitätsgefühls.

Bevor wir diesen Gedanken weiterführen, bleibt noch ein äußerst wichtiger Punkt zu klären. Wir haben gesagt, der «Inhalt» des nicht-dualen Erkennens sei die Absolute Wirklichkeit, weil sich das Universum in diesem Erkennen so offenbart, wie es wirklich ist, und nicht wie es sich dem teilenden und symbolisierenden

Erkennen darstellt. Streng genommen kann man allerdings nicht zwischen Wirklichkeit und Erkenntnis der Wirklichkeit unterscheiden, denn das wäre höchst dualistisch. Das nicht-duale Erkennen *ist* vielmehr die Wirklichkeit, es hat sich selbst zum «Inhalt». Wenn wir weiterhin vom nicht-dualen Erkennen *der* Wirklichkeit sprechen, als seien diese beiden irgendwie getrennt und verschieden, so ist das nur eine Konzession an die Sprache, die derart dualistisch angelegt ist, daß sie sich der Nicht-Dualität nicht leihen mag. Halten wir uns jedoch stets vor Augen, daß das Erkennen und das Wirkliche in der Ur-Erfahrung zusammenfallen.

So kommen wir zu einer verblüffenden Schlußfolgerung. Wenn verschiedene Weisen des Erkennens bestimmten Bewußtseinsebenen entsprechen und wenn Wirklichkeit eine bestimmte Weise des Erkennens *ist*, dann muß die Wirklichkeit eine Ebene des Bewußtseins sein. Das bedeutet jedoch nicht, daß der «Stoff» der Wirklichkeit «Bewußtseinsstoff» ist oder daß «materielle Objekte» in Wirklichkeit aus Bewußtsein bestehen oder daß Bewußtsein eine Art undifferenzierte Ursuppe ist. Es bedeutet nur – und auch hier zwingt die Sprache uns wieder zu einer dualistischen Formulierung –, daß die Wirklichkeit das ist, was von der nichtdualen Ebene des Bwußtseinsspektrums, die wir GEIST genannt haben, erkannt wird. *Daß* sie erkannt wird, ist experimentell erhärtete Tatsache; *was* erkannt wird, läßt sich jedoch nicht treffend, das heißt nicht ohne Rückgriff auf das symbolische, dualistische Erkennen beschreiben. Wir behaupten also, daß die Wirklichkeit nicht ideell, nicht materiell, nicht spirituell, nicht konkret, nicht mechanistisch und nicht vitalistisch ist – die Wirklichkeit ist eine Ebene des Bewußtseins, und diese Ebene allein ist wirklich.

Wenn wir sagen, daß der GEIST allein die Absolute Wirklichkeit ist, so meinen wir damit keineswegs die philosophische Lehre des subjektiven Idealismus, die besagt, daß das Universum nur als Inhalt des Bewußtseins Wirklichkeit besitzt, daß also nur das Subjekt im eigentlichen Sinne real ist, während alle Dinge nur sekundäre Phänomene darstellen. Das ist nur eine sehr raffinierte und subtile Art, das Problem des Dualismus zu umgehen: Eine Seite des Dualismus, in diesem Fall die Objekte, wird als unwirklich erklärt. Wenn wir im übrigen sagen, der GEIST sei die Wirklichkeit, so ist das weniger eine logische Schlußfolgerung als vielmehr die Formulierung einer bestimmten Erfahrung, denn wie gesagt, die Wirklichkeit ist das, «was» auf der nicht-dualen und nicht-symbolischen Ebene des GEISTES verstanden und erfahren wird. Aus dieser fundamentalen Erfahrung mag sich eine Philosophie ableiten, die Erfahrung selbst ist jedoch alles andere als eine Philosophie – eher die vorübergehende Suspendierung aller Philosophie; sie ist nicht eine Anschauung unter vielen, sondern das Fehlen jedweder Art von Anschauung.

Fassen wir zusammen: Unsere gewohnte Vorstellung, daß die Welt ein Komplex von im Raum ausgebreiteten und in der Zeit aufeinander folgenden Dingen ist, bildet nicht die Wirklichkeit ab, sondern ist nur eine aufgrund von Übereinkünften gezeichnete Landkarte. Dieses Bild ist nicht wirklich, weil es auf einer Trennung des Universums in raum-zeitliche Dinge auf der einen und einen Beobachter dieser Dinge auf der anderen Seite basiert. Wenn das der Wirklichkeit entsprechen sollte, dann müßte man von der unsinnigen Annahme ausgehen, daß das Universum selbst sich in Beobachter und Beobachtetes spalten muß, daß es sich von sich selbst unterscheiden und daher selbst verfälschen muß. Daher sind unsere konventionellen, dualistischen, symbolischen Bilder letztlich Falsifikationen eben der Wirklichkeit, die sie zu erklären suchen.

Aber die Spaltung ist im Grunde nicht so sehr falsch als vielmehr illusorisch, und die Philosophien, Psychologien und Naturwissenschaften, die sich auf sie berufen, sind eher unsinnig als falsch. Der Mensch kann sich ebensowenig vom Universum lostrennen und «Erkenntnisse» *aus* ihm gewinnen, wie eine Hand sich selbst ergreifen oder ein Auge sich selber sehen kann. Der Mensch jedoch beharrt nun einmal auf dem dualistischen Erkennen, versucht immer wieder das Unsinnige und Unmögliche und glaubt auch noch, es sei ihm gelungen. Nichts ist ihm gelungen außer einer Landkarte, die das Universum als Konglomerat von in Raum und Zeit getrennten Dingen abbildet, fremd und fern der ebenso isolierten Insel der Bewußtheit, als die er selbst sich jetzt betrachtet.

So hat er sich in seinem eigenen Schatten verlaufen und in eine abstrakte, dualistische Landkartenwelt eingesperrt – und dabei ganz vergessen, wie die wirkliche Welt tatsächlich ist. Wenn aber das Universum sich durch die Spaltung von Sehendem und Gesehenem, Erkennendem und Erkanntem, Subjekt und Objekt von sich selbst scheidet und sich selbst verfälscht, dann kann die Erkenntnis der tatsächlichen Welt nur aus der Einsicht hervorgehen, «daß Subjekt und Objekt eins sind» (Schrödinger), und nur dieser Erkenntnis gebührt der Titel «Absolute Wahrheit».

Das ist nun freilich, was alle mystischen Überlieferungen uns zu sagen versuchen. Erfahre den illusorischen Charakter aller dualistisch-symbolischen Erkenntnis und erwache dadurch für die wirkliche Welt. Diese wirkliche Welt hat kein Gegenteil und kann daher nicht definiert oder «erfaßt» werden, da alle Symbole, die dazu notwendig wären, ihren Sinn nur aus dem Verhältnis zu ihrem Gegenteil gewinnen. So wird die wirkliche Welt Leere oder *Shunyata* oder *Agnoia* genannt – und das heißt, daß alle Aussagen oder Gedanken über die Wirklichkeit leer und nichtig sind. Zugleich heißt es aber auch, daß die wirkliche Welt leer von vereinzelten Dingen ist, denn Dinge sind Produkte des Denkens und nicht Bestandteile der Wirklichkeit.

Die Wirklichkeit ist nicht darstellbar, aber doch erfahrbar. Da aber die Erfahrung der wirklichen Welt ganz von unseren Vorstellungen *über* sie verschüttet ist und da diese Vorstellungen auf der Spaltung zwischem dem erkennenden Subjekt und den erkannten Objekten beruhten, vertreten alle mystischen Überlieferungen mit Nachdruck, daß die Wirklichkeit nur nicht-dual, also ohne die Kluft zwischen Erkennendem und Erkanntem, erfahren werden kann, denn nur so wird das Universum nicht zu einer Illusion gemacht. Erfahrung der Wirklichkeit bedeutet also, daß die Wahrnehmung und die Wirklichkeit ein und dasselbe sind; es ist, wie R. H. Blythe sagte, «eine Erfahrung des Universums durch das Universum». Wir haben das als nicht-duale Weise des Erkennens bezeichnet, ein Sich-selbst-Innesein des Universums. Nehmen wir noch hinzu, daß diese Weise des Erkennens einer Funktion, einem Zustand oder einer Ebene des Bewußtseins entspricht, die wir GEIST nennen, und daß Realität *erkennen* gleichbedeutend ist mit Wirklichkeit *sein,* so können wir das Wesen aller Überlieferungen, denen es um nicht-duales Erkennen geht, in einem Ausdruck zusammenfassen: «Wirklichkeit als Bewußtseinsebene» oder einfach «Wirklichkeit als Nur-GEIST».

Ob die Wirklichkeit dabei als Brahman, Gott, Tao, Dharmakaya, Leere oder anderswie bezeichnet wird, ist ziemlich unwichtig, denn all diese Ausdrücke benennen den nicht-dualen GEIST, das Universum, das nicht in Sehenden und Gesehenes gespalten ist. Diese Ebene des Bewußtseins ist aber weder schwer zu entdekken noch tief in der Psyche vergraben. Sie ist vielmehr sehr nahe, stets und überall gegenwärtig. Der GEIST ist nicht verschieden von dem, der jetzt dieses Buch in der Hand hält. Tatsächlich ist der GEIST sogar das, was in diesem Augenblick diese Seite liest.

Die gesellschaftlichen Auswirkungen paranormaler Phänomene

Willis Harman

Seit mindestens eineinhalb Jahrhunderten üben paranormale Phänomene auf manche Wissenschaftler eine unwiderstehliche Faszination aus und sind anderen ein absoluter Greuel. Daß ihre wissenschaftliche Erforschung nun doch akzeptabel geworden ist, liegt zum Teil sicher daran, daß bessere Experimentaltechniken und neue Instrumente inzwischen zu besser gesicherten Ergebnissen führen. Noch wichtiger sind aber vermutlich kulturelle Veränderungen, die einen neuen Rahmen geschaffen haben, in dem solche Phänomene nun doch ihren Platz zu finden beginnen – und zwar in einem Umfang, der vor fünfzehn Jahren noch undenkbar gewesen wäre.

Deswegen hat es wenig Sinn, die Auswirkungen paranormaler Phänomene zu untersuchen, ohne zugleich auch die im Wandel begriffenen wissenschaftlichen Paradigmen und die kulturellen Veränderungen der letzten Jahre zu betrachten.

Implikationen der Bewußtseins- und Psi-Forschung

Es gibt gegenwärtig zwei Forschungsbereiche, denen die Mehrheit der Wissenschaftler nach wie vor mit gemischten Gefühlen gegenübersteht. Der eine zeigt die Ansätze einer Systematisierung des Wissens über verschiedene Bewußtseinszustände – einschließlich jener inneren Erfahrungen, die die Grundlage aller Religionen bilden und aus denen der Mensch seine tiefsten Wertvorstellungen gewinnt. Der andere Bereich ist die Psi-Forschung.

Der Psi-Forschung kommt deswegen so große Bedeutung zu, weil sie genau den Zwischenraum zwischen der objektiven Welt «normaler» Wissenschaft und der «privaten» Welt subjektiver Erfahrung ausfüllt. Die Phänomene der Psi-Forschung werden «anomal» genannt – das heißt, es läßt sich zwar kaum noch bestreiten, daß es sie gibt, aber sie passen nun mal nicht in das herkömmliche Weltbild. Der Schluß liegt nahe, daß mit einem Weltbild, welches gewissen Phänomenen einfach keinen Platz einräumen kann, etwas grundsätzlich nicht stimmt.

Die Phänomene der Psi-Forschung sind auch eine Art Realitätstest für das Universum innerer Erfahrung. Sie sind nicht gänzlich innerer Natur, sondern zumindest in ihren Begleiterscheinungen von außen beobachtbar. Sie sind auch nicht gänzlich äußerer Natur, da ohne Zweifel Bewußtseinsaktivität an ihnen beteiligt ist. Die folgende (nicht erschöpfende) Aufstellung mag das Territorium umreißen, um das es hier geht:

- *Telepathie,* eine anscheinend außersinnliche Form der Kommunikation.
- *Clairvoyance* (Hellsehen), die anscheinend außersinnliche Wahrnehmung von Teilen und Aspekten der äußeren Welt, die den fünf Sinnen nicht direkt zugänglich sind.
- *Retrokognition,* das «Erinnern» von Ereignissen aus dem vorgeburtlichen Leben eines anderen Menschen oder aus dem des Erinnernden selbst.
- *Präkognition,* das «Erinnern» künftiger Ereignisse.
- *Psychokinese,* die Beeinflussung der physischen Welt durch mentale Prozesse (anderer Art als die bekannten psychomotorischen Prozesse), zum Beispiel Levitation.

Es mehren sich die Hinweise, daß solche Fähigkeiten in allen Menschen schlummern, nur meist stark unterdrückt sind. Irgendwann werden wir vermutlich entdecken, daß der ganze Fächer paranormaler Fähigkeiten jedem Menschen als Potential mitgegeben ist, aber völlig ins Unbewußte abgedrängt wurde.

Das Ausmaß der Herausforderung

Wir müssen uns klarmachen, weshalb diese beiden Arbeitsgebiete – Bewußtseins- und Psi-Forschung – vielen Wissenschaftlern ein solcher Dorn im Auge sind, und weshalb eine Aussöhnung heute eher möglich ist als je zuvor.

Betrachten wir einmal die geheiligten Grundsätze des naturwissenschaftlichen Paradigma, wie sie bis vor gar nicht so langer Zeit noch fast uneingeschränkte Gültigkeit besaßen:

- Es gibt nur *eine* Art, wie ein Mensch überhaupt zu Erfahrung und Wissen kommen kann, nämlich über seine Körpersinne (und möglicherweise durch eine Art Erinnerungsvorrat in den Genen).

- Alle qualitativen Merkmale sind letztlich quantifizierbar: Grün bedeutet eine bestimmte Wellenlänge, Liebe und Haß sind eine Frage der Körperchemie.
- Es gibt eine klare Unterscheidung zwischen der objektiven Welt, die jedermann wahrnehmen kann, und der subjektiven Erfahrung, die nur der einzelne selbst in der uneinsehbaren Kammer seines Bewußtseins wahrnimmt.
- Der Begriff der freien inneren Persönlichkeit ist eine vorwissenschaftliche Erklärung für Verhaltensweisen, die aus der Interaktion von Umweltkräften mit dem inneren Kräftespiel des Organismus resultieren. «Freiheit» ist ein Verhalten, für das die Wissenschaft noch keine Ursache gefunden hat.
- Was wir als Bewußtsein unseres Denkens und Fühlens betrachten, ist in Wirklichkeit nur ein Nebeneffekt physikalischer und biochemischer Gehirnprozesse.
- Gedächtnis ist nichts weiter als eine Speicherung von Daten im Organismus – genauso wie Informationen in einem Computer gespeichert sind (weshalb es auch unmöglich ist, sich an die Erlebnisse anderer Menschen zu «erinnern»).
- Die Natur der Zeit, wie sie nun mal ist, läßt offensichtlich keine Art von Vorauswissen zu – es sei denn durch rationale Vorausberechnung aufgrund bekannter Umstände und Größen (weshalb es auch unmöglich ist, sich an Ereignisse zu «erinnern», die erst in drei Wochen eintreten werden).
- Da mentale Aktivität nichts weiter ist als die wechselnden Zustände des physischen Organismus, kann sie unmöglich einen direkten Einfluß auf die Welt außerhalb des Organismus ausüben (und alle Berichte über Levitationen und sonstige psychokinetische Phänomene können nur Unsinn oder Hokuspokus sein).
- Für die Evolution des Universums und des Menschen sind rein materielle Gründe verantwortlich, nämlich Zufallsmutationen und Selektion («natürliche Zuchtwahl»). Es gibt keine Basis für die Annahme eines zielgerichteten Geschehens im Universum, und das gilt auch für die Evolution des Bewußtseins oder die Bestrebungen des einzelnen.
- Es gibt nichts, was den physischen Tod des Organismus überlebt – und sollte es doch irgendein Weiterexistieren geben, dann läßt

sich darüber zumindest nichts in Erfahrung bringen, solange man noch lebt.

Die Bewußtseins- und Psi-Forschung ist deshalb ein so hitzig umstrittener Bereich, weil diese Prämissen dort samt und sonders in Frage gestellt werden. In der Vergangenheit war es der Wissenschaft ja gerade mit diesen Grundannahmen gelungen, die religiöse, ästhetische und intuitive Erfahrung des Menschen als relativ belanglos abzutun und die Wertpostulate dieser «bloß subjektiven» Erfahrungsbereiche allmählich abzuschaffen.

Neue alte Fragen

Anders gesagt: Dieses ganze Forschungsfeld vielfach ineinandergreifender Fragestellungen zu den Themen Biofeedback, veränderte Bewußtseinszustände, Hypnose, Psychosomatik und paranormalc Phänomene verursacht deshalb soviel Unbehagen, weil sich hier eine der entscheidenden Fragen stellt, mit denen man «nur Scherereien» hat: «Wie erkenne ich das, was ich erkenne, und woher weiß ich, daß es wahr ist?»

Diese Frage ist der Gegenstand einer philosophischen Disziplin, die Erkenntnistheorie genannt wird, und wer genügend Ausdauer besitzt, dieser Frage mit Hilfe der Philosophie nachzugehen, wird reichlich Material zum Thema vorfinden. Allgemein gesagt gibt es zwei ganz verschiedene Weisen des Erkennens, und wir wenden beide täglich an. Die eine führt zu einem Wissen «über» die Dinge, also etwa zu naturwissenschaftlichen «Fakten»; die andere ist ein Erkennen durch intuitive Identifikation, wie etwa beim Erkennen eines anderen Menschen.

Seit das Bewußtsein zum wissenschaftlichen Forschungsgegenstand zu werden beginnt, sehen sich die Wissenschaftler mit Fragen konfrontiert, die sie bislang lieber den Philosophen überlassen haben: Welche Grenzen liegen in der Natur des Wissens «über»? Wie weit reicht die Fähigkeit des Geistes, intuitives Wissen über das Universum und (was vielleicht dasselbe ist) über den Geist selbst zu gewinnen? Wie kann man dieses Wissen mitteilen und Übereinstimmung in seiner Beurteilung erzielen? In gewisser Weise ist alles Erkennen letztlich subjektiv, weil das Bewußtsein die Wurzel aller Erfahrung ist; dieser neue Zugang zum Problem des Bewußtseins ist also wirkliche Grundlagenforschung. Hier treffen sich Wissenschaft, Philosophie und Religion. Wir können es den Wissenschaftlern kaum verdenken, wenn ihre Entschlossenheit hier etwas zittrig wird und ihre Ängste sich deutlicher zeigen als sonst.

Sowohl in Beiträgen, die bei Zusammenkünften von Wissenschaftlern vorgelegt werden, als auch in Artikeln, die von den angesehensten wissenschaftlichen Zeitschriften veröffentlicht werden, zeichnet sich ab, daß das Unbehagen einer gelasseneren Haltung weicht. Und das liegt nur zum Teil daran, daß es immer mehr exakte Daten über die physischen und physiologischen Begleiterscheinungen innerer Erfahrungen gibt. Wichtiger ist vielmehr das sich durchsetzende Bewußtsein, daß man es in der Wissenschaft weniger mit Wirklichkeit schlechthin zu tun hat, sondern eher mit Modellen und Metaphern. Diese Tatsache schafft allmählich ein günstigeres Klima für die Erforschung der inneren Erfahrung.

Bahnbrechend war für diese Entwicklung das Ende des Streits, der in der Physik um den Partikel- beziehungsweise Wellencharakter des Lichts geführt wurde. Beide Anschauungen, so lautete die Lösung, haben metaphorischen Charakter (und das gilt auch für die mathematische Gleichung, die Elemente von beiden enthält), und keine von beiden erklärt das Licht erschöpfend, sondern veranschaulicht nur gewisse Aspekte seines Wesens. Die Schlichtung dieses Streits wurde zum Muster für weitere Lösungen ähnlicher Art.

Auch der alte Antagonismus von Wissenschaft und Religion löst sich allmählich auf, seit man erkannt hat, daß wissenschaftlich gesicherte Erkenntnis vor allem ein System von Metaphern ist, mit denen man die «äußere» Erfahrung des Menschen formulieren kann. Die innere Erfahrung verlangt offensichtlich andere Metaphern. Welche besonderen Metaphern für unsere Zeit am besten geeignet sind, ist eine Frage, deren Beantwortung noch aussteht; viele der Metaphern, die den Menschen in der Vergangenheit bewegten, scheinen heute nicht mehr geeignet zu sein.

Das neue Menschenbild

Die Arbeit auf diesem wissenschaftlichen Neuland ist zwar noch nicht sehr weit gediehen, aber es ist schon abzusehen, welche neue Vorstellung von der Stellung des Menschen im Kosmos sich bilden wird. Wo immer die Natur des Menschen gründlich genug erkundet wird, sei es in östlichen oder westlichen Traditionen, zeigt sich als alles entscheidende Tatsache die Dualität seiner Erfahrung. Er erweist sich als ein ebenso körperliches wie geistiges Wesen, und beide Aspekte sind «real», so daß keiner von beiden in den Begriffen des anderen erschöpfend zu erklären ist. Wissenschaftliche und religiöse Metaphern sind *komplementär:* Sie widersprechen einander nicht.

Aldous Huxley schrieb über die *Philosophia perennis,* die den Kernbestand aller Weltreligionen ausmacht, daß sie eine göttliche Wirklichkeit als die Substanz dieser Welt der Dinge, Lebewesen und des Geistes betrachtet, daß sie in der Seele etwas dieser göttlichen Wirklichkeit Ähnliches oder gar mit ihr Identisches erkennt und daß sie die Erkenntnis des immanent-transzendenten Grundes allen Seins als das höchste Ziel des Menschen betrachtet.

Bevor wir nun etwas dreist die Hauptzüge der Ewigen Philosophie zusammenfassend darstellen wollen, sollten wir uns noch vergegenwärtigen, daß ihre Anhänger seit jeher darauf bestehen, daß sie nicht zusammengefaßt werden kann – weil sie *keine* Philosophie, *keine* Metaphysik, *keine* Ideologie und *kein* religiöser Glaube ist (das Mißverständnis, daß sie es doch sei, ist so alt wie die *Philosophia perennis* selbst). Vielleicht können wir mit den folgenden Aussagen zumindest einen Geschmack vermitteln.

Sein

Der erste Hauptsatz der *Philosophia perennis* lautet, daß der Mensch unter bestimmten Voraussetzungen eine höhere Bewußtheit erlangen kann und Zugang zum kosmischen Bewußtsein gewinnt; in diesem Zustand ist ihm die unendliche oder ewige Wirklichkeit (der Göttliche Grund des Seins, Brahman), die der phänomenalen Welt zugrunde liegt, direkt erfahrbar. Er erkennt von dieser Warte aus, daß seine eigene Entwicklung und Kreativität, sein Anteil am Prozeß der Evolution, von einem höheren Zentrum aus (Atman, das «Wahre Selbst») gelenkt wird. In einer Upanischade hören wir dazu: «Eine unsichtbare und feine Essenz ist die Seele des ganzen Universums. Das ist die Wirklichkeit. Das ist Wahrheit. Das bist du.»

Bewußtheit

Die Macht der Suggestion ist so groß, daß ein Mensch von den Suggestionen seiner Kultur, mit denen er von Kindes Beinen an traktiert wird, buchstäblich und unentrinnbar hypnotisiert ist. So geht er in einer Art hypnotischen Schlafs durchs Leben und glaubt dabei, daß er Entscheidungen fällt und allerlei Zu- oder Unfällen ausgesetzt ist. Wenn aber die Bewußtheit zunimmt, so zeigt sich der Einfluß des höheren Selbst, und zwar in Form eines «überbewußten» Wählens oder Entscheidens. Jetzt merkt der Mensch, daß die Entscheidungen, zu denen er durch logisches Folgern oder Intuition gelangt zu sein glaubte, tatsächlich Auswirkungen von Entscheidungen sind, die auf höheren Ebenen des Selbst gefällt wurden»; daß seine «Inspiration» und «Kreativität» einen Einbruch dieser höheren Prozesse in die Welt seiner Alltagserfahrung darstellen; daß die Erfahrungen und Beziehungen, die er für seine Entwicklung brauchte, sich keineswegs so zufällig eingestellt haben, wie er glaubte, sondern von seinem höheren Selbst angezogen wurden. Da die normale Wahrnehmung im Vergleich zu dem, was auf höheren Bewußtseinsebenen möglich ist, als äußerst beschränkt bezeichnet werden muß, ist auch die Sprache, die dieser normalen Wahrnehmung entspricht, zur Beschreibung der größeren Wirklichkeit nicht geeignet; die Aussagen über diese Wirklichkeit sind häufig paradoxer Natur.

Motivation

Je mehr die Bewußtheit zunimmt, desto mehr läßt der Zug materieller, ichhafter Bedürfnisse nach und man merkt schließlich, worin die eigentliche, tiefste Motivation wirklich besteht: am Prozeß der Evolution teilzuhaben und durch sinnvolle Abstimmung überbewußter, bewußter und unterbewußter Entscheidungen mehr Ganzheit (oder besser, wenn es das Wort gäbe, «Heilheit», also auch Gesundheit) zu verwirklichen. Evolution ist dann kein Zufallsgeschehen mehr, sondern wird von einem höheren Bewußtsein gelenkt und verfolgt eine Absicht – und zu dieser Absicht gehört die Entwicklung individueller Bewußtseinszentren mit Entscheidungsfreiheit, die Schritt für Schritt die Erkenntnis ihres Ich, des Selbst und des Ganzen vertiefen.

Potentialität

Daraus folgt, daß das Potential des Menschen grenzenlos ist; daß alles Wissen und alle Macht erreichbar ist für den Geist, der in sich selbst hineinschaut; und daß alle Grenzen (Schwächen, Krankheiten etc.) letztlich selbstgewählt sind. Das große Geheimnis des esoterischen Wissens lautet: «Ich bin der Grund.» In irgendeiner tiefen Schicht wissen wir, daß solche «übernatürlichen» Dinge wie Telepathie, Hellsehen, Geistheilung oder Psychokinese gar nicht so unmöglich sind, aber in einer anderen Schicht (in die wir ebenfalls wenig Einsicht besitzen) entscheiden wir uns für die «physikalischen Gesetze», und die schließen derartiges nun mal aus.

Einstellung

Mit wachsender Bewußtheit kommt auch eine neue Einstellung zum Leben. Und ein Aspekt dieser neuen Einstellung ist der Wunsch, bewußt am Prozeß der Evolution, am kosmischen Drama, an der Erfüllung des Menschen mitzuarbeiten, sich in den Dienst dieser Aufgabe zu stellen. Dazu gehört aber eine Grundhaltung des Akzeptierens, die *bewußte* Entscheidung für das, was ist – eine Entscheidung, die auf der tiefsten (aber unbewußten) Ebene des Selbst schon immer gefallen ist. Mit dieser Entwicklung verbunden ist eine Haltung des Nicht-Haftens an den Dingen, heiterer Gleichmut gegenüber den Ergebnissen des Handelns, unpersönliche Liebe.

Gesellschaftliche Wandlung

Natürlich wird niemand behaupten, die *Philosophia perennis* sei stichhaltig bewiesen – oder könne je wissenschaftlich verifiziert werden. Wir können nur sagen, daß bei der Erforschung paranormaler Phänomene und des Bewußtseins Einsichten gewonnen werden, die in ihre Richtung weisen und mit ihren Aussagen zu vereinbaren sind. Sollten jedoch unsere gegenwärtigen Paradigmen abgelöst werden durch etwas wie die *Philosophia perennis* (die zum wissenschaftlichen Paradigma nicht im Widerspruch steht, sondern es erweitert), so wäre damit weit mehr impliziert – nämlich die Möglichkeit, daß die Struktur unserer Wahrnehmung,

Begriffsbildung und Wertvorstellungen in ihrer Gesamtheit einer neuen Ordnung Platz macht. Das würde nicht nur Veränderungen in der traditionellen Lebensweise oder das Aufkommen von «New-Age»-Wertvorstellungen bedeuten, sondern auch die Institutionen, die Machtstrukturen und die ökonomisch-politische Ordnung verändern.

Welche Form diese neue Sozialstruktur annehmen wird, kann man nicht genau voraussagen, aber es lassen sich schon Mutmaßungen anstellen über einige Züge, die eine Gesellschaft aufweisen muß, wenn a) sie mit dem neuen Transzendentalismus vereinbar sein soll, b) das wachsende Dilemma fortgeschrittener Industriestaaten lösbar werden soll und c) der Übergang zu neuen sozialen Institutionen kontinuierlich und ohne größere Katastrophen vonstatten gehen soll.

Eine neue Ethik

An die Stelle der gegenwärtigen materialistischen Ethik (Wachstum und Konsum) würde etwas Neues treten, das aus zwei komplementären Prinzipien besteht. Das eine ist eine ökologische Ethik, die ein Gefühl für die Gemeinschaft aller Menschen fördert, ein Verantwortungsgefühl für das Schicksal des Planeten zeugt und einen Ausgleich schafft zwischen Eigeninteresse, dem Interesse anderer und dem Interesse künftiger Generationen. Das andere ist die Ethik der Selbstverwirklichung, für die alle individuelle Erfahrung im Dienst der individuellen Entwicklung zum wahren Selbst und derEvolution der Menschheit steht, und die deshalb fordert, daß soziale Institutionen ein für diesen Prozeß günstiges Umfeld zu schaffen haben.

Institutionen

Die Wandlung der gesellschaftlichen Institutionen müßte darauf hinauslaufen, daß soziale und ökologische Verantwortungslosigkeit (die gegenwärtig ein Strukturdefekt der Institutionen sind) ausgeschlossen ist. In einer solchen Gesellschaft würde nicht mehr das materialistische Eigeninteresse die Handlungsanreize definieren, sondern der Gesichtspunkt des (im weitesten Sinne) ökologisch Gesunden. Dies wäre eine synergetische, das heißt eine von Natur aus kooperative Gesellschaft, in der das, was der Einzelne tun möchte, auch für das Ganze gut ist.

Erziehung und Bildung

In einer solchen Gesellschaft sind Erziehung und Bildung eine natürliche Funktion aller sozialen Institutionen.

Naturwissenschaft

Wo es der Naturwissenschaft bis jetzt möglich war, jede ihrer Unternehmungen mit ihrer angeblichen Wertfreiheit zu rechtfertigen, wird sie im Rahmen des neuen Paradigma, worin ihr die Aufgabe zufällt, nicht nur den objektiven, sondern auch den subjektiven Bereich menschlicher Erfahrung zu erforschen, eine ethische Dimension gewinnen. Sie wird sich mit den empirisch zugänglichen Voraussetzungen für mehr Ganzheit befassen – etwa so, wie die heutige Ernährungswissenschaft danach fragt, welche Art der Ernährung dem Menschen zuträglich ist. Sie wird sich systematisch den verschiedenen Ebenen subjektiver Erfahrung widmen, aus denen ja unsere Wertvorstellungen hervorgehen. In diesem Bereich wird sie sich den Geisteswissenschaften und der Religion annähern, wodurch die Grenzen zwischen diesen Disziplinen durchlässiger werden (eine Entwicklung, die von einigen Psychotherapeuten bereits vorausgesagt wurde).

Gesundheitswesen

Auch der Begriff der Gesundheit wird in dieser neuen Gesellschaft einen anderen Inhalt bekommen, nämlich «Ganzheit des Seins». Wie bei Erziehung und Bildung würden sich hier viele Institutionen in die Verantwortung teilen – Medizin, Psychotherapie, Erziehung, Religion, Sozial- und Umweltdienste. Man wird in allem davon ausgehen, daß die gesamte Gesellschaft eine Umwelt ist, die die Gesundheit beeinflußt.

Die Übergangszeit

Nach allem, was die Geschichte lehrt, scheint wenig Aussicht darauf zu bestehen, daß ein gesellschaftlicher Wandel von solchen Ausmaßen ohne größere ökonomische und soziale Krisen oder gar Zusammenbrüche vonstatten gehen kann. Nur wenn auf breiter

Basis verstanden wird, weshalb dieser Wandlungsprozeß stattfindet und welche Art von Gesellschaft aus dieser schweren Zeit hervorgehen mag, werden die Angst und die Schmerzen des Übergangs sich in Grenzen halten.

Schon jetzt gewinnen die Kräfte des gesellschaftlichen Wandels eine erstaunliche Stoßkraft. Die nächsten zehn oder fünfzehn Jahre werden zeigen, ob diese Kräfte zu tiefgreifenden Veränderungen ausreichen oder schließlich wieder nachlassen und einschlafen, oder ob der Antagonismus zwischen den neuen Impulsen und der Starrheit des Alten so heftig ist, daß nur Zerstörung ohne Neuaufbau möglich sein wird. Es wird nicht gerade ein behaglicher Abschnitt der Geschichte sein, aber zweifellos ein interessanter.

Nachwort

Die Erforschung der höchsten Bereiche der menschlichen Natur und ihrer äußersten Möglichkeiten . . . hat für mich eine ständige Zerstörung liebgewordener Axiome mit sich gebracht, die unentwegte Auseinandersetzung mit scheinbaren Paradoxa, Widersprüchen und Zweideutigkeiten, manchmal auch den Zusammenbruch lang etablierter, fest geglaubter und scheinbar unangreifbarer Gesetze der Psychologie.[1]

Abraham Maslow

Wir fangen gerade erst an. Eine jahrhundertelang nicht einmal gesehene Grenze wird jetzt spürbar und beginnt, durchlässig zu werden. Bislang wissen wir noch wenig von dem Territorium des Bewußtseins dahinter, und unser wissenschaftliches Expertentum fühlt sich dort recht unsicher – doch zeigt sich bereits, daß es weit größer ist, als wir gedacht haben.

Das Reich der menschlichen Psyche enthält offenbar mehr Bewußtseinszustände, mehr Möglichkeiten der Identität und Erfahrung, als wir uns je hätten träumen lassen. Die ersten zögernden Schritte der Erforschung dieses Territoriums sind getan: Wo einst der normale Wachzustand als einziger echter Bewußtseinszustand galt, erkennen wir jetzt eine Vielzahl möglicher Zustände; das Einschichtmodell des Bewußtseins wurde von einem Vielschichtenmodell abgelöst; wurde das Ich früher als die einzig mögliche Identität des Menschen angesehen, so ist es jetzt nur noch eine Möglichkeit der Identität unter anderen; an die Stelle der Entweder-oder-Logik in der Psychologie (die dieses Modell akzeptiert und dafür jenes oder alle anderen verwirft) ist die Erkenntnis getreten, daß alle Modelle begrenzt und relativ, aber komplementär sind; wo früher galt, daß nur die abendländische Psychologie wissenschaftlich ernst zu nehmen sei, sehen wir jetzt, daß auch nicht-westliche Psychologien auf ihre Art so differenziert und konsistent sind wie unsere; und wo früher die Bewußtseinsdisziplinen, die mystischen Traditionen und die großen Religionen unbesehen vom Tisch gewischt wurden, erkennen wir heute in manchen von ihnen hochentwickelte Techniken zur Einführung in veränderte Bewußtseinszustände.

In machen östlichen Kulturen ist das Studium des Bewußtseins seit Jahrtausenden eine der wichtigsten Disziplinen. Im Vergleich dazu sind wir auf diesem Gebiet Neulinge. Die Weltsicht des Abendlandes ist schon seit Jahrhunderten stark materialistisch geprägt, und meist haben wir die Anworten auf unsere Fragen und die Lösungen unserer Probleme in der materiellen Umwelt gesucht. Jetzt werden wir Zeugen eines wachsenden und sich vertiefenden Interesses an den immateriellen Aspekten der Erfahrung und des Bewußtseins. Wenn dieses Interesse Teil einer Reaktion auf den exzessiven Materialismus ist, dann dürfte es Teil eines dialektischen Prozesses sein, und wir können gespannt sein, zu welcher Synthese es kommen wird.

Eine Möglichkeit könnte darin bestehen, daß Parallelentwicklungen auf Gebieten, die bislang wenig miteinander gemein zu haben schienen, zu einer Integration und Synthese führen. Bei immer mehr wissenschaftlichen Begriffen und Entdeckungen stellt sich heraus, daß sie in wechselseitiger Beziehung stehen und daß dieses vielschichtige Geflecht scheinbar so weit voneinander entfernte Disziplinen wie Quantenphysik und Bewußtseins-, Biofeedback- oder Meditationsforschung miteinander verbindet. Darin zeichnen sich bereits die Umrisse neuer Leitparadigmen ab, eines neuen Bilds vom Menschen, vom Universum und von den Beziehungen zwischen ihnen. Die möglichen Dimensionen und Inhalte solcher Paradigmen waren Gegenstand dieses Buchs.

Neue Modelle und Perspektiven eröffnen neue Möglichkeiten. Was wir tun und denken, als einzelne oder kollektiv, ist ein Abbild unserer Anschauungen über uns selbst und die Wirklichkeit, in der wir leben. Das bis heute vorliegende «Beweismaterial» für die Möglichkeit neuer Formen der Erfahrung, der Identität und des Bewußtseins verlangt eine neue Sicht dessen, was wir sein können: Wir sind aufgerufen, und als einzelne und gemeinsam um die Verwirklichung dieses Potentials zu bemühen. Seit wir erkennen, daß wir selbst Mitschöpfer unseres Identitätsgefühls und unserer Erfahrung sind, können wir uns nicht mehr als Opfer psychodynamischer und existentieller Vorgaben fühlen, sondern müssen die Freiheit verwirklichen und die Verantwortung auf uns nehmen, die in dieser Mitschöpferschaft begründet sind.

Das bedeutet zugleich, daß eine Rückbesinnung notwendig

wird auf die uralten Fragen, aus denen Psychologie und Philosophie einmal hervorgegangen sind. Den Stellenwert dieser Frage beschreiben Hilgard und Bower so:

> Die wirklich faszinierenden und packenden Fragen der Psychologie wurden nicht von modernen Psychologen «entdeckt», sondern bewegen die Philosophen seit vielen Jahrhunderten. Und es sind keine «akademischen» Fragen von bloß historischem Interesse, sondern Fragen zu den Grundmotiven und Grundkräften, die im abendländischen Denken, ja in unserer gesamten Zivilisation wirksam sind: Worauf kann ich vertrauen? Wie erkennen wir? Welche Art von Leben ist lebenswert? Worin besteht die Rolle und die Bestimmung des Menschen in diesem Universum? Was ist Gerechtigkeit, Wahrheit, das Gute? Falls es überhaupt eine sinnvolle Regierungsform gibt – welche ist es? Was ist das Wesen des Menschen? Ist der Mensch frei? Was ist der Geist, und worin besteht seine Beziehung zur Natur?
>
> Das sind keine sterilen akademischen Fragen, denn die Antworten, die wir auf sie geben, wirken sich auf vielfältige Weise auf unser tägliches Leben aus, stellen die Motive für unser persönliches und soziales Verhalten, bilden den rationalen Hintergrund der öffentlichen Kontrolle über unser Leben und bestimmen, was wir als unsere persönliche Identität und als den Sinn des Lebens betrachten. Die ernsthaften Denker aller Zeitalter haben an der systematischen Durchdringung und Aufklärung dieser Fragen gearbeitet und Antworten vorgeschlagen. Diese und viele andere Fragen sind der intellektuelle Unterbau der modernen Psychologie.[2]

Dennoch hat die moderne Psychologie diese Fragen weitgehend ausgeklammert, weil experimentelle und begriffliche Stringenz ihr wichtiger waren. Allmählich geht uns aber auf, daß dieser Ausschluß nicht nur den Horizont und damit den Wert der Psychologie schmälert, sondern letztlich auch nicht durchführbar ist. Wir haben nämlich (zu unserem anfänglichen Mißvergnügen) entdeckt, daß es unmöglich ist, irgendein Ding isoliert zu betrachten – selbstgemachte Verzerrungen und Dualitäten sind dabei unvermeidlich. Außerdem sind wir niemals distanzierte, objektive Beobachter des Universums, sondern stets auch aktiv beteiligt, Wir können nicht messen, ohne zu verändern; die Fragen, die wir stellen, und die

Antworten, die wir erhalten, sind Funktionen unserer Überzeugungen und Modelle, letzthin also unseres Bewußtseins; der Subjekt-Objekt-Dualismus kann nicht länger aufrechterhalten werden; wir können uns nicht mehr davor drücken, die Wirklichkeit zu erforschen, denn wir sind und erschaffen diese Wirklichkeit selbst.

Was haben wir zu tun, wenn wir diese neuen Dimensionen für uns erschließen wollen? Der erste Schritt ist offenbar erkenntnistheoretischer Art und verlangt die von Ken Wilber formulierte Einsicht in die Verschiedenartigkeit der «drei Weisen des Erkennens». Jede dieser drei Weisen des Erkennens – das sinnlich-empirische, das rational-begriffliche und das kontemplativ-meditative «Auge» – vermittelt Einsichten, die sich mit denen der anderen Augen nur teilweise überschneiden, und die Einsichten aus diesen verschiedenen Quellen sind zudem weder auseinander abzuleiten noch aufeinander zurückzuführen, ohne daß ein Kategorialfehler entsteht.

Die westliche Naturwissenschaft und Philosophie hat sich bisher fast ausschließlich der ersten beiden Augen bedient und kontemplative Erkenntnis entweder ignoriert oder auf die beiden anderen Erkenntnisarten zu reduzieren versucht – ein verheerender Kategorialfehler, der jahrhundertelang unentdeckt blieb. Dieser Irrtum ist nun aufgeklärt, und damit besteht die Möglichkeit, eine ausgewogene Integration der verschiedenen Erkenntnisweisen anzustreben und sie mit Augenmaß auf die Grundfragen des Menschseins anzuwenden.

Jede Erkenntnisart muß auf ihre Gegenstände so präzis und treffend wie nur möglich angewendet werden. Die Erkenntnisse einer Art müssen untersucht, überprüft und mit anderen integriert werden. Die durch Kontemplation gewonnenen Einsichten in das Wesen des Selbst und der Wirklichkeit müssen ebenso wie die theoretischen Interpretationen und Schlußfolgerungen des Intellekts durch empirische Forschung überprüft und fundiert werden, wo immer das möglich ist. Empirische und begriffliche Strenge sind besonders wichtig, wenn dieses Forschungsgebiet sich legitimieren und von oberflächlichen Popularisierungen klar abheben will.

Wir müssen aber auch die Grenzen des empirischen und begrifflichen Erkennens vor Augen behalten. Erfahrung, vor allem transpersonale Erfahrung, läßt sich nicht auf Begriffe zurückführen, sondern wird nur durch die Schulung des kontemplativen Erkennens zugänglich. Diese Schulung stellt ganz andere Anforderungen an uns als die anderen Erkenntnisarten. Die empirische Beobachtungsgabe ist relativ leicht auszubilden; der angemessene Umgang mit dem Intellekt erfordert intensive intellektuelle Schulung; für die Befähigung zu tiefer kontemplativer Erkenntnis ist jedoch die Schulung unseres ganzen Seins Bedingung. Die Sensibilität muß hier so weit verfeinert werden, daß sie auch die normalerweise subliminale Erfahrung erfaßt, und es dürfte klar sein, daß dieser Zustand sehr anfällig gegen Störungen ist, seien sie emotionaler, intellektueller oder persönlicher Art oder durch die Lebensweise gegeben.

So gewonnene Erkenntnisse sind häufig nicht vom Erkennenden zu trennen, besitzen also nicht unbedingt das, was wir Objektivität nennen. Im transpersonalen Bereich der Erfahrung muß man das, was man zu erkennen sucht, selbst werden und leben. Das ist der Unterschied zwischen direktem Begreifen, unmittelbarer Erfahrung einerseits und Faktenwissen, Wissen aus zweiter Hand andererseits.

> Nichts läßt sich erkennen, wenn nicht der, der erkennt, über ein passendes «Instrument» verfügt . . . das Verstehen dessen, der Erkennt, muß dem zu Erkennenden adäquat sein . . . Wenn die Ebene dessen, der erkennt, nicht mit der Stufe (oder Bedeutungsebene) des Gegenstands übereinstimmt, der erkannt werden soll, ist das Ergebnis nicht ein faktischer Irrtum, sondern etwas weit Ernsthafteres: eine unangemessene und eingeengte Sicht der Wirklichkeit.[3]

So gelangen wir zu der unausweichlichen Schlußfolgerung, daß die Arbeit an uns selbst die erste Voraussetzung für ein Verständnis des Transpersonalen ist. Aufmerksamkeit, Wahrnehmung, Emotionen, Denken und selbst die Lebensweise müssen geschult beziehungsweise diszipliniert werden, wenn man wirklich tief in diese Bereiche eindringen will. Und nur wenn wir uns einer beständigen und sich vertiefenden Disziplin unterwerfen, können wir hoffen, die Tiefen des Bewußtseins und unserer selbst zu erreichen; nur dann werden wir anderen mit unserem Wissen dienen können, anstatt egoistische Ziele damit zu verfolgen. Wir selbst sind der

Begrenzungsfaktor für unsere Erforschung dieses ungeheuer weiten, zeitlosen Territoriums, das wir letztlich selbst sind – und wir fangen gerade erst an.

> Ich war wie ein kleines Kind, das am Strand spielt und immer neue und schönere Kiesel findet, während weit um mich her der große Ozean der Wahrheit unentdeckt dalag.
>
> Sir Isaac Newton

Die Autoren

James F. T. Bugental (Dr. phil.) ist privat praktizierender Psychologe in San Rafael, Kalifornien, und Fakultätsmitglied des Humanistic Psychology Institute. Er war erster Präsident der Humanistic Psychology Association und ist vor allem durch seine Veröffentlichungen über humanistisch-existentielle Psychotherapie bekannt geworden. Einige seiner Bücher: *The Search for Authenticity, The Search for Existential Identity* und *Psychotherapy and Process.*

Fritjof Capra (Dr. phil.) ist theoretischer Physiker am Lawrence Berkeley Laboratorium der University of California, Berkeley, und lehrt an der University of California in Berkeley. Bekannt wurde er durch seine beiden Bücher *Das Tao der Physik* und *Wendezeit,* über deren Thematik er in den Vereinigten Staaten und Europa zahlreiche Vorträge gehalten hat.

Duane Elgin (M. A.) ist Forscher auf dem Gebiet der Sozialwissenschaften und Futurologe. Seine zahlreichen Veröffentlichungen befassen sich mit Zukunfts-Alternativen und dem sich immer deutlicher abzeichnenden Trend zu einem Leben in freiwilliger Einfachheit. Er ist Autor von *Voluntary Simplicity* und Mitautor von *Changing Images of Man.*

James Fadiman (Dr. phil.) ist Dozent an der Stanford University und Mitbegründer der Association for Transpersonal Psychology sowie des *Journal of Transpersonal Psychology.* Er ist Autor mehrerer Bücher, darunter ein Lehrbuch über *Personality and Personal Growth.*

Gordon Globus (Dr. med.) ist Professor für Psychiatrie an der University of California Medical School in Irvine. Er hat sich auf dem Gebiet der Schlafforschung einen Namen gemacht, widmet sich als Autor ausgiebig den Gebieten Phänomenologie und Philosophie und ist Herausgeber von *Consciousness and the Brain.*

Daniel Goleman (Dr. phil.) ist Schriftsteller und Redakteur der Zeitschrift *Psychology Today.* Er hat sich in Indien und Ceylon der Meditationsforschung gewidmet und während seiner Zeit als klinischer Psychologe an der Harvard University selbst Meditation gelehrt. Er ist Autor von *The Varieties of Meditative Experience* und schreibt häufig für das *Journal of Transpersonal Psychology.*

Stanislav Grof (Dr. med.), früher Leiter der psychiatrischen Forschung am Maryland Psychiatric Center und Assistant Professor der Psychiatrie an der John Hopkins University School of Medicine, widmet sich heute überwiegend dem Schreiben. Seine bekanntesten Bücher sind *Topographie des Unbewußten* und *Die Begeg-*

nung mit dem Tod. Er leistete bahnbrechende Arbeit auf den Gebieten der Drogenforschung sowie der Transpersonalen Psychologie und Psychotherapie.

Willis Harman (Dr. phil.) ist Präsident des Institute of Noetic Sciences, Leiter der Sozialforschung am Stanford Research Institute und Fakultätsmitglied der School of Engineering an der Stanford University. Er ist Autor von *Gangbare Wege in die Zukunft?* und *Changing Images of Man.*

Jack Kornfield (Dr. phil.) hat – als Laie und später als Mönch – sechs Jahre der Schulung in theravada-buddhistischen Klöstern Südostasiens verbracht. Heute wirkt er selbst als Lehrer für Vipassana-Meditation. Er ist Doktor der Psychologie und Autor von *Living Buddhist Masters.*

Abraham Maslow (Dr. phil.) war Professor für Psychologie an der Brandeis University. Er wird als philosophischer Vater der Humanistischen und Transpersonalen Psychologie betrachtet. Er schrieb Bücher, in denen er die humanistische Psychologie zu pädagogischen, religiösen und industriellen Fragen in Beziehung setzte, darunter *Psychologie des Seins* und *Motivation und Persönlichkeit.*

Ram Dass war früher Professor für Psychologie an der Harvard University und widmet sich seitdem intensiv mediativen und yogischen Praktiken des Ostens. In den Vereinigten Staaten auch durch Vortragsreisen bekannt geworden, hat er sich vor allem durch seine Bücher einen Namen gemacht, darunter *Sei jetzt hier, Alles Leben ist Tanz* und *Schrot für die Mühle.*

Thomas B. Roberts (Dr. phil.) ist Professor für Pädagogik an der Northern Illinois University. Er ist ein Pionier auf dem Gebeit der transpersonalen Pädagogik, Autor von *Four Psychologies Applied to Education* und setzt sich besonders für die Vermittlung transpersonaler Techniken an Schullehrer ein.

Charles T. Tart (Dr. phil.) ist Professor für Psychologie an der University of California in Davis. Er ist in erster Linie Experimentalpsychologe und hat sich hier insbesondere mit Hypnose, Meditation, veränderten Bewußtseinszuständen und paranormalen Phänomenen befaßt. Seine bekanntesten Bücher sind *Altered States of Consciousness, Transpersonale Psychologie* und *States of Consciousness.*

Frances Vaughan (Dr. phil.) ist privat praktizierende Psychologin in Mill Valley, Kalifornien, und Professor für Psychologie am California Institute of Transpersonal Psychology. Sie ist Redakteurin der Zeitschriften *Journal of Transpersonal Psychology, Journal of Humanistic Psychology* und *ReVision* und war früher Präsidentin der Association for Transpersonal Psychology. Sie ist Autorin von *Awakening Intuition.*

Roger N. Walsh (Dr. med., Dr. phil.) gehört zur Fakultät der psychiatrischen Abteilung der University of California, Irvine. Er ist Autor von *Toward an Ecology of Brain* und Herausgeber von *Environments as Therapy for Brain Dysfunction, The Science of Meditation* und *Beyond Health and Normality.*

Die Autoren

Ken Wilber (M. A.) erwarb seinen Titel im Fach Biochemie. Er praktizierte Zen-Meditation, und seine Bücher, vor allem *The Spectrum of Consciousness* und *Halbzeit der Evolution,* sind die wichtigsten theoretischen Arbeiten auf dem Gebiet der Transpersonalen Psychologie. Er ist Herausgeber der Zeitschrift *ReVision.*

Anmerkungen und Quellen

Einleitung

1. T. Byrom: *The Dhammapada: The Sayings of the Buddha,* New York (Vintage) 1976.
2. B. Lewin: «The Psychoanalysis of Elation», in: *Psychoanalytic Quarterly,* New York 1961.
3. F. Alexander, in: O. Strunk: *The Psychology of Religion,* New York (Abingdon) 1959, S. 59.
4. Gordon Allport, in Huston Smith: *Forgotten Truth,* New York (Harper & Row) 1976.
5. Abraham Maslow: *Psychologie des Seins,* München (Kindler) 1973, S. 11f.
6. Charles Tart: «Bewußtseinszustände und zustandsspezifische Wissenschaften» im vorliegenden Buch.
7. Siehe dazu auch Roger N. Walsh und Frances Vaughan: «Meditation – Pforte zum Transpersonalen» im vorliegenden Buch.
8. Robert Ornstein: *Die Psychologie des Bewußtseins,* Köln (Kiepenheuer & Witsch) 1974.
9. Fritjof Capra: «Moderne Physik und östliche Mystik» im vorliegenden Buch.
10. J. Robert Oppenheimer: *Wissenschaft und allgemeines Denken,* Hamburg (Rowohlt, rde Bd. 6) 1958, S. 14.
11. Niels Bohr: *Atomphysik und menschliche Erkenntnis* Bd. 1, Braunschweig (Viehweg) 1958, S. 19f.
12. Daisetz Teitaro Suzuki, Vorwort zu B. L. Suzuki: *Mahayana Buddhism,* London (Allen & Unwin) 1959, S. 33.
13. H. Minkowski: «Raum und Zeit», in: H. A. Lorentz, A. Einstein, H. Minkowski: *Das Relativitätsprinzip,* Leipzig, Berlin (Teubner) ^{4}1922.
14. Roger N. Walsh: «Das Ende des wissenschaftlichen Isolationismus?» im vorliegenden Buch.

1. Teil: Paradigmenwechsel

1. Anonymous: *A Course in Miracles,* New York (Foundation for Inner Peace) 1975.
2. Thomas S. Kuhn: *Die Struktur wissenschaftlicher Revolutionen,* Frankfurt/M (Suhrkamp) 1967.
3. T. Wilson, in: J. Douglas (Hrsg.): *Understanding Everyday Life,* Chicago (Aldine) 1970.
4. Charles T. Tart: *Transpersonale Psychologie,* Olten und Freiburg i. Br. (Walter) 1978.

5. J. F. Rychlak: *A Philosophy of Science for Personality Theory,* Boston (Houghton Mifflin) 1968.
6. M. Scriven, in: L. Berger (Hrsg.): *Clinical Cognitive Psychology,* Englewood Cliffs / N. J. (Prentice-Hall) 1969.
7. M. Maruyana: «Paradigms and Communication», in: *Technol. Forecasting Soc. Change* 1974, Nr. 6, S. 3.
8. G. W. Allport: *Persönlichkeit: Struktur, Entwicklung und Erfassung der menschlichen Eigenart,* Stuttgart (Klett) 1949.
9. A. Bandura: «The Self System in Reciprocal Determination» in: *American Psychologist,* 1978, Nr. 33, S. 344–357.
10. Erich Fromm, D. T. Suzuki, Richard dc Martino: *Zen Buddhismus und Psychoanalyse,* München (Szczesny) 1963.
11. Interview mit David Bohm in *ReVision,* 1979, Nr. 1, S. 10.
12. Duane Elgin: *Voluntary Simplicity,* New York (William Morrow) 1981.
13. B. d'Espagnat: *Conceptual Foundations of Quantum Mechanics,* (W. A. Benjamin) 1976.
14. ders.: «The Quantum Theory and Reality», in: *Scientific American,* 1979, Nr. 241, S. 158–181.
15. L. Beynam: «The Emergent Paradigm in Science», in: *ReVision,* 1978, Nr. 1, S. 56–72.
16. Stanislav Grof: «Modern Consciousness Research and the Quest for the New Paradigm», in: *ReVision,* 1979, Nr. 2, S. 41–52.

Die Frage des Blickwinkels

1. Zwei Annäherungen könnten Maslows (1970) «Plateau-Erfahrung» und Sutichs (1973) «höchste Zustände» sein.
2. Eine ausführlichere Darstellung findet sich in Chögyam Trungpa (1975).

Quellen

Berger, Peter Ludwig, und T. Luckmann: *Die gesellschaftliche Konstruktion der Wirklichkeit,* Frankfurt/M (S. Fischer) 1980.

Castaneda, Carlos: *Die Lehren des Don Juan,* Frankfurt/M (Fischer Taschenbuch 1457) 1973.

ders.: *Eine andere Wirklichkeit,* Frankfurt/M (Fischer Taschenbuch 1616) 1975.

ders.: *Reise nach Ixtlan,* Frankfurt/M (Fischer Taschenbuch 1808) 1976.

Goleman, Daniel: «The Buddha on Meditation and Consciousness», in: *Journal of Transpersonal Psychology,* 1972, Nr. 4, S. 1–44.

James, William: *Psychology: Briefer Course,* New York (Holt & Co.) 1910.

Katz, R.: «Education for Transcendence», in: *Journal of Transpersonal Psychology,* 1973, Nr. 5, S. 136–155.

Kuhn, Thomas S.: *Die Struktur wissenschaftlicher Revolutionen,* Frankfurt/M (Suhrkamp) 1967.

LaBarre, W.: «The Cultural Basis of Emotions and Gestures», in: *Journal of Personality,* 1947, Nr. 16, S. 49–68.

Lee, D.: «Codification of Reality: Lineal and nonlineal», in: *Psychosomatic Medicine,* 1950, 12/2, S. 89–97.

Mannheim, K.: *Ideologie und Utopie,* Frankfurt/M (Schulte-Bulmke) 1965.
Maslow, Abraham, «Theory Z», in: *Journal of Transpersonal Psychology,* 1970, 2, 1, S. 31–47.
Stewart, K.: «Dream Theory in Malaya», in: Charles T. Tart (Hrsg.): *Altered States of Consciousness,* New York (Wiley and Sons) 1969.
Sutich, A. J.: «Transpersonal Therapy», in: *Journal of Transpersonal Psychology,* 1973, 5, 1, S. 1–6.
Trungpa, Chögyam: *Spiritueller Materialismus,* Freiburg i. Br. (Aurum) 1975.
Whorf, Benjamin Lee: *Sprache, Denken, Wirklichkeit,* Reinbek bei Hamburg (Rowohlt, rde Bd. 174) 1963.

Paradigmen im Zusammenstoß

Quellen

Alexander, F.: «Buddhist Training as an Artificial Catatonia», in: *Psychoanalytical Review,* 1931, 18, S. 129–145.
Alexander, Franz Gabriel, und S. T. Selesnich: *Geschichte der Psychiatrie,* Zürich (Diana) 1969.
Allison, J.: «Adaptive Regression and Intense Religious Experience», in: *Journal of Nervous and Mental Disease,* 1967, 145, S. 452–463.
Allport, G. W.: *Persönlichkeit: Struktur, Entwicklung und Erfassung der menschlichen Eigenart,* Stuttgart (Klett) 1949.
Bandura, A.: «The Self System in Reciprocal Determinism», in: *American Psychologist,* 1978, 33, S. 344–357.
Bertalanffy, V.: *General Systems Theory,* New York (Braziller) 1968.
Boss, Medard: *Indienfahrt eines Psychiaters,* Freiburg i. Br. (Herder) 1966.
Brown, D. A.: «A Model for the Levels of Concentrative Meditation», in: *International Journal of Clinical and Experimental Hypnosis,* 1977, 25, S. 236–273.
Bucke, W.: «From Self to Cosmic Consciousness», in: J. White (Hrsg.): *The Highest State of Consciousness,* Garden City/N. Y. (Doubleday) 1972.
Buddhaghosa: *Visuddhi-Magga oder der Weg zur Reinheit,* Konstanz (Christiani) 1952.
Bugental, James F.: *Psychotherapy and Process,* Reading / Mass. (Addison-Wesley) 1978.
Burtt, E.: *The Teachings of the Compassionate Buddha,* New York (Mentor) 1955.
Capra, Fritjof: «Moderne Physik und östliche Mystik» im vorliegenden Buch.
Chaudhuri, H.: «Psychology: Humanistic and Transpersonal», in: *Journal of Humanistic Psychology,* 1975, 15, S. 7–15.
Deikman, A.: «Comments on the GAP Report on Mysticism», in: *Journal of Nervous and Mental Disease,* 1977, 165, S. 213–217.
Frank, J. D.: «Nature and Function of Belief Systems: Humanism and Transcendental Religion», in: *American Psychologist,* 1977, 32, S. 555–559.
Freud, Sigmund: *Das Unbehagen in der Kultur,* Frankfurt/M (Fischer Taschenbuch 6043).
Fromm, Erich, R. DeMartino, D. T. Suzuki: *Zen Buddhismus und Psychoanalyse,* München (Szczesny) 1963.

Fromm, Erich, und R. Xirau: *The Nature of Man,* New York (Macmillan) 1968.

Globus, Gordon, und S. Franklin: *Thought, Meditation and Knowledge,* unveröffentlichtes Manuskript, 1978.

Goldstein, J.: *Vipassana-Meditation,* Berlin (Schickler) 1978.

Goleman, Daniel: «Die Frage des Blickwinkels» im vorliegenden Buch.

ders.: «Eine Landkarte des inneren Raums» im vorliegenden Buch.

ders.: «Meditation and Well-Being», in: Roger N. Walsh und D. Shapiro (Hrsg.): *Beyond Health and Normality,* New York (Van Nostrand Reinhold) 1983.

ders. in: C. S. Hall und G. Lindsey (Hrsg.): *Theorien der Persönlichkeit,* München (Beck) 1978.

Govinda, Lama Anagarika: *Die psychologische Haltung der frühbuddhistischen Philosophie,* Wiesbaden (Löwit) o. J.

Greeley, Andrew M.: *The Sociology of the Paranormal,* Beverly Hills / Calif. (Sage) 1975.

Group for the Advancement of Psychiatry: *Mysticism: Spiritual Quest or Psychic Disorder?,* New York (Group for the Advancement of Psychiatry) 1976.

Hood, R. W.: «Psychological Strength and the Report of Intense Religious Experience», in: *Journal for the Scientific Study of Religion,* 1974, 13, S. 65–71.

Hood, R.: «Conceptual Criticism of Regressive Explanations of Mysticism», in: *Rev. Religious Res.* 1976, 17, S. 179–188.

Huxley, Aldous: *Die ewige Philosophie,* Zürich (Steinberg) 1949.

James, William: *Psychology: Briefer Course,* New York (Holt & Co.) 1910.

ders.: *Die Vielfalt religiöser Erfahrung,* Olten und Freiburg i. Br. (Walter) 1979.

Johannson, R.: *The Psychology of Nirvana,* London (George Allen and Unwin) 1969.

Jung, Carl Gustav: *Briefe,* Bd. 1, Olten und Freiburg i. Br. (Walter) 1972.

Kapleau, Philip: *Die drei Pfeiler des Zen,* München (O. W. Barth) ^{5}1981.

King, C. D.: *The States of Human Consciousness,* New York (Unity Books) 1963.

Kornfield, Jack: *Living Buddhist Masters,* Santa Cruz / Calif. (Unity Press) 1977.

Kuhn, Thomas S.: *Die Struktur wissenschaftlicher Revolutionen,* Frankfurt/M. (Suhrkamp) 1967.

Laing, Ronald David: *Knoten,* Reinbek b. Hamburg (Rowohlt) 1972.

Livingston, D.: *Transcendental States of Consciousness and the Healthy Personality,* unveröffentlichte Dissertation, University of Arizona 1975.

Maruyana, M.: «Paradigms and Communication», in: *Technol. Forecasting Soc. Change,* 1974, 6, S. 3–32.

Maslow, Abraham: *Religions, Values, and Peak Experience,* New York (Viking) 1964.

ders.: *Die Psychologie der Wissenschaft,* München (Goldmann) 1977.

ders.: *The Farther Reaches of Human Nature,* New York (Viking) 1971.

Oppenheimer, J. Robert: *Wissenschaft und allgemeines Denken,* Hamburg (Rowohlt, rde Bd. 6) 1958.

Ostow, M.: «Antinomianism, Mysticism, and Psychosis», in: *Psychedelic Drugs,* 1969, S. 177–185.

Overton, D. A.: «Discriminative Control of Behavior by Drug States», in: T. Thompson und R. Pickens (Hrsg.): *Stimulus Properties of Drugs,* New York (Appleton-Century-Crofts) 1971.

Owens, Claire Nyers: «Zen-Buddhismus», in: Charles T. Tart: *Transpersonale Psychologie,* Olten und Freiburg i. Br. (Walter) 1978.
Pahnke, W., und W. Richards: «Implications of LSD and Experimental Mysticism», in: *Journal of Religion and Health,* 1966, 5, S. 175–208.
Ram Dass, in: *Association of Transpersonal Psychologists Newsletter,* 1975 (Winter) S. 9 (a).
ders.: *Alles Leben ist Tanz,* Berlin (Schickler) 1979.
ders.: Rede, gehalten 1975 in Rowe, Ma., (b).
ders: «Freeing the mind», in: *Journal of Transpersonal Psychology,* 1976, 8, S. 133–140.
ders.: *Schrot für die Mühle,* München (Knaur) 1984.
ders.: *Journey of Awakening,* New York (Doubleday) 1978.
Roberts, Thomas B.: «Bildung und transpersonale Beziehungen» im vorliegenden Buch.
Roberts, T.: «Beyond Self-Actualization», in: *ReVision* 1978, 1, S. 42–46.
Satprem: *Sri Aurobindo oder das Abenteuer des Bewußtseins,* Weilheim (O. W. Barth) 1970.
Schumacher, Ernst Friedrich: *Rat für die Ratlosen,* Reinbek b. Hamburg (Rowohlt) 1979.
Shapiro, Deane, und D. Gilber: «Meditation: Self Control Strategy and Altered States of Consciousness», in: *Archives of General Psychiatry,* 1978, 35, S. 294–302.
Shapiro, Deane, und Roger N. Walsh (Hrsg.): *The Science of Meditation,* Chicago (Aldine) 1983.
Smith, Huston: *The Religions of Man,* New York (Harper & Row) 1958.
ders.: *Forgotten Truth,* New York (Harper & Row) 1976.
Stace, W. T.: *Mysticism and Philosophy,* Philadelphia (Lippincott) 1960.
Tart, Charles T.: «Bewußtseinszustände und zustandsspezifische Wissenschaften» im vorliegenden Buch.
ders.: *States of Consciousness,* New York (E. P. Dutton) 1975.
ders.: *Transpersonale Psychologie,* Olten und Freiburg i. Br. (Walter) 1978.
Thetford, W., et al., in: Freedman, A., H. Kaplan, B. Sadock (Hrsg.): *Schizophrenie, affektive Erkrankungen, Verlust und Trauer,* Stuttgart (Thieme) 1983.
Thomas, L., und P. Cooper: «Incidence and Psychological Correlates of Intense Spiritual Experiences», vorgelegt beim East. Psychol. Assoc. Meet., Boston 1977.
Vimalo, B.: *Awakening to the Truth,* Visaka Puja, Thailand (Annual Publication Buddhist Assoc.) 1974, S. 53–79.
Walsh, Roger N.: «Initial Meditative Experiences», I, in: *Journal of Transpersonal Psychology,* 1977, 9, S. 151–192.
ders.: «Initial Meditative Experiences», II, in: *Journal of Transpersonal Psychology,* 1978, 10, S. 1–28.
ders.: *Towards an Ecology of Brain,* New York (Spectrum Press) 1980.
ders. und Deane Shapiro (Hrsg.): *Beyond Health and Normality,* New York (Van Nostrand Reinhold) 1983.
ders. und Frances Vaughan: «Die Person – was ist das?» im vorliegenden Buch.

Whorf, Benjamin Lee: *Sprache, Denken, Wirklichkeit,* Reinbek b. Hamburg (Rowohlt, rde Bd. 174) 1963.
Wilber, Ken: «The Ultimate State of Consciousness», in: *Journal of Altered States of Consciousness,* 1975, 2, S. 231–242.
ders.: *The Spectrum of Consciousness,* Wheaton / Ill. (Theosophical Publishing House) 1977.
ders.: «Eye to Eye: Transpersonal Psychology and Science», in: *ReVision,* 1979, 2, S. 3–25.
ders.: «Where It Was, There I Shall Be», in: R. Walsh und D. Shapiro (Hrsg.): *Beyond Health and Normality,* New York (Van Nostrand Reinhold) 1983.
ders.: *The Atman Project,* Wheaton / Ill. (Theosophical Publishing House) 1980.
ders.: «Ein Entwicklungsmodell des Bewußtseins» im vorliegenden Buch (a).
ders.: «Auge in Auge» im vorliegenden Buch (b).

Die Person – was ist das?

1. Ram Dass, in: *Assoc. Transpersonal Psychol. Newsletter,* 1975 (Winter). S. 9.
2. P. D. Ouspensky: *Auf der Suche nach dem Wunderbaren,* München (O. W. Barth) [3]1980.
3. Rajneesh, B. S.: *The Way of the White Cloud,* Poona 1975.
4. Ram Dass, in: J. Downing (Hrsg.): *Gestalt Awareness,* New York (Harper & Row) 1976.
5. Ram Dass: *Schrot für die Mühle,* München (Knaur) 1984.
6. Frances Vaughan: *Awakening Intuition,* New York (Doubleday) 1979.
7. Satprem: *Sri Aurobindo oder das Abenteuer des Bewußtseins,* Weilheim (O. W. Barth) 1970.
8. Charles T. Tart: *Transpersonale Psychologie,* Olten und Freiburg i. Br. (Walter) 1978.
9. Charles T. Tart: *States of Consciousness,* New York (E. P. Dutton) 1975.
10. Philip Kapleau: *Die drei Pfeiler des Zen,* München (O. W. Barth) [5]1981.
11. R. S. DeRopp: *The Master Game,* New York (Delta) 1968.
12. Kathleen Riordan, in: Charles Tart (Hrsg.): *Transpersonale Psychologie,* Olten und Freiburg i. Br. (Walter) 1978.
13. Daniel Goleman: «Meditation and Consciousness», in: *American Journal of Psychotherapy,* 1976, S. 41–54.
14. Daniel Goleman: «Eine Landkarte des inneren Raums» im vorliegenden Buch.
15. Ram Dass: *A Meditator's Guidebook,* New York (Doubleday) 1978.
16. Ken Wilber: *The Spectrum of Consciousness,* Wheaton / Ill. (Theosophical Publishing House) 1977.
17. Buddhaghosa: *Visuddhi-Magga oder der Weg zur Reinheit,* Konstanz (Christiani) 1952.
18. Herbert V. Guenther: *Philosophy and Psychology in the Abhidharma,* Berkeley/Calif. (Shambhala) 1976.
19. H. Chiang und A. H. Maslow: *The Healthy Personality,* New York (Van Nostrand Reinhold) 1969.
20. James Fadiman: «Der transpersonale Standpunkt» im vorliegenden Buch.

21. C. Brenner: *Grundzüge der Psychoanalyse,* Frankfurt/M (S. Fischer) 1967.
22. Ronald D. Laing: *Die Politik der Familie,* Köln (Kiepenheuer & Witsch) 1974, S. 115.
23. W. Erhard, Workshop for Psychotherapists, San Francisco 1977.
24. W. Erhard: «Who Is It Who Is Healthy?», in: Roger N. Walsh, Deane Shapiro (Hrsg.): *Beyond Health and Normality,* New York (Van Nostrand Reinhold) 1983.
25. Roger N. Walsh: «Initial Meditative Experiences», in: *Journal of Transpersonal Psychology,* 1977, 9, S. 151–192.
26. Roberto Assagioli: *Handbuch der Psychosynthesis,* Freiburg i. Br. (Aurum) 1978.
27. Wei Wu Wei: *All Else Is Bondage,* Hong Kong (Hong Kong University Press) 1970.
28. T. Byrom: *The Dhammapada,* New York (Vintage) 1976.
29. Carlos Castaneda: *Der Ring der Kraft,* Frankfurt/M (S. Fischer) 1976.
30. Duane Elgin: *Voluntary Simplicity,* New York (William Morrow) 1981.
31. Erich Fromm, D. T. Suzuki und R. de Martino: *Zen Buddhismus und Psychoanalyse,* München (Szczesny) 1963, S. 127 f., 133.
32. J. Goldstein: *Vipassana-Meditation,* Berlin (Schickler) 1978.
33. M. Sayadaw: *Practical Insight Meditation,* Kandy / Sri Lanka (Buddhist Publication Society) 1976.
34. M. Sayadaw: *The Process of Insight,* Kandy / Sri Lanka (Buddhist Publication Society) 1978.
35. Jack Kornfield: *Living Buddhist Masters,* Santa Cruz / Calif. (Unity Press) 1977.
36. Angelus Silesius: *Der cherubinische Wandersmann,* Zürich (Diogenes Taschenbuch 20644) 1979, S. 47.
37. Abraham Maslow: *The Farther Reaches of Human Nature,* New York (Viking) 1971.
38. James Bugental: «Stufen therapeutischer Entwicklung» im vorliegenden Buch.

Moderne Physik und östliche Mystik

Bohr, Niels: *Atomic Physics and the Description of Nature,* London (Cambridge University Press) 1934.

Capra, Fritjof: *Das Tao der Physik,* München (O. W. Barth) 1984.

Chew, G. F.: «Bootstrap: A scientific idea?», in: *Science,* 1968, 161, S. 762–65.

ders.: «Hadron bootstrap: Triumph or frustration?», in: *Physics Today,* 1970, 23, S. 23–28.

ders. und M. Gell-Mann, A. H. Rosenfeld: «Strongly interacting particles», in: *Scientific American,* 1964, 210, S. 74–83.

Govinda, Lama Anagarika: *Grundlagen tibetischer Mystik,* München (O. W. Barth) [4]1975.

Heisenberg, Werner: *Physik und Philosophie,* Stuttgart (Hirzel) 1978.

Needham, Joseph: *Science an Civilization in China,* Bd. 2, London (Cambridge University Press) 1956.

Stapp, H. P.: «S-matrix interpretation of quantum theory», in: *Physical Review,* 1971, D3, S. 1303–20.
Suzuki, D. T.: Vorwort zu B. L. Suzuki: *Mahayana Buddhism,* London (Allen & Unwin) 1979.
ders.: *The Essence of Buddhism,* Kyoto (Hozokan) 1968a.
ders.: *On Indian Mahayana Buddhism,* New York (Harper & Row) 1968b.
Wheeler, J. A.: «The Universe as Home for Man», in: *American Scientist,* 1974, 62, S. 683–91.
Wilhelm, Richard: *I Ging,* Köln (Eugen Diederichs).

2. Teil: Die Natur des Bewußtseins

1. Gregory Bateson: *Geist und Natur,* Frankfurt/M (Suhrkamp) 1982.
2. Dieser Artikel ist die stark geraffte Version einer sehr ausführlichen Darstellung in Wilbers *The Atman Project,* Wheaton, Ill. (Theosophical Publishing House) 1980.

Psychologia perennis

Brown, Norman O.: *Zukunft im Zeichen des Eros,* Pfullingen (Neske) 1962.
Castaneda, Carlos: *Reise nach Ixtlan,* Frankfurt/M (Fischer Taschenbuch 1808) 1976.
Deutsch, Eliot: *Advaita Vedanta,* Honolulu (East-West Center Press) 1969.
Fromm, Erich, D. T. Suzuki, R. de Martino: *Zen Buddhismus und Psychoanalyse,* München (Szczesny) 1963.
Huxley, Aldous: *Die ewige Philosophie,* Zürich (Steinberg) 1949.
Jung, Carl Gustav: *The Structure and Dynamics of the Psyche,* New York (Pantheon) 1960.
ders.: *Analytical Psychology: Its Theory and Practice,* New York (Vintage) 1968.
Maslow, Abraham: *The Farther Reaches of Human Nature,* New York (Viking) 1971.
ders.: *Psychologie des Seins,* München (Kindler) 1973.
Mead, G. H.: *George Herbert Mead on Social Psychology,* hrsg. von Anselm Strauss, Chicago (Univ. of Chicago Press) 1964.
Perls, Frederick S., R. Hefferline, P. Goodman: *Gestalt-Therapie,* Stuttgart (Klett-Cotta) 1979.
Putney, S. und G.: *The Adjusted American,* New York (Harper & Row) 1966.
Suzuki, Daisetz Teitaro: *Studies in the Lankavatara Sutra,* London (Routledge & Kegan Paul) 1968.
Watts, Alan: *The Supreme Identity,* New York (Vintage) 1972.
White, J. (Hrsg.): *The Highest State of Consciousness,* New York (Anchor) 1972.
Whorf, Benjamin Lee: *Sprache, Denken, Wirklichkeit,* Reinbek b. Hamburg (Rowohlt, rde Bd. 174) 1963.
Wilber, Ken: «The Spectrum of Consciousness», in: *Main Currents,* 1974, 31, S. 2.

Ein Entwicklungsmodell des Bewußtseins

1. Jan Christian Smuts: *Die holistische Welt,* Berlin (Metzner) 1938.
2. J. Welwood: «Meditation and the Unconscious», in: *Journal of Transpersonal Psychology,* 1977, 9, 1, S. 1–26.
3. J. Loevinger: *Ego Development,* San Francisco (Jossey Bass) 1976.
4. S. Arieti: *The Intra-Psychic Self,* New York (Basic Books) 1967.
5. Abraham Maslow: *The Farther Reaches of Human Nature,* New York (Viking) 1971.
6. L. Kohlberg: «Development of Moral Character and Moral Ideology», in: M. L. und L. W. Hoffman (Hrsg.): *Review of Child Development Research,* Bd. 1, New York (Russell Sage Foundation) 1964.
7. Sigmund Freud: «Das Ich und das Es», in: *Gesammelte Werke,* Frankfurt/M (S. Fischer) 1952–1968, Bd. 13.
8. C. Sullivan, M. Q. und J. D. Grant: «The Development of Interpersonal Maturity», in: *Psychiatry,* 1957, 20, S. 373–85.
9. Siehe 3.
10. Erich Fromm: *Die Furcht vor der Freiheit,* Frankfurt/M (DVA) [12]1980.
11. David Riesman: *Die einsame Masse,* Reinbek b. Hamburg (Rowohlt, rde Bd. 72/3) 1961.
12. Ken Wilber: «The Ultimate State of Consciousness», in: *Journal of Altered States of Consciousness,* 1975–76, 2, S. 3.
13. Sigmund Freud, a. a. O.
14. Sigmund Freud: «Aus der Geschichte einer infantilen Neurose», in: *Gesammelte Werke,* Bd. 12.
15. Sigmund Freud: «Abriß der Psychoanalyse», in: *Gesammelte Werke* Bd. 17.
16. Carl Gustav Jung: «Die psychologischen Grundlagen des Geisterglaubens», in: *Gesammelte Werke,* Bd. 8, Zürich, Stuttgart (Rascher) 1967, S. 350f.
17. Sigmund Freud: «Jenseits des Lustprinzips», in: *Gesammelte Werke,* Bd. 13.
18. Sigmund Freud: «Neue Folge der Vorlesungen zur Einführung in die Psychoanalyse», in: *Gesammelte Werke,* Bd. 15.
19. M. Washburn: «Observations Relevant to a Unified Theory of Meditation», in: *Journal of Transpersonal Psychology,* 1978, 10, S. 1.

3. Teil: Psychische Gesundheit – Ost und West

1. H. Smith: «The Sacred Unconscious», in: Roger N. Walsh, Deane Shapiro (Hrsg.): *Beyond Health and Normality,* New York (Van Nostrand Reinhold) 1983.
2. Thomas Roberts: «Beyond Self Actualization», in: *ReVision* 1978, 1, S. 42–46.
3. Walsh/Shapiro: *Beyond Health and Normality.*

Meditation – Pforte zum Transpersonalen

1. Jacob Needleman: *A Sense of the Cosmos: The Encounter of Modern Science and Ancient Truth,* New York (Doubleday) 1975.

Aspekte einer Theorie und Praxis der Meditation

Buddhaghosa: *Visuddhi-Magga oder der Weg zur Reinheit,* Konstanz (Christiani) 1952.

Golas, T.: *Der Erleuchtung ist es egal, wie Du sie erlangst,* Basel (Sphinx) 1981.

4. Teil: Transpersonale Psychotherapie

1. Medard Boss: *Indienfahrt eines Psychiaters,* Freiburg i. Br. (Herder) 1966, S. 189.
2. Abraham Maslow: *The Farther Reaches of Human Nature,* New York (Viking) 1971.
3. Stanislav Grof: «Vorstoß ins Unbewußte» im vorliegenden Buch.

Psychotherapien im Vergleich

1. A. Bandura: *Principles of Behavior Modification,* New York (Holt, Rinehart & Winston) 1969.
2. A. Bandura: *Sozial-kongnitive Lerntheorie,* Stuttgart (Klett-Cotta) 1979.
3. James Bugental: *The Search for Authenticity,* New York (Holt, Rinehart & Winston) 1965.
4. James Bugental: *The Search for Existential Identity,* San Francisco (Jossey-Bass) 1976.
5. L. Luborsky, B. Singer: «Comparative Studies of Psychotherapies», in: *Archives of General Psychiatry,* 1975, 32, S. 995–1008.
6. Frederick S. Perls: *Gestalt-Therapie in Aktion,* Stuttgart (Klett-Cotta) ^{3}1979, S. 25.
7. Carl E. Thoresen, M. Mahoney: *Behavioral Self-Control,* New York (Holt, Rinehart & Winston) 1974.
8. D. C. Rimm, J. C. Masters: *Behavior Therapy,* New York (Academic Press) 1975.
9. Ken Wilber: *The Spectrum of Consciousness,* Wheaton / Ill. (Theosophical Publishing House) 1977.
10. Frances Vaughan: «Transpersonal Perspectives in Psychotherapy», in: *Journal of Humanistic Psychology,* 1977, 17, S. 69–81.
11. Ken Wilber: «Auge in Auge» im vorliegenden Buch.
12. Ken Wilber: *The Atman Project,* Wheaton / Ill. (Theosophical Publishing House) 1980.
13. C. Brenner: *Grundzüge der Psychoanalyse,* Frankfurt/M (S. Fischer) 1967.
14. Carl Gustav Jung: *Briefe,* Bd. 1, Olten und Freiburg i. Br. (Walter) 1972, S. 465.
15. A. Bandura: «Self-Efficacy», in: *Psychological Review,* 1977, 84, S. 191–215.
16. M. Parloff: «Twenty-five Years of Research in Psychotherapy», New York, Albert Einstein College of Medicine, Psychiatry Department, 17. Okt. 1975.
17. T. B. Karasu: «Psychotherapies: An Overview», in: *American Journal of Psychiatry,* 1977, 134, S. 851–63.

18. Michael Mahoney: *Kognitive Verhaltenstherapie,* München (Pfeiffer) 1977.
19. A. Bandura: *Sozial-kognitive Lerntheorie,* Stuttgart (Klett-Cotta) 1979.
20. Buddhaghosa: *Visuddhi-Magga oder der Weg zur Reinheit,* Konstanz (Christiani) 1952.
21. Abraham Maslow: *The Farther Reaches of Human Nature,* New York (Viking) 1971.
22. Thomas Roberts: «Beyond Self-Actualization», in: *ReVision* 1978, 1, S. 42–46.
23. Stanislav Grof: *Topographie des Unbewußten,* Stuttgart (Klett-Cotta) 1978.
24. James Bugental: *Psychotherapy and Process,* Reading / Mass. (Addison-Wesley) 1978.
25. Deane Shapiro, D. Giber: «Meditation: Self-Control Strategy and Altered States of Consciousness», in: *Archives of General Psychiatry,* 1978, 35, S. 294–302.
26. Deane Shapiro, Roger N. Walsh (Hrsg.): *The Science of Meditation,* Chicago (Aldine) 1983.
27. Deane Shapiro: *Meditation,* New York (Aldine) 1980.
28. B. S. Rajneesh: *The Way of the White Cloud,* Poona 1975.
29. Ram Dass: *Schrot für die Mühle,* München (Knaur) 1984.
30. A. J. Deikman: «Comments on the GAP Report on Mysticism», in: *Journal of Nervous and Mental Disease,* 1977, 165, S. 213–17.
31. Group for the Advancement of Psychiatry: *Mysticism: Spiritual Quest or Psychic Disorder?,* Washington / D. C. (GAP) 1976.

Der transpersonale Standpunkt

Assagioli, Roberto: *Handbuch der Psychosynthesis,* Freiburg i. Br. (Aurum) 1978.
Gurdjieff, G. I.: *Beelzebubs Erzählungen für seine Enkel,* Basel (Sphinx) ^{3}1981.
James, Henry (Hrsg.): *The Letters of William James,* Boston (Little, Brown) 1926.
Jung, Carl Gustav: *Erinnerungen, Träume, Gedanken,* Zürich, Stuttgart (Rascher) 1962.
Malcolm, Janet: «The One-Way Mirror», in: *The New Yorker,* 15. 5. 78, S. 39–114.
Ramakrishna: *Sayings of Sri Ramakrishna,* Madras 1965.
Shafii, Mohammad: *Devolopmental Stages in Man in Sufism and Psychoanalysis,* unveröffentlichtes Manuskript, 1974.
Sirij-Ed-Din, Abu Bakr: *The Book of Certainty,* New York (Samuel Weiser) 1970.
Synthesis: The Realization of the Self, Redwood City / Calif. (Synthesis Press) 1974.

Transpersonale Psychotherapie – Kontext, Inhalt und Prozeß

1. James Fadiman: «Der transpersonale Standpunkt» im vorliegenden Buch.
2. A. Sutich: «Transpersonal Therapy», in: *Journal of Transpersonal Psychology,* 1973, 5 (1), S. 1–6.
3. R. Metzner: *Know Your Type,* Garden City / N. Y. (Doubleday) 1979.
4. F. Vaughan Clark: «Transpersonal Perspectives In Psychotherapy», in: *Journal of Humanistic Psychology,* 17, Frühjahr 77, S. 69–81.
5. James Bugental: *Psychotherapy and Process,* Reading / Mass. (Addison-Wesley) 1978.

6. Roberto Assagioli: *Handbuch der Psychosynthesis,* Freiburg i. Br. (Aurum) 1978.
7. Wei Wu Wei: *All Else Is Bondage,* Hong Kong (Hong Kong University Press) 1970.
8. George Leonard: *Der Rhythmus des Kosmos,* München (O. W. Barth) 1980.
9. Fritjof Capra: «Moderne Physik und östliche Mystik» im vorliegenden Buch.
10. Ken Wilber: *The Spectrum of Consciousness,* Wheaton / Ill. (Theosophical Publishing House) 1977.
11. W. B. Joy: *Joy's Way: A Map for the Transformational Journey,* Los Angeles (J. P. Tarcher) 1979.

5. Teil: Der Wandel zieht Kreise

1. Anonymous: *A Course in Miracles,* New York (Foundation for Inner Peace) 1975.
2. Ernst Friedrich Schumacher: *Rat für die Ratlosen,* Reinbek b. Hamburg (Rowohlt) 1979, S. 162.
3. Duane Elgin: *Voluntary Simplicity,* New York (William Morrow) 1981.

Bewußtseinszustände und zustandsspezifische Wissenschaften

1. Claudio Naranjo, Robert Ornstein: *Psychologie der Meditation,* Frankfurt/M (Fischer) 1976.
2. Ein SoC ist vor allem durch die stabilen Parameter des ihn konstitutierenden Grundmusters definiert und nicht allein durch die besondere Technik seiner Induzierung; manche ASC können durch verschiedene Methoden induziert werden. Um bei unserer Analogie zu bleiben: Um ein verändertes Computerprogramm zu verstehen, muß man untersuchen, was es tut, und nicht den Programmierer studieren, der es entwarf.
3. Thomas S. Kuhn: *Die Struktur wissenschaftlicher Revolutionen,* Frankfurt/M (Suhrkamp) 1967.
4. R. Rosenthal: *Experimenter Effects in Behavioral Research,* New York (Appleton-Century-Croft) 1966.
5. M. Orne, in: *American Psychologist,* 1962, 17, S. 775.
6. Ein zustandsspezifischer Wissenschaftler kann seine eigene Arbeit aufgrund des Phänomens des zustandsspezifischen Erinnerns selbst unbegreiflich finden, wenn er sich im Normalzustand befindet: Von seiner Arbeit überträgt sich nicht genügend auf seinen Normalzustand, um sie auch hier begreifbar zu machen; tritt er jedoch wieder in den ASC ein, in dem er seine Arbeit tut, so ist sie sofort wieder vollkommen verständlich.
7. «Normalbewußtseins-Wissenschaft» ist kein gutes Beispiel für «reine» zustandsspezifische Wissenschaft, denn auch hier wurden viele wichtige Entdekkungen in ASC gemacht, etwa in tiefer Versunkenheit, im Traum oder in meditationsähnlichen Zuständen.
8. Ich habe anderswo versucht, die Phänomene des Marihuana-Rauschs so zu

beschreiben, daß sich sowohl für den Benutzer als auch für den Forscher ein Sinn ergibt. Siehe Charles Tart: *On Being Stoned,* Palo Alto / Calif. (Science and Behavior Books) 1971.

9. Vgl. dazu Niels Bohr: *Atomphysik und menschliche Erkenntnis,* Braunschweig (Viehweg) Bd. 1, 1958, Bd. 2, 1966.
10. Brewster Ghiselin: *The Creative Process,* New York (New American Library) 1963.
11. E. und A. Green, E. Walters, in: *Journal of Transpersonal Psychology,* 1970, 2, S. 1.
12. Jacob Needleman: *The New Religions,* New York (Doubleday) 1970.
13. Charles T. Tart: *Altered States of Consciousness,* New York (Wiley) 1969.

Auge in Auge: Wissenschaft und Transpersonale Psychologie

1. Ken Wilber: *The Atman Project,* Wheaton / Ill. (Theosophical Publishing House) 1980.
2. H. Smith: *Forgotten Truth,* New York (Harper & Row) 1976.
3. Frithjof Schuon: *Von der inneren Einheit der Religion,* Interlaken (Ansata) 1981.
4. Alfred North Whitehead: *Wissenschaft und moderne Welt,* Zürich (Conzett & Huber) 1949.
5. Charles T. Tart: *States of Consciousness,* New York (E. P. Dutton) 1975.
6. Charles T. Tart (Hrsg.): *Transpersonale Psychologie,* Olten und Freiburg i. Br. (Walter) 1978.

Das Ende des wissenschaftlichen Isolationismus?

1. L. M. Beynam: «The Emergent Paradigm in Science», in: *ReVision,* 1978, 1, S. 56–72.
2. David Bohm: «The Enfolding-Unfolding Universe», in: *ReVision,* 1978, 1, S. 24–51.
3. Fritjof Capra: «Moderne Physik und östliche Mystik» im vorliegenden Buch.
4. Ken Wilber: *The Spectrum of Consciousness,* Wheaton / Ill. (Theosophical Publishing House) 1977.
5. Gary Zukav: *Die tanzenden Wu Li Meister,* Reinbek b. Hamburg (Rowohlt) 1981.
6. J. Goldstein: *Vipassana-Meditation,* Berlin (Schickler) 1978.
7. Daniel Goleman: «Eine Landkarte des inneren Raums» im vorliegenden Buch.
8. Jack Kornfield: «Aspekte einer Theorie und Praxis der Meditation» im vorliegenden Buch.
9. Roger N. Walsh, R. A. Cummings: «The Open Field Test: A Critical Review», in: *Psychological Bulletin,* 1976, 83, S. 482–504.
10. W. T. Greenough: «Enduring Brain Effects of Differential Experience and Training», in: M. Rosenzweig, E. Bennett (Hrsg.): *Neural Mechanisms of Memory and Learning,* Cambridge / Mass. (MIT Press) 1976.

11. M. Rosenzweig, E. Bennett, in: A. Oliverio (Hrsg.): *Genetics, Environment, and Intelligence,* Holland (Elsevier) 1977, S. 163–196.
12. Roger N. Walsh: *Towards an Ecology of Brain,* Jamaica / N.Y. (Plenum Press) 1981.
13. Roger N. Walsh, W. T. Greenough (Hrsg.): *Environments as Therapy for Brain Dysfunction,* New York (Plenum Press) 1976.
14. E. C. Beck, R. Dustman, M. Sakai: «Electrophysiological Correlates of Selective Attention», in: C. Evans, T. Mulholland (Hrsg.): *Attention in Neurophysiology,* London (Butterworths) 1969.
15. C. Sotelo, S. L. Palay: «Altered Axons and Axon Terminals in the Lateral Verstibular Nucleus of the Rat», in: *Lab. Invest.,* 1971, 25, S. 653–71.
16. Ken Wilber: «Auge in Auge – Wissenschaft und Transpersonale Psychologie» im vorliegenden Buch.
17. Ken Wilber: «Physics, Mysticism, and the New Holographic Paradigm», in *ReVision,* 1979b.
18. M. Capek: *Philosophical Impact of Contemporary Physics,* Princeton / N. J. (Van Nostrand Reinhold) 1961.
19. M. Gardner: «Quantum Theory and Quack Theory», in: *New York Review of Books,* 17. 5. 79.

Bildung und transpersonale Beziehungen

Abramson, H. A. (Hrsg.): *The Use of LSD in Psychotherapy and Alcoholism,* Indianapolis (Bobbs-Merrill) 1967.

L. W. Braud et al.: «The Use of Electromyographic Biofeedback in the Control of Hyperactivity», in: *Journal of Learning Disabilities,* 1975, 8, S. 420–25.

Budzynski, T. H., und J. Stoyva: «Biofeedback Techniques in Behavior Therapy», in: *Biofeedback and Self-Control,* 1973, S. 437–59.

Clark, F. V.: «Fantasy and Imagination», in: T. Roberts (Hrsg.): *Four Psychologies Applied to Education,* New York (John Wiley) 1975.

Clark, W. H.: *Religious Experience: Its Nature and Function in the Human Psyche,* Springfield / Ill. (Charles C. Thomas) 1973.

Danskin, D. G. und E. D. Walters: «Biofeedback Training as Counseling», in: *Counseling and Values,* 1975, 19 (Feb.), S. 116–22.

Driscoll, F.: «TM as Secondary School Subject», in: *Phi Delta Kappa,* 1972, 54, 235–37.

Green, E. und A.: «The Ins and Outs of Mind-Body ·Energy», in: T. Roberts (Hrsg.): *Four Psychologies Applied to Education,* New York (John Wiley) 1975.

Green, E. und A.: *Biofeedback, eine neue Möglichkeit zu heilen,* Freiburg i. Br. (Bauer) 1978.

Hardyck, C. D., und L. F. Petrinovich: «Treatment of Subvocal Speech During Reading», in: *Journal of Reading,* 1969, 12, S. 361–8.

Harman, W. R., et al.: «Psychedelic Agents in Creative Problem Solving», in: Charles Tart (Hrsg.): *Altered States of Consciousness,* Garden City / N. Y. (Doubleday) 1972.

Hartley Productions: *Biofeedback: Yoga of the West,* Cos Cob / Conn. 1974.
Hendricks, C. G., J. Fadiman: *Transpersonal Education,* Englewood Cliffs / N. J. (Prentice-Hall) 1976.
Hendricks, C. G., T. B. Roberts: *The Second Centering Book,* Englewood Cliffs / N. J. (Prentice-Hall) 1977.
Henschen, T.: «Biofeedback-Induced Reverie», in: *Personnel and Guidance Journal,* 54, 1976, S. 327–8.
Honorton, C.: «Psi-Conductive States of Awareness», in: E. Mitchell, J. White (Hrsg.): *Psychic Explorations: A Challenge for Science,* New York (G. P. Putnam) 1976.
Kater, D., J. Spires: «Biofeedback», in: *School Counselor,* Sept. 1975, S. 16–21.
Kübler-Ross, E.: «Death and Related Experiences», Vortrag, gehalten beim Jahrestreffen der Association for Transpersonal Psychology, Stanford / Calif., 19. 7. 75.
Lesh, T. V.: «Zen Meditation and the Development of Empathy in Counselors», in: *Journal of Humanistic Psychology,* 1970, 10, S. 39–74.
LeShan, Lawrence: *How to Meditate,* New York (Bantam) 1975.
Masters, Robert, Jean Houston: *Phantasie-Reisen,* München (Kösel) 1984.
Mogar, R. E., R. W. Aldrich: «The Use of Psychedelic Agents with Autistic Schizophrenic Children», in: *Psychedelic Review,* 1969, 10, S. 5–13.
Moody, R. A.: *Leben nach dem Tod,* Reinbek b. Hamburg (Rowohlt) 1977.
Morris, R. L.: «The Psychobiology of Psi», in: E. Mitchell, J. White (Hrsg.): *Psychic Exploration: A Challenge for Science,* New York (G. P. Putnam) 1976.
Mulholland, T. B.: «Training Visual Attention», in: *Academic Therapy,* 1974, 10, S. 5–17.
Noyes, R.: «The Experience of Dying», in: *Psychiatry,* 1972, 35 (Mai), S. 174–84.
Ornstein, Robert E.: *The Mind Field: A Report on the Consciousness Boom,* New York (E. P. Dutton) 1976.
ders.: *Die Psychologie des Bewußtseins,* Köln (Kiepenheuer & Witsch) 1974.
Pahnke, W. N., W. A. Richards: «Implications of LSD and Experimental Mysticism», in: *Journal of Transpersonal Psychology,* 1969, 1, S. 69–102.
Richards, W., et al.: «LSD-Assisted Psychotherapy and the Human Encounter With Death», in: *Journal of Transpersonal Psychology,* 4, S. 121–50.
Roberts, T. B.: «Transpersonal Education: A Personal View», in: *Journal of Humanistic and Transpersonal Education,* 1976, 1.
ders.: «Transpersonal Psychology in Education», in: T. B. Roberts (Hrsg.): *Four Psychologies Applied to Education,* New York (John Wiley) 1975.
Roberts, T., F. V. Clark: *Transpersonal Psychology Applied to Education,* Bloomington / Ind. (Phi Delta Kappa Education Foundation) 1975.
Rubottom, A. E.: «Transcendental Meditation and Its Potential Uses for Schools», in: *School Education,* 1972, S. 851–7.
Savage, C., et al.: «Psychedelic Therapy of the Narcotic Addict», in: C. Brown, C. Savage (Hrsg.): *The Drug Abuse Controversy,* Baltimore / Md. (National Education Consultants) 1972.
Ullman, Montague, S. Krippner, A. Vaughan: *Traumtelepathie,* Freiburg i. Br. (Aurum) 1977.
Weil, A.: *The Natural Mind,* Boston (Houghton Mifflin) 1972.

Nachwort

1. Abraham Maslow: *Psychologie des Seins,* München (Kindler) 1973, S. 83 f.
2. E. Hilgard, G. Bower: *Theorien des Lernens,* Stuttgart (Klett) ³1973.
3. Ernst Friedrich Schumacher: *Rat für die Ratlosen,* Reinbek b. Hamburg (Rowohlt) 1979, S. 61, 64.

Weiterführende Literatur

Andersen, M., L. Savary: *Passages: A Guide for Pilgrims of the Mind,* New York (Harper & Row) 1973.

Argüelles, José und Miriam: *Das große Mandala-Buch,* Freiburg i. Br. (Aurum) [2]1978.

Assagioli, Roberto: *Handbuch der Psychosynthesis,* Freiburg i. Br. (Aurum) 1978.

ders.: *Die Schulung des Willens,* Paderborn (Junfermann) 1982.

Bateson, Gregory: *Ökologie des Geistes,* Frankfurt/M (Suhrkamp) 1981.

Becker, Ernest: *Dynamik des Todes,* München (Goldmann) 1981.

Benoit, Hubert: *Die hohe Lehre,* München (O. W. Barth) 1958.

Bentov, Itzhak: *Töne – Wellen – Vibrationen,* München (Trikont) 1984.

Bonny, H., L. Savary: *Music and Your Mind,* New York (Harper & Row) 1973.

Boorstein, Seymour, Kathleen Speeth: *Explorations in Transpersonal Psychotherapy,* Palo Alto / Calif. (Science and Behavior Books) 1980.

Bucke, M.: *Die Erfahrung des kosmischen Bewußtseins,* Freiburg i. Br. (Aurum) 1975.

Bugental, James: *Psychotherapy and Process,* Reading / Mass. (Addison-Wesley) 1978.

Byrom, T.: *The Dhammapada: The Sayings of the Buddha,* New York (Vintage) 1976.

Campbell, Joseph: *Der Heros in tausend Gestalten,* Frankfurt/M (Suhrkamp) 1978.

ders.: *The Masks of God* (4 Bände), New York (Viking) 1959–68.

Capra, Fritjof: *Das Tao der Physik,* München (O. W. Barth) 1984.

ders.: *Wendezeit,* Bern, München (Scherz) 1983.

Davidson, J. und R. (Hrsg.): *The Psychobiology of Consciousness,* New York (Plenum) 1979.

Deikman, A.: *Personal Freedom: On Finding a Way to the Real World,* New York (Viking) 1976.

Edinger, Edward: *Ego and Archetype,* Baltimore (Penguin) 1973.

Elgin, Duane: *Voluntary Simplicity,* New York (Morrow) 1981.

Fadiman, James, R. Frager: *Personality and Personal Growth,* New York (Harper & Row) 1976.

Ferguson, Marilyn: *Die Revolution der Gehirnforschung,* Olten und Freiburg i. Br. (Walter) 1981.

dies.: *Die sanfte Verschwörung,* Basel (Sphinx) 1982.

Goleman, Daniel: *The Varieties of Meditative Experience,* New York (E. P. Dutton) 1977.

ders. und R. Davison (Hrsg.): *Consciousness: Brain, States of Awareness, and Mysticism,* New York (Harper & Row) 1979.

Goldstein, J.: *Vipassana-Meditation,* Berlin (Schickler) 1978.

Govinda, Lama Anagarika: *Grundlagen tibetischer Mystik,* München (O. W. Barth) [4]1975.
Green, E. und A.: *Biofeedback, eine neue Möglichkeit zu heilen,* Freiburg i. Br. (Bauer) 1978.
Grof, Stanislav: *Topographie des Unbewußten,* Stuttgart (Klett-Cotta) 1978.
ders.: *Die Begegnung mit dem Tod,* Stuttgart (Klett-Cotta) 1980.
Harman, Willis: *Gangbare Wege in die Zukunft?,* Darmstadt (Darmstädter Blätter) 1978.
Hendricks, G., James Fadiman: *Transpersonal Education,* Englewood Cliffs / N. J. (Prentice-Hall) 1976.
Hixon, L.: *Coming Home: The Experience of Enlightenment in the Sacred Traditions,* New York (Doubleday) 1978.
Huxley, Aldous: *Die ewige Philosophie,* Zürich (Steinberg) 1949.
James, William: *Die Vielfalt religiöser Erfahrung,* Olten und Freiburg i. Br. (Walter) 1979.
Jung, Carl Gustav, et al.: *Der Mensch und seine Symbole,* Olten und Freiburg i. Br. (Walter) [9]1979.
ders.: *Erinnerungen, Träume, Gedanken,* Zürich, Stuttgart (Rascher) 1962.
Koestler, Arthur: *Die Wurzeln des Zufalls,* Bern, München (Scherz) 1972.
Kornfield, Jack: *Living Buddhist Masters,* Santa Cruz / Calif. (Unity Press) 1977.
Leonard, George: *Der Rhythmus des Kosmos,* München (O. W. Barth) 1980.
LeShan, Lawrence: *How to Meditate,* Boston (Little, Brown & Co.) 1974.
ders.: *The Medium, the Mystic, and the Physicist,* New York (Viking) 1974.
ders.: *Alternate Realities: The Search for the Full Human Being,* New York (Ballantine) 1977.
Levine, S.: *A Gradual Awakening,* New York (Doubleday) 1978.
Maslow, Abraham: *The Farther Reaches of Human Nature,* New York (Viking) 1971.
Masters, Robert, Jean Houston: *Phantasie-Reisen,* München (Kösel) 1984.
Needleman, Jacob: *A Sense of the Cosmos: The Encounter of Modern Science and Ancient Truth,* New York (E. P. Dutton) 1965.
ders.: *On the Way to Self-Knowledge,* New York (Knopf) 1976.
Neumann, Erich: *Ursprungsgeschichte des Bewußtseins,* München (Kindler) 1968.
Novak, Michael: *The Experience of Nothingness,* New York (Harper & Row) 1971.
Ornstein, Robert: *Die Psychologie des Bewußtseins,* Köln (Kiepenheuer & Witsch) 1974.
ders. (Hrsg.): *The Nature of Human Consciousness,* San Francisco / Calif. (Freeman) 1972.
Perry, J.: *The Far Side of Madness,* Englewood Cliffs / N. J. (Prentice-Hall) 1974.
Pribram, Karl: *Languages of the Brain,* Englewood Cliffs / N. J. (Prentice-Hall) 1971.
Ram Dass: *Alles Leben ist Tanz,* Berlin (Schickler) 1979.
ders.: *Schrot für die Mühle,* München (Knaur) 1984.
ders.: *Journey of Awakening: A Meditator's Guidebook,* New York (Doubleday) 1978.

Roberts, T. (Hrsg.): *Four Psychologies Applied to Education,* Cambridge / Mass. (Schenkman) 1974.

Roszak, Theodore: *Mensch und Erde,* Soyen (Ahorn) 1982.

Satprem: *Sri Aurobindo oder das Abenteuer des Bewußtseins,* Weilheim (O. W. Barth) 1970.

Schumacher, Ernst Friedrich: *Rat für die Ratlosen,* Reinbek b. Hamburg (Rowohlt) 1979.

Shah, Idries: *The Way of the Sufi,* New York (E. P. Dutton) 1970.

Shapiro, Deane: *Precision Nirvana,* Englewood Cliffs / N. J. (Prentice-Hall) 1978.

ders.: *Meditation,* New York (Aldine)

ders. und Roger N. Walsh (Hrsg.): *The Science of Meditation,* New York (Aldine) 1983.

Smith, H.: *Forgotten Truth: The Primordial Tradition,* New York (Harper & Row) 1976.

Sujata, Anagarika: *Beginning to See. Anleitung zur Meditation,* (Mandala) ^{2}1982.

Suzuki, Shunryu: *Zen-Geist, Anfänger-Geist,* Zürich (Theseus) ^{4}1983.

Tart, Charles (Hrsg.): *Altered States of Consciousness,* New York (John Wiley) 1969.

ders.: *States of Consciousness,* New York (E. P. Dutton) 1975.

ders.: *Transpersonale Psychologie,* Olten und Freiburg i. Br. (Walter) 1978.

Tarthang Tulku: *Raum, Zeit und Erkenntnis,* Bern und München (Scherz) 1983.

ders.: *Psychische Energie durch inneres Gleichgewicht,* Freiburg i. Br. (Aurum) 1979.

Trungpa, Chögyam: *Spiritueller Materialismus,* Freiburg i. Br. (Aurum) 1975.

Ullman, Montague, S. Krippner: *Traumtelepathie,* Freiburg i. Br. (Aurum) 1977.

Van Dusen, Wilson: *The Natural Depth of Man,* New York (Harper & Row) 1972.

Vaughan, Frances: *Awakening Intuition,* New York (Doubleday) 1979.

Walsh, Roger N., Deane Shapiro (Hrsg.): *Beyond Health and Normality,* New York (Van Nostrand Reinhold) 1983.

Weil, A.: *The Natural Mind,* New York (Houghton Mifflin) 1972.

Wellwood, J. (Hrsg.): *The Meeting of the Ways,* New York (Schocken) 1979.

White, J. (Hrsg.): *The Highest State of Consciousness,* New York (Doubleday) 1973.

ders. (Hrsg.): *Frontiers of Consciousness,* New York (Julian Press) 1974.

Wilber, Ken: *The Spectrum of Consciousness,* Wheaton / Ill. (Theosophical Publishing House) 1977.

ders.: *The Atman Project,* Wheaton / Ill. (Theosophical Publishing House) 1980.

ders.: *Wege zum Selbst*, München (Kösel) 1984.

ders.: *Halbzeit der Evolution,* Bern und München (Scherz) 1984.

Wolman, B. (Hrsg.): *Handbook of Parapsychology,* New York (Van Nostrand Reinhold) 1977.

Zukav, Gary: *Die tanzenden Wu Li Meister,* Reinbek b. Hamburg (Rowohlt) 1981.

Zeitschriften

Journal of Humanistic Psychology, 325 Ninth Street, San Francisco, California 94103.
Journal of Transpersonal Psychology, *Box 4437, Stanford, California 94305.*
ReVision, *Box 316, Cambridge, Massachusetts 02138.*

Register

Abhidharma 160
Abwehrmechanismen 129 f., 145
Achtsamkeit s. Aufmerksamkeit
Adäquatheit *(adaequatio)* 50 f., 56, 291
Anhaften s. Verhaftung
Archetypen 85, 93, 108, 111 f., 127, 188, 209
Arhat 170
ASC s. Bewußtseinszustände, veränderte
Atomismus 23, 28, 68, 254
Aufmerksamkeit (Achtsamkeit) 154, 161 f., 166, 169, 173 ff., 183;
–, Schulung der 160, 165, 173
Augen des Erkennens s. Weisen des Erkennens

Bedürfnisse 59, 97, 138, 194, 216
– Grund- 97, 143, 145 f., 148 f., 202
–, Hierarchie der 54, 97, 138, 145
– Meta-(B-) 97 f., 138, 144–149
–, neurotische 97
Befreiung s. Erleuchtung
Behaviorismus 16, 18, 35, 58, 188 f. (s. auch Verhaltenstherapie)
Beobachtung 69, 71 f., 74, 185, 221, 230–235, 238, 244, 259, 268
Bewußtsein 58 ff., 79 ff., 120, 123 f., 127, 138, 204, 261, 262, 264, 272, 279
–, Beschaffenheit des 36, 176
– Disziplinen 38 ff., 43–49, 51, 55 f., 64, 80, 82, 140, 153, 255, 258, 287 (s. auch Psychologie, traditionelle)
–, Ebenen des 84–89, 95–98, 131, 186, 271 f., 274
– Filter 92, 158
–, grenzenloses 164
–, Inhalte des 65
–, kosmisches 53, 81, 85, 95, 113 f., 281
–, Normalzustand (Wachzustand) des 33 f., 36, 39–45, 52, 58 ff., 63, 80, 113, 154, 157, 163, 170, 227, 239 f., 245 f., 262 f., 265, 287
–, Spektrum des 81, 83–99, 118, 271 f.
–, Veränderung (Wandel) des 36, 155
Bewußtseinszustände (SoC) 33, 36, 52 f., 80, 227–243, 262
–, höhere 27, 39, 42, 45, 48, 59, 80, 120, 138, 250 f., 281
–, veränderte (ASC) 21 f., 36, 41, 47, 52, 55, 59, 73, 79 ff., 153, 155, 172 f., 176, 227–243, 244 ff., 265, 279, 287 (s. auch Pathologisierung)
Bioenergetik 91
Biofeedback 22, 79, 263 f., 279
Bohr, Niels 23, 70
Bootstrap-Theorie 75 f.
Buddhaghosa 160
Buddhismus 31, 41, 71, 160, 191, 198
B-Werte s. Werte

Castaneda, Carlos 33, 92
Chakras 112, 120 f.
chinesische Philosophie 75 f.

Descartes, René 68
Disidentifikation 62, 64, 86, 96, 134, 185 ff., 194, 206 ff., 210 f.
Dualismus 68, 87 ff., 91 f., 94, 114, 148, 186, 267, 272
– Subjekt-Objekt- 87 f., 95, 98, 188, 268 f., 271, 290
Dukkha s. Leiden

Ebenen des Bewußtseins s. Bewußtsein
Eddington, Arthur 47, 50, 269
Ego s. Ich

Einheit (kosmische, absolute) 66, 113, 116, 117, 121, 124, 186
Einsicht (Einsichtsmeditation) 64, 153, 166 f., 169 f., 172 f., 175 f.
Einstein, Albert 157, 269
Energie 74, 172, 174
Entwicklung 123, 125 f., 131, 134, 146, 153, 177, 282 (s. auch Evolution)
–, transpersonale 183
Erfahrung 173, 210, 274
–, ästhetische 101 f.
–, direkte (unmittelbare) 41, 44, 49, 72, 167, 192, 271, 291
–, mystische 31 f., 47, 50, 52, 151, 237, 242, 264 f.
–, perinatale 106–109
–, psychodynamische 102 f.
–, transpersonale 82, 108–115, 155, 178 f., 188, 194, 206, 290
–, transzendente 20 f., 45, 52 ff., 66, 132, 205, 210, 264 (s. auch Gipfelerfahrung)
Erkennen, intimes (nicht-duales) 47, 56, 269–273
–, symbolisches (dualistisches) 47, 56, 267, 269–273
–, Weisen (Arten, Augen) des 46 f., 56, 247–253, 254, 260, 267–275, 279, 290
Erleuchtung (Befreiung, Erwachen) 35, 43, 64, 149, 155, 168, 174 ff., 187, 191, 200, 205
–, Faktoren der 173 f.
Ethik 284 f.
Evolution 117, 122–126, 134, 278, 281–284
Ewige Philosophie (Psychologie) s. *Philosophia (Psychologia) perennis*
Existentielle Psychologie s. Psychologie
Existenzangst 212 ff.

feinstofflicher Bereich 120 ff., 131 ff., 248
Freud, Sigmund 18, 31 f., 35, 53, 89, 102, 116, 118 f., 127–130 (s. auch Psychoanalyse)

Ganzheit 117, 120, 206, 216, 258, 282, 285
Geburt 106–109
–, Trauma der 105 ff.
Gehirn s. Hirnforschung
Gestalttherapie 91
Gesundheit, psychische (geistige, seelische) 59, 61, 66, 79, 137–140, 177, 180, 190, 192, 202 f.
Gipfelerfahrung 35, 52 ff., 66, 132, 149, 151 (s. auch Erfahrung, transzendente)
Gleichmut 163 f., 283
Gott 121 f., 127, 218
Govinda, Lama Anagarika 71, 73
grobstofflicher Bereich 248
Grof, Stanislav 18, 28, 81, 179
Grundbausteine der Materie 68, 70, 75
Grundbedürfnisse s. Bedürfnisse

Hatha-Yoga 91
Heisenberg, Werner 47, 50, 69, 71 f., 268
Hierarchie der Bedürfnisse s. Bedürfnisse
Hirnforschung 257 f., 263
Humanistische Psychologie s. Psychologie
Huxley, Aldous 83, 281
Hypnose 63, 282

Ich (Ego) 64, 86, 89, 109, 118 ff., 122 f., 125, 129–134, 157 ff., 167 f., 171, 172, 176, 177 f., 187, 202, 207 ff., 213 f., 287
– -Bewußtsein 81, 120 f.
– -Psychologie 64, 83, 90, 177
Identifikation 61–66, 85–88, 93 f., 119, 123, 130, 139, 156, 159, 175, 185, 187, 203, 207, 209 f., 213
–, ausschließende 96 f., 120, 123, 130, 186 f., 195, 206
Identität 61 f., 81, 83, 87, 91, 93 f., 96, 130, 138, 143, 147, 156, 167, 170, 186, 198, 213, 218, 271, 287
Illusion 41, 64 f., 68, 85, 90, 113, 139,

170, 172, 186, 202, 209, 240, 255, 274, (s. auch *Maya*)
Individualpsychologie 107
intimes Erkennen s. Erkennen

James, William 22, 42, 45, 57, 194
Jung, Carl Gustav 54, 93, 96, 108, 111 ff., 127 ff., 145, 177, 188, 194

Karma 36, 117
– Yoga 182 ff.
Kategorialfehler (-irrtum) 46 f., 50, 249 f., 252 f., 290
kausaler Bereich 122, 131–135, 248
Kausalität 257 f.
klassische Physik s. Physik
komplementäre Ansätze 76, 81, 90, 98 f., 261, 281, 287
Konditionierung 60 f., 65, 216
Konzentration 45, 161, 172 ff.
Körper-Ich 118 f., 131
kosmische (absolute) Einheit s. Einheit
kosmisches Bewußtsein s. Bewußtsein
Krankheit, psychische 144 ff.
Kundalini 112

Leere 114, 135, 164, 274
Leiden 60 f., 65, 139, 159, 168, 171, 175, 191, 197, 209
Loslassen 59, 159
LSD-Therapie 81, 100–116

Maslow, Abraham 19, 35, 53 f., 94, 97, 132, 138 f., 178, 212
Materie 67 f., 70, 73 f.
Maya 40 f., 87 f.
mechanistisches Weltbild s. Weltbild
Meditation 20 f., 36, 39 ff., 46 f., 49, 52, 59, 65, 79, 132–135, 149, 153 ff., 156 ff., 160–171, 172–176, 177, 179, 183, 189, 227, 242, 254, 264, 266
– Forschung 22, 52, 55
menschliches Potential 18 f., 21, 27, 127, 134, 138, 145, 179, 217 f., 277, 283, 288
Modell 15 ff., 19 f., 25 f., 55, 63, 280
– -funktion des Therapeuten 183 ff., 189
– -psychose 100
Motivation 138, 143–152, 212, 282
– Meta- 144, 178
Mystik (mystische Tradition) 38 f., 41, 49, 52, 67, 71–77, 94 f., 120, 139, 144, 205, 274, 287
mystische Erfahrung s. Erfahrung

Naturwissenschaft 76 f., 145, 150, 153, 222, 225, 227, 230 f., 235, 242, 249 f., 256, 267 f., 270, 285
Neurose 93, 99
Newton, Isaac 68, 70
Nicht-Zweiheit 37
Nirvana 65, 160, 166 f., 169 f.
Normalzustand s. Bewußtsein

Oberflächenstruktur 124 f., 128, 134
organisches Weltbild s. Weltbild

Paradigmen 25–29, 31, 55, 124, 228 f., 234, 254, 276 f., 283
– -wechsel 27, 224, 233, 254
– -zusammenstoß 38, 44, 55, 229
Pathologisierung veränderter Bewußtseinszustände 17 f., 29, 44 f., 53 f., 55, 66, 96, 115, 120, 182, 192
Persona 86 f., 90 f., 112
Persönlichkeit 190, 195–200
Philosophia (Psychologia) perennis 39, 81, 83–99, 140, 248, 260 f., 281, 283
Physik, klassische 67 f., 268
–, moderne 22 f., 48, 52, 67–77, 254, 258, 260, 268 f.
Physikalismus 230 ff.
Piaget, Jean 119, 129
Plateau-Erfahrung 94
Plotin 142
Projektion 90 f.
Psi-Forschung 276 f., 279
psychedelische Therapie 55, 179, 265 (s. auch LSD-Therapie)
Psychoanalyse 16, 18, 36, 96, 102 f.,

107, 109, 116, 132, 145, 183, 187 (s. auch Freud)
Psychodynamik (psychodynamisch) 58, 100 f., 115 f., 176, 177, 182
Psychologia perennis s. *Philosophia perennis*
Psychologie, analytische 188
–, existentielle 43, 91, 144, 177, 183, 190 f.
–, humanistische 18 f., 35, 58, 91, 177, 183, 190
–, traditionelle (östliche) 34 ff., 79, 139, 160, 173, 194, 200, 248 (s. auch Bewußtseinsdisziplinen)
– Vierte 190
Psychose 40, 59 f., 99, 115

Quantentheorie 67, 69–72, 74, 260 f.

Rad des Lebens, tibetisches 35, 37
Rank, Otto 107
Raum 72 f., 88
Raum-Zeit-Kontinuum 77 ff.
Reduktionismus 28, 257
Reinigung (Läuterung) des Geistes 160 f., 165
relative Wirklichkeit 60, 156 f.
Relativitätstheorie 67, 72–75
Religion 107, 152, 236 f., 242, 248 ff., 265, 276, 280, 285, 287

Sammlung 161–164, 172, 174 ff., 215
Samsara 40 f.
Satipatthana s. Aufmerksamkeit
Schatten 86–91, 112, 134, 138
Schizophrenie 100, 112, 115
Schulung, geistige (spirituelle) 38 f., 51, 154, 161, 165, 237
Schumacher, Ernst Friedrich 44, 225
Selbsterforschung 153, 174, 218, 225 f.
Selbst-Psychotherapie 175
Selbsttranszendenz 125, 139, 182, 208
Selbstverwirklichung 19, 53 f., 138, 143, 190, 200, 202, 214, 266, 284
Sinnsuche 177, 190
SoC s. Bewußtseinszustand
Spektrum des Bewußtseins s. Bewußtsein
spirituelle Praxis 172, 175, 177 (s. auch Schulung)
spirituelle (meditative) Wege (Disziplinen) 175, 178 f.
Sprache 47 f., 73, 92, 113, 119, 170, 241, 272, 282
Stillwerden des Geistes (innere Stille) 59, 164, 174
subatomare Teilchen (Partikel) 67, 69, 73
Subjektivität 216 ff.
Subjekt-Objekt-Dualismus s. Dualismus
Sublimierung 119
Suzuki, Daisetz Teitaro 24, 73 f.
symbolisches Erkennen s. Erkennen
Szientismus 47, 249 f.

Tart, Charles T. 56, 222 f., 244 ff., 250 f.
Theorie 25 f., 31, 229, 238
Tiefenstruktur 124–128, 131, 134
Tod 106 f., 109, 135, 152, 278
transpersonale Erfahrung s. Erfahrung
transzendente Erfahrung s. Erfahrung
Transzendenz 123, 125, 132, 134, 151, 178, 190 f., 211, 214, 252 f.
–, Streben nach 54, 98, 265
Transzendierung (transzendieren) 65, 119–125, 130, 139, 187, 202, 208

Über-Ich 129 f., 187
Unbewußte, das 101 f., 106, 116, 125–134
–, kollektives 108, 188
Urbilder s. Archetypen
Ur-Dualismus 87 f., 93 ff.

Verdrängung 127–134, 213
Vergänglichkeit 167, 171, 214
Verhaftung (Anhaften) 60 f., 97, 139, 168 ff., 191, 209
Verhaltensänderung 153, 177, 182, 217, 264
– Therapie 16, 81, 188 f. (s. auch Behaviorismus)

–, Wissenschaften der 44, 46, 48, 56
Versenkung (Versunkenheit) 161–163, 170, 176
Vipassana s. Einsichtsmeditation
Visuddhimagga 160, 165

Wachtraum 40, 125
Wachzustand s. Bewußtsein
Wahres Selbst 143, 147, 149, 281 f., 284
Wahrnehmung 165 f., 168 f., 173, 255
–, Verzerrung der 24, 26, 40, 59, 92, 187, 255 f.
Weltbild, mechanistisches 67 f., 254
–, organisches 67 f.
Werte 145, 150
–, absolute 151
–, Hierarchie der 54
–, transzendente (B-Werte) 94, 143–150, 152
Widerstände 56, 131 f., 198, 212 f.
Wirklichkeit, Absolute 271 f.

Yoga 39, 183, 227

Zeit 65, 72 f., 88 f., 278
Zeitlosigkeit (Ewigkeit) 65, 88
Zeuge 94 f., 122, 197, 209
Zustandsabhängigkeit (zustandsspezifisch) 21, 33, 37, 42, 50, 80, 238
– und Kommunikation 50, 52, 66, 80, 233
– und Lernen 50, 52, 56, 246
– und Wissenschaft 227–243, 250